제4판

가족 안의 사회, 사회 안의 가족

이여봉

박영사

머리말

초판을 펴낸 지 20년 가까운 세월이 흘렀다.

호주제가 폐지되고 새로운 가족관계등록부가 자리를 잡았으며 간통죄 역시 폐지된 것은, 가족 제도와 관련된 큰 변화들이다. 그 외에도 출산 및 양육과 교육을 지원하여 가족부담을 완화하려는 제도 그리고 가족의 노인부양 부담을 완화하려는 제도 등 다양한 가족지원 제도가 끊임없이 마련되고 시도되고 있다. 그런데 정작 가족은 여전히 과중한 역할 기대와 이를 충족하기 힘든 현실 사이의 부적합성으로 인해 갈등하고 있다. 결혼연령이 상승하고 비혼을 선택하는 사람들이 증가하는 것은, 비단 가치관의 변화뿐 아니라 거시 상황적 어려움에 대한 개인적 대응이기도 하다. 각종 출산부양책에도 불구하고 우리 사회의 출산율은 점점 더 낮아지고 있다. 그리고 다른 한편에서는 가족이 교육의 과부담과 과열경쟁 및 부양부담으로 인해 힘겨워 하고 있다.

개인적 선택과 가족적 삶 그리고 사회 제도는 서로 얽혀 있고, 가족을 둘러싼 거시상황과 가족 안의 미시적 관계 역시 상호 밀접히 연관되어 있다. 모든 가족들은 보편적인 규칙들만으로 설명하기 힘든 개별적 특성을 지닌다. 그래서 가족은 누구에게나 가까운 듯하면서도, 자신 있게 정답을 단언할 수 없는 주제이다. 그럼에도 불구하고 작은 한 걸음을 내딛음으로써 얻을 수 있는 긍정적인 가족 변화의 실마리를 본서에서 드러내 보이고자 하였다. 그래서 멈추지 않는 한걸음 한걸음이 쌓여서 우리가 원하는 지점에 도달할 수 있다는 믿음을, 스스로에게 그리고 독자들에게 전하고 싶다.

오래도록 강한 존재로 여겨지셨던 친정아버지께서 돌아가시고 어머니께서 자리에 누우신 지도 십년이 흘렀다. 아버지께서 남기신 유품을 정리하다가 수십 년 전 부모님 사이에 오갔던 편지 다발을 발견했다. 부모형제를 부양하고 자녀들을 키우느라 동분서주하던 부부의 땀과 사랑과 희생의 삶이 거기에 고스란히 담겨 있었다. 부모형제와 나의 관계 속에서 느껴왔던 사랑과 원망과 회한이 나 자신의 결혼 생활 그리고 자식들과의 관계 속에서 되풀이되고 있음을, 서로를 온전히 이해하기 위해 긴 세월과 그만큼의 나이듦이 필요하다는 것을, 그 편지들을 읽으며 새롭게 깨달았다. 가족은 변화하면서도 또한 변치 않고 이어지는 무엇인가를 품고 있기 때문일 것이다. 부족하나마 가족을 이야기할 수 있을 만한 글발을 물려주신 나의 부모님께, 사랑과 감사와 그리움을 이렇게나마 전해 올린다. 아울러 개정판을 꾸미느라 노력해 주신 박영사의 여러분께 감사를 드린다.

2024년 어느 여름날,
저자 씀.

머리말

가족은 너무나 익숙하게 우리 곁에 자리해 왔다. 그래서 "가족의 시작이 언제부터였을까?" 혹은 "가족은 어떻게 생겨났을까?" 하는 질문이 오히려 생소하게 느껴진다. 성서는 아담과 그의 갈비뼈에서 비롯된 이브를 태초의 두 남녀로 하여 인간 사회가 생겨나는 모습을 그리고 있다. 또한 플라톤은 『향연』에서, 인간은 원래 암수가 한 몸이었는데 신의 노여움을 산 데 대한 징벌로 갈라지게 된 이후 서로 제 짝을 찾기 위해 헤매면서 살게 된 것으로 기술하고 있다. 선사시대부터 인간은 서로 상호작용하는 사회 속에서 자식을 낳아 기르면서 나름대로의 문화를 이루어 왔던 것으로 알려지고 있다. 다만 어떠한 형태와 어떠한 상호작용을 가리켜 가족이라 부를 것인가에 관해서는 의견이 분분하고, 그에 따라 가족의 기원에 대해서 역시 다양하게 추론되고 있다.

나는 가족에 대해서 강의를 하는 매 학기 초에, 학생들로 하여금 자신의 가족에 대한 상념과 강의에서 얻고 싶은 부분에 관해 한 쪽짜리 글을 써 내도록 해 왔다. 아직 살아온 날들이 그리 많지 않은 학생들의 경험 속에서도 가족은 때론 굴곡진 유년의 모습으로 혹은 헤쳐가기 힘겨워 보이는 현재의 부담으로 그리고 상처와 희망이 공존하는 모습으로 존재하고 있음을 매번 새롭게 발견한다. 동시에, 주어진 상황에서 개인과 사회가 어떻게 하면 보다 바람직한 모습으로 가족과 관계를 맺을 것인지에 관해 알고자 하는 학생들의 궁금증에 직면하곤 한다. 이러한 궁금증들에 대해 나름대로 답을 주고 싶었고, 그래서 가족이란 무엇이고 무엇이어야 하는지에 관해 학생들과 상호작용해 온 내용들을 책으로 펴내기로 했다.

본서는 개인을 둘러싸고 있는 소사회로서의 가족 안에서 구성원들이 어떻게 상호작용하는가, 그리고 사회 속에 존재하는 단위로서의 가족은 주변 사회와 어떻게 상호작용하는가를 논의의 중심축으로 한다. 1부를 이루는 1장과 2장에서는 가족에 관한 개괄적 설명과 이론들에 관하여 소개하였다. 2부는 성인 남녀가 서로를 선택하고 결혼에 이르며 부부로서 살아가는 데 관한 이야기들을 다룬 3장부터 6장까지 구성하였다. 3장은 이성 관계에서의 낭만적 사랑에 대한 분석과 대안적 사랑에 대한 탐색을 담았다. 4장과 5장에서는 우리 사회에서 배우자를 선택하고 결혼에 이르기까지의 과정에 대한 논의를 다루었다. 그리고 6장은 신혼기로부터 자녀를 낳고 키우는 시기와 자녀들의 출가 후에 다시금 부부만 남았다가 차례로 죽음에 이르기까지 일반적으로 겪어가는 단계별 특징과 과업들을 소개하였다. 3부는 가족 의사결정과 가족 내의 권력(7장), 부부갈등과 의사소통(8장), 그리고 가족 안팎의 노동(9장)에 관해 다룸으로써, 가족이 하나의 단위로 굴러가기 위해 이루어지는 상호작용의 면면들을 소개하였다. 4부는 출산 및 부모됨에 관한 결정(10장)과 부모의 양육역할 및 미성년 자녀와의 관계(11장) 그리고 노부모 부양을 둘러싼 자녀의 역할과 부모자녀 관계(12장) 등 세대 간의 상호작용에 초점을 두었다. 5부는 오늘날의 가족이 드물지 않게 직면하는 이혼(13장)과 재혼(14장)의 삶에서 경험하는 어려움과 희망에 관해 다루었다. 그리고 6부는 가족과 관련된 제도적 변화(15장) 및 미래 가족에 관한 전망(16장)을 다루었다.

미시적 가족현상들은 언제나 거시적 사회현상 및 문화와 밀접하게 연관되어 있다. 그러나 본서에서는 미시적 차원과 거시적 차원을 균형 있게 다루기보다는, 미시적 가족경험과 가족관계에 초점을 두고 이러한 경험 및 선택에 영향을 미치고 영향을 받는 주변사회 및 사회정책 그리고 사회변화 등을 부가하였다. 이는 일상의 가족생활에서 가깝게 느끼고 적용해 볼 수 있는 주제들을 다룸으로써, 가족을 파헤쳐서 환상을 깨뜨리는 데 대한 거부감을 줄이고 학생뿐 아니라 일반 독자들에게도 친근하게 다가가고자 하는 마음에서이다. 책을 읽는 동안, 가족과 관련된 주제들을 특수한 개인에게 일어나는 일회성 사건으로서가 아니라 누구나 겪을 수 있는 사회적 사실로 바라보고 개인과 가족 그리고 사회가 어떻게 긍정적으로 상호작용할 수 있을 것인지 모색할 수 있길 바란다.

부부로 맺어지고 부부로서 살아가는 가족의 삶을 주로 다루다 보니, 그 외 구성원들 - 자녀 및 노부모 - 의 시각을 상대적으로 덜 반영했을 가능성이 있고 형제관계 및 친족관계 등을 자세히 다루지 못하였다. 그리고 우리 사회에서 정형으로 여겨 온 이성애 가족을 제외한 가족들, 특히 일인 가족을 일구고 스스로를 의지하며 살아가는 삶, 혈연이나 법적 혼인관계와는 무관하지만 서로를 보듬으며 살아가는 가족들의 삶, 동성애 가족, 가상 가족 등 오늘날 가족의 이름으로 포괄되는 다양한 모습들을 다루지 못하였다. 본서에서 다루지 못한 다양한 가족들의 삶에 관해서는 후속서를 기약하고자 한다.

오늘에 이르는 동안 경험해 온 삶의 편린들이 나로 하여금 '인간과 가족'이란 주제에 천착하게 하였다. 가족이란 주제에 호기심을 집중하도록 했던 일상의 크고 작은 자극들, 그리고 이러한 자극들에 관해 단순한 상념의 테두리를 벗어나 일련의 사회적 사실로 이해할 수 있게 한 학문의 세월에 감사한다. 이 책이 완성되기까지 자질구레한 치다꺼리를 도맡아 준 강남대학교의 어린 제자들에게도 고마움을 표하고 싶다.

근자에 나는 사랑하고 사랑받았던 가까운 이들을 잃었다. 며느리가 원하는 길을 갈 수 있도록 늘 지원하고 격려하셨던 시아버님, 거북이 걸음만 걷는 당신의 손녀를 언제나 최고라고 여기셨던 할머니, 그리고 유년의 추억을 다채롭게 수놓아 주었던 넷째 삼촌, 차례로 영면하신 그 분들께 부족하지만 이 책을 바친다.

2006년 정월의 어느 아침에,

저자 씀.

추천의 글

가족사회학을 평생의 업으로 삼아온 나는, 후학들이 펴낸 책을 만날 때 가장 흐뭇하다. 게다가 이렇게 따뜻하고 알찬 내용일 때는 더욱 그렇다.

나도 강단에서 처음 강의를 하던 시절에는, 가족사회학에 관해 강의를 하는 것이 쉽다고 생각했었다. 그러나 시간이 지날수록 강의 뿐 아니라 연구를 하기에도 힘든 주제가 가족임을 느낀다. 우리들의 일상 속에 깊게 그리고 무의식적으로 얽혀 있는 가족의 특성 때문에, 학문적 객관성을 유지하기 힘들어서 곤혹스러울 때가 많다. 반면에 학문적 접근에 충실하다 보면 가족 속에 얽혀서 살아가는 우리들의 생생한 삶의 모습들을 간과하기 쉽다. 그런데 이 책에서 저자는 가족 연구가 갖고 있는 이러한 학문적 한계와 갈등의 고리를 무리 없이 풀어내며 조화로운 논의를 전개하고 있다. 책의 시작부터 끝까지 인간과 가족에 대한 따뜻한 시선과 더불어 논리적 분석의 틀을 벗어나지 않는 균형을 일관되게 유지하고 있는 점은, 이 책이 지닌 가장 큰 장점이다. 이것은 사람에 대한 저자의 애정과 가족이란 무엇이며 무엇이어야 하는가에 대한 진지한 학문적 고민이 밑바탕에 자리를 잡고 있기 때문이라고 생각한다.

저자는 사회학적인 시각에서 간과하기 쉬운 미시적 접근방법으로, 생애주기와 일상의 삶 속에서 경험하는 여러 차원의 상호작용에 주목한다. 뿐만 아니라 각 장마다 이론틀에 근거해서 문제를 제기하고, 현장의 경험과 자료들에 대한 검증을 거친 논의와 해석을 통해 이론을 객관적으로 재조명하고 있다. 이는 여타 가족관련 서적과는 다른 이 책의 특성이자 장점이다. 특히 다양한 이론들을 한국 가족의 현실과 연결지어 설명하는, 어렵지만 중요한 작업을 시도하고 있는 점도 높이 평가하고 싶다.

오늘날 급격한 사회변화의 소용돌이 속에서 가족의 위기론 내지 무용론까지 대두되고 있다. 이러한 상황에서 우리 가족이 당면한 문제를 객관적이면서도 따뜻한 시선으로 바라보는 책을 접하게 된 것은, 독자들에게 행운이라고 할 수 있다. 나는 이 책의 곳곳에 배어있는 우리네 삶에 대한 애정 어린 마음에 흠뻑 젖을 수 있어서, 오랜만에 행복했다. 이 책을 읽는 독자들 특히 미래의 희망인 우리 젊은이들도 저자의 성실한 학문적 자세와 삶에 대한 따뜻한 마음을 읽을 수 있길 바란다.

끝으로 좋은 책을 쓰느라 수고한 이여봉 교수에게, 끊임없는 학문적 정진을 기대하면서 진심으로 축하와 격려의 말을 전하고자 한다.

2006년 1월,
이동원
이화여자대학교 사회학과 명예교수
사단법인 가족아카데미아 원장.

CONTENTS
제4판

차례

PART 03　가족 안의 상호작용

PART

01

가족에 관한 개괄

가족이란

　우리는 가족에 둘러싸인 채 태어나서 살아가다가 가족의 품 안에서 죽어가기를 바란다. 요람에서 무덤까지의 인생길에서 가족은 늘 가까이에 그리고 너무나 익숙하게 자리하고 있어서, "가족이란 무엇일까?"라는 질문이 오히려 생소하다. 그래서 우리는 가족에 관한 개념을 명확히 공유하지 못한 채로, 그저 막연히 "거칠고 삭막한 세상에서 부대끼느라 지친 몸과 마음을 뉠 수 있는 유일한 안식처이자 낙원"으로서의 이미지를 가족에서 찾는다. 그러나 이처럼 막연한 환상은 현실의 삶에서 수시로 깨어지고, 사람들은 깨어진 환상 앞에 절망하곤 한다.

　사회 변화의 흐름 속에서, 가족 역시 나름대로 변화를 겪고 있다. 물론 각 문화마다 가족에 대한 기대와 가족의 변화 속도는 다르지만, 그럼에도 불구하고 가족은 시대와 사회를 관통하는 보편성을 지닌다. 이러한 보편성과 다양성 그리고 변화의 교차로에서 각자 막연한 잣대로 자신의 가족과 타인의 가족을 재단하기 때문에, "무엇을 가족이라 할 것인가?" 그리고 "가족은 어떻게 구성되는가?"에 관하여 의견들이 일치하기는 쉽지 않다. 본상에서는 이처럼 다양하게 정의될 수 있는 가족의 개념 및 구성에 주목하고자 한다.

1 가족에 대한 정의

가족(家族, family)은 다양한 얼굴을 지니고 있다. 일상생활의 많은 부분을 공유하기 때문에 서로 의존하고 협동해야 하면서도 각자의 자율성과 개성이 존중되어야 하는 집단이 가족이다. 그래서 가족은 사랑과 애정에 기반을 두고 기꺼이 화합할 수 있는 사람들의 모임인 동시에, 다양한 종류의 갈등과 힘겨루기 및 애증이 실재하는 관계이기도 하다. 바깥세상에서 부대끼는 동안 지쳤던 몸과 마음을 뉠 수 있는 안식처이기도 하지만, 편안한 안식처를 마련하기 위해 누군가는 쉴 새 없이 움직이며 노동을 해야 하는 것이 가족이다. 특정한 과업을 가지고 목표를 달성하기 위해 조직적으로 움직이는 공적(公的) 집단과 달리, 가족은 상호 친밀성에 기반을 두고 모여서 장기간에 걸쳐 서로에 대해 책임을 지고 헌신하는 친근한 관계이고, 하나의 정체성, 즉 공동체 의식을 공유하면서 나름대로의 기준에 준해서 외부인과 내부인을 구분하는 경계 (boundary)를 형성하고 유지해 간다. 그렇다면 가족은 친구 집단이나 자발적 동호회 등과 같은 여타 사적 집단과는 어떻게 구분되는가?

1) 전통적 가족 개념과 역할

전통적으로 가족은 혼인과 혈연 및 입양을 통해 관계가 맺어진 사람들의 집단이면서, 의식주의 해결을 공동으로 하고 정서적 유대와 공동체적 생활방식을 갖는 집단으로 정의된다.[1] 가족 경계를 이루는 요건으로서, 혈연, 성관계, 출산 및 입양, 경제적 협동, 공동주거, 그리고 공동체 의식 및 지속적 관계 등을 들 수 있다. 가족성원들은 경제적 재산을 공동으로 관리하고 소유한다. 또한 부부로 하여금 상대방의 성(性)에 대한 독점적 소유권을 갖게 하는 기능은, 출산 기능과 더불어 합법적으로 자녀를 낳아 키우는 제도로서의 특성으로 이어진다. 이로써 사회는 지속적으로 구성원을 제공받게 되며, 가족성원들은 부모와 자식 및 형제로서의 지위와 역할을 부여받는다. 이렇게 부여된 가족 내의 지위로 인하여, 부모는 자식의 양육과 교육에 대한 권한을 가지고 자녀를 돌보고 사회화시키며, 자녀는 부모를 봉양하고 재산을 상속받을 권한과 부채를 상속할 의무를 지닌다.

2) 전통적 가족 개념에 대한 도전

근대 이래로 핵가족은 인류의 가장 보편적인 가족 모습으로 여겨지면서, 정상가족과 비정상가족을 구분하는 준거틀(準據, frame of reference)로서 작용해 왔다. 이러한 전통적 견해는 법적인 혼인과 혼인 내의 출산 및 법에 근거한 입양을 기본으로 하고 구성원 간의 정서적 유대와 상호 책임 및 의무를 가족이기 위한 조건으로 당연시한다.

이와 같은 핵가족이 지닌 획일성으로부터 벗어나려는 움직임이 일어나고 있다. 혈연, 성관계, 출산 및 입양, 경제적 협동, 공동주거, 공동체 의식 및 지속적 관계 등과 같이 가족이기 위해 갖춰야 하는 것으로

---

[1] 가족에 관한 전통적 견해는 Murdock의 정의에 기초한다. 그에 따르면, 가족은 "공동거주, 경제적 협력, 생식의 특성을 갖는 사회집단이면서 성관계가 허용되는 성인 남녀와 출산자녀 혹은 입양자녀로 구성된다."(김승권 외, 2004a)

여겨져 온 조건들 중 한두 가지를 충족하지 못하는 모임들이 증가하고 있는 것이다. 반면에 과거에는 당연시되어 오던 정서적 친밀성과 상호 지원이, 오늘날 가족을 구성하고 해체하는 중요한 기준으로 부상하고 있다. 다음에 제시되는 의문들은 가족에 관한 기존의 시각에 대해 결코 가볍지 않은 도전이다.

- 따로 떨어져 살아서 둘 이상의 가구를 이루는 경우에도 혼인 및 혈연관계로 맺어져 있다면 한 가족인가? 지방에 발령을 받은 남편이 혼자서 생활하고 자녀들의 교육을 위해 아내와 자녀들은 별개의 가구를 이루는 경우를 예로 들 수 있다. 교육을 위해 아내와 자녀들을 외국에 보내고 남편이 한국에서 돈을 벌어서 보내는 '기러기 가족' 역시 마찬가지이다. 별거가족은 직장이나 자녀의 학업 등 도구적 필요로 인한 경우도 있고, 혹은 갈등 끝에 도달한 이혼 직전의 단계인 경우도 있다. 그러나 후자 역시 법적인 이혼 절차가 마무리되지 않은 동안에는 한 가족으로 여겨진다. 가족을 정의하는 데 있어 공동주거라는 조건은, 이처럼 느슨하게 적용되어 왔다.

- 반면에 혼인이나 혈연관계에 입각한 바는 아니지만, 한 집에서 지속적으로 공동생활을 하면서 정서적인 유대를 지니고 살아가는 사람들은 무엇이라고 정의할 것인가? 이들은 협의의 가족 개념으로 보면, 가구(household)로만 정의될 뿐이다. 그러나 이들 간에 지속되는 정서적·실질적 유대와 서로를 가족이라고 여기는 공동체 의식, 즉 가족 정체성이 존재한다면, 단순히 한 집에서의 동거 형태를 의미하는 가구라는 개념만으로는 불충분하다.

그렇다면 제3의 새로운 개념을 도입해야 하는 것인가? 이들을 공동체 가족 혹은 비혈연 가족으로 칭해야 한다는 주장이 설득력을 얻고 있다.

- 결혼을 하지 않거나 혹은 결혼관계를 청산하고 나서 홀로 살아가는 사람들은 가족이 아닌 것인가? 1인 가구를 1인 가족으로서 인정해야 한다는 공감대가 형성되고 있다.
- 혼전 임신이나 이혼 및 사별로 인해 아이와 엄마 혹은 아이와 아빠만이 서로 의지하고 살아가는 한부모 가족은 비정상인 것인가?
- 결혼을 하지 않거나 혼외동거를 하는 사람들은 가족의 범주에 속하지 않는 것인가?
- 동성애에 기초하여 서로를 의지하고 살아가는 사람들은 가족의 범주에서 벗어나는가?

21세기 가족들의 삶은 다양하다. 근자에 이루어진 가족의 정의에 관한 의견 조사(여성가족부, 2021)에서, 응답자의 82.8%가 "동거여부와 상관없이 심리적으로 유대감을 느끼는 관계"라는 문항에 동의하였다. 뿐만 아니라, 가족은 "내가 선택하고 구성할 수 있는 관계"라는 문항에 대한 동의율도 38.7%에 달했다. 개인들마다 다양한 삶을 영위하는 오늘에도 여전히 협의의 가족 개념을 고집하고 핵가족만을 정상가족으로 고집한다면, 가족은 더 이상 이 시대의 보편적인 개념으로 남기 힘들 것이다.

가족은 개인들로 구성되는 전체이지만, 가족성원들은 사회생활을

그림 1-1 한국사회의 다양한 가족 비율(2023)

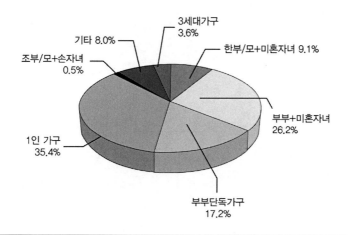

출처: 통계청(2024), 〈인구총조사/가구〉.

하는 개인들로서 여타 집단의 구성원이기도 하다. 이처럼 가족 안팎의 역할을 수행해 가는 가족성원들에 의해 가족은 바깥 사회와 유기적으로 연결되어 서로 영향을 주고받는다. 이러한 점에서, 가족을 사회와 상호 의존하는 열린 체계(open system)라고 할 수 있다.

　사회가 가족을 바라보는 관점은, 가족정책을 통해서 가족 안의 개개인에게 직접적인 영향을 미친다. 즉 가족의 개념에 관해서 일반적 인식과 정책적 수용이 어떻게 이루어지느냐에 따라, 다양한 삶을 선택한 사람들이 경험하는 현실은 현저히 달라질 수 있다. 우리 사회는 법적 결혼을 한 부부와 그들의 미성년 자녀로 이루어진 핵가족을 정상가족의 핵심으로 놓고, 그들을 기준으로 삼아 가족과 관련된 정책을 펼쳐왔다. 그런데 2023년 현재 부부와 미성년 자녀로 이루어진 2세대 핵가족이 26.2%에 불과한 상황(표 1-1)에서, 핵가족만을 염두에 둔 가족정책은 대다수의 사회 구성원을 포괄한다고 할 수 없다. 뿐만 아니라, 우리 사회의 가족정책으로부터 소외된 많은 이들로 하여금 불이익을 받게 함으로써 사회통합을 저해한다. 이제 정상가족과 비정상가족으로 구분하는 획일적 그림에서 벗어나, 다양한 가족들을 있는 그대로 인정하고 포용하는 광의(廣義)의 가족개념을 받아들여야 할 시점이다.

서로를 가족으로 여기면서 친밀감에 기초한 정서적 교류와 돌봄 및 노동의 연대 그리고 자원의 공유와 동반자 관계를 이루며 공동생활을 수행하는 사람들의 모임 모두를, 가족으로 포괄하는 것이 세계적인 추세이다(남윤인순, 2005). Coontz(1997)는 가족을 "서로 사랑하고 배려하는 사람들의 집단"이라고 정의하였다. 이러한 관점은 가족을 형태보다는 경험적 실체의 관점에서 바라보는데, 그렇다면 정서적 상호배려가 전제되는 한 다양한 관계와 형태를 가진 모임을 모두 가족이란 이름으로 포괄할 수 있다. 이처럼, 혈연과 법적 혼인으로 연결된 관계에만 국한하지 않고 다양한 관계의 사람들이 모여 스스로를 가족이라고 생각하면서[2] 지속적인 연대의식을 유지하며 살아가는 집단들 모두가, 넓은 의미에서의 가족 개념에 포함된다.

2 가족과 관련된 개념 및 용어

1) 가족과 가구, 그리고 가정

가족(family)과 가구(household)는 구별되는 개념이다. 원칙적으로 가구란 공간의 공유에 주목하는 반면, 가족은 구성원들 간의 관계에 주목하는 개념이다. 따라서 한 집에서 공동생활을 한다면 한 가구임에는

---

2) 이를 가족 정체성이라고 한다.

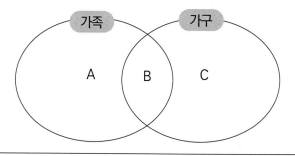

그림 1-2　가족과 가구

가족　가구

A　B　C

틀림이 없지만, 한 가족일 수도 있고(B영역) 그렇지 않을 수도 있다(C영역). 반면에 어떤 이유로든 별거를 하더라도 가족으로서의 관계 요건을 충족하는 경우(A영역), 한 가족의 범주에 넣는다. 왜냐하면 가족이란 단지 한 공간을 공유하는 것 이상의, 혈연이나 혼인 그리고 가족으로서의 정체성 및 공동체 의식 등에 주목하는 개념이기 때문이다. 한편 가정(home)이란, 관계와 공간의 의미를 동시에 지니면서 사적인 방식으로 의식주를 해결하는 생활공동체이자 정서적·사회적·문화적 욕구를 지속적으로 충족시키는 일상생활의 장(場)이다(김승권 외, 2004a).

2) 원가족과 생산가족

가족 내에서 개인이 차지하고 있는 위치에 따라, 원가족(family of orientation, family of origin)과 생산가족(family of procreation)으로 구분한다. 원가족이란 자신이 태어나고 자란 배경이 되는 가족을 의미한다. 반면에, 생산가족이란 결혼과 동시에 자신과 배우자가 주축이 되어 자녀를 낳거나 입양하여 키우는 가족이다. 따라서 결혼생활을 하는 성인의 경우, 자신과 배우자가 일구어 가는 생산가족에 속하는 동시에 자신의 원가족 및 배우자의 원가족을 포함하는 친족구조에도 속하게 된다.

3) 핵가족과 확대가족 및 친족

핵가족(nuclear family)이란, 엄밀히 말하자면 부부관계를 중심으로 그들의 미성년 자녀와 더불어 살아가는 가족을 의미한다. 그런데 자녀가 성인이 된 이후에도 결혼하기 전까지는 부모와 동거하는 것이 보편적인 현 상황에서, 부모와 미혼자녀로 이루어진 가족 모두를 핵가족으로 간주하는 추세이다. 반면에 확대가족(extended family)이란 원가족과 생산가족이 함께 어울려 살아가는 경우를 말한다. 그리고 친족(kinship)이란, 혈연으로 얽힌 혈족과 혼인으로 엮인 인척 등을 포괄하는 복합적 사회관계망(social network)을 일컫는 개념이다.

4) 단혼과 복혼 및 집단혼

한 사람의 배우자와만 결혼관계를 맺는 일부일처제를 단혼(monogamy)이라고 한다. 물론 오늘날 대부분의 문명사회는 일부일처제를 규범으로 한다. 그러나 결혼서약은 "죽음이 갈라놓을 때까지"로 혼인기간을 규정함으로써, 사별 이후에 새로운 배우자를 맞는 것을 허용한다. 게다가 대부분의 사회에서, 양 배우자가 모두 살아 있는 상태에서도 본인들이 원할 경우에는 부부관계를 종료할 수 있도록 하고 있다. 따라서 한 번에 한 명의 배우자와 결혼관계를 맺는 것을 원칙으로 하지만, 이혼 및 사별 후의 재혼 등을 고려하면 일생에 걸쳐서 여러 명의 배우자와 순차적으로 결혼을 할 수 있다. 그러므로 오늘날의 결혼풍습은 연속적 단혼제(serial monogamy)이다.

반면에 둘 이상의 배우자와 동시에 결혼생활을 하는 것을 복혼(polygamy)이라고 한다. 복혼은 일부다처제(polygyny)와 일처다부제

(polyandry)로 나눌 수 있다. 일부다처제란 한 명의 남성이 여러 명의 여성과 동시에 결혼관계를 유지하는 것으로서, 비서구 사회의 역사에서 드물지 않게 존재한다. 한반도에서도 고려왕조 때는 공식적으로 여러 명의 부인을 두는 것이 상례였다. 조선에 이르러서 점차 한 여성과의 결혼만을 정식으로 허용하고 나머지 여성들은 부인이 아닌 첩의 위치로 격하시킴으로써, 일부일처제의 형식을 갖추었다. 오늘날에도 능력과 재력이 있는 남성들이 이를 과시하는 수단으로 여러 명의 아내를 취하고 그녀들 각각으로부터 여러 명의 자녀를 두는 풍습이, 비서구 사회의 곳곳에 잔존한다. 반면 일처다부제는 한 명의 여성이 여러 명의 남성과 동시에 결혼을 하는 제도로서, 19세기 후반에도 남인도 지방에서 발견된 바 있다(Cassidy & Lee, 1989). 이에 관해, 토지가 부족하고 환경이 척박했던 상황에서 식량 확보를 위해 남성노동력을 필요로 하였으므로 여성 한 명을 중심으로 여러 명의 남성들을 한 곳에 결집시키기 위한 고육책이었다는 해석이 있다(Cassidy & Lee, 1989). 남성에 비해 여성의 수효가 많은 사회에서는 일부다처제의 풍습이, 결혼 적령기 남성들의 수효가 여성에 비해 많은 사회에서는 일처다부제의 풍습이 보편화됨으로써, 성비의 불균형에 적응하고자 하였다는 지적 또한 일리가 있다.

집단혼(group marriage)은 극히 드물지만, 여러 명의 여자와 여러 명의 남자가 동시에 결혼으로 얽혀 있는 경우를 의미한다. 수렵채집시대의 집단생활을 하던 시기가 실질적인 의미에서는 집단혼 형태였을 것으로 추정된다.

5) 족외혼과 족내혼

같은 집단 내의 성원들끼리 짝을 이루어 결혼을 하는 것을 족내혼

(endogamy)이라고 하고, 다른 집단의 성원과 결혼을 하는 것을 족외혼(exogamy)이라고 한다. 집단 내부의 결속력과 동질성을 강화하고자 할 때 족내혼이 장려된다. 근친혼(近親婚)이나 동성혼(同姓婚)은 혈통을 기반으로 한 족내혼이다. 과거의 신분사회에서는 물론이고 오늘날의 계층사회에서조차 동일한 계층 내의 성원들끼리 혼인을 맺는 경향은 여전한데, 이 경우가 계층을 중심으로 한 족내혼에 해당한다.

반면에 집단 내부를 다독여야 할 필요보다는 경쟁관계에 있는 외부 집단과의 협조체계 구축에 주력해야 할 때, 족외혼이 보편화된다. 부계혈연집단 역시 내부적으로는 조직화된 위계서열이 확실하므로, 족외혼의 규범이 강하게 전승되었다(조정문·장상희, 2001). 특히 우리 사회에서 20세기 말까지도 강요되어 온 동성동본불혼(同姓同本不婚) 원칙[3]은 부계혈연을 중심으로 한 족외혼 — 모계혈연은 상관없이 — 풍습으로서, 부계계승원리를 강화하는 역할을 했다. 오늘날 재계와 정·관계 간의 혼맥을 두고, 권력을 필요로 하는 재계와 재력을 필요로 하는 정·관계 간의 정략적 족외혼으로 해석할 수 있다.

여러 인종이 모여 사는 국가에서는, 정책적으로 민족 간 결혼 내지 인종 간 결혼(족외혼)을 장려한다. 이는 한 사회 내에 모여 사는 여러 인종들이 인종 간 결혼 및 혈통을 공유하는 후세 출산을 통해 인종과 민족 간의 벽을 허물고 전체사회에 동화(同化, assimilation)되며 나아가 전체 사회의 통합에 기여하도록 하려 함이다. 이 경우, 개별 민족의 독특

---

3) 동성동본불혼(同姓同本不婚)이란 성과 본이 같은 남녀 사이에는 촌수에 관계없이 결혼을 하지 않는 제도를 말한다. 한반도에서는 고려 말 이후 동성 간 혼인을 금하는 원칙이 자리를 잡았다. 그러나 산업화와 더불어 동족의식 및 가부장적 혈통주의가 약화된 결과, 한국에서도 1997년 헌법재판소의 결정에 의해 동성동본불혼 원칙이 폐지되었다. 이로써, 사촌 이내의 혈족이 아닌 경우에는 동성 간 혼인을 금하는 법적 제약이 사라졌다.

한 전통이나 정체성은 세대의 흐름에 따라 점차 희석될 수밖에 없다. 반면에 이민생활을 하는 개개인들은 같은 종족과의 결혼(족내혼)을 선호하는데, 대를 물려가며 종족 내 혼인을 할 경우 자신들이 떠나온 고국의 전통과 문화 및 민족적 정체성을 이어갈 수 있기 때문이다. 그러나 사회를 이루는 부분들인 개별 집단들이 각각 자신들 내부의 응집력을 강화할수록, 집단 간의 차이는 더욱 부각되고 전체 사회의 통합력은 약해지기 마련이다. 즉 다인종 사회에서 개별 인종들이 끼리끼리 뭉쳐 있는 경우, 전체 사회는 여러 목소리들로 인해 항상 각축전을 벌이게 된다.

이처럼 족내혼과 족외혼은 서로 상반되는 효과를 지니고 있어서 해당 사회가 처한 상황적 필요에 따라 선택적으로 유지되었다. 다양성을 특징으로 하는 21세기에도, 어떤 기준을 가지고 판단하는가에 따라 족내혼의 원칙이 적용되기도 혹은 족외혼의 원칙이 적용되기도 한다. 구체적으로 사회경제적 배경이나 교육수준 및 인종 등을 중심으로 보면, 족내혼 경향이 뚜렷하다. 그러나 관습적으로는 여전히 동성동본 간의 혼사를 기피하는 데서 볼 수 있듯이, 족외혼 경향 역시 병존한다.

6) 부계제와 모계제, 그리고 양계제

가족의 성(姓)을 승계하는 방법과 가족 의무 및 상속권의 소재지를 중심으로, 해당 사회의 후계 계승이 어떻게 이루어지는지를 구분한다. 즉 친족관계가 아버지 쪽을 따라 이루어지는 경우를 부계제(父系制, patrilineal pattern)로, 어머니의 혈통을 따라 이루어지는 경우를 모계제(母系制, matrilineal pattern)로 규정한다. 일부일처제가 자리를 잡기 이전에는, 생물학적인 아버지를 확인하기가 쉽지 않았으므로 모계 혈통에 의한 계승이 이루어졌을 것으로 추정한다. 그러나 대우혼(對偶婚)[4]이 출현한 이후 오랜 세월 동안 대부분의 사회는 부계를 위주로 한 친족 승계가 주를 이루었다. 그런데 부계제하에서, 결혼한 딸은 결혼 전에 소속되었던 친정에서는 '출가외인(出嫁外人)'으로 여겨져서 제반 권리와 의무로부터 소외되었다.

현대에 이르면서, 점차 모계의 중요성을 인식하고 부계와 모계를 모두 인지해야 한다는 주장(bilineal, bilateral pattern)이 제기되고 있다. 서구에서는, 결혼을 하면 여성이 무조건 원래의 성을 버리고 남편의 성을 갖는 것이 일반적이었던 과거와 달리, 자신이 원래 가지고 있던 성과 남편의 성을 조합해서 사용한다든지 혹은 원가족에서 사용하던 성을 결혼 후에도 그대로 사용하는 경향이 증가하고 있다. 한국의 경우, 일각에서 "아버지와 어머니의 성을 통합하여 사용하자"는 운동이 일어나고 있다. 또한 아들뿐 아니라 딸들도 종중원의 자격을 갖도록 해야 한다는 주장이 제기되어, 2005년 처음으로 대법원에서 승소한 바 있다. 그리고 호주제 폐지와 더불어 2008년부터 새로이 도입된 가족관계등록법은 자녀의 성을 부부가 상의하여 정할 수 있도록 허용하고 있다. 이러한 일련의 사건들에서 우리 사회가 양계화를 향해 나아가는 방향성을 엿볼 수 있다.

7) 가부장제와 모권제

가부장제(家父長制, patriarchy)란 집안에서 가장 나이가 많은 남자에

---

4) 대우혼(對偶婚)이란, 오늘날과 같은 형태의 혼인 풍습이 발전하기 이전의 과도기적인 형태이다. 즉 일정 기간 동안 남성과 여성 간에 독점적으로 성관계를 맺었던 유사 혼인 형태이다. 이는 생물학적으로 출산 기능이 없는 남성들이 자신으로 비롯되는 생물학적 자손을 보장받기 위해, 상대 여성의 임신에서 출산에 이르는 기간 동안 성을 독점했던 방법이다.

게 가족 내의 모든 권위가 집중되는 제도이다. 이러한 문화권에서는 아버지 및 남편이 아내와 자녀들의 모든 것을 책임지고 보호하며 통솔하는 주인이자 결정권자이다. 또한 아내와 자녀들은 남자 및 연장자의 권위에 복종하고 따르는 것을 당연시한다. 정도의 차이만 있을 뿐, 지구상 대부분의 사회에서 가부장제가 보편적으로 받아들여져 왔다.

모권제(母權制, matriarchy)란 가장 나이가 많은 여자에게 권위가 주어지는 제도를 뜻한다. 난교(亂交)가 일반적이어서 생물학적 아버지의 존재가 무의미하던 원시시대에는, 모계를 중심으로 혈통이 이어질 수밖에 없었을 것이고 따라서 모권제였을 것으로 추정하는 설이 있다. 그러나 모계제가 곧 모권제였다고 단정할 수는 없다. 초기 정착농경사회에서 중요한 위치였을 것으로 추정되는 제사장의 역할을 여성이 맡았다고 전해지기 때문에 모권제 사회였을 가능성에 무게를 두는 것이지만, 확실한 근거를 찾을 수는 없기 때문이다.

현대에 오면서 부부가 경제적 부양 역할을 공유함과 동시에 가사 및 육아노동을 분담하고 의사결정권을 공유해야 한다는 주장이 설득력을 얻고 있다. 과거와 달리, 가족의 중요한 결정을 부부가 상의해서 결정하는 가정이 늘고 있는 것은 사실이다. 부부 중 어느 한편이 우위에 있고 다른 한편이 복종하는 관계가 아니라, 부부가 동등하게 두 축을 이루는 양성평등가족(egalitarian marriage)이 우리 사회가 앞으로 지향해 갈 관계 유형이다.

8) 부거제와 모거제, 그리고 신거제

결혼한 부부가 남편의 원가족과 함께 거주하는 제도를 부거제(父居制, patrilocal pattern)라고 한다. 그리고 아내의 원가족과 함께 거주하는 제도를 모거제(母居制, matrilocal pattern)로 분류한다. 반면에 별도의 장소에서 자신들만의 거주지를 정하고 살아가는 제도를 신거제(新居制, neolocal pattern)라 칭한다.

산업화와 더불어 핵가족이 주류의 가족 형태로 자리를 잡으면서 거주 형태 역시 신거제가 보편화되었다. 한국에도 핵가족 생활에 적합한 주거 형태인 아파트의 보급과 더불어, 신거제가 주를 이룬다. 그러나 최근 들어 한국뿐 아니라 서구에서도 부모와 동거하는 성인 자녀의 비율이 증가하고 있다. 이는 경제 불황으로 인해 독립된 거주지를 마련하는 것이 쉽지 않아졌고, 맞벌이 가족 및 한부모 가족 등이 증가하면서 자녀양육을 조부모에게 의존해야 하는 경우가 증가한 데 기인한다.

생 각 해 볼 문 제

01 전 세계를 아우르는 가족으로서의 보편성은 무엇이며, 한국 가족이 지닌 특수성은 무엇인지 생각해 보자.

02 가족의 행복과 개인의 행복은 같이 가는지 혹은 어떤 경우에 상충되는지 생각해 보자.

03 가족개념을 넓게(廣意) 정의할 때, 긍정적인 효과는 무엇이고 부정적인 문제는 어디에 있을지 구체적인 예를 들면서 토론해 보자.

가족이론

    가족은 개인과 사회를 연결하는 중간지점에 위치한다. 따라서 가족은 하나의 소사회로서 가족성원들을 품고 있지만, 가족 스스로도 큰 사회를 구성하는 하나의 부분으로서 존재한다. 그래서 가족성원 개인의 행동은 가족 안에서의 위치와 역할, 가족 안팎에서의 상호작용 그리고 가족을 둘러싸고 있는 사회적 상황에 의해 좌우된다. 뿐만 아니라 우연히 일어난 사건처럼 보이는 가족관계나 가족사건도 오랜 세월 동안 누적된 복잡한 얽힘이자 사회성원들의 상당수가 경험하는 보편적인 것일 때가 많다. 즉 자신만이 겪는 일처럼 여겨지는 것들이 실상은 원인에서 결과로 이어지는 일련의 규칙성과 예측성을 지닌 사회적 사실(social fact)[1]일 가능성이 높은 것이다.

---

1) 사회적 사실(social fact)이란 개인을 초월해 존재하면서 동시에 사람들이 느끼고 생각하고 행동함에 있어서 공통적으로 존재하는 양식들을 의미한다. 이는 개인의 행위나 심리에 대하여 외적 구속력을 행사할 수 있는 모든 형태의 행위양식이다(Durkheim, 1893). 즉 집단적 삶에서의 일반적 조건들로서 사회의 신념이나 경향 혹은 관습 등과 같은, 조직화된 사회에서 대다수의 구성원들이 지닌

따라서 주어진 상황을 이해하고 올바르게 판단하려면, 일상적인 경험의 테두리에 국한하지 않는 근원적 통찰이 필요하다. 가족에 관한 이론적 관점(theoretical perspective)은 가족과 관련된 현상들을 바라보고 해석하는 체계적 시각과 방법을 제시함으로써, 논리적이고 과학적으로 접근하도록 유도한다. 따라서 거시적으로 가족정책을 평가하고 수립하기 위한 통찰력을 얻기 위해서 그리고 미시적으로는 개별가족 및 가족 성원들의 삶이 행복할 수 있는 방향을 찾기 위해서, 가족에 관한 이론을 이해할 필요가 있다.

1 가족에 관한 이론

　　인간이 스스로 경험하는 현실에 대해 객관적으로 판단하기란 쉽지 않다. 가족 형성 및 유지뿐 아니라 가족 안에서의 상호작용 역시 마찬가지이다. 이러한 상황에서, 현상을 설명할 수 있게 하는 것이 가족 이론(family theory)이다. 왜냐 하면 가족 이론은, 일상적으로 경험하는 가족현실을 먼 거리에서 혹은 근접 거리에서 바라보되 객관적이고 과학적으로 관찰하고 설명할 수 있는 기회를 제공하기 때문이다. 가족 이론

일반적 성향이나 행동 등이 사회적 사실이다. 따라서 개인들 각자가 독특하고 불규칙하게 겪는 경험인 개인적 현상(individual phenomenon)은 무수히 존재하면서도 집단적 정서(collective mind)로 연결되지는 않는 데 반해, 사회적 사실은 관찰 및 측정이 가능하고 본인들의 인지 여부와 상관없이 개인들의 태도 및 행동에 대한 강제력과 구속력을 지닌다. 개인들은 자신의 선택에 의해 행동하는 것으로 믿으면서, 스스로 사회적 사실에 순응하게 된다(Giddens, 1992). 따라서 사회적 사실의 원인은, 개인의 의식이 아니라, 선행하는 사회적 사실에서 찾아야 한다.

은 나름의 틀을 가지고 가족현상에 관해 논리적이고 일관적인 설명을 제시하되(논리적 일관성, logical consistency), 그 설명 자체의 진위(眞僞)에 대한 검증이 가능하며(검증 가능성, testability, falsifiability), 나아가 유사한 현상들에 일반화하여 적용하고 예측할 수 있게 하는(일반화 가능성, generalizability) 명제이다.

가족을 "사랑하는 사람들이 누가 먼저랄 것도 없이 자연스럽게 모여 살다 보니 생겨난 것"이라고 볼 것인가 혹은 "힘의 원리에 의해 만들어진 집단이자 갈등하는 개인들의 모임"으로 볼 것인가에 따라서, 가족을 대하는 자세는 달라질 수 있다. 이처럼 가족을 어떤 시각에서 바라보느냐에 따라서 동일한 가족현상에 관한 입장은 상반될 수 있지만, 그럼에도 불구하고 이러한 시각들은 나름대로 논리적이고 일관성 있게 가족현상을 설명한다는 점에서 공통적이다. 가족에 관한 이론을 가족과 전체 사회의 관계나 가족의 변화 추세에 주목하는 거시적 관점(macro theoretical perspective)과 개개인의 일상적 행동 및 소집단에 주목하는 미시적 관점(micro theoretical perspective)으로 구분할 수 있다. 본 장에서는, 거시적 관점에서 구조기능론과 갈등론의 두 가지 이론에 관해 논하고, 미시적 관점에서 가족구성원 개개인간의 관계에 주목하는 상징적 상호작용론과 사회교환이론 그리고 가족전체를 하나의 체계로서 바라보는 가족체계이론을 소개하기로 한다.

2 가족에 관한 거시이론

1) 구조기능론에서 바라본 가족

행위자는 자발적 동기와 가치에 기초해서 행위를 통해 상호작용하고 이러한 상호작용이 안정적으로 제도화(institutionalization)되는 과정을 통해 사회구조(social structure)를 형성하며 유지한다고 보는 이론이, 파슨스(Parsons, T; Turner, 1986에서 재인용)가 제시한 구조기능론이다. 구조기능론(Structural-functionalism)의 입장에서 바라볼 때, 가족은 사회의 필요에 의해서 자연스럽게 생성되어 존재하면서 개인과 사회를 이어주는 제도이다. 사회가 유지되어 가기 위해서는 끊임없이 구성원이 충원되어야 하고, 이들을 사회의 기대치에 부합하게끔 키우고 사회화시켜야 하며, 질병이나 노화로 인해 독립적 생활이 불가능한 사회성원들을 보살펴야 한다. 개인들 역시 일터에서 하루를 보내느라 지친 몸과 마음을 쉴 수 있는 안식처를 필요로 하고, 또한 어리거나 노쇠해져서 혹은 질병으로 인해 무력해지면 의지할 수 있는 버팀목으로서 가족을 필요로 한다. 따라서 가족이 개별 구성원과 사회의 요구에 얼마나 잘 부응하느냐가 전체 사회의 유지를 위해 중요하다. 이처럼 개인과 사회의 욕구를 충족시키기 위한 제도로서 가족이 자연스럽게 발생했다고 보는 것이, 가족에 관한 구조기능론의 시각이다.

구조기능론은 가족성원들이 각자 자신의 위치에 부합하는 역할 수행을 통해 무리 없이 상호의존해 가는지 또한 전체 사회가 가족에게 기대하는 역할들을 무리 없이 수행해 내는지 여부를 가지고, 해당 가족이 기능적인지 그렇지 못한지를 평가한다. 가족의 기능성이란, 법적인 부부 간의 성관계에 따른 출산과 양육, 노동력 재생산, 그리고 노인과 환자에 대한 부양과 같은 여러 조건을 만족시키는 것을 의미한다. 그런데 이러한 조건들을 무리 없이 충족시키기 위해서, 가족 안의 누군가는 가사노동과 육아 및 노인부양을 감당해야 하고 또 다른 누군가는 그러한 일에 소요되는 비용을 벌어들여야 한다. 그리고 이는 가족성원들 각자의 위치에 따라 일련의 역할 – 가사역할과 경제적 부양 – 이 주어지고, 제각기 주어진 역할을 받아들여서 충실히 수행할 때 비로소 가능하다. 이러한 견해는 "이상(理想)적 가족이란 기본적으로 애정과 조화 및 가족성원 간의 만장일치(滿場一致)에 기반을 두기 때문에, 가족성원 각자의 관심과 이익보다는 가족 전체의 이익을 위해 협동한다"는 전제에서 출발한다. 따라서 이러한 역할에 충실하지 않은 가족은 사회와 개인의 안위에 역기능적이라고 보는 것이다.

구조기능론은 경제적 부양자인 남편과 전업주부인 아내에 의해 일구어지는 핵가족을 정상적인 가족의 전형으로 여겨 왔다. 또한 경제적이고 실질적인 생산과 재생산 그리고 육아와 보살핌이 가족에 의해 전담됨으로써 안정적으로 유지되는 사회를 이상적이라고 보고, 이러한 틀을 위협하는 제반 상황을 역기능적이라고 규정한다. 이러한 점에서, 구조기능론은 사회를 정태(靜態, static)적으로 바라보는 견해이다. 물론 경제적 부양 역할을 안정적으로 해내는 남편과 가정 안에 머물면서 가사노동과 육아 및 보살핌 역할을 충실히 수행하는 아내가 있는 한, 그 가족은 사회와 개별 가족성원들을 위해 기능적일 수 있다. 그런데 남편이 실직을 해서 경제적 부양자로서의 역할을 상실한다면? 혹은 아내가 맞벌이를 하려 한다면? 이런 경우 해당 가족은 균형을 상실한 역기능 상황이라고 진단된다. 왜냐하면 사회는 가족에게 맡겨온 양육 및 부양역할 수행과 관련된 도전에 직면할 것이고, 개별 가족성원들 역시 예기치 않던 상황에서 새로운 역할 구도에 적응해야 하는 어려움을 겪게 될 것이기 때문이다.

구조기능론적 설명이 지닌 가장 큰 문제점은 "가족성원들이 모두 각자의 위치와 역할에 만족하는지 혹은 그렇지 않은지?"에 관한 의문 자체를 간과하고 있다는 데 있다. 사실 가족 구성원들 간에 애정과 만장일치만 존재하는 것은 아니다. 가족은 성별과 나이뿐 아니라 취향과 욕구가 다양한 사람들로 이루어져 있기 때문에, 가족성원들 각자의 입장에 따라 이해관계가 충돌하는 경우는 수없이 많다. 직장에서 남들과 경쟁하면서 성취감을 느끼고 싶은 여성이 전업주부로 살아간다면 과연 행복할까? 적성에 전혀 맞지 않는 일을 하면서 가족을 벌어 먹이기 위해 새벽부터 밤까지 직장에 매여 있는 남편은 행복한가? 가족 안에 있는 개개인이 행복하지 않다고 해도 가족은 사회로부터 부과된 제반 기능들을 수행하기 위해 기존의 역할구도를 고수해야만 하는가? 이러한 제반 의문들은 개인과 가족 혹은 가족과 전체 사회의 요구가 상충될 때, 가족 안의 개인이 그리고 사회 안의 가족이 직면하게 되는 딜레마이다.

2) 갈등론에서 바라본 가족

갈등론(Conflict theory)은 구조기능론과는 상반되는 입장에서 가족을 바라본다. 자연발생적으로 생겨나서 사회적·개인적 합의에 의해 존속해가는 제도가 아니라, 소수가 자신들의 기득권을 보호하기 위해 의도적으로 시도한 것으로서 가족을 바라보는 것이다. 따라서 갈등론에서는, 가족이 경험하는 어려움의 상당수가 개인의 잘못이 아니라 사회 전반의 구조적 문제로 인해 비롯된 것이라고 설명한다.

    인류가 금속 도구를 발명하고 정착 농경과 저장 기술을 확보하여 잉여 생산물을 축적할 수 있게 된 이래로, 부와 권력의 불평등 사회가 시작되었다. 그러한 상황에서 부와 권력을 지닌 남성 집단이 노동력과 전투력 그리고 자기 재산을 물려줄 친자를 확보하기 위해 시도한 것이 결혼제도였다는 것이, 갈등론적 관점에서 설명되는 가족의 태동 배경이다.

    이러한 견해에 입각해서 보면, 가족은 세대를 이어가면서 계급적 불평등을 재생산하는 단위이다. 개인들이 속한 가족의 사회적 지위와 소득 수준에 따라 상이한 교육기회가 주어지고, 교육기회의 불평등은 이후에 펼쳐질 삶의 기회 또한 불평등하게 재단한다. 교육에 투자할 수 있는 자원이 부족한 저소득층의 경우, 한 자녀 – 특히 아들 – 에게 집중적으로 투자를 해서 사회적 지위를 상향 획득하게 함으로써 가족 전체의 계층 상승을 이루고자 시도하기도 한다(Lee, 1998). 이러한 과정에서 교육 혜택으로부터 소외된 자녀들은 직업과 결혼에 있어서 역시 상대적 불이익을 감수할 수밖에 없고, 가정에서 유일하게 교육혜택을 받은 자녀는 집안 전체의 계층 상승을 주도해야 하는 책임과 더불어 부모와 형제들의 인생까지 한 어깨에 짊어지고 살아야 하는 부담을 지게 된다. 반면에 부모의 사회적 지위가 높고 경제적으로 풍요로운 가족에서, 자녀는 우호적인 교육혜택을 받고 성장할 뿐 아니라 문화적 가치 및 생활수준 등 삶의 제반 영역에서 상층의 계층적 지위와 문화를 전수받아서 여유롭게 인생을 살아갈 가능성이 높다. 이처럼 사회 내에 엄존하는 구조적 불평등은 개별 가족과 개개인의 삶에서 가시화되면서 사회통합을 저해하고, 열악한 상황에 있는 가족들로 하여금 대를 이어가며 상대적 박탈감에 시달리게 한다.

한편 가족 내부의 역학(dynamic)에 관해서, 갈등론은 가족들 간의 상호 애정에 기반을 둔 화합이 아니라 개별적 이익을 극대화하고자 하는 개인들 간 이해관계의 충돌이자 갈등관계라고 설명한다. 한 가족성원의 이익에 부합하는 가족행동이 다른 가족성원의 희생을 담보로 하며, 가족 안에 존재하는 불균형한 힘의 향배에 따라 가족 결정이 이루어진다는 것이다. 그런데 이 경우 원하지 않는 결정에 따라야 하는 개인은 불만을 가질 수밖에 없다. 남편의 경제적 부양능력이 충분한 가정에서 아내가 맞벌이를 하느라 가사 및 보살핌 역할에 전념하지 않는 것은, 가족 단위의 역할수행 측면에서 볼 때는 기능적이지 않을 수 있다. 그러나 직업을 통해 자신의 능력을 발휘하고 자아를 개발하고자 하는 여성이 전업주부로 머물러야 한다면 개인적으로 불만스러울 수밖에 없고 그녀에게 있어서 가사와 육아 역할수행에 한정되는 삶은 불만족스러운 희생에 다름이 아니다. 남편의 경제력이 충분한 정도로 유지되는 동안은 전업주부에 의해 가사와 보살핌이 가족 안에서 해결될 수 있겠지만, 그러한 결정이 가족성원 모두의 만장일치에 의한 것이라거나 모두의 복리에 부합한다고 볼 수는 없다. 가족 안의 개인 특히 여성의 희생을 담보로 하기 때문이다.

사회 전체를 위해 이익이 되는 일을 가족이 담당한다고 해서, 그것이 곧 가족 단위의 복리와 직결되는 것은 아니다. 예를 들면, 노인 및 장기질환자를 위한 보살핌이 가족 안에서 이루어지기를 고집하는 것은, 사회의 입장에서는 비용을 절감할 수 있는 방법일 수 있지만 개별 가족성원의 행복 추구권을 도외시하는 결정이다. 사회가 노인 및 환자 부양을 가족에게 떠넘기고 가족은 또 개인적 희생에 기초하여 불만과 갈등을 억압하면서 보살핌 역할을 수행하는 것은, 가족 안의 누구도 행복하지 않은 결과를 초래한다. 보살핌 담당사인 여성은 장기적 스트레스에 시달리고 피부양자는 마음 편히 보살핌을 받기 힘들며, 그 외의 가족성원들 역시 편안하지 않은 생활을 이어가게 된다. 이처럼 가족에게 주어진 역할이 가족성원들의 복리에 역행하는 경우, 가족은 피폐해지며 불안정해진다. 그런데 가족 밖에서 양질의 육아 서비스 및 노인 부양 서비스가 제공될 수 있다면, 맞벌이와 육아 및 노인 부양이 상충되지 않을 수 있다. 이처럼 갈등론은, 개인의 욕구를 충족시킬 수 있는 방안을 굳이 가족 안에 한정시키지 않고 가족 밖의 사회에서 찾아야 할 이유를 제기한다. 이는 개별 가족과 전체 사회 간 역할 조정을 통한 새로운 적응 가능성에 대한 청사진이다(김유경 외, 2016).

갈등론적 관점에서는, "가족이 사회 유지를 위해 어떤 역할을 수행하느냐?"보다는 "가족 안의 개인들 각자가 얼마나 평등하고 행복할 수 있느냐?"에 초점을 둔다. 그리고 "개별 가족들이 사회의 유지와 존속을 위해 주어진 기능을 충실히 수행하느냐?"보다는 "가족이 원만히 유지될 수 있도록, 기존의 가족역할들을 사회가 어떻게 분담하고 지원해서 가족부담을 덜어줄 것이냐?"에 주목한다. 왜냐하면, 가족 안의 개개인이 평등하고 행복해서 가족들이 잘 유지되어가는 것이 전체 사회를 위해서도 중요하다고 보기 때문이다.

가족을 이루고 살아가면서 가족성원들은 끊임없이 상충되는 이해에 맞닥뜨릴 수 있는데, 갈등론에서는 이와 같은 가족갈등을 역기능이 아니라 지극히 정상적인 것으로 바라본다. 따라서 상호 이익이 충돌할때 갈등의 표출을 통해 서로의 입장을 전달하고 절충하여 가족성원들 각자의 복리에 좀 더 부합할 만한 새로운 해결점을 찾는 변화의 계기로 삼을 수 있다는 데 주목한다. 갈등론은 가족 안의 개개인이 행복하게 느낄 수 있는 한, 어떠한 가족 형태든 수용할 수 있다는 입장이다. 개개인이 평등하지 않다면 불만과 갈등은 상존할 수밖에 없기 때문에 이를 해결하기 위한 적극적 노력이 필요한데, 그 시도의 결과가 이혼일 수도 있고 한부모 가족일 수도 있으며 혼외동거일 수도 있고 혹은 동성애 가족일 수도 있음을 인정하는 것이다. 사회 내의 갈등과 변화를 긍정적으로 바라본다는 점에서, 갈등론은 동태(動態, dynamic)적인 관점이다.

갈등론적 견해는 구조기능론이 지니고 있는 한계에 대한 반박으로서 타당하지만, 구조기능론이 지니는 타당성 즉 가족 안에 존재하는 가족성원 간의 애정과 배려 그리고 동질감 및 자발적 희생 등의 비중을 지나치게 축소하고 있다. 가족성원 간에는 각자가 지닌 권력의 상대성에 의해 힘겨루기가 이루어지고 욕구가 상충되기 때문에 갈등이 상존하기도 하지만, 가족성원들 간의 상호작용이 늘 힘의 향배(向背)에 의해서만 결정되는 것은 아니다. 개개인의 이익에 부합하지 않는 경우에도 항상 불만과 갈등이 촉발되는 것은 아니며, 다른 어떤 집단에서도 기대하기 힘든 이타적 보살핌과 보호가 제공되는 관계이기도 하다. 그리고 이러한 이유에서 대다수의 사람들은 가족으로 인한 구속과 희생을 기꺼이 감수하며 살아간다.

가족에 관한 구조기능론과 갈등론은, 가족의 현실에 관해 주목하는 차원이 각각 다르고 그에 대한 평가 역시 상반된다. 구조기능론이 가족의 긍정적 기능과 역할의 필요성 및 안정성에 주목한다면, 갈등론은 가족이 개별 구성원들에게 가하는 구속과 개인적 불만 그리고 사회가 개별 가족들에게 가하는 압박으로 인한 가족 차원의 갈등 그리고 변화 가능성에 초점을 둔다. 그런데 이같이 엇갈리는 두 관점 각각이 지니는 타당성을 부인할 수 없는 것은, 가족이 지니는 양면성 때문이다.

3 가족에 관한 미시이론

1) 사회교환이론과 형평성 이론

사회교환이론(Social exchange theory)은 "인간은 최소한의 대가를 지불하고 최대한의 보상을 받고자 노력한다"는 명제에 기초하여 자원을 주고받는 과정에 주목한다. 돈이나 물질뿐 아니라, 지위나 미모와 젊음 그리고 지성과 재능 및 권력 등과 같은 무형의 것들 역시 교환대상이 되는 자원이다. 서로 상대방이 지닌 자원을 얻고자 할 때 그리고 양편에서 모두 보상이 대가보다 크거나 최소한 같다고 여길 경우, 교환은 이루어진다. 동일한 자원도 주체가 처한 상황적 필요성과 중요성에 대한 주관적 기준에 따라 다르게 평가되기 때문에, 두 사람 간의 교환관계에서 어느 한편이 대가에 비해 보상을 크게 받았다고 느낀다고 해서 상대편은 보상에 비해 대가를 더 많이 치렀다고 느끼는 것은 아니다. 또한 모든 관계가 의식적인 차원에서의 저울질을 통해 결정되는 것도 아니다. 그러나 사람들은 일반적으로 여타의 대안들과 비교해서 가장 대가가 적고 보상이 크다고 판단되는 선택을 한다.

데이트나 결혼 상대자에 대한 선택에 있어서도, 자신이 얻는 바가 잃는 것에 비해 많다고 생각되는 관계를 선택하고 자신이 잃는 것이 더욱 많다고 여겨지는 관계는 종결하는 경향이 있다. 물론 가족 안에서도 양자 모두 자신이 얻는 바가 상대방에게 제공하는 것에 비해 많다고 생각한다면, 친밀한 관계가 유지될 것이다. 그러나 어느 한편이라도 손해를 본다고 생각한다면 그 관계는 갈등적일 수밖에 없다. 이처럼 가족관계에서도 무조건적 이타성이 존재한다고 보기는 힘들다.

형평성 이론(Equity theory)은, 자신이 치르는 대가에 비해 보상이 적다고 느끼는 경우뿐 아니라 너무 많이 받은 경우에도 "어느 편에게든 정의롭지 않은 교환"이라고 느끼기 때문에 불만족한다고 설명한다. 물론 자신이 받은 보상에 비해 대가가 지나치게 많다고 생각하는 편은 억울한 생각이 들고 관계에서 균형을 이루려는 시도를 하게 된다. 여기에서 균형을 이루려는 시도란, 상대방으로부터 다른 자원을 더 가져옴으로써 균형을 이루려고 하거나 혹은 이후의 관계에서 상대방에게 자원을 제공하지 않거나 그 수준을 낮추는 것이다. 반면에 자신이 치른 대가에 비해 보상이 많다고 여기는 경우에는 상대방에게 죄의식을 갖게 된다. 그래서 그에 상응한다고 생각하는 유무형의 자원을 더 제공하려고 노력하는데, 과도히 받은 만큼에 해당하는 권력을 상대방에게 양도하는 것도 그 하나이다. 예를 들면, 배우자 선택 시에 고려되는 다양한 조건들을 고루 갖추고 있다고 생각하는 남자와 여러 면에서 부족하다고 여기는 여자가 결혼을 한 경우, 평균적인 부부들의 경우보다 훨씬 더 많은 권력이 남편에게 집중될 가능성이 크다. 이처럼 사람들은 가능한 한 서로 공평하다고 느낄 수 있는 지점 — 형평점(equity point) — 을 찾는 경향이 있다.

교환이론 및 형평성 이론은 손익 계산에 입각한 선택과 합리적 행동 자체만을 중시한다는 비판을 받기 쉽다. 회복할 가능성이 없는 식물인간 상태의 배우자를 수년에 걸쳐서 수발하는 아내나 남편과 사별하고 난 후에도 오래도록 병석의 시어머니를 봉양하는 며느리의 경우, 현

새 자신이 상대방에게 제공하는 투사분에 대해 상대방 – 위의 사례에서는, 식물인간인 배우자 및 병석의 시어머니 – 으로부터 받는 현재의 보상에 기초한 교환으로 볼 수는 없다. 그러나 사회교환은 현재적 맞교환에만 국한되지는 않는다. 자녀가 어릴 적에는 부모가 자녀를 보살피고 수십 년이 지나서 노쇠한 부모를 어른이 된 자녀가 부양하는 것은, 장기간에 걸친 세대 간 교환으로 설명이 가능하다. 배우자가 과거 자신에게 베풀었던 사랑에 대해 현재의 병수발로써 되갚는 것 역시, 장기간에 걸친 교환원리로 설명할 수 있다.

사회교환이란 늘 이자(二者) 관계 안에서만 완결되는 것도 아니다. 즉 A가 B에게 자원을 베풀었다고 해서, 꼭 B로부터 다시금 A에게 되갚아지는 맞교환만을 교환관계로 한정할 필요는 없다. 부모(A)가 아들(B)을 양육하고, 아들(B)은 결혼하여 아내(C)에게 충실하며, 아내(C)는 시부모(A)를 공경함으로써 남편으로부터 받은 사랑을 되돌리는 삼자 간 베풂의 고리가, 한국 사회에서 유지되어 온 효(孝)의 원리이다. 또한 "A가 B에게 베풀고, B가 C에게 베풀며, C는 D에게 베풀다 보면, 어느 날 A는 자신이 자원을 베풀지도 않은 어느 누군가로부터 혜택을 받을 수 있다"는 것이, 다자간의 원거리 교환, 즉 일반화된 교환(generalized exchange) 원리이다. 물론 이와 같은 원거리 교환이 의식적 계산을 통해 이루어지는 것은 아니다. 개인들이 사회화 과정에서 내면화하게 되는 문화적 가치관과 사회의 규범 속에, 개인적 차원뿐 아니라 사회적 차원에서 합리적 선택(rational choice)2)으로 이끄는 원거리 교환 원칙이 내재되어 있다.

---

2) 가지고 있는 정보와 상황 내에서 물질적 차원 뿐 아니라 규범과 관념 그리고 이기성과 이타성 등 모든 측면들을 통합하고 잠재적 비용과 이익을 고려할 때, 가장 효율적이라고 생각되는 대안을 선택하는 것을 의미한다.

2) 상징적 상호작용론

상징적 상호작용론(Symbolic interactionism)은 가족성원들 간의 상호 작용을 중요시한다. 즉 개인이 지니고 있는 생각이나 믿음 등의 주관적 의미를 어떻게 표현하고 인식하며 해석하고 반응하는지에 주목하고, 그 러한 상징의 반복적 교환을 통해 서로가 서로에게 그리고 쌍방적 관계 에 어떻게 영향을 미치는지에 관심을 둔다. Mead(1934)는 주변의 '중요 한 타자(significant other)'들과 상징을 통해 상호작용하면서 자아 정체성 (self identity)을 형성하는 것으로 보았다. 또한 Cooley(1922)는 "중요한 타자들이 보내는 상징을 해석하고 이를 토대로 자아를 형성한다"고 설 명하면서, '거울자아(looking-glass self)'라는 개념을 도입하였다. 여기에 서 중요한 타자란, 부모·형제·자녀 그리고 애인과 배우자 및 친구 등 개인에게 중요하게 여겨지고 자주 접촉하는 주변 사람들을 뜻한다. 그 리고 상징이란, 말이나 문자뿐 아니라 표정과 말투 및 음성과 몸짓 그 리고 태도 등과 같이 의사소통의 도구가 될 수 있는 것들로서, 해당 사 회 및 집단 구성원들에 의해 특정한 의미가 부여되고 공통적으로 통용 되는 것을 의미한다.

가족성원들은 서로에게 중요한 타자로서, 상징을 주고받으면서 상 대방의 반응을 해석하고 그 해석에 기초해서 상대방에게 다시금 반응 하는 과정을 되풀이한다. 그리고 이러한 상호작용을 통해 가족으로서의 정체성과 가족 전통이나 의식 혹은 가족문화를 형성하며 공유하고 전 수해 간다(Lamanna & Riedmann, 1997). 요약하자면, 상징적 상호작용론 에서 바라본 가족이란 표준화된 형태나 고정된 구조가 아니라 가족성 원 간에 공통적으로 통용되는 상징과 의미를 통해 비로소 생성되는 문화적 실체이다. 따라서 상징적 상호작용론에서의 가족역할이란 가족성원들이 각자 자신의 위치와 지위에 따라 상이하지만 이 또한 가족이 처한 상황 및 가족성원 간의 상호작용에 의해 조절되고 수정된다는 점에서, 구조기능론에서 사용하는 '고정된 역할'과는 본질적으로 다르다.

"결혼한 두 사람이 어떻게 부부로서의 정체성을 형성하고, 이혼하는 부부가 어떻게 관계를 해체해 가는가?" "가족역할이 어떻게 형성되고 어떻게 습득되는가?" "부모와 자녀는 서로를 어떻게 사회화시키는가?" "가족성원들이 어떻게 공통된 목표나 가치 및 규범을 공유하는가?" "도시가족과 농촌가족은 가족 내에서 어떻게 다르게 상호작용하는가?" 등과 같이, 상징적 상호작용론을 적용하여 설명할 수 있는 영역은 다양하다(Lamanna & Riedmann, 1997). 또한 상호관계가 원활하지 않은 가족에게 가족 상담이나 부부 상담 등을 통해 긍정적인 상징교환 방식을 추천하고 훈련시킴으로써 관계 개선을 유도하고 구체적 해결방안을 제공할 수 있는 이론적 근거가 된다는 점에서, 상징적 상호작용론은 실용적이다. 상징적 상호작용론은 세대 및 성에 따라 다양하게 표현하고 다르게 이해하는 등의 의사소통 문제로 인한 갈등을 개선하고자 할 때, 통찰력을 제공하기 때문이다. 그러나 상징적 상호작용론은 개인의 주관적 해석과 상호작용을 통해 부여된 의미에만 주목하다 보니, 객관적 사실을 간과할 위험에 노출되어 있다. 그리고 가족 안에서도 부부 혹은 부모자녀 등 가족 전체가 아니라 일부 구성원들 간의 상호작용에 초점을 두기 때문에 가족을 하나의 전체로서 바라보지 못하고, 가족과 사회 간의 관계 ― 예를 들면 거시경제상황이 가족에 미치는 영향 ― 가 지니는 중요성을 간과한다는 비판을 피할 수 없다.

3) 가족체계이론

　가족체계이론(Family systems theory)은 구성원들 간의 관계와 갈등을 가족이 하나의 체계로서 굴러가는 과정상의 역동으로 해석한다. 가족체계는 상호 의존하는 개인들의 단위, 즉 결혼과 출산 및 입양 그리고 여타 관계를 맺는 개인들로 구성된 실체로서 정의된다. 그래서 하나의 가족체계 안에 여러 개의 하위체계, 즉 부부체계 및 부모자녀 체계 그리고 형제자매 체계 등이 존재한다. 그런데 이러한 가족 내의 하위체계들 중 어떤 체계가 어떻게 작동하는지를 이해하기 위해서, 부분이 아닌 가족 전체를 하나로서 이해해야 한다고 보는 것이다(White et al., 2015). 가족체계 내에서 부부와 부모자녀 그리고 확대가족이 상호 의사소통하면서 체계를 구성해가는 것이므로, 가족체계의 한 부분에서 변화가 일어날 때 그 변화가 가족체계 내의 다른 구성원들에게도 영향을 미친다고 보기 때문이다.

　가족 내 하위체계는 일부 구성원 간의 관계로 구성되며 가족 안의 위계상 나름의 위치를 점유하는데, 이는 가족 내 권력구조와 연관된다(Whitchurch & Constantine, 1993). 가족구성원은 가족체계 안에서 같은 패턴의 상호작용을 반복하면서 비가시적이고 무의식적인 규칙의 지배를 받고, 대부분의 가족은 각 구성원이 수행하는 역할에 대한 가정 위에서 기능하기 때문이다. 예를 들면, 부부는 자녀들보다 상위에 위치하며 더 큰 권력을 지닌다. 이 경우, 부부가 자녀들에게 책임 있는 부모로서 기능한다면, 해당 가족체계는 별 문제 없이 굴러갈 것이고 가족 내 위계구조는 문제가 되지 않는다(Benson et al., 1995). 반면 가족체계에 새로운 구성원이 추가되거나 기존의 구성원이 빠지거나 혹은 특정한 하위체계가 기능을 상실할 때, 해당 가족체계는 불균형 상태에 빠지게 되고 평형을 재확립하려는 시도를 하게 된다.

예를 들면, 부부 관계가 악화되어 별거를 하거나 이혼을 한 가족은 혼란을 겪고 스트레스 상황에 처하게 된다. 그렇더라도 어떤 가족에서는, 자녀와 함께 하는 쪽의 부모가 부재하는 배우자의 몫까지 자녀들에게 제공하면서 성장기의 자녀로 하여금 자녀로서의 위치에 머물 수 있도록 지킨다.

그러나 그렇지 못한 가족도 적지 않다. 한부모 가족의 어머니가 성장기의 아들을 부재하는 배우자 대신으로 여기면서 상호작용한다면, 해당 자녀는 자신의 발달단계를 벗어나서 '성인화(adultification)'되고 또한 가족 내의 위계적 경계를 넘게 된다(Burton, 2007). 모자가 과잉 밀착되어 있던 상태에서 아들이 결혼을 하면, 해당 가족 체계는 다시금 도전에 직면한다. 어머니는 기존의 모자간 과잉 밀착에서 얻었던 감정적 이익을 포기하기 힘들기 때문에, 아들의 결혼과 며느리를 심정적으로 수용하기 힘들다. 그래서 모자 간 응집성을 유지하기 위해, 아들의 배우자인 며느리를 배척하려 하거나 혹은 아들 부부의 관계구도 안에서 자신이 중심을 차지하는 방안을 모색한다. 이는 기존의 체계가 안정을 유지하도록 함으로써 변화에 저항하는, 부적 피드백이다. 그런데 결혼한 아들과 그의 배우자가 부부 간 결속을 우선시하는 새로운 위계구도를 설정하고 어머니와의 관계를 후차적인 것으로 돌린다면, 이는 체계가 새로이 변화하도록 유도하는 정적 피드백이다. 기존의 관계구도에서 이익을 누려왔고 새로운 변화가 자신의 이익에 반한다고 판단하는 구성원은 부적 피드백을 택할 것이고, 새로운 관계구도를 설정할 필요를 느끼는 구성원은 정적 피드백을 시도하는 것이다. 이 경우, 어떤 가족은 얼마간의 갈등을 거쳐서 절충점을 찾는 선에서 새로운 상호작용 패턴을 받아들이고 가족 내 하위체계의 경계를 재설정하는 반면, 또 다른 가족은 절충점을 찾지 못한 채 갈등이 증폭되기도 한다.

건강한 가족체계란 일부 구성원 간의 극단적 밀착이나 유리가 아니라 융통성을 허용하는 관계를 의미한다. 따라서 개인이 가족 문제를 호소하는 경우, 가족체계이론에서는 해당 개인만을 분리하여 상담 및 치료의 대상으로 삼지 않는다. 즉 그/그녀가 속한 가족구성원들의 다중적 관점과 시각의 차이 및 의사소통 패턴이 주는 다양한 영향을 분석하고 문제점을 분석하여, 해당 가족체계가 지닌 역기능을 수정하여 관계의 융통성을 확보하도록 유도한다.

생 각 해 볼 문 제

01 거시적인 사회 상황이 개인과 가족의 일상사에 영향을 미치는 예를 생각해 보자.

02 개인과 가족이 영위하는 삶의 모습이 전체 사회에 어떻게 영향을 끼칠 수 있는지 생각해 보자.

03 가족의 삶을 이해하는 데 거시적 이론과 미시적 이론은 어떻게 보완적으로 활용될 수 있을지 생각해 보자.

PART

02

부부되기와 부부로 살기

성과 사랑

사랑은 우리네 삶을 이끄는 진액으로 여겨져 왔다. 시나 소설, 영화, 오페라, 그리고 가요 등 다양한 장르의 예술과 대중문화의 주요 모티브로 등장하는 사랑이란 과연 무엇인가? 사랑은 무엇이어야 하는가? 그리고 보편적이고 객관적인 '사랑의 기준'은 존재하는가?

Fromm(1956)은 사랑을 형제애(brotherly love)와 모성애(maternal love) 및 부성애(paternal love), 유아기적 사랑과 미성숙한 사랑 및 성숙한 사랑, 그리고 성애(erotic love, 性愛) 등으로 구분하고, 그 중에서 성애(性愛, sexuality)를 "육체적인 친근감에 바탕을 두고 있어 쉽게 지치고 고갈되는 것"이라고 평가하였다. 반면에 애착이론(Attachment theory)에서는, 정서와 육체가 서로 소통하면서 완성해 가는 성애를 "인간이 타인과 연결되고 친밀해짐을 통해 스스로 안전하게 느끼고자 하는 생존 욕구에서 진화한 것"으로 정의한다(Benokraitis, 1996). 두 이론에서 상이하게 설명하고 있는 바를 종합하면, 성애는 쉽게 지치고 고갈되는 것일수도 있고 끊임없이 창조적인 에너지와 친밀감을 북돋는 것일 수도 있다. 성애가 지닌 이와 같은 양면성은, 다시금 "사랑이란 무엇이어야 하는가?"에 관한 의문으로 회귀한다. 본장에서는, 남녀 간의 사랑 즉 이성애에 한정하여 사랑을 논하고자 한다.

1 사랑에 관한 이론

1) 사랑에 관한 생물학적 이론

생물학에서는, 사랑의 감정을 인간의 신체에서 분비되는 화학물질의 작용으로 설명한다. 사랑, 즉 이성애를, 가임 연령층의 남녀가 연애에 빠져서 자연스럽게 자손을 번식시키고 양육하여 인류가 존속해 가도록 진화한 결과로서 설명하는 것이다. 이에 따르면, 각자의 뇌에서 분비되는 각성제가 신경계와 혈관을 따라 전달되면서 떨림과 두근거림 등의 열정적 도취 상태[1]에 빠지게 한다(Ackerman, 1994).

그런데 이와 같이 강력한 열정을 불러일으키는 화학물질은 짧으면 3개월에서 길어도 3년 정도가 지나면 더 이상 지속되지 않는다. 따라서 서로에 대한 심취도는 시간의 흐름에 따라 감소할 수밖에 없고, 많은 커플들이 이 시기를 전후하여 "사랑이 식었다"고 느끼며 관계를 종결한다. 그러나 격정과 열정이 식은 이후에도 또 다른 화학물질인 엔돌핀이 분비되는 경우, 서로에 대해 훨씬 안정적이고 성숙한 애착을 느끼며 관계를 지속해 갈 수 있다(Benokraitis, 1996).

---

1) 만남의 초기에 분비되어 상대방에 대한 도취 상태를 유발하는 천연 각성제로서, 도파민, 노르에피네프린, 페닐에틸라민(PEA) 등이 보고되었다(Benokraitis, 1996).

2) 사랑의 구성요소에 관한 삼각형 이론

Sternberg(1986)는 친밀감(intimacy), 열정(passion), 그리고 헌신(commitment)을 사랑을 구성하는 세 가지 요소로 제시한다. 친밀감이란 가깝고 연결된 느낌, 즉 유대감을 의미하고, 열정이란 연애감정 및 성적 이끌림을 뜻한다. 반면에 헌신이란 이성 관계에 돌입하고 유지해 가기로 결정하는 책임과 의무 그리고 관계에 대한 정신적·실질적 투자의 차원이다. Sternberg의 이론은 사랑이라는 개념을 설명하는 요소들 간의 균형, 그리고 애정관계에 포함된 두 사람 간 관계의 상호성에 초점을 두고 있다. 이러한 세 차원이 고루 균형을 이룰수록, 그리고 두 사람의 감정이 유사할수록 원만한 어울림이라고 할 수 있다.

겉모습 외에는 상대방에 대해 아는 바가 거의 없으면서도 "첫 눈에 반하는 것"은, 열정만 넘치는 불균형적 사랑에 불과하다. 반면 오랜 세월 동안 가까이에 있어서 서로에 대해 익숙하지만 전혀 이성(異姓)으로서의 느낌이 들지 않는다면, 친밀감만 있고 열정이 빠져 있는 경우이다. 또한 두 사람 사이에 열정과 친밀감이 존재하지 않는 상태로 유지되는 관계를 '빈 껍질'과 같은 관계라고 정의한다. 그리고 한 쪽은 열정이 큰 반면 다른 한 쪽은 열정은 식었으나 임신을 했거나 관계에 투자한 정도가 커서 관계를 단절하지 못하는 경우를, '어긋난 사랑'이라고 볼 수 있다. 한 쪽은 관계를 단절하고자 하는 반면 관계에 대한 헌신의 정도가 큰 상대편은 관계를 유지하려는 유인이 큰 경우, 두 사람의 관계에는 집착과 배신감만 남을 뿐이다. 또한 사랑의 크기가 양자 간에 차이가 많이 나는 경우를 '짝사랑'이라고 한다. 이성애는 쌍방적인 관계이므로, 사랑을 일구는 세 꼭짓점 – 열정, 친밀감, 헌신 – 이 균형 잡힌

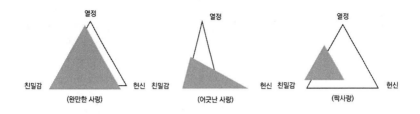

| 그림 3-1 | 사랑에 관한 삼각형 이론 |

출처: Sternberg, 1986에서 재구성.

정삼각형의 모습이면서 두 삼각형의 크기가 유사한 경우를, '원만한 사랑'으로 평가한다. 현재 폭풍 같은 사랑에 빠진 상태더라도 잊지 말고 염두에 두어야 할 것은, 이성애는 변화하는 속성을 지니므로 양자 간의 관계가 늘 한결같을 수는 없다는 사실이다.

대인관계 지속의 규범

사람들 간의 관계는 주로 만족도(satisfaction)와 헌신(commitment)이라는 두 가지 요소의 상호작용에 의해서 지속 여부가 결정된다.

만족도(satisfaction)란, 관계에 대해 개인이 느끼는 주관적 평가이다. 주관적 평가는 다시금 두 가지 요소에 의해서 좌우된다. 그 하나는 관계를 지속함으로 인해 자신이 무엇을 얼마나 얻고 얼마나 잃게 되는가에 대한 판단이다. 이는 당사자가 관계 자체에 대해 갖는 기대치에 의해 좌우되는데, 기대치가 낮을수록 만족도는 쉽게 충족될 수 있다. 그런데 데이트 관계에서의 상호 만족도는 물질적인 주고받음에 국한되지 않고 정서적으로 관계에 얼마나 몰두해 있는가에 의해 좌우된다. 따라서 관계에 몰두해 있는 정도가 높은 쪽은 그 관계를 공고히 유지하기 위해 노력할 것이다. 반면에 상대적으로 관계에 몰두하지 않고 있는 쪽은, 관계 결렬에 대한 부담이 덜하다. 따라서 관계에 덜 몰두해 있는 파트너가, 두 사람 사이에서 상대적 권력을 지니게 된다.

헌신(commitment)은 당사자를 해당 관계에 묶어두는 힘으로서 관계를 해체하는 데 장애가 되는 요인이다. 관계를 유지시켜 오는 과정에서 들인 노력이나 시간 및 금전 등과 같이 투자한 자원이 클수록 헌신의 정도가 크다고 할 수 있다. 또한 현 관계의 흔적이 관계 해체 이후까지도 큰 영향을 미칠 것으로 예상될수록, 현 관계에의 헌신 정도는 크다. 한 예로, 데이트 혹은 결혼 관계에 있는 두 사람 사이에 태어난 자녀가 있는 경우와 그렇지 않은 경우 사이에, 관계에의 헌신 정도는 다르다. 자녀의 존재는 현 관계가 해체되더라도 사라지지 않는 깊은 흔적이며 관계 해체 이후의 삶에도 영원히 남아서 영향을 미칠 것이기 때문이다. 헌신의 정도가 큰 경우엔 만족도가 상당한 정도로 낮아진 이후에도 관계는 지속될 가능성이 높다.

3) 사랑의 과정에 관한 수레바퀴 이론

사랑의 감정은 고정적인 것이 아니므로, 사귐의 과정에 따라 변화되는 것이 일반적이다. Reiss(1960)는 사랑을 완성해 가는 과정을 관계형성(rapport), 자아노출(self-revelation), 상호의존(mutual dependency), 그리고 인성적 욕구충족(personality need fulfillment)이라는 네 단계로 구분하였다. 성장배경이나 계층 및 교육 등과 같은 문화적 배경이 유사할 때 서로에 대한 관심이 생기게 되고(관계 형성), 관심사나 흥미, 희망 등에 관해 서로 노출하면서 가까워지게 된다(자아 노출). 다음 단계에서 깊은 내면적 욕구와 생각을 공유하고 상호의존하게 되며(상호의존), 궁극적으로는 서로를 지지하고 공동의 결정을 내리는 인성적 욕구충족 단계(personality need fulfillment)에 이르게 되는 것으로 설명한다.

그런데 일단 사귐이 시작되었다고 해서 전술한 네 단계가 일방향적으로 진행하는 것은 아니다. 바퀴가 앞으로도 뒤로도 구르듯이 수차례에 걸쳐서 전진과 후퇴를 반복하고 어느 단계에서든 장애물에 부딪혀서 관계가 악화되는 경우 사랑의 진행이 멈출 수 있다는 데 착안하여, 이를 수레바퀴 이론이라고 부른다.

4) 데이트 방식과 관계 맺음의 특성[2)

사람들이 이성을 만나고 대하는 태도, 상대방에게 기대하는 행동, 그리고 관계를 지속해 가는 모습은 다양하다. 누구는 한 사람에게 오래도록 집중하면서 공을 들이고, 누구는 수시로 파트너를 바꾸기도 하며, 또 다른 누구는 동시에 여러 명의 파트너와 사귀기도 한다. 한편 어떤 사람에겐 사랑하는 이성과의 관계가 인생의 전부로 여겨지는데, 다른 누군가에겐 이성과의 사귐이란 그저 삶의 작은 부분일 뿐 사회적 성취 등과 같은 부분들이 더욱 중요하다. 이처럼 개인이 가진 성향에 따라 사귐의 방식 역시 다를 수 있다. Lee(1973)는 이성 간의 데이트 유형을 6가지로 유형화하였다.

(1) 에로스

에로스란 "첫 눈에 반해서 물불을 가리지 않고 불타오르는" 유형으로서, 동화 속 주인공들의 사랑 방식으로서 많이 등장한다. 이러한 성향의 사람들은 언어나 신체적 접촉 그리고 이벤트 등을 통해 사랑을 적극적으로 표현한다. 또한 상대방의 외모적 매력에 기초하는 경향이 강하며 일단 대상을 선택하고 나면 "천생연분"이라고 여기며 관계에 몰입하기 때문에, 관계 초기에 육체적 관계를 맺는 경향이 있다. 이들

---

2) 해당 절은 최진호 외(2012) 중 저자가 집필한 6장의 일부를 수정·보완한 것이다.

은 이상적 연인을 만나서 함께 살아가는 것을 삶에서 가장 중요한 것으로 여긴다.

(2) 스토르게

스토르게란 많은 시간과 활동을 공유하면서 서서히 무르익는 유형이다. 이들은 지나친 감정 표현을 자제하고, 공통의 관심사에 대해 이야기하면서 가까워지는 것을 선호한다. 겉모습에 매혹되기 보다는 부담 없이 편안하게 자신을 보여주고 상대방을 천천히 알아가길 원한다면, 소개팅보다는 주변을 잘 살펴서 뜻이 통하는 사람을 만나는 것이 효과적이다.

(3) 루두스

마음 속 이상형이 딱히 없고, 주변에 "아직 정착할 준비가 되어있지 않다"고 말하는 사람들이 있다. 이들은 동시에 여러 명의 파트너를 가볍게 만날 뿐, 그 누구에게도 구속되는 것을 싫어한다. 따라서 한 사람에게 몰입하지 않고 적당한 거리를 유지하면서 책임질 만한 약속은 피한다. 또한 삶에서 사랑의 비중을 크게 두지 않는 대신, 독자적인 사생활을 더 중시하고 있는 상태이다.

(4) 마니아

마니아란 격정적이고 중독적인 데이트 방식으로서, 상대방을 소유하고 자신 역시 상대방에 의해 소유 당하는 것을 사랑이라고 생각하는 유형이다. 상대방에게 정서적으로 매달리는 한편 혹시 버림받지나 않을까 하는 불안 때문에 상대방을 구속하려는 경향도 강하다. 그래서 잠시라도 연락이 닿지 않으면 안절부절 하고 수시로 "나 예뻐?" 혹은 "나 사랑해?" 등의 말이나 행동으로 상대방의 사랑을 확인하려는 경향이 있다. 이 경우, 상대방은 관계 자체를 부담스럽게 여겨서 관계로부터 도망가고 싶어지기 쉽다. 그런데 상대방이 관계를 끝내자고 하는 경우에도 결별을 받아들이지 못하고 계속 연락을 취하거나 스토킹을 하는 경향이 가장 많은 유형이, 마니아이다.

(5) 프라그마

가슴 떨리는 연애감정보다는, 현실적이고 실용적으로 자신이 원하는 조건 혹은 자신의 상황에 부합하는 상대를 물색하고자 하는 유형이다. 이러한 방식은 결혼 상대자를 찾는 데 있어서 이성적이고 합리적인 선택 방안으로 여겨지곤 한다. 중매를 통해 배우자감을 찾는 경우, 조건들을 맞춰본 후에 만남이 이루어지는 등 프라그마 유형이 많다. 그런데 상대방을 위한 희생과 헌신이 필요하다는 생각이 결여되기 쉬워서, 현실에서 함께 하는 상황이 자신의 기대와 예상에 미치지 못하는 경우 관계 자체가 흔들릴 가능성이 높다.

(6) 아가페

상대방에 대한 헌신을 중요시해서, 조건 없이 상대방을 좋아하고 돌봐주며 끊임없이 용서하고 베푸는 유형이다. 상대방이 자신을 얼마나 필요로 하는지 그리고 상대방에게 필요한 것을 자신이 얼마나 충족시켜 주는지를 사랑의 조건으로 삼기 때문에, 상대방이 자신을 필요로 하지 않는 상황이 오면 스스로 무용지물로 느껴져서 상대방에게서 떠나려는 경향을 보이기도 한다. 또한 늘 자신의 희생과 배려를 필요로 하는 사람을 선택하는 경향이 있다.

그러나 이성애를 스스로 안전하게 느끼고자 하는 생존욕구에서 진화한 것으로서 정의할 때(Benokraitis, 1996), 자신의 안전과 자신에 대한 배려가 배제되고 대등하지 않은 관계를 전제로 하는 아가페 방식은 건강한 데이트 유형으로 보기는 힘들다.

한 개인이 상기 6가지 중 어느 하나에만 속하기는 쉽지 않고, 대개의 경우 몇 가지 범주에 걸쳐 있다. 또한 한 사람의 데이트 유형이 일생에 걸쳐서 고정불변인 것은 아니고, 시기에 따라 변화하기도 한다. 다만 현재 시점에서 상기 6가지 중 가장 많은 응답을 한 유형을 기준으로 하여 현재의 데이트유형을 진단하는 것이다.

같은 유형에 속하는 사람들끼리 만날 경우, 서로에 대한 이해도가 높을 것이므로 상호관계가 부드럽게 이어질 가능성이 높고 관계에 대한 만족도 역시 높다. 반면에 상이한 유형에 속하는 두 사람 간의 만남은, 상대방의 행동을 이해하지 못해 갈등하거나 혹은 각자 자신의 방식만을 고집하다가 서로에게 상처를 남길 가능성이 높다. 그러므로 자신이 어떤 유형인지 또한 현재의 파트너가 어떤 유형인지를 파악하는 것은, 서로의 행동을 이해하고 관계를 원활히 유지하는 데 도움이 된다.

검사하기 전에

이 검사는 John Lee의 이론을 기초로 사회학자 Lasswell과 Lobsenz가 1980년에 제작한 사랑 척도입니다. 검사문항은 사랑을 하고 있거나 해본 적이 있는 사람들을 대상으로 한 광범위한 면담과, 사랑을 주제로 한 문학작품에 나타난 사랑의 표현방식 및 행동들을 기초로 구성되었습니다.

당신은 사랑을 어떤 것이라고 생각합니까? 사랑할 때의 감정, 사랑은 어떠해야 되는가에 대해 잠시 생각해 본 후 본 질문에 응답해 보십시오. 검사문항에 답할 때는 "그렇다" 혹은 "아니다"로 판단해서 그렇다고 생각한 문항에만 ( )에 ○표 하십시오. 틀린 답이 있는 것은 아니며 사람들이 생각하는 사랑의 의미를 알아보기 위한 것이기 때문에 솔직하게 답하는 것이 중요합니다.

사랑 유형 검사(Lasswell & Lobsenz, 1980)		
( )	1.	나는 "첫눈에 반한다"는 것이 가능하다고 생각한다.
( )	2.	나는 한참 지난 다음에야 비로소 내가 사랑하고 있음을 알았다.
( )	3.	우리들 사이의 일이 잘 풀리지 않으면 나는 소화가 잘되지 않는다.
( )	4.	현실적인 관점에서 나는 사랑을 고백하기 전에 먼저 나의 장래목표부터 생각해 보지 않으면 안 된다.
( )	5.	먼저 좋아하는 마음이 얼마 동안 있은 다음에 비로소 사랑이 생기게 되는 것이 원칙이다.
( )	6.	애인에게 자신의 태도를 다소 불확실하게 해두는 것이 언제나 좋다.
( )	7.	우리가 처음 키스하거나 볼을 비볐을 때 나는 성기에 뚜렷한 반응(발기, 축축함)이 있음을 느꼈다.
( )	8.	전에 연애 상대였던 사람들 거의 모두와 나는 지금도 좋은 친구관계를 유지하고 있다.
( )	9.	애인을 결정하기 전에 인생설계부터 잘 해두는 것이 좋다
( )	10.	나는 연애에 실패한 후 너무나 우울해져 자살까지도 생각해 본 적이 있다.
( )	11.	나는 사랑에 빠지면 하도 흥분되어 잠을 이루지 못하는 때가 있다.
( )	12.	애인이 어려운 처지에 빠지면 설사 그가 바보처럼 행동한다 하더라도 힘껏 도와주려고 노력한다.
( )	13.	애인을 고통받게 하기보다는 차라리 내가 받겠다.
( )	14.	연애하는 재미란, 그것을 진행시키면서 동시에 내가 원하는 것을 거기서 얻어내는 재주를 시험해 보는 데 있다.
( )	15.	사랑하는 애인이라면, 나에 관하여 모르는 것이 있다 하더라도 그것 때문에 그렇게 속상해하지는 않을 것이다.
( )	16.	비슷한 배경을 가진 사람끼리 사랑하는 것이 가장 좋다.
( )	17.	우리는 만나자마자 서로가 좋아서 키스를 했다.
( )	18.	애인이 나에게 관심을 보이지 않으면 나는 온몸이 쑤시고 아프다.
( )	19.	애인이 행복하지 않으면, 나도 결코 행복해질 수 없다.
( )	20.	대개 제일 먼저 나의 주의를 끄는 것은 그 사람의 상냥한 외모이다.

( )	21.	최상의 사랑은 오랜 기간의 우정으로부터 싹튼다.
( )	22.	나는 사랑에 빠지면 다른 일에는 도무지 집중하기가 힘들다.
( )	23.	그의 손을 처음 잡았을 때 나는 사랑의 가능성을 감지했다.
( )	24.	나는 어느 사람하고 헤어지고 나면, 그의 좋은 점을 발견하려고 무진 애를 쓴다.
( )	25.	나는 애인이 다른 사람하고 같이 있는 것 같은 생각이 들면, 도저히 견딜 수 없다.
( )	26.	나의 두 애인이 서로 알지 못하도록 교묘하게 꾸민 적이 적어도 한 번은 있었다.
( )	27.	나는 매우 쉽고 빠르게 사랑했던 관계를 잊어버릴 수 있다.
( )	28.	애인을 결정하는 데 한 가지 가장 고려해야 할 점은, 그가 우리 가정을 어떻게 생각하는가 하는 것이다.
( )	29.	사랑에서 가장 좋은 것은, 둘이 함께 살며, 함께 가정을 꾸미고 그리고 함께 아이 등을 키우는 일이다.
( )	30.	애인의 소원성취를 위해서라면, 나는 기꺼이 나의 소원을 희생시킬 수 있다.
( )	31.	배우자를 결정하는 데 있어서 가장 먼저 고려해야 할 점은, 그가 좋은 부모가 될 수 있겠는지 여부이다.
( )	32.	키스나 포옹이나 성관계는 서둘러서는 안 된다. 그것들은 서로 충분히 친밀해지면 자연스럽게 이루어지는 것이다.
( )	33.	나는 매력적인 사람들과 바람 피는 것을 좋아한다.
( )	34.	나와 다른 사람들 사이에 있었던 일을 애인이 더러 알게 된다면 매우 속상해 할 것이다.
( )	35.	나는 연애를 시작하기 전부터 나의 애인이 될 사람의 모습을 분명히 정해 놓고 있었다.
( )	36.	만일 나의 애인이 다른 사람의 아기를 갖고 있다면, 나는 그 아기를 내 자식처럼 키우고 사랑하며 보살펴줄 것이다.
( )	37.	우리가 언제부터 서로 사랑하게 되었는지 정확히 알 수 없다.
( )	38.	나는 결혼하고 싶지 않은 사람하고는 진정한 사랑을 할 수 없을 것 같다.
( )	39.	나는 질투 같은 것은 하고 싶지 않지만, 나의 애인이 다른 사람에게 관심을 가진다면 참을 수 없을 것 같다.
( )	40.	나의 애인에게 방해가 된다면, 차라리 내가 그만 두겠다.
( )	41.	나는 애인의 것과 똑같은 옷, 모자, 자전거, 자동차 등을 갖고 싶다.
( )	42.	나는 연애하고 싶지 않은 사람하고는 데이트도 하고 싶지 않다.

( )	43.	우리들의 사랑이 끝났다고 생각될 때도, 그를 다시 보면 옛날 감정이 되살아나는 때가 적어도 한 번쯤은 있었다.
( )	44.	내가 가지고 있는 것은 무엇이든지 나의 애인이 마음대로 써도 좋다.
( )	45.	애인이 잠시라도 나에게 무심해지면, 나는 그의 관심을 되찾기 위하여 때로는 정말 바보같은 짓도 할 때가 있다.
( )	46.	깊이 사귀고 싶지는 않더라도, 어떤 상대가 나의 데이트 신청에 응하는지를 시험해 보는 것도 재미있을 것이다.
( )	47.	상대를 택할 때 고려해야 할 한 가지 중요한 점은 그가 자신의 직업을 어떻게 생각하는가 하는 것이다.
( )	48.	애인과 만나거나 전화한지 한참 되었는데도 아무 소식이 없다면, 그에게 그럴 만한 이유가 있기 때문일 것이다.
( )	49.	나는 누구와 깊게 사귀기 전에, 우리가 아기를 가지게 될 경우 그쪽의 유전적 배경이 우리와 잘 맞는지부터 먼저 생각해본다.
( )	50.	가장 좋은 연애관계란 가장 오래 지속되는 관계이다.

채점법과 해석

아래 표의 하위척도별로 "그렇다"고 대답한 문항의 수를 합하세요. 그리고 그 합한 수를 기초로 각 척도별 퍼센트를 계산하세요. 각 척도 내에서 계산한 백분율(전체 문항수에 대해 "그렇다"고 답한 문항수의 비율)값이 가장 높은 척도가 당신의 사랑유형을 말해줍니다.

A: 스토르게	B: 아가페	C: 프라그마	D: 마니아	E: 에로스	F: 루두스
2	12	4	3	1	6
5	13	9	10	7	14
8	19	16	11	17	15
21	24	28	18	20	26
29	30	31	22	23	27
32	36	38	25	35	33

A: 스토르게	B: 아가페	C: 프라그마	D: 마니아	E: 에로스	F: 루두스
37	40	42	39	41	34
30	44	47	48		46
	48	49	46		
합계( )	합계( )	합계( )	합계( )	합계( )	합계( )
백분율( )	백분율( )	백분율( )	백분율( )	백분율( )	백분율( )

2 낭만적 사랑과 합의적 사랑

어느 날 갑자기 "교통사고처럼 찾아오는" 또는 "단숨에 빠져 버리는" 열정적이고 낭만적인 사랑은 일상의 삶에서도 그리 드물지 않은 경험이다. "사랑에 빠졌다"로 표현되는 열정은 과연 무엇일까? 그리고 "사랑에 빠지는 것(falling in love)"과 "사랑을 하는 것(being in love)"은 어떻게 다른 것일까?

1) 낭만적인 사랑

사랑하는 상대와 결혼을 하고 성관계를 맺는 것을 이상적으로 생각하는 관념은, 유럽의 산업혁명과 시민혁명을 기점으로 근대에 들어서면서 보편화되었다. 봉건친족사회의 도덕적·경제적 구속에서 벗어나 도시로 온 개인들은 자유와 평등이라는 새로운 가치에 노출되었고, 개인적 노동의 가치에 따라 지불되는 임금을 기반으로 하여 개별적 생활을 영위하게 되었다. 배우자를 선택하고 가정을 일구는 제반 결정과정에서 친족의 통제력이 약화되자, 원자화된 개인들의 관계맺음에는 새로운 기준이 필요했다. 이때 결혼의 전제조건으로 자리를 잡기 시작한 것이 낭만적 사랑이었다. 이러한 변화를 가리켜서 Giddens(1992)는 "친밀성의 혁명"이라고 명명하였다.

한국에서도 1970년대에 들어서면서 본격적으로 낭만적 사랑과 부부간의 애정, 그리고 강력한 모성 역할을 특징으로 하는 핵가족적 가치관이 결혼의 이상으로서 자리를 잡기 시작했다(조혜정, 1991). 핵가족적 가치관이란 남편의 생계부양이라는 도구적 노동과 아내의 애정적 돌봄이라는 감정 노동으로 성별화된 역할 분업에 의존한다. 낭만적 이성애에 기초한 만남과 부부 간의 성별 분업은 중산층 여성들의 결혼관을 대표하면서 결혼을 결정하고 지속하게 하는 중심 사유로 부상하게 되었다(박혜경, 1993; 김혜경, 2002에서 재인용).

그런데 "낭만적 사랑"이란 구체적으로 무엇일까? 대중매체에서 보여주는 이미지처럼 매혹적인 여성과 능력 있는 남성 간에 이루어지는 아름답고 지속적인 감정 관계가 낭만적 사랑일까?

(1) 남자의 낭만적 사랑

낭만적 사랑이 보편화되었던 근대는 산업화로 인해서 가정과 일터가 엄격히 구분되었던 시기와 중첩된다. 봉건시대에 남편과 아내가 함께 농지를 일구던 모습과 달리, 임금노동에 종사하는 남편과 가사 및 육아를 전담하는 아내의 조합이 산업화 이후의 대표적 중산층 가족이었다. 모든 결정이 친족공동체에 의해서 이루어지던 봉건적 구속으로부터는 자유로워졌으나 개별적으로 경쟁하고 스스로 헤쳐가야 하는 상황에 새로이 직면한 개인들에게는, 거친 사회와 대조되는 따뜻하고 안락한 품이 절실히 그리웠을 것이다. 그것이 바로 가족이었고, 가족 안에서 남자들은 백설공주나 신데렐라와 같은 매혹적이고 정숙한 아내의 헌신적이고 따뜻한 보살핌을 기대했을 것이다. 이것이 가족 밖의 생산자인 남성이 가족 안의 정서적 중심에 여성을 배치하게 된 과정이다. 그래서 남자는 자신의 이러한 기대에 부합한다고 여겨지는 여성을 발견하게 되면, 소유하고 싶어져서(대상화, objectification) 그 여성에게 몰두(fixation)하고 그녀를 정복(conquest)하려는 일념으로(Litwak, 1978) 데이트 과정 동안의 경제적·시간적 비용을 기꺼이 감수한다. 그리고 궁극적으로는 결혼을 통해 상대를 책임지고 보호하며 가정을 일구는 것으로 낭만적 사랑을 완성하고자 하는 것이다.

공적인 지위나 능력을 갖춘 남성일수록 사적 영역에서 매력적인 여성을 정복하고 소유할 수 있는 가능성을 많이 갖는다. 아름다움의 상징인 백설공주나 신데렐라의 배필이 될 수 있었던 남성들은 모두 최고의 지위에 있는 왕자들이었다. 남성들은 공적 영역에서의 성취를 통해 사적 영역의 사랑을 얻는 데 있어서 경쟁력을 갖게 되고, 또한 사적 영역의 사랑은 공적 영역에서의 성취를 위한 원동력으로 연결되는 것이다.

그렇다면 지위와 부를 이미 갖춘 왕자들은 신데렐라나 백설공주가 지닌 무엇을 보고 그녀들을 선택한 것일까? 그들이 배우자로서 상대를 선택하기 위해 가지고 있었던 정보라곤, 무도회장(신데렐라)이나 유리상자 속(백설공주)의 하얀 피부와 예쁜 얼굴 그리고 가느다란 허리뿐이었다. 낭만적인 사랑에 몰두한 남성들은 평등하고 친밀한 관계를 가꿔갈 수 있을지를 염두에 두기보다는 외적인 매력을 지닌 여성을 정복하고 소유하는 데 주안점을 두었으므로(Giddens, 1996), 그처럼 제한된 정보만으로도 충분하다고 여겼을지 모른다. 그러나 그렇게 시작된 관계가 얼마나 지속적이고 성숙하게 유지될 수 있었을까? 남자에게 있어 낭만적 사랑의 종착점은 집착의 대상에 대한 정복과 소유이고, 이는 성관계에서조차 상대방과의 융화감이 아니라 상대방을 정복했다는 만족감으로 구체화된다. 그러나 양성간의 친밀감과 평등한 소통으로서가 아닌, 여성에 의해 바쳐지고 남성에 의해 소유되는 대상화된 성은, Firestone(1983)이 규정한 바와 같이 "남녀의 불평등한 관계로 인한 사랑의 파괴적 결과이자 여성 억압"이다. 남성에게 있어서, 집착 대상에 대한 정복으로서의 성관계는 상대에 대한 환상이 걷히게 되면 허탈과 불안으로 대체되기 쉽다. 그렇게 되면 더 이상 추구할 단계가 남아 있지 않은 대상을 떠나서 또 다른 집착과 정복의 대상을 찾아 옮겨가는 여정이 새로이 시작된다.

(2) 여자의 낭만적 사랑

가정과 일터의 분리로 인해 사회적인 노동으로부터 소외되어 있었던 여성들에게, 성장기의 아버지와 결혼 후의 배우자는 사회적 자본에 간접적으로나마 접근할 수 있게 해 주는 끈이었다. 이와 관련하여 Salsby(1985)는, 남녀가 지위를 획득해 가는 통로가 다름으로 인해 사랑에 대한 관심 역시 성별에 따라 다르게 전개된다고 지적한다. 사적인 사랑을 통해서 공적인 영역에서의 성취를 위한 원동력을 얻고 또한 공적인 영역에서의 성취를 통해서 사적인 사랑을 얻을 수 있는 남성들과 달리, 공적 영역으로부터 차단되고 남성에 의해 선택받음을 통해 남성이 지닌 지위와 경제력을 간접적으로만 공유할 수 있었던 여성들에게는 남성의 사랑을 받고 선택을 받는 것은 생존과 직결되는 사안이었다. 여성이 사랑을 위해 모든 것을 걸 수밖에 없었던 근대의 상황적 배경이, 곧 낭만적 사랑의 뿌리인 것이다.

여성에게 있어서 낭만적 사랑은 주도적으로 "사랑하기"보다는 성적 매력을 통해 남성의 인정을 받아내고 이러한 거래에 순응하는 감정으로서의 "사랑받기"로 제한되어 있다. 그래서 사회경제적인 자원과 세력을 지닌 남성에 의해 선택받기 위해서, 여성은 자신이 활용할 수 있는 유일한 자원인 성적·신체적 매력을 가꾸는 데 몰두하게 된다. 이 경우 여성의 신체적 매력이란 생산 활동에 적합하리만치 튼튼한 신체가 아니라, 건장한 남성성과 대조되어 남성들의 보호욕구를 자극하는 가녀리고 고운 외모로 대표된다. 그래서 여성들로 하여금, 자기 자신과의 일치를 위해서가 아니라 타인의 눈에 비춰지는 외모를 가꾸는 데 집중적으로 투자하게 한다. 백설공주나 신데렐라는 전인(全人)적인 인격체로서 왕자들 앞에 선 것이 아니라, 사과를 베어 문 채 순진무구하고 예쁘게 잠든 수동적 모습으로 또는 마술 지팡이가 빚어낸 한정된 시간 동안의 화려한 자태로 왕자들 앞에 나섰고 그로 인해 왕자들의 선택을 받을 수 있었다. 그러나 과연 이들의 결혼생활은 만남의 순간처럼 내내 낭만적이었을까?

　여성에게 있어 자아정체성 문제는 사랑과 맞물려 있지만, 이는 처음부터 남성과 여성 간의 불평등한 관계 구도를 전제로 하고 있어서 대등한 사랑과는 상당한 거리가 있다. 백설공주나 신데렐라의 불완전했던 삶이 왕자를 만남으로 인해 비로소 완전한 전체가 되는 것처럼 그려지지만, 실은 그 완전함이란 것은 "그녀들에 대한 왕자들의 사랑이 유지되는 동안"이라는 전제가 따른다. 그래서 결혼 후에도 왕자의 사랑을 잃지 않기 위해 젊음과 아름다움을 유지하고자 세월과 싸우며 집착했을 그녀들의 모습을 떠올리기는 어렵지 않다. 매력적인 외모는 호감과 열정을 불러일으킬 수 있지만, 관계가 지속적일 수 있으려면 열정 외에도 다양한 요소들이 상호작용해야만 한다.

(3) 낭만적 사랑의 모순

낭만적 사랑은 애초부터 상대방 자체보다는 스스로 이상적이라고 생각해 온 틀에 상대방을 끼워 맞춰서 만들어낸 환상에 기초한다. 상대에 대한 열정이 들끓는 동안은, 그/그녀가 지닌 장점은 부각되고 단점은 가려져서 상대방은 이 세상에 하나뿐인 이상적 존재로 여겨진다. 그러나 흥분과 열정의 시기가 지나면, 상대방의 결점과 관계상의 문제가 하나 둘 보이기 시작한다. 불완전한 개인들이 사랑을 통해 서로의 부족한 점을 보완하여 완전한 전체가 될 수 있다는 기대감은, 비로소 현실에서 깨어지기 시작하는 것이다.

남자에게 있어 성관계란 낭만적 사랑의 종착점인 반면, 여자에게 있어 성관계는 낭만적 사랑을 통한 의존의 시작점이다. 낭만적 사랑이 끝난 자리에, 여성에게는 집착이 남성에게는 황량한 의무감만이 남기 쉽다. 그래서 결혼이라는 제도적 제약으로 묶이기까지 성관계를 하지 않음으로써 미완(未完)의 여지를 남겨두어야 한다는 것이, 오랫동안 한국 사회에서 유지되어 온 규범이었다. 그러나 똑같은 논리가 결혼 후의 관계에도 여지없이 적용되어서, 남편에게 아내의 존재는 더 이상 투자해야 할 필요가 없는 "이미 정복되었으므로 늘 그 자리에 있는" 사람인 반면에 아내는 "결혼 전과 달리 사랑이 식은 것 같은" 남편의 태도에 절망하기 쉽다.

봉건시대의 중요한 결혼 기준이던 사회경제적 조건이 남성이나 여성에게 공히 객관적이고 고정적인 사실에 근거하고 있었던 것과 달리, 근대 이후 결혼의 중심축을 이루는 낭만적 사랑은 지극히 주관적이고 가변적인 개념이다. 그래서 낭만적 사랑에 의존한 결혼관계는 필연적으로 불안정할 수밖에 없다. 게다가 가족 안에서도 낭만적 사랑은 남성과 여성 간의 불평등한 권력관계를 재생산한다.[3] "사랑을 위해서" 희생하는 여성을 기대하기보다 남성과 여성이 공히 "사랑을 통해서" 더 발전해 나아가기에, 낭만적 사랑은 부적합하다. 그래서 결혼 전의 관계뿐 아니라 결혼 이후의 관계에서도, 사랑의 성격을 재규정할 필요가 있다.

2) 낭만적 사랑의 진화와 합의적 사랑

열정은 수많은 사람들 중에서 특정한 두 남녀가 사랑을 하게 되는 시발점임에는 틀림이 없지만, 얼마 지나지 않아 빛을 잃게 되는 한시적 흥분상태로서 상대방의 결점에 눈을 감고 무조건 이상화하게끔 한다. 열정에 빠진 상태에서 낭만적 사랑의 환상을 지니고 결혼을 한 경우, 결혼 후에 배우자 및 배우자의 친족에게서 자신이 받아들이기 힘든 조건이나 갈등에 직면하게 되면 속았다는 생각과 불만에 휩싸인다. 그러나 실상은 상대방에 의해 속임을 당한 경우보다는, 낭만적 열정과 환상에 잠겨 스스로 눈을 감고 있었던 경우가 더 많다.

Collins(1985)는, 사랑이란 일순간의 황홀함이 아닌 타인의 안녕과 성장을 위해 노력해야 하는 관계라고 규정한다. 열정이 감소하는 만큼 서로에 대한 집착과 통제욕을 털어내고 친밀감과 배려를 키워낼 경우, 낭만적 사랑은 보다 성숙하고 안정적인 애착, 즉 성숙한 사랑으로 자리를 잡을 수 있다. 한편 Giddens(1992)는 낭만적 사랑이 지닌 허구성과 양성 간 불균등한 권력관계를 초래하는 이중성에 대해 비판하면서, "합의적 사랑(consensual love)"을 대안으로 제시하였다. Giddens에 따르면,

---

3) 일반적으로 남성과 여성의 결혼관은 달라서, 남성은 여성에 비해 전통적인 결혼관을 갖고 있다(박선웅, 1999). 또 배우자 선택과정에서 남성은 여성을 소유와 과시의 대상으로 여성은 남성을 성취의 대상으로, 각각 대상화하는 경향이 있다(함인희, 2001).

합의적 사랑이란 불완전한 두 이성 간의 합일을 통한 완전함이 아니라 개별적 주체성과 독립성을 그대로 유지한 두 사람이 동등한 위치에서 서로를 이해하고 존중하며 배려하는 관계로 정의된다. 즉 "이 세상에서 유일한 한 사람"에 주목하기보다 "사랑하는 관계" 자체에 초점을 두어, 서로 평등하게 관심과 욕구를 표현하고 더불어 성애를 즐기며 친밀감을 키워가야 함을 역설하는 것이다. 정체되지 않고 끊임없이 변화하는 관계가 성숙하고 합의적인 사랑이다. Zastrow(1993) 역시 낭만적 사랑의 맹아적 특성 및 비현실성을 지적하면서, 이에 대한 대안으로서 "나는 그/그녀의 장점과 동시에 단점과 약점을 알고 있으며 받아들일 수 있다"는 태도여야 함을 역설한다. 그럼으로써 열정이 사라진 이후에도 부부로서의 제반 역할을 원만히 수행하는 데 장애가 될 요소는 무엇이며 과연 그 장애를 자신이 극복할 수 있을지 등에 관해 충분히 고려해야 한다는 것이다. 따라서 배우자로 선택하는 결정은 열정이 들끓는 시기가 지나고 두 사람 간의 관계에 애착이 안정적으로 자리를 잡은 후에 이루어져야 한다.

여성들의 사회적 노동 참여와 경제적 독립이 증가하고 있는 상황에서, 데이트 관계에서뿐 아니라 배우자 선택과 관련해서도 상호 주체성과 동등성이 중시된다. 이는 여성이든 남성이든 혹은 이성 간의 관계든 동성 간의 관계든 상관없이, 상대방에게 의존함으로써 자신을 완성하려고 집착하거나 상대를 정복하여 소유하고자 하는 관계에서 벗어나는 것을 의미한다. 의존과 소유에 대한 집착보다는 상대방에 대한 배려와 책임감을 느끼고 그/그녀의 세계를 존중하며 각자의 독립성과 자유를 서로 허용하고 확보할 수 있어야, 주체적이고 동등한 관계라고 할 수 있다. 성애 역시 즉각적인 쾌락보다는 장기적인 친밀감을 위해 서로 솔직하게 협상하고 신뢰하는 관계에서 나누어야 한다. 이는 성적 열망에 사로잡히거나 성적 긴장을 배설하기 위한 혹은 출산을 위한 수단으로서가 아니라, 대등한 성인 간의 친밀한 의사소통 수단으로서 서로의 성을 공유하는 것을 의미한다. 성적인 쾌락을 결혼관계의 유지와 해소를 좌우하는 핵심 요소 중의 하나로 인정하기 때문에, 이를 위한 관능의 기술 역시 합의적 사랑과 결혼의 중요한 요소이다(Giddens, 1992).

생 각 해 볼 문 제

01 '사랑'이란 이름으로 인생을 휘청거리게 하고 고갈시키는 예를 생각해 보자.

02 서로의 삶에 끊임없이 창조적 에너지를 불러오는 사랑이란, 일상에서 구체적으로 어떻게 가꿔가야 하는 것일지 생각해 보자.

03 성과 사랑과 결혼이라는 세 요소는 우리의 삶에서 하나로 이어지는 것이 바람직할지, 혹은 각기 독립적인 것이 이상적일지 생각해 보자.

Chapter
04

배우자 선택과 결혼 결정

　세상에 존재하는 수많은 남자와 여자들 중에서 단 한 명의 배필로서 상대방을 선택하는 데는, 어떤 원칙들이 존재하는 것일까? 특정한 상대와의 결혼을 결심하게 하는 요소가 단지 사랑뿐일까? 이 경우 사랑이란 상대방에 대한 순수한 감정만을 의미하는 것일까?

　결혼이란 각기 다른 가정에서 성장한 두 남녀가 만나서 새로운 하나의 단위를 이루고 자녀를 낳아 키우며 살아가는 것을 의미해 왔다. 그러나 배우자를 만나는 방법이나 상호관계를 맺는 방법은 다양하다. 동서양을 막론하고 근대 이전의 결혼은 당사자들의 의사보다는 집안 간의 결합에 의해 이루어졌고, 결혼계약의 기초 역시 당사자들 간의 호감이나 사랑보다는 사회경제적 조건이었다. 산업화와 더불어 혈통과 가문을 중시하는 가부장적 신분질서가 무너지고 친족 공동체의 영향력이 약화되면서, 결혼을 가문 간의 결합으로서보다는 개인들 간의 애정적 결합으로 보는 분위기가 자리를 잡았다(김모란, 1995; 조혜정, 1991). 한국에서도 조선 말기에 서구 문물의 유입 및 개화의 바람에 힘입어 개인

간의 사랑이 결혼의 중요한 요소로 등장하기 시작했다. 그러나 한국 사회에는 여전히 서구적 개인주의 및 평등사상과 유교적 가족주의 전통이 혼재하고 있다. 따라서 배우자를 선택하고 결혼을 결정하는 과정 역시, 서구와 유사한 것 같으면서도 다른 복합적 특성을 보인다.

결혼생활은 복잡한 관계망 속의 개인들이 다양한 역할들을 수행하면서 상호작용하는 과정이다. 긴 세월 동안 자신과 한 팀이 되어 살아가기에 적합한 상대자를 찾기 위해서, 사람들은 다양한 이성들과의 만남과 헤어짐을 반복해 간다. 그리고 특정한 두 사람이 하나의 단위인 부부로서 기능할 수 있을지를 탐색하는 과정을 거쳐서 결혼을 결정한다. 데이트 과정에서 두 사람은 서로에 대해서 그리고 상대방과 함께하는 결혼생활에 대해서 나름대로 저울질을 한다. 이러한 과정에서 결혼을 방해하는 장애물이 등장하기도 혹은 결혼을 서두르게 하는 요소가 나타나기도 하는 등, 제반 여건들이 복합적으로 작용하는 것이다.

1 배우자 선택에 관한 이론

배우자 선택 및 결혼의 성사 여부를 결정짓는 밑그림은, 다양한 요소들이 복합적으로 얽혀서 그려진다. 다음은 배우자감을 만나고 선택하는 구체적 방식을 설명하는 이론들이다.

1) 근접성 이론(Propinquity theory)

지리적·사회적으로 일정한 행동반경 내에 있는 상대를 배우자로 만나고 선택할 가능성이 높다. 가까이에 있는 사람과의 실질적 접촉이

비교적 잦은데, 접촉이 가능해야 자연스럽게 친밀한 관계에 이를 가능
성이 높기 때문이다(Rubin, 1973). "배우자감을 먼 데서 찾지 말고 가까
운 데서 찾으라"는 일반적 통념은 이러한 원칙에 근거한다. 중매를 통
한 만남일 경우엔 지리적 행동반경 이외의 사람과도 만남이 가능하지
만, 그들 역시 사회적 - 교육수준, 직업적 지위, 집안 배경 - 으로는
서로 가까이에 있는 존재들인 경우가 대부분이다.

2) 이상형 이론(Ideal mate theory)

사람들은 나름대로 자신이 중요하게 생각하는 부분의 자질을 갖춘
상대자를 선택한다(Zastrow & Ashman, 1997). 물론 배우자감이 지니기를
바라는 특성이 하나뿐인 것은 아니고 보편적으로 선호되는 조건들이
있지만, 그들 중 중요하게 생각하는 정도에 있어서 우선순위는 다를 수
있다. 예컨대, 남편으로서의 자질 중 경제력이 가장 중요하다고 여기는
여성은 남성의 경제력을 중심으로 배우자를 찾는 반면, 외모를 가장 중
요하게 생각하는 여성은 매력적인 외모를 우선적인 기준으로 삼아 배
우자를 선택할 가능성이 높다. 또 파트너의 학력을 가장 중요하게 생각
하는 남성은 상대 여성의 학벌 및 출신학교를 중심으로 선택할 가능성
이 높은 반면에, 순종적인 파트너를 원하는 남성은 자신에게 순종적이
고 착하다고 생각되는 여성을 우선적으로 선택할 가능성이 높다.

3) 유사성 이론(Homogamy theory)

교육수준이나 종교 및 사회·계층적 수준과 거주지 등이 유사한
경우,[1] 비슷한 경험을 반복적으로 하기 쉬우므로 가치관이나 취향이

---

1) 1940년에서 1970년 사이에 출생했고 1명 이상의 자녀를 둔 네덜란드 부부

비슷한 경향이 있다. 그리고 취미나 관심사 및 가치관 등이 유사한 사람들은 공통분모가 많기 때문에 서로를 쉽게 이해하고 공감하기 쉽다. 왜냐하면, 사람들은 자신과 비슷한 느낌의 상대에게서 편안함을 느끼기 때문이다. 따라서 사회경제적 수준이나 학력 및 인종 등과 같은 객관적 조건이 비슷한 사람들이 서로를 배우자로 선택하는 경향이 높다. 뿐만 아니라 서로 유사한 성향을 지닌 사람들은 활동과 감정을 공유하는 경향이 있으므로 서로를 편안하게 느껴서, 결혼생활에서도 안정적으로 상호작용할 가능성이 높다. 그러나 안정된 관계 속에서 서로에 대해 지루하다는 느낌을 갖게 될 위험 또한 배제할 수는 없다.

4) 상보성 이론(Complementary need theory)

사람들은 자신에게 부족하다고 생각되는 면을 보충해 줄 수 있을 것으로 여겨지는 상대를 선택하는 경향이 있다(Zastrow & Ashman, 1992). 자신에게 익숙하지 않고 자신과 다른 특성을 지닌 사람에게 이끌리기 때문이다. 둥근 얼굴을 지닌 사람이 갸름한 얼굴을 지닌 파트너에게 끌린다거나 내성적인 사람이 활발하고 외향적인 사람에게 이끌리는 것은, 이와 같은 이유에서이다. 남성과 여성 간에 불꽃같은 열정이 빈번한 것 역시, 남성과 여성 간의 차이점이 곧 서로를 끌어당기는 매력으로 작용하기 때문이다.

그러나 자신과 달라서 매력을 느끼게끔 했던 면이, 관계를 지속하는 데 있어서는 오히려 걸림돌로 작용하는 경우도 적지 않다. 외모의

3,070명을 대상으로 하여 조사한 바(더 타임즈, 2005; 연합뉴스b, 2005에서 재인용)에 따르면, 이들 중 60%가 동등한 교육수준 및 학술적 능력을 지닌 커플인 것으로 드러났다. 이는 파트너 관계를 장기적으로 지속시키는 데 있어서, 계급이나 재산보다 동등한 교육수준이 중요함을 시사한다.

차이와 같은 경우에는 별 무리가 없지만, 성격이나 집안 문화 혹은 사회경제적 배경이나 교육수준 등에 있어 현격한 차이가 있는 파트너들의 경우에는 만남의 기간이 길어질수록 서로를 이해하거나 상대에게 적응하는 데 있어서 어려움을 겪을 가능성이 높다. 두 사람의 공통점이 적을수록 상대를 이해하는 폭이 좁기 때문이다.

5) 상응과 형평성 이론(Equity theory)

사람들은 자신이 갖추고 있는 자격 이상이거나 최소한 비슷한 수준의 배우자를 만나길 원한다. 이는 결혼을 하나의 교환관계로 볼 때, 최소의 비용(자신이 갖춘 자격)으로 최대한의 보상(좋은 자격을 갖춘 배우자)을 얻고자 하는 심리와 통한다. 가족주의 전통이 여전히 존재하는 한국 사회에서, 배우자감을 찾는 당사자뿐 아니라 부모를 위시한 가족 모두의 마음속에 다소간 상향혼에 대한 기대가 자리한다.

그러나 최소의 비용으로 최대의 보상을 원한다고 해서 양자 관계의 균형을 깨뜨릴 만큼의 불공평한 교환, 즉 차이가 많이 나는 정도의 상향혼을 추구하는 것은 아니다. 불공평한 교환으로 인해 부당하게 보상을 많이 얻었다고 여겨지는 쪽은, 그에 상응할 만큼의 불균등한 권력관계를 감내해야 하기 때문이다. 따라서 교육수준이나 외모, 집안 배경 등과 같은 사회적 · 개인적 자원을 비교해서, 총체적으로 균형을 이루는 사람들의 만남으로 이루어진 결혼이 무난하게 지속될 가능성이 높다.

이는 유사성 이론과는 달리 해석되는데, 형평성이란 어느 한 면이 상대적으로 부족하더라도 다른 면이 우월해서 부족한 면을 보완할 수 있다면 총체적 관계는 균형을 이루는 공평한 것으로 평가되기 때문이다.

6) 역할 적합성 이론(Role adequacy theory)

결혼이란 두 사람 각각의 개별적 특성에 따라 평가할 수 있는 것이 아니라, 그들의 결합이 얼마나 조화롭게 굴러갈 수 있는지에 따라 평가되는 관계적 사안이다. 따라서 낭만적인 사랑의 감정이나 옳고 그름에 대한 가치 판단과는 별개로, 인생의 목표나 결혼에 대한 견해 그리고 성역할에 관한 가치관이 양립(兩立)할 수 있는지에 관해서 숙고하는 과정이 결혼에 앞서서 이루어져야 한다. 뿐만 아니라, 결혼 후에 다가올 현실과 부부 및 부모자녀 관계 그리고 확대가족 안에서의 위치와 역할에 관해서 정확하게 인식하고, 부부라는 하나의 단위로서 기능하는 데 무리가 없을지에 관해 합리적으로 판단해야 한다.

2 결혼 결정과 한국적 특수성

인생을 함께 걸어갈 반려자를 선택하는 것이 오늘의 결혼에서 가장 중심적인 화두임에는 틀림이 없지만, 서로를 결혼 상대자로 여기고 있다고 해서 항상 결혼에 이르는 것은 아니다. 어떤 사람은 결혼을 위한 만반의 준비가 갖춰져 있는 채로 결혼 상대자를 찾기도 하지만, 또 어떤 경우에는 오래전부터 결혼을 약속한 배우자감이 있으면서도 여타 상황이 여의치 않아서 머뭇거리기도 한다. 특히 결혼을 두 집안을 잇는 행사로 여겨온 한국 사회에서, 양가의 가족 상황과 부모의 의견 및 경제 상황 등은 결혼 결정뿐 아니라 결혼 이후의 삶에 결코 가볍지 않은 영향을 미친다. 즉 개개인이 처해 있는 상황적 조건과 양가의 부모 역시 결혼을 결정하는 데 있어서 중요한 역할을 하는 것이다.

1) 결혼 결정에 미치는 상황적 조건

결혼에 대한 결정은 상대방과 자신에 대한 주관적 평가와 객관적 상황의 조합에 의해 이루어진다. 당사자가 처해 있는 상황이나 혼인을 하고자 하는 주관적 준비 상태 및 상황적 여건에 따라, 결혼에 관한 결정은 달라질 수 있다. 또 결혼에 대한 생각 자체가 별로 없는 경우와 결혼을 꼭 해야겠다고 느끼는 경우 사이에도, 만남의 상대에 대한 평가에서 차이를 보인다. 또한 부모형제를 부양해야 하는 부담이 크거나 혹은 실직 상태에 있는 경우엔, 결혼에 대한 엄두를 내기 힘들다. 반면에 집안에서 결혼을 재촉하는 압박이 강하거나 혹은 부모로부터 독립하고자 하는 욕구가 큰 경우에는, 결혼을 서두르게 된다.

사회적으로 경제적 호황기에는 조혼 경향이 나타나고 침체기에는 만혼 경향이 두드러진다. 우리 사회의 혼인율은 1990년 이래 지속적으로 감소해 오고 있다. 2023년의 조혼인율[2]은 3.8로서 20여 년 전인 1991~1992년의 조혼인율인 9.6의 절반에도 못 미치는 수준이다. 또한 평균 초혼연령은 지속적으로 증가해서 2023년을 기준으로 남자가 34세이며 여자가 31.5세이다(통계청b, 2024). 경제적 불황이 지속되고 청년실업이 증가하고 있어서, 새로운 가족을 꾸릴 엄두를 내기란 쉬운 일이 아니기 때문이다. 취업을 하지 못한 젊은이들이 경제적으로 독립할 때까지 결혼을 미루는 것은, 우리 사회의 전반적 추세이다.

---

2) 조혼인율이란, 전체 인구 1,000명당 혼인자 수를 의미한다.

2) 결혼 결정과정에서의 부모역할

Stone(1979)은 결혼을 결정하는 데 있어 부모와 당사자 간 영향력의 역사적 변천과정을 네 시기로 요약하였다. 전적으로 부모의 의지에 따라 결혼이 성사되던 시기, 부모들이 자녀의 결혼을 관장하되 당사자가 최종 결정권을 갖던 시기, 자식이 선택하되 부모가 거부권을 갖는 시기, 그리고 당사자의 선택권이 전적으로 보장되는 시기를 순차적으로 나열할 때, 부모의 영향력은 점차 약화되고 당사자의 영향력이 강화되는 방향으로 변화하고 있다. 서구의 결혼 결정과정은 진작부터 네 번째 시기에 있는 것으로 분석된다. 그러나 한국 사회에는 부모와 당사자의 의견을 절충하는 방식인 두 번째와 세 번째 시기가 혼재한다.

한국 사회는 오랜 세월 동안 친족 중심의 공동체 속에서 유교적인 결혼풍습을 이어왔다. 이러한 사회에서 결혼은 "한 개인이 배우자와 함께 새로운 가정을 이루는 것"만은 아니었다. 결혼이 지닌 더 큰 의미는, 양가의 친족을 연결함으로써 가부장권에 기초한 가족의 계승과 안정을 추구하는 제도로서의 출발에 있었다. 1970년대 이후 낭만적 사랑과 연애결혼 그리고 핵가족적인 이상이 자리를 잡기 시작했지만(조혜정, 1991), 1980년대 중반까지도 중매에 의한 혼인이 주류를 이루다가 1980년대 후반에 이르러서야 비로소 연애혼의 비율이 중매혼보다 높아지기 시작했다(홍욱화, 1995). 이제 당사자들이 사귐의 과정을 거쳐서 결혼을 하기로 합의한 후에 양가 부모로부터 결혼에 대한 승낙을 얻는 것이 보편적이다. 그러나 부모로부터 결혼 승낙을 얻는 절차가 언제나 형식적인 수순에 한정되는 것은 아니다. 전통적 집단주의가 여전히 명맥을 유지하는 한국사회에서 성인이 된 이후로도 부모자녀 관계의 중요성은 무시할 수 없고, 주거지를 포함한 결혼비용이 만만치 않아서 결혼에 즈음하여 부모로부터의 경제적 지원을 필요로 하는 것이, 중산층 청년들의 현실이기 때문이다. 따라서 부모의 반대에 부딪힐 경우, 결혼은 난관에 봉착한다. 부모의 반대가 강한 경우, 자신들의 결정을 고수하고 결혼을 강행하는 커플들도 있지만 부모의 반대가 누그러지도록 다양한 시도를 하면서 타협점을 모색하거나 혹은 결혼을 포기하고 관계를 해체하는 경우도 적지 않다. 이는 서구의 근대적이고 개인주의적인 결혼관과 다른, 한국적 결혼의 특성이다.

며느릿감과 사윗감에 대한 기대

부계중심의 유교적 전통이 잔존하는 상황에서 예비 시부모가 며느릿감에 거는 전통적 기대는 여전하다. 부계중심의 친족체계에 며느릿감을 편입시키는 것으로서 아들의 결혼을 규정하기 때문에, 자신들이 구축해 놓은 질서에 무리 없이 순응할 만한 존재를 며느리로 맞고 싶어 한다. 그리고 그러한 기대에 부합할 것으로 여겨지는 여성을 "좋은 며느릿감"이라고 평가한다. 이동원 등(2000)의 조사에서, 사위를 선택하는 조건으로서 우위를 점하는 것이 장래 가능성 및 직업(40.2%) 그리고 성격(36.3%)으로 나타났다. 반면에 며느릿감의 선택조건으로는, 성격이 63.9%로 독보적인 비율을 점하고 집안 배경이 15.4%이다. 며느릿감의 성격과 집안 배경을 중요시한다는 것은, "기존의 부계 가족체계를 위협하지 않고 상황에 순응해야 한다"는 전통적 기대가 여전함을 의미한다.

반면에 처가에서 사윗감에 거는 기대는 "딸을 정신적으로 그리고 경제적으로 고생시키지 않을 만한" 성격과 경제력에 집중되어 있다. 즉 며느릿감에 대한 기대가 집안 전체와의 연관성하에 존재하는 반면, 사윗감에 대한 기대는 딸 개인과의 관계에만 국한되는 것이다.

배우자감과 결혼생활에 거는 당사자들의 기대는 부모들의 기대와 상충되기 때문에, 구체적인 결혼 상대자감에 관해 부모와 자녀의 의견은 종종 충돌한다. 그런데 부모와 자녀 간의 의견이 합치되지 않아 어느 한편의 주장에만 따르는 결정이 이루어진 경우, 장기간에 걸친 결혼생활에서 부모와 당사자 간의 갈등과 이로 인해 비롯된 양 배우자 간의 갈등에 휩싸일 가능성이 높다. 우리 사회의 결혼 결정 및 이후의 삶이 여전히 당사자들만의 영역은 아니고 또한 당사자들 간의 사랑만이 결혼 결정의 잣대로 충분치 않은 이유가 여기에 있다.

3) 우리 시대의 중매혼

연애혼의 증가에도 불구하고 중매혼은 여전히 배우자를 찾는 방안 중의 하나이다. 친족이나 지인들의 소개 외에도, 여러 가지 조건에 부합하는 상대자들 간의 만남을 주선하는 결혼중매사업이 활성화되고 있다. 이러한 현상의 이면에는, 주변의 인맥을 통한 비공식적 만남의 한계를 넘어 여러 가지 객관적 조건을 두루 갖춘 최적의 상대자를 찾고자 하는 '시장 구매심리'가 존재한다.

중매혼은 집안 배경이나 본인의 교육수준과 직업 및 재력 등의 조건 뿐 아니라 사진을 통한 외모 역시 서로에게 알려지고 심지어 휴대폰이나 SNS를 통해 만남의 시간과 장소 등에 관한 당사자들 간의 의사소통 후에 만남이 이루어지기 때문에, 당사자들이 서로 호감을 느낄 경우 몇 차례의 만남을 거치면 결혼이 급속히 이루어질 가능성이 높다. 그래서 연애혼의 혼전 교제기간이 점차 증가하는 경향과 달리, 중매혼의 혼전 교제기간은 오히려 감소하는 현상이 나타나고 있다. 그러나 당사자 간의 친밀감이 성숙하기 전에 성급히 이루어진 결혼은, 정작 부부관계의 핵심인 상호 유대 및 정서적 교감이 성숙되기 전의 시작을 의미한다. 결혼생활을 해 나가면서 서로에 대한 애착이 자리를 잡고 사랑이 성숙하게 되면 다행이지만, 서로의 단점들에 관해 결혼 후에야 비로소 눈을 뜨고 이에 적응할 수 없음을 느끼거나 서로 간의 유대감이 강해지기 전에 중대한 장애 상황이 생길 경우에는 부부생활을 지속하기 힘들어진다.

전통사회의 결혼과 달리 당사자들 간의 유대가 결혼생활의 성패를 좌우하는 오늘날, 객관적 조건들에 근거한 성급한 결정은 낭만적 사랑의 환상만큼이나 위험하다. 결혼을 유지하는 데 있어서 여러 가지 현실적 조건이 중요하게 작용하는 것이 사실이지만, 애정관계가 중시되는 오늘의 결혼문화에서 현실적 조건이 곧 결혼생활의 행복이나 안정을 보장할 것이라는 생각은 위험하다. 따라서 서로가 친밀감을 형성하고 부부라는 하나의 단위로서 원활하게 기능할 수 있을지를 탐색하고 숙고하는 과정이 충분히 이루어진 후에 결혼을 결정해야 한다. 중매혼이나 연애혼을 불문하고, 당사자 간의 유대감은 긴 결혼생활 중의 파고(波高)를 넘어 둘이서 한 방향으로 노를 저을 수 있게 하는 핵심이기 때문이다.

생 각 해 볼 문 제

01 한국 사회에서 결혼상대자를 선택하는 데 있어 부모의 의견은 여전히 중요하게 여겨진다. 이것의 긍정적인 면은 무엇이고, 부정적인 면은 무엇일지 토론해 보자.

02 성공적인 결혼생활을 위해서 "자신에게 적합한 특성과 조건을 지닌

배우자를 만나야 하는 것"의 중요성은 결혼 이후 "결혼생활에 적응하고 긍정적 상호작용을 위해 노력해야 하는 것"의 중요성과 비교할 때 어느 정도의 비중을 차지할지 생각해 보자.

한국 사회의 결혼 문화

의례(ritual)는 사회 구성원들의 공유된 정서를 반영하는 상징적 절차이다. 국가나 조직뿐 아니라 개인과 가족 역시, 다양한 의례를 통해 나름대로의 정체성을 확인하고 응집을 도모하며 문화와 전통을 이어간다. 인생을 살며 거치게 되는 대표적 의례로서, 성인식과 결혼식 그리고 장례식이 있다. 성인식이 어른으로서의 책임과 역할을 부여하고 인정하는 의례라면, 장례식은 죽은 자와 산 자 간의 연결고리를 풀어내어 망자를 떠나보내는 의례이다. 반면에 두 개체가 독점적인 성관계와 출산의 권리를 지닌 하나의 단위가 됨을 사회적으로 확인받고 승인을 받는 것이 결혼식이다.

각 문화권에서 해당 민족이 경험해 온 삶의 역정에 따라, 의례의 중요도가 다르게 매겨지고 규모도 달라진다. 역사적으로 차별과 핍박으로 점철된 고난의 삶을 살아온 아일랜드 민족이나 흑인들의 경우 장례는 성대한 의식이다. 고난의 끝자락에서 새로이 시작될 내세의 삶이 풍성하기를 기원하는 정서의 표출인 것이다. 시신을 꽃상여에 태워서 온 동네 사람들이 줄줄이 따르며 애도하던 우리 전통사회의 장례식도, 같은 의미이다. 반면에 부부관계를 가장 중요시하는 앵글로 색슨의 문화권에서는, 결혼식을 중요하게 여겨서 성대하게 치른다. 한국 사회 또한 결혼문화가 점점 화려하고 다양해지는 추세인데, 본장에서는 한국 사회의 결혼의례[1]가 어떤 양상을 보이는지, 그에 부여되는 표면적인 그리고 내면적인 의미는 어떤 것인지 들여다보기로 한다.

1 결혼식의 역할

오늘날의 결혼식은 신랑과 신부가 서로에게 지니는 감정적·성적 권리와 의무를 다짐하고, 두 사람이 가장 가까운 사이 즉 배타적인 핵심 단위임을 서로에게 그리고 주변 친지들에게 공표하는 의식이다. 자신들이 부부로 맺어졌음을 공표하는 의례를 통해, 주변 사람들로 하여금 결혼 전과 후를 가르는 명확한 경계선을 그을 수 있게 하는 것이다. 즉 결혼당사자와 이들을 둘러싼 주변 친지와 지인들로 하여금, 독신이던 시절과 달리 부부로서 자리매김하도록 하는 역할을 한다. 독신의 장점이 자유로움에 있는 반면 결혼생활은 둘이서 하나의 단위로 기능하기 위한 구속성을 동반한다. 또한 부부로서 서로에 대한 책임과 배려를 중심으로 하는 생활은, 필연적으로 주변 사람들과 맺어왔던 관계에도 변화를 수반해야 가능해진다. 따라서 주변 사람들 역시 부부의 영역을 인정하고 보장해 주어야 할 필요가 있다. 이처럼 결혼식을 계기로 하여

---

1) 본장에서는 약혼식과 결혼식, 폐백, 예단 및 예물과 함들이 그리고 이바지에 이르는 제반 절차들을 결혼의례의 개념으로 포괄하기로 한다.

당사자와 주변이 변화를 인정하고 수용하며 익숙해지는 과정을, 지역사회 결혼(community marriage)이라고 한다.

남녀 간에 미래를 함께 하고자 하는 약속으로서 언약식이 있는데, 이는 데이트 관계에 있는 커플이 친구들 앞에서 자신들의 결속을 공표하고 커플링이나 목걸이 등의 증표를 나눠 갖는 등의 간소한 의식이다. 언약식은 서로에 대한 헌신을 다짐함으로써 깨어지기 쉬운 관계를 유지하겠다는 다짐이지만, 양가 친족 집단 간의 결합을 의미하지는 않는다는 점에서 결혼식과 다르다. 집단의식 및 관계에 대한 구속력과 안정성은 전통 결혼식이 가장 강하고 현대의 결혼식은 그에 미치지 못하며, 언약식은 관계를 구속하는 힘이나 안정성이 가장 약하다. 두 사람의 관계를 유지하게 하는 두 축을 관계에 대한 만족도(satisfaction)와 관계를 위해 투자해 온 헌신(commitment)으로 규정할 때, 언약식이 주로 전자에 의존하는 반면 전통 결혼식은 후자, 즉 결혼의례를 통해 보장되는 남편과 아내로서의 상호 헌신에 의존한다. 그리고 현대의 결혼은, 제도적인 개입에 의존한 결속으로부터 상호 간의 만족을 추구하는 관계로 그 중심이 이동하면서, 언약식과 전통결혼의 중간지점에 위치한다.

2 한국 결혼식의 이중 구조

한국 사회의 결혼의례는 전통과 근대가 혼합된 형태이다. 약혼식과 함들이, 폐백, 이바지 등이 전통혼례에 뿌리를 둔 가문 중심적이고 부계 중심적인 가치를 표방하는 반면, 예식장이나 호텔에서 이루어지는 결혼식과 신혼여행은 개화기 이후에 들어온 근대의 일본문화와 서구문화의 낭만적 사랑과 개인주의적 의미를 표상한다(박혜인, 1991; 박선웅, 1999).

1) 서구식 예식

서구식 왕궁처럼 화려하게 꾸며진 예식장에서, 드레스를 입은 신부와 턱시도를 입은 신랑은 동화 속 공주와 왕자의 낭만적 사랑에 대한 환상을 보여준다. 그러나 순백의 드레스를 입고 친정아버지의 손에 이끌려 예식장 안을 걸어 들어가서 신랑의 손에 인도되는 신부의 모습은,[2] 남자 어른인 친정아버지에 의해 순결하게 보관되다가 또 다른 남자 어른인 신랑에게 넘겨지는 대상화된 어린 여성을 상징하고 동시에 가부장적 권력관계를 가시화한다.

2) 전통 폐백

서구식 예식이 끝난 직후에 치러지는 폐백은 신랑 쪽의 친족들이 모여서 신부의 인사를 받는 또 하나의 예식이다. 서구식 예식이 근대의 낭만적 사랑에 기반을 둔 새로운 가족의 탄생을 알린다면, 전통 폐백은 신랑 쪽의 친족 구조에 새로운 성원인 여성을 받아들여서 부계친족의 전통을 계승하는 제도적 가족의 확장을 의미한다. 또 신랑의 부모와 부계친족들에 의해 신부의 치마폭에 던져지는 다량의 대추와 밤은 "자손을 많이 낳아서 부계 가문을 이어가라"는 의미를 지닌다.

---

2) 친정아버지가 부재하거나 혹은 예식에 참석할 수 없는 경우에는, 삼촌이나 주변의 남자 어른이 아버지를 대신하여 결혼식에서 신부를 신랑에게 인도하는 것이 상례였다.

3) 근대 개인주의와 전통적 집단주의 가치관의 혼재

전통적 집단주의와 근대적 개인주의는 본질적으로 화합하기 힘든 상호 배타적 가치이다. 서구식 예식과 전통 폐백을 이중으로 행함으로써 전통적 집단주의와 근대적 개인주의라는 이중적 가치관을 드러내는 한국형 결혼식은, 결혼 당사자와 양가의 가족들로 하여금 각자의 세대적 위치와 입장에 따라 그 의미를 아전인수(我田引水)격으로 해석하고 상이한 기대를 갖게 한다. 즉 전통적 가치관을 내면화한 시부모는 결혼식에서 전통적인 의미를 읽어내고 며느리의 역할에 대해 가부장적 기대를 하는 데 반해, 개인주의적 가치관을 내면화한 신부는 낭만적 사랑과 부부 중심의 근대적 의미를 선택적으로 읽어낼 가능성이 높다. 이 경우 어느 쪽도 완전히 틀렸다고 할 수는 없지만, 양쪽의 기대는 서로 만나기 힘든 평행선을 그린다. 이처럼 결혼식이 보여주는 상징의 이중성 내지 모호함으로부터 시작되는 기대의 불일치는, 추후 결혼생활에서 긴장과 갈등을 불러오기 쉽다.

결혼은 자녀의 입장에서는 성인으로서 부모로부터 모든 면에서의 독립을, 그리고 부모의 입장에서는 자녀를 완전히 놓아 주는 자세, 즉 자녀 부부의 독립성을 인정하는 것을 의미한다. 그러나 효 사상을 중심으로 한 부계 위주의 부모자식 관계가 부부관계보다 우선시 되어 온 한국의 전통문화와 서구로부터 유입된 부부중심 핵가족 문화의 혼재로 인해, 혼란과 저항이 존재하는 것이 사실이다. 부모자녀 관계와 자녀세대의 부부관계가 씨실과 날실로 얽히는 시작점에서부터, 관계의 우선순위 및 서로의 역할에 관한 합의와 공감대가 형성되어야 한다.

정형성을 탈피한 결혼식들이 등장하고 있다. 서구식 예식과 전통

혼례의 의미를 숙지하고 이들 중 하나를 선택할 경우, 최소한 이중적 의미로 인한 혼란은 방지할 수 있다. 또한 서구식 혼례뿐 아니라 전통 혼례 역시 나름의 의미에 부합하도록 변형시켜서 치를 수도 있다. 즉 전통혼례가 상징하는 집단적 결속의 의미를 수용하되 부계로의 종속적 편입이 아닌 양가의 균등한 연결로서 받아들이겠다는 의지의 표현으로 서, 양계 친족이 모두 참여하는 폐백을 치르는 경우도 있다. 뿐만 아니라 신랑과 신부가 손을 맞잡고 입장하는 결혼식이 증가하고 있는데, 이는 성인인 두 사람의 동등한 결합을 상징하는 시도로 볼 수 있다. 양성 간의 불평등성에 대한 자각과 더불어 평등한 결혼생활을 하겠다는 결혼 당사자들의 의지가, 결혼식 모습의 변화로 나타나고 있는 것이다.

3 혼수관행의 의미와 영향

혼수란 결혼과 관련하여 지출되는 비용, 즉 결혼식과 거주지 및 살림 장만에 쓰이는 비용과 예물 및 예단 마련에 쓰이는 비용과 준비되는 물품을 총칭한다. 예물이란 본질적으로 신랑과 신부가 결속의 의미를 전달하는 상징적 매개물이고, 예단이란 양가의 친족이 결합하는 시점에서 서로에게 예(禮)를 갖춘다는 의미를 지니는 상징이다.

핵가족 및 신거제(新居制)가 일반화된 1960년대 이래로 신접살림을 위한 주택 비용과 살림장만 비용이 필요하게 됨에 따라, 혼수의 규모가 커지기 시작했다(김정옥·박경규, 1998). 이후로 과다혼수 경향은 점점 더 심해지면서 사회문제가 되고 있다. 2007년 한 해 동안 약 35만 쌍이 결혼을 하고 총 30조 원을 결혼 비용으로 사용하였는데, 이는 국민 총생산을 감안할 때 미국이나 일본 등의 3~5배에 달한다고 보고되었다(한 국결혼문화연구소, 2008). 그런데 결혼 건수가 19만 2천 쌍을 기록했던 2022년에는(통계청i, 2022), 평균 결혼비용이 약 2억 9천만 원에 달하며 이 중 주택비용이 2억 4천여만 원으로 나타났다(듀오휴먼라이트연구소, 2022). 이는 한편으로는 중산층의 부모가 자녀의 결혼에 필요한 경제적 부담으로부터 자유롭기 힘든 이유가 되고, 다른 한편으로는 경제 활동을 한 기간이 아직 짧아서 모은 돈이 적을 수밖에 없는 청년층으로 하여금 결혼을 미루게 하는 이유가 된다.

1) 과다혼수와 소비심리

한국 사회에서는 결혼 당사자들이 혼전에 경제활동을 통해 비축한 자금을 기반으로 하여 예물과 예단을 준비하기보다는 양가 부모들이 주도하는 것을 당연시해 왔다. 그런데 부모들에 의해 주도되는 혼례문화 속에서, 양가의 소비 패턴이 계층 정체성을 표현하는 지표로 사용되어 왔다(함인희 외, 2001). 상류층은 값비싸고 호화로운 혼수품을 교환함으로써 자신들의 경제력을 과시한다. 이는 호화혼수를 통해 여타 계층과는 차별화된 가문(家門) 간 결속을 표현하고자 함이며, 결과적으로 호화혼수는 부모세대의 계층적 지위를 자녀세대에 이전하는 상징으로서의 역할을 한다. 정작 문제는 이러한 문화가 상류층에 국한되지 않고 중산층으로까지 보편화되고 있다는 데 있다. 중산층의 부모는 힘에 버거울 만큼의 혼수를 마련해서라도 자신들의 지위를 상류층과 동일시하고 나아가 자녀로 하여금 상류층에 근접하는 생활을 누리게 하고 싶어 한다. 그러나 중산층이 상류층의 혼수 양상을 모방하면 상류층은 혼수의 수준과 범위를 더 높임으로써 재차 차별화를 시도하고, 중산층은 또 다시 상류층을 따라 잡으려고 무리를 한다. 이러한 과정을 거치면서 한국 사회의 혼수 관행은 점점 더 과다하고 사치스러운 방향으로 변질되어 왔다.

2) 과다혼수에 숨겨진 의미

청년층의 신혼부부가 자신들의 수입을 모아서 집을 장만하기 위해서는 긴 세월이 소요되는 상황에서, 당사자들도 경제적으로 안정적인 출발을 하고 싶은 것은 인지상정이다. 그런데 "나는 좋은 자격을 고루 갖추고 있다"고 생각하는 여성과 그녀의 집안에서 결혼 상대 남성에게 집 장만을 기대하고 요구하는 것은, "경제적 책임은 남성의 몫"이라고 여기는 가부장 문화의 소산이었다. 그리고 물질적 재산가치 및 교환가치를 지니는 '집'을 제공한 남성과 남성의 집안으로 하여금 결혼 이후의 삶에서 중심적 위치를 점하게 함으로써, 다시금 가부장 문화가 자리를 잡게 하는 계기가 되기도 했다.

반면에 신랑의 직업적 지위가 높을수록, 신부 측에서 제공하는 혼수가 과다해지기 쉽다. 좋은 학벌과 사회적으로 선호되는 직업을 지닌 신랑 측에서 과도한 혼수를 요구할 경우 신부 측에서는 결혼 전후의 불화를 피하고자 무리한 부담을 감수하곤 한다.[3] 이렇게 왜곡된 혼수문화는, 신랑 측에서는 "신랑과 집안의 체면 유지를 위해서"라는 논리로 그리고 신부 측에서는 "경제적으로 평생을 보장받을 수 있다"는 합리화

---

3) "과다혼수는 시어머니들이 혼수로 며느리를 평가하는 데서 비롯되었다(한국여성개발원, 1986; 박선웅, 1999에서 재인용). 혼수문제가 직접적으로 부부갈등에 영향을 미치는 정도는 크게 부각되지 않지만, 혼수 불만으로 인해 고부갈등이 유발되고 순차적으로 부부갈등으로 비화하는 식의 간접적인 영향을 무시할 수 없다.

아래 묵인되어 왔다. 그러나 이는 "아들을 잘 키워낸" 보상을 받겠다는 시어머니의 일그러진 자존심과, 능력 있는 사윗감을 통해 딸의 사회경제적 미래를 보장받고 시집에서 대우를 잘 받게 해야 한다는 친정어머니의 심리적 압박감이 상호작용하여 만들어 낸 기현상이다. 이는 신랑이 지닌 경제적 가능성을 현재의 물질(혼수)과 맞바꾸는 의미로서, 경제적 자원을 지닌 신랑에 비해 신부를 열등하고 의존적인 존재로 간주하는 것이다. 그리고 근본적으로는 결혼을 인격적 결합으로 여기기보다 오히려 물질적 교환의 수준으로 격하시키는 것에 다름이 아니다.

3) 과다혼수와 가족갈등

어느 경우든 예비사돈으로부터의 물질적 요구와 경제적 형편 간 괴리(乖離)가 있는 경우, 양 집안 간에는 긴장이 조성되기 쉽다. 그런데 혼수로 인해 빚어진 갈등은, 서로에게 깊은 상처로 남아서 이후의 결혼생활 내내 부모자녀 간 그리고 부부 간 갈등의 단초가 된다.

또한 과다혼수를 요구받은 쪽의 부모가 어쩔 수 없이 여타 자녀와는 다른 수준으로 지출하는 혼수비용은, 자녀들 간의 갈등을 초래하기도 한다. 부모는 자녀마다 결혼 상대와의 관계에서 요구되는 혼수의 수준이 다르므로 소요되는 비용 역시 다를 수밖에 없다고 생각하지만, 같은 부모를 둔 형제자매 사이에서 상대적으로 적게 받은 자녀는 불만을 느끼기 때문이다(박선웅, 1999). 그리고 이로 인해 훼손된 결혼 당사자들과 형제자매 및 동서 사이의 관계는 쉽사리 회복되지 못하고 앙금으로 남는다.

4) 바람직한 혼례문화

체면과 과시를 위한 혼수 요구와 과다혼수 장만으로 얼버무려진 현행 혼례문화는, 우리 사회의 일그러진 자화상이다. 성인이 된 자녀를 여전히 소유하려 하고 자녀를 통해 자신들의 인생을 보상받고자 하는 부모세대의 허영심과 부모에게 경제적으로 의존해서라도 편안한 출발을 원하는 젊은 세대의 의존심이 복합적으로 만들어 낸 결과물이다. 물량화한 혼례는 새로이 탄생하는 부부로 하여금 가부장적인 부부관계 및 친족관계의 그늘로부터 벗어나기 힘들게 하기 쉽다.

가부장적인 문화가 잔존하고 결혼식을 치를 때까지는 아들을 결혼시키는 부모가 주도권을 행사할 수 있는 현실에서, 예비 시부모가 먼저 변화를 주도할 때 혼례문화의 병폐가 해결될 수 있을 것이다(김정옥 · 박경규, 1998). 또한 경제력이 있는 계층에서 변화를 주도할 때, 실질적이고 합리적인 혼수문화가 정착될 수 있다. 결혼 전에 두 사람이 쓰던 가구들로 시작하는 신혼살림 및 예물과 예단에 쓰일 비용을 모아서 집값 마련에 보태는 융통성 등이 필요한 때이다. 다음에서 혼수문화의 변화를 위한 구체적인 방안을 제시하고자 한다.

● 혼수비용의 분담

신혼집을 신랑이 마련하고 가구와 예단을 신부가 준비하는 것이 아니라, 결혼의례와 신혼집 마련 및 살림 장만 그리고 예물과 예단 등에 소요되는 총 비용을 신랑과 신부가 분담하는 방식이 시도되고 있다. 이는 남편이 경제적 책임을 지고 아내는 경제적으로 의존하면서 가사와 양육을 하던 시대가 아니라, 경제적 부양과 가사 및 양육 등의 제반 가족역할을 공유하는 동반자 관계를 추구하는 오늘의 결혼 관념에 부합하는 모델이다.

월세가 안정적으로 보급되고 있는 서구와 달리 한꺼번에 목돈을 필요로 하는 전세나 자가(自家)가 일반적인 한국에서, 신랑과 신부가 스스로 모은 돈만으로 거주지를 마련하기 어렵다보니 양가의 부모가 결혼자금을 보태주게 되는 것이 중산층의 현실이다. 그러나 일부 상류층을 제외하면, 부모가 자녀의 결혼자금으로 지출하는 비용은 부모 자신의 노후자금이다. 따라서 무리해서 많은 비용을 자녀의 결혼비용으로 지출하는 것은, 부모 자신들의 노후불안으로 이어질 수 있다. 이는 신혼부부를 위한 저리대출 조건이 대폭 완화되고 확대 적용되어야 하는 실질적인 이유이다.

신혼부부의 전세자금지원을 위한 '버팀목 대출'과 주택매수를 위한 '디딤돌 대출' 그리고 '장기전세주택' 공급 등이 진행되고 있는 것은 사실이나, 그 조건이 까다로워서 혜택이 광범위하게 주어지지 못하고 있는 실정이다. 계층에 상관없이 임대 및 주택마련과 관련된 저리대출이 모든 신혼부부에게 적용될 수 있도록 하는 보편적 정책이 필요하다.

결혼 당사자가 주도하는 혼례

한국의 결혼식에서 혼주(婚主)란 양가의 부모를 가리킨다. 이는 양가의 부모가 주축이 되어 자녀들을 혼인시킨다는 의미를 지닌다.

성인인 두 사람이 독립된 어른으로서 새로운 가족을 일군다는 의미를 지니는 오늘날의 결혼에서, 실상 혼인의 주인은 신랑과 신부여야 한다. 따라서 부모가 아닌 결혼 당사자들이 결혼식과 혼수 마련에 있어서 주체가 되는 문화가 자리를 잡아야 한다. 가족을 책임지고 일구어가는 어른으로서의 출발은, 당사자 둘이서 계획하고 준비하고 책임지는 것이 바람직하다.

● **청첩문화의 변화**

이동성이 거의 없던 전통사회에서, 청첩과 하객 문화는 오랜 세월 동안 한 동네에 살면서 상호작용하고 돌아가며 품앗이하던 이웃 간의 상부상조 전통이었다. 그러나 거주지뿐 아니라 직장 역시 수시로 옮겨 다니며 살아가는 오늘날, 경조사 외엔 만날 일이 없는 사람들에게까지 뿌려지는 청첩장과 체면 때문에 어쩔 수 없이 참석하는 하객들 사이에서 진정한 축하의 마음을 기대하기는 힘들다. 아마도 결혼철마다 날아드는 청첩장의 홍수 속에서 빠듯한 생활비를 쪼개내야 하는 힘겨움과 바쁜 시간을 내어 형식적으로 참석한다는 의무감이 상당수에 달할 것이다.

그런데 이와 연관된 또 하나의 문제는, 결혼식장 측에서 요구하는 최소 하객수가 수백 명에 달하고 실제로 참석하는 하객수가 그에 미치지 못할 경우에도 식사비를 포함한 제반 비용을 계약서에 명시된 숫자만큼 지불하도록 한다는 데 있다. 결혼예식 문화가 한순간에 바뀌기는 쉽지 않은 상황에서, 이 역시 정책적 고민이 필요한 지점이다.

● **혼전 건강진단과 예비부부 교육**

수십 년에 걸친 동반자 생활을 시작하는 데 있어, 결혼식이나 혼수의 화려함보다 훨씬 중요한 것은 당사자들의 정신적·신체적 건강과 부부로서의 긍정적 상호작용이다. 이를 위해 최소한 두 가지 과정을 거칠 필요가 있다. 첫째, 두 사람 다 결혼 전에 건강진단을 받고 심신이 건강한 상태임을 확인해야 한다. 둘째, 부부로서 그리고 양가 확대가족의 새로운 성원으로서 적응해서 살아가기 위한 혼전 교육이다.

이는 결혼 당사자 스스로 챙겨봐야 할 중요한 과정이나, 실질적 중요성에도 불구하고 간과되어 왔다. 따라서 정책적인 차원에서 홍보가 되고 구체적인 지원이 이루어져야 한다. 결혼생활에 대한 예비교육을 받도록 의무화하고 지원하는 것 그리고 결혼예식에서 건강진단서를 교환하도록 하고 혼인신고 시에 이를 제출하도록 의무화하며 비용을 지원하는 것 등이다.

생 각 해 볼 문 제

01 현재의 한국 결혼식이 내포하고 있는 이중적 의미로 인한 혼란과 갈등의 소지를 없앨 수 있는 대안은 무엇일지 생각해 보자.

02 결혼할 때 마련하는 신접살림 준비 중에서 신랑 측이 신랑의 명의로 마련하는 '신혼집'이 지속적인 재산 가치를 지니는 데 비해 신부 측에서 마련하는 것으로 당연시해 온 가구 및 가전제품 등은 그렇지 못하다. 이는 결국 실질적인 면에서도 양측이 평등하지 않은 상황을 초래한다. 이를 해결하기 위해, 어떤 방안이 합리적인 것일지 생각해 보자.

가족주기와 부부

인간은 모체에서 분리되어 탄생하는 순간부터 성장하고 성인기의 삶을 거쳐 노쇠해져서 마침내 죽음에 이르기까지, 일련의 인생주기를 겪는다. 가족의 일생 역시 마찬가지 과정으로 이루어진다. 결혼식을 출발점으로 하여 탄생한 가족은 신혼부부만의 가족 형성기(신혼기)를 거쳐서, 자녀를 하나둘 출산함으로써 가족의 크기와 책임이 증가하는 가족 확대기(자녀 양육기),[1] 장성한 자녀들이 독립해서 떠나감으로 인해 가족의 크기와 책임이 줄어드는 가족 축소기, 그리고 장성한 자녀들이 모두 떠난 후 다시금 부부만 남아 살아가게 되는 빈 둥지기(empty nest stage)를 지나서, 부부 중 한 쪽이 사망하는 가족 해체기에 이르고, 마침내 남은 한편마저 사망하게 되면 해당 가족은 소멸한다.

---

1) 가족 확대기는 다시금 가족확대 진행기와 가족확대 완료기로 나뉜다. 가족확대 진행기란 자녀를 낳으면서 가족 수의 증가가 진행되는 시기인 반면, 가족확대 완료기는 더 이상의 자녀를 낳지 않지만 아직 자녀들 중 누구도 출가하지 않아서 가족 수의 증가도 감소도 없는 상태이다.

그림 6-1 가족주기

가족형성기 가족 확대 진행기 가족 확대 완료기

가족 해체기 빈 둥지기 가족 축소기

　　상기 발달단계의 진행은 결혼 후 일정 기간이 지나면 자녀를 출산하거나 입양하고 자녀가 성장하여 부모의 품을 떠날 때까지 부부관계를 지속하며 살아가는 경우를 상정한 모델이다. 자녀를 낳지 않는 무자녀 부부의 경우에는 가족의 크기 및 생활사건 면에서 이와는 다른 일상이 펼쳐진다. 이혼가족이나 재혼가족의 경우 역시 위와 같은 구분을 적용하기는 힘들다. 또한 빈 둥지기에 이르기 전에 배우자 중 한편이 사망하는 경우에도, 위의 단계에 그대로 부합하지는 않는다. 따라서 가족의 모습이 다양해지고 있는 오늘날, 상기 모델을 모든 가족에 획일적으로 적용할 수는 없다. 그럼에도 불구하고, 전술한 바와 같은 가족발달단계는 이제 막 출발하는 신혼부부에게 기대되는 일반적인 가족모델임에는 틀림이 없다.

가족주기에 따라 결혼만족도가 변화하는 모습에 관한 라마나와 리드만의 분석(Lamanna & Riedmann, 1997)에서는, 신혼기의 결혼만족도가 가장 높으나 급격한 기울기로 낮아져서 자녀양육기에 가장 낮다가 빈 둥지기에 이르면 다소 회복되고 가족해체기에 이르러 다시 하락하는 것으로 보고하였다. 한편 결혼만족도는 결혼연수가 거듭될수록 낮아지다가 중년기 이후 노년기까지는 낮아진 상태로 지속된다는 보고도 있고(이윤석, 2012), 부부만 남은 빈 둥지기에 결혼만족도가 가장 낮다는 보고도 있다(유영주, 1993). 물론 이들은, 결혼만족도를 어떻게 측정하느냐에 따라 달라질 수 있고, 분석표본이 속한 문화권에 따라 다른 양상을 보일 수도 있다. 그럼에도 불구하고 공통적인 발견은, 가족주기 중 신혼기의 결혼만족도가 가장 높지만 낮아지는 기울기 또한 가장 급격하다는 사실이다.

1 가족 형성기(신혼기)

낭만적 사랑에 관한 신화를 간직하고 결혼에 이른 대개의 신혼부부는 서로에 대한 사랑과 일체감으로 충만해 있다. 그러나 신혼기는 전 결혼기간 중 결혼만족도가 가장 높은 반면에 가장 급속히 감소하는 시기이기도 하다. 왜냐하면 이 시기에 양 배우자는 부부 관계 그리고 상대방 쪽 확대가족과의 관계에서 상호작용하는 틀과 새로운 가족문화를 만들어 가야 하는데, 그 과정이 데이트 시기에 품어온 '신혼의 환상'과는 다르게 펼쳐질 가능성이 높기 때문이다.

결혼에 수반되는 새로운 삶과 관계에 대한 적응이 누구에게나 쉬운 것은 아니다. "서로 사랑하기 때문에, 눈빛만으로도 이해할 수 있을 것"이라는 환상은 서운함과 오해 그리고 갈등의 불씨만을 남기기 쉽다. 일반적으로, 남성과 여성은 세상을 바라보는 방식이나 행동하고 상호작용하는 방식이 다르게 사회화된다. 그 결과, 남성은 타인과의 분리(separation)를 통해서 그리고 여성은 타인과의 관계성(connection) 속에서 자신을 규정하는 경향이 있다(함인희, 2005). 그래서 신혼의 남편은 독립적 자아의 상실에 대한 무의식적 두려움으로 인해 배우자와의 친밀한 관계맺음을 머뭇거리면서 아내의 환상을 깨뜨리고, 친밀한 관계에 의존하여 자신의 정체성을 확인하고자 하는 아내는 연애시절과 달리 무덤덤해진 남편과의 생활에서 혼란과 불만을 느끼기 쉽다. 친밀성을 둘러싼 양성 간의 차이뿐 아니라, 남편과 아내가 가족 내에서 처한 위치와 각자에게 기대되는 역할 차이도 부부갈등을 유발한다. 따라서 자신의 방식으로 배우자를 이해하려고 할 것이 아니라, 일상생활에서의 사소한 차이에 이르기까지 열린 대화를 통해 차이를 조정하고 타협해가면서 적응하려는 노력이 필요하다.

자녀를 낳기 이전의 신혼기는 양 배우자가 서로에게 집중할 수 있는 시기이다. 자녀 출산에 따르는 새로운 도전에 직면하기 전에, 부부는 서로의 욕구에 민감하게 반응하고 두 사람 간 관계에 대한 기대 차이를 적극적으로 조정함으로써 부부로서의 정체성과 유대감을 확립해야 한다. 신혼기뿐 아니라 이어지는 다음 단계의 가족 관계를 원활히 유지하기 위해서라도, 신혼기에 부부유대가 확고하게 정립될 필요가 있다. 부부유대를 강하게 유지할 수 있는 경우, 신혼기 특유의 갈등과 위기에도 불구하고 점차 부부 중심의 관계구도가 자리를 잡게 될 것이다. 다음에서 신혼에 당면하는 어려움과 신혼기에 이루어야 할 과업을 제시하고자 한다.

1) 데이트와 결혼은 다르다

서로에게만 집중하고 헌신할 수 있었던 데이트 시기와 달리, 결혼생활은 보다 광범위한 영역과 시간을 공유해야 하는 현실이고 두 사람만이 아닌 복잡한 관계망 속에서의 삶이다. 그래서 결혼생활은 혼전에 기대했던 바와는 다르게 펼쳐지기 쉬운데, 이 경우 양 배우자 모두 좌절을 경험하기 쉽다.

결혼은 별개의 문화가 통합되면서 새로운 가족문화를 만들어 내는 과정이다. 따라서 새로이 구성되는 관계에서, 양 배우자와 이들 부부를 둘러싼 확대가족 성원들 모두가 받아들일 수 있는 수준에서 역할구도를 새로이 설정하고 서로의 책임과 의무에 관해 타협해 가는 과정이 필요하다.

2) 결혼 후에 처음 느낀 문제점들

"콩깍지가 벗겨지고 보니…"라는 속설처럼, 전혀 예측하지 못했던 상대방의 문제점에 관해 결혼을 하고 난 후에야 비로소 직면하게 되는 경우가 많다. 만나는 시간 동안 최상의 모습을 보여주고자 노력하고 관계유지를 위해 헌신하며 데이트하던 시절과 달리, 결혼식이라는 문턱을 통과하고 긴 시간 동안 일상생활을 함께 공유하다 보면 양 배우자는 서로에게서 의외의 모습들을 보게 된다. 그런데 결혼 후 새로이 발견한 배우자와 시가/처가의 모습이나 상황 중에 도저히 용납할 수 없다고 생각되는 부분을 발견하면, "속았다"는 느낌을 갖기 쉽다. 그러나 대개의 경우, 데이트 기간 동안에도 파악할 수 있었는데 스스로 핑크렌즈[2]를

---

2) 상대의 단점은 가리고 장점만 보이게 하는 효과를 뜻하는 용어

끼고 있었으므로 간과하고 넘어갔던 것들이다. 상대방에 대한 그리고 결혼 자체에 대한 환상 속에서 "눈을 감은 채" 자신이 원하는 모습만으로 상대방과 상대방의 가족을 이상화(理想化)했다가, 결혼 후에 비로소 "눈을 뜨고 보니" 다양한 문제점이 보이기 시작하는 것이다.

그런데 동일한 단점도 누군가에게는 극복할 만한 역경으로 여겨지고 다른 누군가에게는 절대로 극복할 수 없는 난관이기도 하다. 스스로 만든 환상을 사랑하는 것이 청년기의 특성이지만, 데이트 시절에 "눈을 똑바로 뜨고" 서로의 장점뿐 아니라 단점까지 직시하면서 자신이 과연 잘 적응할 수 있을지 면밀히 판단해 보고 결혼을 결정해야 하는 이유가 여기에 있다. '역할 적합성 이론'에서 주장하는 바와 같이, 결혼으로 인해 주어질 역할을 스스로 감당할 수 있을 지에 관해 결혼결정 전에 현실적으로 숙고해야 하는 것이다.

은주 씨의 결혼

중산층의 부모 밑에서 별 어려움 없이 성장기를 보낸 은주 씨는, 대학을 졸업할 무렵 데이트를 시작했다. 장학금에 의존해서 대학 공부를 해 왔다는 남자친구의 집안사정이 어려운 줄은 알았지만, 어느 날 그가 "'결혼하자'며 데려간 집은 은주 씨의 예상을 훨씬 넘어섰다. 한참을 걸어 오른 달동네 비좁은 골목 끝에는 쓰러질 듯한 판잣집에 대여섯 가구가 세를 들어 살고 있었다. 그 중 월세방 하나에 부모와 삼 남매가 살고 있었고, 결혼을 하면 그 모두를 자신들이 부양해야 할 게 너무도 자명한 상황이었다.

은주 씨는 오랫동안 고민을 했다. 그러나 열악한 성장배경에도 불구하고 훌륭하게 자란 남자친구에게 오히려 존경심과 애정을 크게 느끼는 자신을 발견할 수 있었고, 남자친구 가족들의 밝은 표정들 또한 마음에 와 닿았다. 그래서 자신이 그 상황을 감당할 수 있을지를 먼저 가늠해 보기로 했다. 이후 몇 달동안 친척집에서 대신 살림을 해주면서, 얼마나 절약하면 생활을 꾸려갈 수 있는지를 실험했다. 퇴근 후에 시장에 들르면 파장 무렵이라 모든 것을 싸게 살 수 있었고, 때로는 땅바닥에 떨어진 배춧잎들을 주워서 김치를 담글 수도 있었다. 그렇게 알뜰살뜰 아끼면서 몇 달을 생활하고 나니, 어느 정도까지 생활비를 줄일 수 있을지에 대한 감이 잡혔고 자신들의 많지 않은 월급을 가지고도 두 집 살림이 가능할 것이라는 확신이 들었다.

친정 부모님께서 혼수 대신 넉넉히 마련해 준 전세자금으로 변두리 지역에 두 채의 전세를 얻어 시댁과 자신들의 보금자리를 마련했고, 이후 결혼 전에 연습한 대로 아껴서 생활하고 저축하며 살았다. 시댁에서 수시로 돈을 보내 달라는 요청이 오면 남편은 은주 씨를 볼 낯이 없어서 외면하면서 "돈을 보내라"고 전하곤 했는데, 이는 결혼 전에 예상치 못했던 상황이 아니었기 때문에 그때마다 남편과 한 팀이 되어 상황을 타개해 나갈 수 있었다.

결혼한 지 삼십여 년이 지난 오늘날, 은주 씨 부부는 또래의 누구 못지않게 경제적으로 안정이 되었고 이런 저런 어려움을 함께 헤쳐 오면서 서로에 대한 믿음의 깊이가 더욱 강해졌다. 성공적이라고 자평(自評)하는 은주 씨의 결혼에서 중요한 핵심은, 결혼을 결정하기 전부터 서로에게 솔직했고 상대방의 장·단점과 현실을 직시할 줄 알았으며 자신이 적응할 수 있는 상황인지에 관해 면밀히 검토했고 일단 결론을 내린 후에는 흔들림 없이 서로를 위한 버팀목이 되어 주었다는 점이다.

다만 은주 씨의 결혼 결정이 은주 씨에게 옳은 것이었다고 해서, 비슷한 선택 상황에 맞닥뜨린 또 다른 누군가에게도 같은 결정이 합리적일 것이라고 장담할 수는 없다. 결혼의 성공 여부는, 양 배우자가 지닌 특성에 비추어 판단할 때 주어진 환경에 적응 가능한 지에 의해 판가름되기 때문이다.

3) 가족 경계 및 부부 역할에 대한 인식 차이

결혼을 남편의 친족구조에 아내 한 사람을 편입시키는 것으로 정의해 온 부계 중심적 전통과 근대 서구의 부부중심적 결혼문화가 연령과 성 및 친족 내 위치에 따라 선별적으로 받아들여지고 있는 한국적 상황에서, 시집(친가) 및 친정(처가)에 대한 부부의 책임과 의무에 관한 의견 충돌은 빈번히 심각한 상황으로 치닫곤 한다. 남성은 결혼 이후에도 자신이 태어나고 성장한 원가족(family of origin)에 아내만을 포함시켜서 직계가족관계를 유지하려 한다(이재경, 2000). 그리고 한 걸음 더 나아가, 성장기를 거치면서 자신이 부모로부터 받아온 혜택을 되돌려드리는 행위로서의 효(孝)를 아내와 더불어 혹은 아내를 통해서 실천하려 한다. 그리고 이러한 기대와 요구는 시가의 부모와 형제들로부터도 직·간접적으로 전달된다. 반면에 여성은 남편과 자신으로 구성된 생산가족(family of procreation)을 중심에 놓고, 양가와의 관계에 있어서 균등해야 한다는 입장을 취한다(이재경, 2000). 결과적으로 남편이 설정하고자 하는 가족의 범위와 아내가 규정한 가족의 범위는 불일치하기 쉽고, 따라서 양가의 확대가족에 대한 책임과 의무에 대한 인식 역시 일치하지 않는다. 이는 전통적인 부계중심의 가족 경계가 와해된 반면 가족의 경계에 관한 새로운 합의가 마련되지 않은 데 기인하는 혼란이다. 따라서 이에 관한 구체적인 사안별로, 양 배우자 간의 대화 그리고 확대가족들과의 솔직한 대화와 역할기대에 대한 의견 절충을 거쳐야 할 필요가 있다.

결혼 전 각자의 원가족과 맺고 있던 관계를 결혼과 더불어 새로이 규정하고 재설정하는 작업 또한 같은 시기에 이루어져야 한다. 이러한 과정에 이기심을 내려놓고 합리적으로 임하려는 양 배우자의 태도와 이들을 둘러싼 부모형제의 이해 및 협조가 있는 경우, 결혼 이후의 부모자녀 관계를 비롯한 친족관계와 부부관계는 부드럽고 화목하게 유지될 수 있다.

4) 원가족 내 오래된 갈등의 표면화

가족 안에서 자의 및 타의에 의한 편애와 희생 그리고 차별 대우가 "가족이니까"라는 핑계로 당연시되면서, 불만과 갈등이 가족성원들의 무의식 속에 억눌린 채 오랫동안 쌓여온 경우가 드물지 않다. 가족 내 위치와 성별 및 연령대가 다르고 이해관계를 달리 하는 구성원들이 가족이라는 이름으로 오랜 세월동안 상호작용하는 것은, 쉬운 일이 아니기 때문이다. 그런데 가족 안의 개인은 때로 이타적이기도 하지만 기본적으로 이기적인 존재이기 때문에, 긴 세월에 걸쳐서 적절한 보상 없이 희생되었다고 느끼는 구성원의 불만이 영원히 수면 아래 묻히기는 쉽지 않다.

결혼 전 원가족 내에 표면화되지 않고 억압된 채로 있어왔던 갈등은, 결혼을 통해 새로운 가족성원 ─ 남성 쪽 친족구조에 여성 개인이 편입되는 방식의 한국 결혼에서는 주로 며느리, 올케, 형수 ─ 이 생기고 친족구도가 재편되는 과정에서 왜곡된 형태로 표출되는 경향이 있다. 그렇게 되면 가족 내의 불만과 갈등의 원인을 새로운 구성원에게 돌려 그녀를 속죄양으로 삼으면서, 나머지 구성원들은 과녁으로부터 벗어나서 문제의 본질을 덮고 원래의 평형상태로 되돌아가려는 경향이 강하다. 반면 새로이 편입된 여성은 "집안에 사람이 잘못 들어와서 쑥대밭이 되었다"는 소리를 듣는 등 갈등의 원인 제공자처럼 여겨지기 쉽다. 결혼한 여성들에게 "귀머거리 삼년, 벙어리 삼년, 장님 삼년"의 인내를 강요하던 시절, 여성들은 꼼짝없이 속죄양(scapegoat)[3]으로서 억울

---

3) 속죄양이란, 성서에서 번제(燔祭)의 제물로 바쳐지는 양을 의미했다. 이는 옛날 유대의 속죄일에 사람의 죄를 염소에게 대신 지워서 황야에 버린 데서 유래했

한 세월을 감당해 왔다. 그러나 오늘날 이러한 상황은 한 사람의 희생으로 해결되지 않고 부부관계뿐 아니라 형제관계 및 부모자녀 관계를 심각하게 훼손한다. "너 하나만 참으면 집안이 조용할 수 있다"는 식의 일방적인 희생 강요는, 무조건적 인내를 미덕으로 삼지 않는 오늘의 젊은이들에게는 통하지 않기 때문이다. 그래서 신혼의 부부가 시가와의 갈등으로 인해 이혼에 이르거나 혹은 부부와 부모형제간 관계단절로 이어지는 경우가 드물지 않다.

따라서 갈등이 가볍지 않다고 판단될 때, 적극적으로 문제를 해결하여 변화를 시도하는 것이 필요하다. 해당 가족의 능력만으로 충분치 않다고 여겨질 때, 가족 상담이나 가족치료 역시 대안이 될 수 있다. 가족 상담이나 가족치료에 대한 세간의 부정적 인식을 완화시키는 홍보와 더불어 상담비용 및 치료비용을 낮출 수 있도록 지원하고 지역사회의 전문가를 활용하는 방안이 적극적으로 강구될 경우, 상담 및 치료에 대한 심리적 · 실질적 문턱을 낮출 수 있을 것이다.

5) 확대가족 안에서 부부의 경계를 설정하기

한국 사회는 부부 중심이 아니라 부모자녀 중심의 가족윤리를 이어온 결과, 고부관계의 질(質, quality)이 여전히 신혼기 여성들의 결혼만족도를 좌우할 만큼 큰 영향력을 행사한다. 이는 부부관계를 누구도 관여하거나 침범할 수 없는 우선적 영역으로서 당연시하는 앵글로 색슨의 문화와 달리, 가족주의와 효를 강조하는 부계중심의 동양 문화권에서 부모를 비롯한 친족의 영향이 강한 데서 오는 특성이다. 이처럼 이

다. 즉 다른 사람의 잘못을 대신 뒤집어쓰고 비난을 받거나 고통을 당하는 대상을 속죄양이라고 한다.

질적인 가족윤리가 병존하는 상황에서, 젊은 부부는 서구의 부부중심 가족윤리를 내면화하는 반면 시가의 부모형제는 부모자녀 중심의 가족윤리에 방점을 찍으면서 서로에게 서운함을 느끼기 쉬운 것이 현실이다. 그럼에도 불구하고 친족은 위기상황에서 지원을 제공할 수 있는 든든한 자원이다. 또한 가족역할에 대한 기대는 가족 내의 위치에 따라 다르므로, 옳고 그름을 가르는 공통적이고 획일적인 규범이 존재하는 것도 아니다.

그러나 배우자의 확대가족과 상호적인 애정이 미처 쌓이지도 않은 상황에서 "부부란 일심동체(一心同體)이므로 배우자의 부모형제에 대한 효와 희생은 당연하다"거나 "나를 사랑하면 나의 부모와 형제에게 잘 하라"는 식의 강제는, 시가 및 처가 가족들에 대한 애정을 불러일으키지도 기대에 부합하는 효행위로 연결되지도 않고 오히려 확대가족관계에서의 불협화음과 이로 인한 부부갈등을 초래하기 쉽다. 부부가 친족 울타리 내에서 하나의 단위로 기능하기 위해서는 규범적 강제가 아닌 부부 간의 의견 조율과 타협이 필요하다. 뿐만 아니라, 부모의 입장에서 며느리나 사위에게 기대하는 효도 내지 친밀성이란, 전통적인 효규범에 의해 즉각적으로 생겨나는 것이 아니라 서로에 대한 진심어린 애정과 노력이 전달되고 세월의 흐름과 켜켜이 쌓여서 이루어지는 것임을 인지해야 한다. 나의 자식이 귀하면 그/그녀의 배우자 역시 귀하게 품어서 그들의 행복한 결혼생활을 최우선 순위에 놓고 그들 부부의 경계를 존중하겠다는 부모의 마음과 배우자를 사랑하면 그/그녀를 낳아 키운 시/처부모 역시 사랑하고 배려하려는 며느리/사위의 진심이 만날 수 있다면, 결혼으로 맺어진 부모자녀 관계는 순항할 수 있을 것이다. 그러나 어느 한편에서라도 자신의 자식이나 자신의 배우자에 대한 독섬욕 그리고 자신의 입상만을 생각하는 이기심이 앞설 때, 결혼으로 인해 엮인 시/처가와 며느리/사위 간의 관계는 장기간에 걸쳐 갈등이 쌓이면서 모두를 불편하고 불행하게 만들 수밖에 없다.

결혼 초기 특히 무자녀 신혼기 동안에 부모형제들과 상호 기대를 조절하고 관계 설정에 합의하는 것은 상당히 중요하다. 그렇지 못할 경우, 확대가족과의 불협화음 및 친족관계에 관한 부부 간 의견 차이 등은 결혼생활 내내 끊임없는 갈등을 초래한다. 특히 신혼기 동안 이러한 문제가 안정적으로 합의되지 못한 채 가족 주기의 다음 단계 – 예를 들면, 자녀 양육기 등 – 로 넘어가면, 갈등의 해결은 더 힘들어질 수 있다. 왜냐 하면 가족주기의 다음 단계는 또 그 나름대로 달성되어야 할 과업이 존재하는데, 완수되지 못한 이전 단계의 과업과 현 단계의 과업이 뒤섞이면서 얽혀버린 실타래를 풀어가기란 더욱 힘들어지기 때문이다.

2 가족 확대기(자녀 양육기)

첫 자녀가 출생하는 시점부터, 가족은 자녀를 포함한 다자(多者) 구도로 확대되고 부부관계는 자녀 중심으로 재편된다. 자녀양육으로 인한 경제적·시간적 부담과 육체적인 에너지 소비가 현격히 증가하기 때문이다. 그런데 양육 초기에는 양육에 쏟는 에너지로 인해 신혼기에 비해 부부관계가 소원해질 가능성이 높고, 출산 및 수유 등의 부담으로부터 자유로운 남편으로서는 "아내와 아기가 서로 밀착되고 자신만 따로 떨어진 것" 같은 소외감을 경험하기도 한다.

양육을 부부가 공유하는 것이, 아내의 과중한 부담을 덜기 위해서 뿐 아니라 부부 및 부모자녀 간의 무리 없는 융합을 위한 방안이 될 수 있다. 나아가 자녀들로 하여금 부성과 모성에 모두 익숙해지면서 남성성과 여성성을 고루 갖추며 성장하는 데도 도움이 된다. 또한, 장기적으로 남편이 자연스럽게 자녀들과 친밀감을 쌓는 방안이 될 수 있다.

1) 양육기 부부관계의 변화

자녀 양육기에는 자녀로 인해 소모되는 시간적 부담 때문에 부부만의 생활이 줄어든다. 자녀로 인한 경제적·육체적 부담 및 자녀양육에 대한 부부 간의 이견(異見)으로 인해 부부 사이에 갈등이 증가할 가능성도 배제할 수 없다. 반면 자발적으로 무자녀 가족을 선택하지 않았음에도 불구하고 임신이 되지 않는 경우, 또래의 연령층이 겪어가는 단계로서의 '부모 되기'를 경험하지 못함으로 인한 상실감 내지 공허함과 무료함이 부부관계에 부정적인 영향을 미칠 수 있다. 특히 부부 중심보다는 부모자녀 중심의 가족 전통이 이어져 온 한국사회에서, 결혼한 부부에게 자녀의 존재는 "정상적인 가족의 모습을 완성한다"는 의미로 받아들여지기 때문이다.

자녀 양육기의 부부는 다른 어떤 시기보다도 안정적으로 관계를 유지해 간다. 이는 성장기 자녀에 대한 보호와 양육을 위해 부부가 공조해야 할 필요성과 어린 자녀에게 양친(兩親)이 필요하다는 책임의식 등으로 인함이다. 그런데 자녀 양육기의 결혼만족도는 여타 시기에 비해 높지 않다. 이에 관해서, 갈등관계에 있는 부부관계가 해체되지 않고 유지되는 비율이 자녀 양육기에 높기 때문에 — 여타 가족주기라면 통계 대상에서 빠졌어야 할 부부가 여전히 포함됨으로 인해 — 결혼만족도의 평균치가 낮다는 설명이 가능하다. 또한 자녀로 인해 맛볼 수 있는 즐거움과 보람이 적지 않음에도 불구하고, 자녀로 인해 초래되는 다양한 사건과 부담이 많아서 즐거움과 보람을 상쇄하기 때문일 수 있다.

해당 부부가 '부모 되기'를 얼마나 기다렸는지, 자녀에 대한 전반적 만족도가 어느 수준인지, 그리고 부모 되기의 즐거움에 큰 비중을 두는지 아니면 자신들의 독립적 삶을 즐기는 성향인지에 따라, 양육기의 결혼만족도는 다를 수 있다. 특히 한국의 부모는 자녀의 성취를 곧 자신의 성취로 여겨서 대리만족을 구하는 경향이 강할 뿐 아니라 미성년 자녀와의 관계를 부부관계와 명확히 분리하지 않기 때문에, 자녀양육을 둘러 싼 부부 간의 상호작용이 결혼만족도에 미치는 영향이 서구보다 강하다.

2) 양육기의 부부관계와 부모자녀 관계의 상호성

자녀양육은 부부의 공동 프로젝트이다. 부부 간의 원활한 의사소통과 합의에 기반을 두고 통일된 방식으로 자녀를 대해야, 자녀를 혼란스럽게 하지 않을 수 있다. 부부 간의 관계가 소원한 경우 어느 한편 부모와 자녀 간 과잉 밀착이 형성될 수 있는데, 이 경우에도 자녀는 양편 부모 사이에서 어떤 태도를 취해야 할지 혼란스러워진다.

가족체계이론에서는 가족관계에서 가장 밀접한 유대를 유지해야 하는 축을 부부로 보고, 다른 어떤 가족 성원 간에도 부부를 능가하는 밀착도는 역기능적이라고 진단한다. 자신과 과잉 밀착된 부모와의 관계에서 배우자 역할을 대신 해야 하는 자녀는, 다른 쪽 부모와는 원만한 관계를 이루기 어렵고 성장 후에도 과잉 밀착된 쪽 부모로부터 건강하게 독립하기도 쉽지 않다. 한 예로, 부부 사이에 갈등을 겪는 어머니가 자신의 아들과 과잉 밀착되어 있는 경우, 아들에 대한 어머니의 집착이 적정선을 넘어설 가능성이 높고 아들 역시 장성한 이후에도 어머니로 부터 정서적으로 독립하는 것이 쉽지 않다. 아들이 결혼을 하게 되어도 어머니와 아들 간의 밀착관계는 해소되지 않아서, 어머니에게 며느리는 "아들을 빼앗아 간 여자"로 인식되고, 어머니로부터 정신적인 분리가 되지 않은 아들은 자신의 아내와 어머니 사이에서 방황을 거듭한다. 게 다가 그 아들은, 부모의 화목한 부부관계를 관찰하지 못하고 성장하였 으므로, 배우자와의 관계를 원만하게 가꿀 능력을 터득하지 못해서 자 신의 부부관계를 갈등적으로 이끌게 될 가능성이 높다. 따라서 자녀 양 육기에 친밀한 부부관계를 유지하는 것은 양 배우자 자신들과 자녀들 의 정서적 안정과 복지를 위해서뿐 아니라, 추후 자녀들의 원만한 결혼 생활을 위해서도 중요하다.

3 가족 축소기

자녀들이 어느 정도 성장해서 독립하기 시작하는 시기는 대개의 경우 부모의 중장년기 및 폐경기와 중첩된다. 이 시기를 맞으면, 사람 들은 자신의 직업과 결혼생활 그리고 과거와 현재의 삶 전반에 대해 되 돌아보게 된다. 남편도 아내도 노년기를 목전에 둔 채 신체적·심리적 쇠퇴를 경험하기 때문이다. 지금까지의 삶과는 다르게 살아보고 싶다는 생각이 들기도 하고, 배우자와의 관계에 관해 "침체되고 무미건조하며, 아무런 연결이 느껴지지 않는다"는 식으로 평가하기도 한다(한경혜·노영주, 2000). 그래서 이제라도 직업을 바꾸겠다는 결심을 하거나 혹은 외도의 유혹으로 인해 부부관계를 위기로 몰아넣는다. 이러한 방황 가능성으로 미루어, 가족 축소기는 중년의 위기(mid-life crisis) 혹은 '사추기(思秋期)'라고 불리기도 한다. 그러나 이는 해당 연령대의 모두에게 심각하게 나타나는 증상은 아니다. 이전 인생의 매 단계를 충실히 살아냈다고 자부할 수 있는 경우에, 부부는 자녀들의 독립을 상실로 느끼지 않고 자녀들로부터 독립할 수 있는 기회로 여길 수도 있다.

1) 가족 축소기의 성

폐경기를 전후해서 아내는 임신의 공포로부터 해방되고 성관계에서의 소극성으로부터 벗어날 수 있게 되어 생리적으로뿐 아니라 심리적으로도 성욕이 활발해지는데, 남편은 오히려 성욕이 감소한다. 그러나 우리 사회의 남성 중심적 성문화로 인해 아내가 성관계를 적극적으로 주도하기는 힘든 상황에서, 아내의 성적 불만족과 남편의 심리적 부담은 커진다. 그런데 이처럼 한편의 불만족과 다른 한편의 부담이 증폭되는 것은, 의학적인 치료를 필요로 하는 경우도 있지만 상대방이 구체적으로 원하는 성행동에 대한 오해에서 비롯되는 경우도 적지 않다. 즉 남성이 성기의 결합을 중심으로 생각하는 반면, 여성의 성욕과 만족 여부는 자신에 대한 관심과 존중 및 애정의 연장선상에 있다. 성생활 역시 상호적인 것이므로 부부 간의 대화를 통해 해결점을 찾아야 한다. 다음에 예시된 부부의 문제는 어디에 기인하는 것일까?

아내: "남편이 등을 돌리고 잘 때 차갑고 냉정하게 느껴진다. 내가 원하는 것은 가벼운 포옹과 팔베개 혹은 손을 잡고 자는 것

등의 자잘한 교감인데, 남편은 왜 그리도 냉정한 것인지 원망스럽다. 남편에게 다른 여자가 있는 걸까? 화가 나서 아침 밥상에 전날 먹던 국 남은 것과 김치만 올려놓았다."

남편: "요즘 몸이 예전과 같지 않아서, 아내가 성관계를 요구할까봐 겁이 나고 아내에게 미안하기도 하다. 그래서 아내가 다가오지 못하게 미리 돌아누워 코를 고는 척한다. 이제 늙어서 아내를 만족시키지도 못하는 걸까? 미안한 마음에 오히려 아침 밥상에서 반찬 투정을 하며 화를 내고 나와 버렸다."

연령대를 불문하고, 성애(sexuality)는 육체적 즐거움일 뿐 아니라 정서적으로 유대를 강하게 하는 의사소통 수단이자 친밀감 향상을 위한 수단이다. 따라서 성애는 남편과 아내 모두에게 의미가 있어야 하고, 부부 간에 성문제에 관한 개방적 의사소통이 지속적으로 이루어져야 한다. 그렇지 못한 경우, 성관계로 인한 불만족과 부담은 엉뚱한 방향으로 표출되면서 오해로 인한 부부갈등이 증폭될 가능성이 높다.

2) 자녀의 독립과 상실감

중장년기의 생리적·신체적 변화로 인한 특성뿐 아니라, 이 시기에 맞닥뜨리게 되는 자녀들의 독립은 부부가 적응해야 할 중요한 과업이다. 가사와 양육에 소모되는 시간과 에너지는 급격히 감소하지만, 이와 함께 찾아오는 시간적 여유는 때로 상실감을 동반한다. 특히 자녀 양육기 동안 가족 이외의 다른 분야에 대한 관심을 억누르면서 살아온 중년의 전업주부들 그리고 일찌감치 직업 일선에서 은퇴해 가정으로 눈을 돌린 남편들은, 제각기 짝을 찾아 떠나는 자녀들의 등 뒤에서 상실감에

직면하기 쉽다.[4]

　소자녀화를 주도했고 서정적 가족주의[5]를 내면화한 오늘의 부모 세대가 자녀의 결혼 이후까지도 자녀에게로 이어진 끈을 놓지 못하고 연연하는 예는 드물지 않다. 그러나 자녀가 성인이 된 이후 혹은 결혼한 이후까지도 자녀의 삶에 과도히 관여하는 것은, 자녀로 하여금 정신적·실질적으로 여전히 부모에게 의존하게 하고 또한 자녀부부와 갈등을 빚는 원인이 된다. 따라서 배우자나 자녀를 통해 간접적으로 대리만족을 구하던 방식에서 벗어나서 스스로 의미를 찾을 수 있는 활동을 준비하고 새로운 역할에서 자아를 찾도록 적극적으로 노력해야 한다. 아울러 배우자와 단 둘이 남게 될 다음 시기 ― 빈 둥지기 ― 를 계획하고, 배우자와 공유할 수 있는 활동을 적극적으로 준비해야 한다.

4 빈 둥지기

　평균수명의 증가로 인해 결혼 지속연수가 길어진 반면, 소자녀화 덕분에 자녀를 양육해야 하는 기간은 축소되었다. 이와 같은 가족주기의 변화는 자녀들을 출가시키고 난 부부가 둘이서 살아가는 기간을 연장시켰다. 빈 둥지기는, 자녀들의 출가와 직장에서의 은퇴 및 집안일의 감소가 맞물리면서, 부부가 다시금 서로를 마주 볼 수 있는 여유를 찾을 수 있는 시기이다.

---

4) 가족 축소기의 특성과 빈 둥지기의 특성은 종종 중첩된다.
5) 서정적 가족주의란, 부부 간의 애정과 자녀에 대한 무조건적 모성애를 중심으로 하는 가족이념이다. 유럽의 핵가족적 정서에 토대를 두고 있는데, 한국에서도 서구문화의 유입과 더불어 확산되었다(이여봉, 2022).

빈 둥지기의 부부는 부부만이 살아간다는 점에서 구조상으로는 신혼기와 유사하지만, 서로에 대해 그리고 상대방의 원가족에 적응하기 위해 좌충우돌하던 신혼기와 달리 대부분의 관계가 안정을 찾은 상황이다. 물론 더 이상 서로에 대한 호기심과 열정으로 들뜨지는 않지만, 긴 세월을 돌아와 서로를 위로하고 보듬을 수 있는 가장 편한 친구가 될 수 있다.

1) 공유된 정체성

빈 둥지기는, 자녀를 매개로 하던 생활양식으로부터의 변화와 더불어, 다시금 부부 중심의 삶에서 의미와 활기를 찾아야 하는 시기이다. 오랫동안 함께 살아온 남녀가 서로를 "한 배에 같이 타고가는 사람"으로 인식하는 과정을, Kaufman(1986; 한경혜·노영주, 2000에서 재인용)은 '공유된 정체성(joint identity)'이라고 개념화하였다. 비교적 무난하게 결혼생활을 유지해 온 부부는 "서로 의지할 것은 부부 밖에 없다"는 믿음으로 자녀와는 거리를 두고 서로 배우자에게 의지하고 배려하는 태도를 갖는다(한경혜·노영주, 2000). 동료이자 친구로서의 정체성을 공유할 수 있을 경우, 빈 둥지기 부부의 결혼만족도는 이전 시기보다 높아질 수 있다.

2) 의존도가 증가하는 남편과 독립성이 증가하는 아내

대개의 경우 노년을 앞두고 시작되는 빈 둥지기에 이르면, 남편은 생리주기상 남성 호르몬인 테스토스테론의 비율이 감소하기 때문에 젊었던 시기에 비해 가족과 집안일에 대한 관심이 증가한다. 게다가 직장에서 은퇴를 하면서 사회적 역할이 감소되고 사회에서의 관계망 역시 줄어들어, 남편이 집안에서 지내는 시간이 길어진다. 따라서 이 시기에 부부의 삶을 새로이 조정할 필요성이 대두된다.

그러나 경제적 부양자와 가사 및 양육 전담자로 역할을 분리하여 살아 온 대부분의 빈 둥지기 부부는, 하루 종일 같이 있어야 하는 생활에 적응하기가 쉽지 않다. 경제적 부양역할에만 치중해 온 남편은, 집에서 보내는 시간이 길어질수록 집안에서의 일상 – 특히 점심 등의 식사 준비 – 과 관련하여 아내에 대한 의존도가 증가한다. 그리고 지난 세월 동안 자녀들의 일상적 뒷바라지를 아내가 도맡고 친족들과의 관계 역시 아내가 맡아 왔으므로, 장성한 자녀들 및 친족들과의 접촉에서 아내에게 의존적인 경향이 높다.[6] 그런데 노년에 접어든 아내는 생리주기상 여성 호르몬의 감소와 남성 호르몬의 증가로 인해 독립성이 증가하고, 가정 밖의 일에 관심을 가지며 사회활동과 친구들의 모임에서 인생의 의미를 찾고자 한다. 그렇기 때문에 낮 동안에도 집에 머물면서 아내에게 의존하고 있는 남편의 존재는 아내에게 부담으로 느껴지기 쉽다.

그러나 퇴직과 자녀 출가 이후의 외부 활동을 부부가 상의하고 미리 준비해 온 경우, 빈 둥지기는 남편과 아내에게 또 하나의 출발일 수

---

6) 전국 7대 도시의 30~60대 기혼 남자를 대상으로 한 설문조사에서, 스스로 식사와 옷 및 집안 정리를 해결할 수 있는지를 측정한 자립지수(Independence Quotient)는 57.9이고 가족과 의사소통 정도를 나타내는 관계지수(Relationship Quotient)는 53.1로 나타났다. 특히 관계지수는 30대에 59.8, 40대에 53.7, 50대에 50.8, 그리고 60대에 48.2로서 연령 증가와 더불어 하락하고, 결혼 1~5년차인 경우에는 68.4, 6~10년차에 56.4 등으로 결혼기간이 증가함에 따라 급격히 하락하는 현상을 보인다(조선일보, 2006). 이는 남자들이 가사역할이나 친근감 표현 등을 소홀히 하며 살아오면서, 점점 가족 안에서 자신의 자리를 잃고 소외되며 스스로의 일상적 자립도 힘들어지게 되는 경향을 의미한다. 그런데, 상기 수치에 관하여 나이든 세대 남성들의 관계지수가 낮고 젊은 세대일수록 점차 나아지고 있다는 해석도 가능하다.

있다. 퇴직 이후 집에 있는 시간이 늘어나는 남편이 가사부담을 증가시키는 "의존자"가 아닌 가사를 도와주는 "조력자"가 되고, 아내는 남편을 "돌아온 친구"로 여기면서 자잘한 일상을 함께 즐길 수 있다면, 이 시기의 결혼 만족도는 오히려 상승할 수 있다. 경제적인 여건과 건강이 허락하는 선에서 부부가 같이 할 수 있는 운동이나 여행을 하는 노부부가 증가하고 있다. 부부가 같이 자원봉사에 참여하는 것 역시 삶의 활력과 자아 가치감을 유지할 수 있는 방안이다.

5 가족 해체기

부부 중 어느 한 편이 심각한 질환으로 인해 의존적인 상황에 처하면, 부부의 역할구도는 다시금 변화를 겪을 수밖에 없다. 물론 경제적인 상황에 따라 간병인이나 요양보호사를 고용해서 도움을 받을 수 있고, 부분적으로는 자녀로부터의 지원 역시 기대할 수 있다. 그러나 현실적으로 질환자를 위한 간호의 일차적 책임은 건강한 나머지 한편의 배우자가 맡는 비율이 가장 높다. 설혹 간병인이나 간병시설을 이용한다고 해도, 제반 과정을 기획하고 결정하는 것은 나머지 한편 배우자의 몫이다. 여성의 평균수명이 남성에 비해 높기 때문에, 노년기에 배우자의 병구완을 하는 비율은 여성노인이 훨씬 높다.

1) 간병과 부부역할 변화

배우자가 질환으로 인해 의존적이 되면 나머지 한편 배우자는 간병 부담뿐 아니라 결혼 생활 동안 두 사람이 함께 혹은 나눠서, 해 오던 역할들을 모두 혼자서 도맡아야 하는 상황에 직면한다. 예를 들어, 집 안의 지출이나 납세 및 자잘한 수선 등을 맡아서 처리해 오던 남편이 중병으로 눕게 되면, 아내는 그동안 관심을 두지 않았던 일처리까지 맡아서 해야 한다. 그런데 전통적인 역할분담에 기초하여 결혼생활을 유지해 온 아내에게, 노년에 이르러 남편이 맡아오던 역할을 수행하는 것은 상당한 도전일 수 있다. 또한 간병을 겸해야 하는 상황은, 노년의 심신이 감당하기에 만만치 않은 부담이다.

　게다가 주변의 위로와 지지는 주로 환자에게만 집중되는데, 자신에게도 더 이상의 젊음이 없다고 여기는 배우자는 짧지 않은 간병을 마치고나면 자신에게도 병마가 찾아와서 죽음을 향해 갈 것이라는 부정적 예측으로 인해 우울해진다. 그래서 간병을 하는 배우자의 결혼 만족도뿐 아니라 삶의 만족도 역시 하락할 수밖에 없다. 그럼에도 불구하고 배우자가 해오던 역할을 맡아서 하는 이 기간은, 사별 이후의 홀로서기를 위해 살아남을 배우자에게 필요한 적응과정이다.

2) 죽음을 받아들이기와 슬픔을 극복하기

　Kübler-Ross(1969)는 자신 또는 가족성원의 죽음을 받아들이는 과정을 다섯 단계로 요약하였다. 죽음을 맞게 될 것이라는 선고에 충격을 받고 부정하는 것이, 첫 단계이다. 그리고 "남들은 건강한데, 왜 내가(혹은 나의 가족이) 죽어야 하는지"에 대해 분노하는 것이, 두 번째 단계이다. 세 번째 단계가 "살 수만 있다면(혹은 살릴 수만 있다면) 그 대신 무슨 일이든 하겠다"는 식으로 초월적 존재와 흥정을 시도하는 시기이다. 그러다가 네 번째 단계에 이르면, 이제 더 이상 어떻게 해볼 수 없음에 좌절과 두려움을 느끼게 된다. 그리고 가족의 입장에서는 사랑하

유언과 상속

망자의 자필로 작성되고 작성날짜와 날인이 있으며 공정증서화된 유언은, 망자의 뜻으로서 법적인 효력을 지닌다. 부부 중 어느 한편이 생존해 있다면, 자녀들이 살아남은 부 또는 모의 뜻에 따르거나 혹은 일단 살아남은 부모에게 모두 상속이 되도록 합의하기도 한다. 그러나 부모가 모두 사망한 경우 특히 상속 대상이 되는 재산이 큰 규모이고 남겨진 유언이 없다면, 상속인들 간 합의를 기대하기는 힘들다. 그리고 상속권자들 모두가 합의하지 않으면, 법정상속분에 따라 결정이 된다. 한국에서의 법정상속분이란, 배우자에겐 1.5 그리고 자녀들은 성이나 서열에 관계없이 각각 1.0의 지분이 주어지는 것이다.

유언이 있더라도 상속권자들이 유언에 불복해서 재산권 반환소송을 제기할 수 있다. 이 경우엔 법정상속분의 1/2에 해당하는 유류분을 확보할 수 있다. 이는 상속권자의 권리를 보호하기 위해 마련된 제도이지만, 망자의 권리를 제한하고 가족들 간 분란을 심화시킨다는 주장이 있어왔다.

2011년 신탁법이 개정됨으로써 2012년부터 유언대용신탁이 가능해졌다. 유언대용신탁이란 개인이 생존해 있는 동안 금융기관에 자산신탁계약을 맺으면, 해당 자산에 대해 사전 계약 시에 정한 방식대로 분배와 관리가 이루어진다. 이는 유언에 의한 상속을 대신하는 역할을 할 수 있는데, 신탁을 설정하면 소유권이 금융기관으로 넘어가기 때문에 신탁된 자산은 유류분 산정에서 제외된다는 판례가 있다(2020년 3월 판례). 따라서 유언대용신탁은 본인이 원하는 대로 재산을 상속하고 사후 유족들 간의 상속갈등을 피하기 위한 대안으로서 부상하였다. 특히 노인들이 자신의 사후 재산배분에 대한 권리를 보장받음으로써, 생존해 있는 동안 자녀들로부터 효도를 이끌어내기 위한 선택지로서 고려되고 있다(이여봉, 2022).

는 가족성원의 죽음에도 속수무책일 수밖에 없는 현실에 대해 죄의식과 절망감을 느낀다. 그러다가 마지막 단계에 이르면, 죽음을 맞는 당사자는 자신의 죽음을 받아들이고 가족들 역시 이를 받아들여 슬픔에 적응할 준비를 하게 된다. 그러나 이 다섯 단계를 누구나 다 순서대로 완결하는 것은 아니다. 어떤 경우엔 네 번째 단계에 머물러 있기도 하고, 혹은 각 단계를 수시로 왔다 갔다 하면서 반복하기도 한다.

　사회관계망 속에서 살아가는 인간의 특성으로 인해, 한 사람의 죽음은 가족 구도와 남은 가족성원의 역할에 변화를 초래한다. 따라서 죽음을 맞는 당사자의 연령과 가족 내에서 해 오던 역할에 따라, 본인 및 가족이 죽음을 받아들이는 태도는 상이하다. 예를 들어, 성장기 자녀를 둔 사십대 가장의 죽음과 자녀들을 모두 출가시킨 노인의 죽음은 전혀 다른 의미로 다가오게 되는데, 이는 망자가 가족 안에서 맡아 오던 역할의 중요도 및 영향력 차이로 인한 것이다.

　투병생활을 거치는 죽음은, 갑작스러운 죽음과 달리, 죽어가는 당사자로 하여금 인생을 마무리할 수 있는 기회를 제공하고 주변의 가까운 사람들로 하여금 망자와의 관계를 정리할 수 있도록 한다. 따라서 회복할 수 없고 죽음이 예정된 질병의 경우에, 환자 본인에게 숨김없이 얘기함으로써 가족과 충분한 애정을 나누고 인생에서 중요하게 여겨온 일들에 마침표를 찍으면서 삶을 마감할 수 있도록 해야 한다는 것이 오늘날의 견해이다. 나아가 소유물과 재산을 정리하도록 도와서 사후에 상속 문제로 인한 분란을 최소화해야 한다. 이는 남아 있는 가족들로 하여금, 가족성원이 떠난 자리를 비교적 평화롭게 극복할 수 있도록 하는 방안이기도 하다.

3) 장례

　젊은 사람의 죽음과는 그 의미나 상실의 정도가 다르지만, 노년의 사별 역시 남은 배우자에게는 삶을 송두리째 흔드는 아픈 경험이다. 인생에서 더 이상의 과업이 남아 있지 않고 다음 수순은 자신의 죽음인 것처럼 느끼게 되기도 한다. 따라서 상실로 인한 슬픔을 충분히 토해냄으로써 슬픔의 밑바닥으로부터 다시금 일상으로 돌아올 수 있는 힘을 얻을 필요가 절실하다.

장례식은 죽음을 맞는 당사자에게는 인생에서 마지막으로 거치는 통과의례이지만, 동시에 살아남은 사람들의 적응을 위한 절차이다. 즉 상징화되고 제도화된 절차들을 통해 인생에서 중요한 타자(significant other)를 잃은 상실감을 충분히 애도하고 위로받을 수 있도록 하는 것이 장례이다. 그럼으로써 망자와의 실질적 이별을 가시화하고, 망자와 함께 하지 않는 삶을 재구성해야 함을 주변 모두에게 공표하는 것이다.

장 묘

좋은 묫자리를 골라 조상을 모시면 자손들이 잘 된다는 믿음이 전해 내려오는 우리 사회에서, 매장(埋葬)은 오랜 세월동안 당연시되어왔다. 그러나 성묘 때마다 피하기 힘든 교통난과 바쁜 도시생활로 인해 조상의 묘를 돌보는 것이 힘들어지면서, 보다 실질적인 대안을 찾을 수밖에 없어졌다. 게다가 소자녀화되면서, 자신의 묘지를 후손들이 영원히 돌볼 것이라고 기대할 수도 없는 것이 현실이다. 뿐만 아니라 비좁은 국토를 활용하기 위해 묘지를 제한하는 정책이 수립되어서, 2001년 이후에 만들어진 묘지는 이후 60년 이상 유지될 수 없다(장사 등에 관한 법률 시행령, 2001).

이런저런 이유로 화장(火葬)을 선호하는 비율이 증가하여, 2022년을 기준으로 할 때 전국의 화장률은 91.7%를 기록하였다(보건복지부, 2023). 화장된 유골분은 주로 납골묘나 납골당에 안치되고 있다. 물론 납골묘는 비교적 좁은 면적에 많은 유골을 안치할 수 있어서 국토를 잠식하는 속도가 전통묘보다 느리지만, 장기적으로는 썩지 않는 석조물로 인해 오히려 오래도록 많은 토지를 뒤덮게 될 것이다.

　지정된 장소에 유골분을 뿌리는 '산골(散骨)'은 망자의 육신을 빨리 자연으로 돌아가도록 하는 방법이다. 그러나 자손들에게 자신의 흔적을 남기고 싶은 망자의 욕구와 망자를 추억할 만한 가시물(可視物)을 보존하고 싶어 하는 우리의 정서로 인해, 산골은 쉽사리 보편화되지 않을 것이다.

　반면에 '자연장'이란 유골분을 숲속의 나무밑(수목장)이나 잔디 혹은 꽃밭 등에 묻는 방안이다. 이는 유족들 가까이에 머물고 싶어 하는 망자의 욕구와 망자를 추억하려는 유족들의 욕구를 동시에 충족시키면서도 사후에 자연의 순환원칙에 따르게 하려는 장묘법이다. 그래서 지정된 장소에서 자연장이 행해진다. 그러나 화장된 유골분 속에 나무의 성장에 해로운 성분이 포함되어 있을 수 있다는 지적이 제기되고 있다.

　좀 더 친환경적인 시신처리 방법으로서, '빙장(氷葬)'이 있다. 빙장이란 시신을 톱밥으로 만든 관에 넣어 영하 18℃ 상태에서 보관한 후 영하 196℃의 질소탱크에 담아서 급속 냉동한 다음 진공 상태에서 관과 시체에 기계진동을 가하여 부수어서 금속성분과 수분을 걸러내고, 건조된 가루만 녹말상자에 담아 땅에 묻는 방법이다. 이렇게 땅에 묻은 시신은 1년 이내에 흙으로 돌아가기 때문에 현재로서는 가장 오염이 적은 친환경적인 장묘법으로 알려지고 있다. 그러나 기술적인 문제와 비용문제로 인해 보편화되지 못하고 있는 것이 현실이다.

　한편 화장한 유골분에서 광물 성분만을 추출하여 부패나 변질의 위험이 없는 사리로 만들어서 원하는 장소에 보관하거나 보석처럼 지닐 수 있도록 하는 '보석장'이 또 하나의 장묘법으로 대두되었다. 이 경우, 추모장소를 별도로 마련해야 하는 부담이 없어서 상주들의 입장에서는 장례비용을 절약할 수 있고 사회적으로는 유골을 보관할 토지를 따로 필요로 하지 않으니 친환경적이라고 할 수 있다. 특히 자손들이 외국 등지로 뿔뿔이 흩어져 살아서 부모의 묘를 찾기 힘드는 경우에, 부모의 남겨진 일부를 여럿이 나누어 보관할 수 있다는 점에서 활용되기 시작하였다.

4) 사별 후의 삶

평균수명의 증가는 노부부가 함께 살아가는 기간을 늘렸지만, 동시에 배우자와 사별한 채 홀로 남아 살아가야 하는 기간을 증가시키기도 했다. 이는 고령으로 인해 새로운 환경에 대한 적응력이 떨어지는 노년기에 직면하는 또 하나의 난관이다. 경제활동의 일선에서 비껴 있던 오늘의 여성노인들이 남편 사후에 부딪히는 가장 큰 문제가 빈곤이다. 반면, 아내와 사별한 남성노인들은 아내의 죽음과 동시에 친족관계망으로부터 급격한 단절과 소외를 경험한다. 이처럼 홀로 남은 시기에 남성노인과 여성노인이 각각 다른 종류의 어려움을 경험하는 것은, 오늘날의 노인들이 일생동안 남편과 아내의 역할을 확연히 구분하면서 살아온 데 기인한다. 따라서 젊은 시절부터 모든 역할을 부부가 공유하는 것은 남편과 아내 각자가 스스로를 돌볼 수 있는 독립성과 생존 능력을 유지하도록 하는 실질적인 방안이다.

생 각 해 볼 문 제

01 부부관계는 가족주기를 따라 이어지는 일련의 연속선상에 존재한다. 가족주기의 한 단계에서 형성된 관계가 다음 단계에서의 유대와 어떤 관련이 있을지 생각해 보자.

02 결혼생활의 성공 여부는 부부가 서로를 얼마나 이해하고 수용할 수 있느냐에 달려 있다. 긴 인생을 함께 살아가면서 가꿔온 애착은, 만남 초기의 설렘이나 흥분과는 어떻게 다를지 생각해 보자.

03 본 장에서 기술된 가족주기와 일치하지 않는 가족의 경우를 예로
들어서 생각해 보고 어떻게 다를지 토론해 보자.

PART
03

가족 안의 상호작용

가족 의사결정과 권력

우리는 인생을 살아가면서 시시때때로 여러 갈래의 길을 만나고 어떤 길로 가야 할 것인지 고민하곤 한다. 가족 역시 마찬가지인데, 어떤 길을 선택할지에 관해서 가족성원들의 의사가 늘 일치하는 것은 아니다. 연령과 성별뿐 아니라 흥미나 관심사 등이 다양한 가족성원들의 다양한 의견들을 어떻게 하나로 묶어 내느냐가, 가족 의사결정의 관건이다. 그리고 이러한 과정이 얼마나 원만하게 이루어지느냐에 따라 가족성원 간의 정서적 결속도가 달라지고, 결정 후의 변화 상황에 대한 적응력도 달라진다.

　– 아내는 대출을 받아서라도 집을 사면 수시로 옮겨 다니지 않아도 되므로 좋다고 생각하지만, 남편은 집을 사느라 대출을 받으면 대출금 상환을 위해 용돈을 줄이고 출근할 때 자가용 대신 대중교통을 이용해야 해서 불편하므로 집 사는 것을 미루고 싶다.

- 남편은 아내가 직장을 그만두고 집에서 아기를 돌보는 데 전념하면 좋겠다고 생각하지만, 아내는 사회생활을 계속하고 싶고 맞벌이를 해서 돈을 모으고 싶다.

- 남편은 아이로 하여금 스스로 공부하도록 하는 게 좋겠다고 생각하는데, 아내는 아이의 성적을 올리기 위해 과외를 시키거나 학원에 보내고 싶다.

- 올 여름 휴가에 남편은 집에서 조용히 쉬고 싶고, 아내는 산사에 가고 싶은데, 대학생인 딸은 해외여행을 가고 싶고, 중학생인 아들은 바닷가에 가고 싶다.

의사결정이란 한 사람이 무엇인가를 이루려고 할 때, 한두 명 이상의 다른 가족성원이 동의함으로써 하나의 의사로 통합되는 것을 의미한다(Scanzoni & Szinovacz, 1980; Galvin & Brommel, 1996에서 재인용). 가족 내에서 다양한 주장들이 있을 때, 한 가족성원이 자신의 의도대로 다른 가족성원들을 움직일 수 있다면 그/그녀는 자신의 의사를 가족 전체의 의사로 확대시킬 수 있을 것이다. 상대방의 초기 의지와 상관없이, 자신이 원하는 대로 상대방의 행동과 사고를 통제할 수 있는 것이 권력이다. 여기에 의사결정과 권력의 연관성이 존재한다.

1 가족권력의 개념

의사결정에 영향을 미치는 권력이란 상대방을 통제할 수 있는 힘을 의미하고, 이는 상대방에 의해 인정되는 자원을 갖고 있을 때 가능하다.

1) 권력의 근거자원

권력의 근거가 될 수 있는 자원으로, 강제(coercive power), 보상(reward), 전문적 지식(expertise), 정당성(legitimacy), 준거적 자원(referent power), 설득(information) 등을 들 수 있다(Raven, Centers, & Rodridges, 1976; Galvin & Brommel, 1996). 가족성원들은 각각 자신이 가진 근거자원에 기초하여 권력을 획득하며, 이를 적절히 행사함으로써 특정 상황에서의 의사결정에 영향을 미치게 된다.

- 자신이 원하는 대로 따르지 않으면 폭력을 행사하는 남편은, 폭력을 두려워하는 아내로 하여금 무조건 따르게 할 수 있다. (강제)

- 아이에게 피아노 연습을 시키고 싶은 어머니는, 1시간 동안 피아노를 연습하면 피자를 사 주기로 약속함으로써 아이로 하여금 피아노를 치게 할 수 있다. (보상)

- 컴퓨터를 고를 때, 가족 중에서 컴퓨터에 관해 가장 많이 알고 있는 아들의 결정을 나머지 가족성원들이 인정함으로써 받아들인다. (전문성)

- 저녁 10시 이전에 귀가하라고 아버지가 딸에게 한 명령은, 아버지로서 딸에게 요구할 자격이 있음을 딸이 인정할 때 받아들여진다. (정당성)

– 이제 막 대학에 입학한 동생은 언니의 옷차림이나 머리 모양이 멋있어 보여서, 옷을 사러가거나 미용실에 갈 때 언니의 의견을 중요하게 여기고 따른다. (준거적 권력, 동일시)

– 아들은 자신이 왜 유학을 가야 하는지에 관해 부모에게 논리적 이유를 들어 차근차근 설명을 함으로써, 부모로부터 유학에 관한 동의와 지원을 얻어낼 수 있다. (설득)

2) 권력의 차원

가족 내의 권력을 부부권력, 부모권력, 자녀권력, 형제자매권력, 친족권력 등의 차원으로 나눌 수 있다. 이들은 가족구조 안에서 각자의 위치와 개인적 특성 및 결정해야 할 사안에 따라 의사결정에 더 중요하게 혹은 덜 중요하게 영향을 미칠 수 있다. 다만 모든 사안이 가족성원들 모두에게 같은 정도의 중요성을 지니는 것은 아니며 또한 매 사안의 결정에 가족성원 모두가 참여해야 하는 것도 아니다.

물론 어떤 사안은 개인이 독자적으로 결정해도 되지만, 또 다른 어떤 사안은 전체 가족 혹은 특정한 성원의 동의를 얻어야 한다(Galvin & Brommel, 1990). 그리고 개별 구성원이 가족 내에서 차지하는 위치에 따라 각각 다른 영역 및 다른 범위의 결정권을 지닌다. 이러한 결정 영역의 경계는 각 문화권에 따라 다르게 정의되며, 동일한 문화권에서도 가족마다 상이하게 정의될 수 있다.

– 남편이 밤 12시가 넘어서 귀가하는 문제는 남편 혼자서 결정할 수 있지만, 10대 딸이 10시 이후에 귀가하는 문제는 부모의 동

의를 얻어야 한다.

- "아내가 취업을 할 것인가?"에 대한 결정은 A가족에서는 전적
  으로 아내 본인에게 달려 있지만, B가족에서는 남편의 의견이
  더 중요하고, C가족에서는 낮 동안 엄마의 부재에 대해 어떻게
  생각하는지 아이들의 의견을 들어 보아야 한다.

2 부부권력과 자녀권력 및 부모권력

1) 부부권력

현대의 핵가족에서 부부관계는 가족체계의 핵심이다. 부부권력은
양 배우자가 지닌 개인적 자원에 의해 결정되는 상황적 권력, 부부 외
의 가족 및 친지의 태도 등에 의해 결정되는 구조적 권력, 그리고 해당
사회의 제반 문화적 분위기에 의해 결정되는 체계적 권력으로 구분된
다(Alford & Friedland, 1985)(그림 7-1).

남편과 아내 중에서 개인 자원을 많이 지닌 배우자가 상황적 권력
을 더 많이 지닌다. 여기에서의 개인 자원이란 물질적·비물질적 자원
을 모두 포함하는데, 물질적 자원이 각 배우자가 기여하는 수입(Blood
& Wolfe, 1960)이나 개인 재산으로, 비물질적 자원은 각자의 사회경제적
지위나 교육 및 연령 등에서의 상대적 우열 그리고 부부관계 파탄 시의
개인적 대안(Heer, 1963)과 부부관계에의 상대적 몰입도 등으로 개념화
할 수 있다(이여봉, 1999a). 배우자와의 관계에 대한 몰입도가 상대적으
로 낮을수록 그리고 부부관계 외의 다른 대안이 많을수록, 부부관계에
서 유리한 위치를 차지한다. 연령의 경우에는 상대적으로 나이가 많은

그림 7-1 권력의 유형

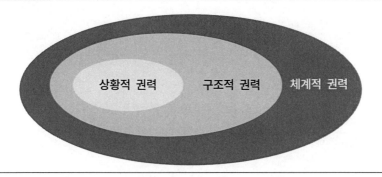

배우자가 권력을 갖게 될 수도 혹은 젊음의 매력(특히 여성의 경우)이 자원이 될 수도 있다(Presser, 1994). 그런데 여기에서 자원이라 함은, 절대량을 의미하는 것이 아니라 배우자가 지닌 자원과 비교해서 상대적인 양과 가치를 의미하는데, 이때 자원의 가치는 상대편에 의해 주관적으로 평가된다. 상호 관계를 전제로 하는 권력의 속성상, 자신이 지닌 자원을 상대편이 높게 평가할수록 상대편에게 행사할 수 있는 권력의 크기가 커진다.

부부 중심의 현대사회에서 양 배우자가 소유한 개인적 자원에 입각한 권력 - 상황적 권력 - 이 합리적임은 사실이다. 그러나 가족 역시 해당 사회가 지니고 있는 문화적 규범의 영향을 받는 집단이므로, 거시사회의 규범이 부부권력을 획일적으로 결정하는 분위기에서는 양 배우자 개인의 상대적 자원의 양이나 가치보다는 구조적 권력 및 체계적 권력이 더 큰 영향력을 지닌다. 가부장적 전통이 강한 사회에서 가족 내의 권력은 개인이 가진 자원에 관계없이 남편에게 주어지기 쉽다. 이는 양 배우자가 성장기를 거치면서 내면화한 성역할 규범에 의해 당연시되기도 하고, 결혼생활을 하는 동안 주변의 압력에 의해 영향을 받기도 한다. 따라서 양편의 배우자가 각각 소유하고 있는 상대적 자원에 의해 부부 간 권력관계가 결정되는 것은, 해당 사회의 문화가 이를 허용할 수 있을 만큼 융통적일 경우에만 가능하다(조정문·장상희, 2001; Rodman, 1972).

2) 부모권력과 자녀권력

전통적으로 미성년 자녀는 일방적으로 부모의 지시를 따르는 존재로 여겨져 왔으나, 오늘날 자녀는 부부 간의 권력구도에 변화를 가져올 수 있는 구조적 권력이기도 하다. 부부 간의 권력구조에서 각자 자신의 위치를 강하게 하기 위해서, 양 배우자는 의식적·무의식적으로 자녀와 동맹을 맺곤 한다. 또 자녀들은 부모 내외의 상호관계를 지켜보고 평가하며, 이에 의하여 부모자녀 관계의 밀착도 및 자녀에 대한 부 혹은 모의 권력구도가 정해지기도 한다. 따라서 자녀는 의도했든 그렇지 않든, 부부간 권력 구도에 영향을 미칠 수밖에 없다.

이와 마찬가지로 자녀 역시 가족의사결정 과정에서 자신의 입지를 강하게 하려는 의도에서 부모 중 어느 한 쪽과 동맹관계를 형성하기도 한다. 청소년은 권력을 많이 가진 부모와 자신을 동일시한다는 연구(McDonald, 1980)가 있고, 동성의 부모와 동맹을 맺는다는 주장(Acock & Yang, 1984)도 있다. 반면에 부부가 한 마음이거나 혹은 한편 배우자가 다른 한편 배우자에 대한 절대적 지지를 표명하는 경우, 부모자녀 관계에서 부 혹은 모의 권력은 강해질 수 있다.

가족 내의 위계질서가 확고히 자리를 잡았던 과거와 달리, 평등한 가족관계를 지향하고 부모와 자녀 간 의견교환 역시 쌍방향적으로 이루어지는 추세여서, 가족의사결정 과정에서 자녀의 의견이 차지하는 비중이 증가하고 있다. 더구나 컴퓨터를 다루는 능력이나 인터넷을 통한 정보 수집 능력에 있어서 자녀들이 부모세대를 훨씬 앞서고, 때로는 자녀가 오히려 부모를 교육하기도 한다. 이와 같이 자녀의 전문성에 기초한 상황적 권력으로 인해, 관련 사안에 대한 결정은 자녀의 의견이 가장 중시되기도 하고 때로는 아예 자녀에게 결정을 위임하는 경우도 있다. 그런데 자녀가 부모를 교육하는 역조 현상은 부모의 권위를 약화시키는 것으로 볼 수 있는 반면, 한국 가족에서의 경직된 위계구조를 완화하는 긍정적 역할을 한다는 주장도 제기된다(박부진·이해영, 2001).

한편 성인자녀와 노부모 간의 관계에서, 노부모는 점차 의사결정권을 성인 자녀에게 위임하게 되는데, 자녀로부터 경제적·도구적 부양을 받는 경우에 이러한 현상이 현저하다. 그러나 경제력과 건강을 유지하고 있는 노인들을 중심으로 하여, 가능한 한 오래도록 독립성과 자기결정력을 유지하려는 경향이 강해지고 있다.

3 가족 의사결정 방식

가족 안에서 권력이 한 명에게 모여 있는지 혹은 여러 명에게 분산되는지에 따라, 가족의 의사결정 과정 및 결과는 판이하게 달라진다. 그러나 가족의 의사결정은 일회성이 아니라 동일한 구성원들 간 긴 세월을 두고 사안을 달리 해 가면서 거듭되는 과정이다. 그리고 의사결정이란 사안의 미래에 대한 예측에 바탕을 두고 이루어지는 것일 뿐 결과를 미리 알고 행하는 것이 아니다. 따라서 의사결정을 누가 주도하는가 (관여도)에 못지않게 중요한 것은, 결정이 초래할 추후의 결과를 모두가 수용하고 가족의 결속을 유지할 수 있으리만치 원만하게 의사결정이 이루어지느냐에 있다.

1) 만장일치

가족성원들 모두가 동의할 때까지 절충과 협의를 거치면서 만장일치(consensus)로 의사결정이 이루어지는 경우, 모두가 결정에 참여하고 영향을 미쳤기 때문에 결정된 사항을 수행하는 데 있어서 구성원들 간의 불만이 적고 결과에 대한 책임도 모두가 공유한다(Galvin & Brommel, 1996). 따라서 이러한 방법은 가족의 결속을 강화할 수 있다는 장점이 있다. 그러나 긴 시간과 에너지를 필요로 하기 때문에, 적절한 결정시기를 놓치게 될 위험을 감수해야 한다.

2) 조정

가족성원들이 모두 같은 생각이 아니더라도 서로 적당히 양보해서 의견을 조정(accommodation)하는 경우, 가족성원 중 누구도 자신의 원래 주장을 완전히 관철시키지는 못한다. 물론 가족성원들은 나름대로 가능한 선에서 타협을 하기 때문에, 여타 구성원들에 대한 박탈감을 갖지는 않는다. 그러나 결정된 사안에 대해 흡족하게 여기지도 않는다. 그러므로 결정된 사안에 적극적으로 따르지 않을 수 있고, 그럴 경우 가족 결속력이 약화될 가능성을 배제할 수 없다.

3) 독단적 결정

가족성원들 중 한 성원이 혼자서 독단적인 결정을 내리는 경우가 있다. 가족성원들 사이에서 권력을 쥐고 있는 사람이 최선이라고 생각하는 대로 결정을 할 수 있긴 하지만, 다른 가족성원이 결정된 사안에 대해 불평을 하거나 수동적으로 임할 가능성을 배제할 수 없다. 실제로 남편이 모든 결정을 하는 경우에 아내는 결정된 사안들에 관해 무관심하고 소극적이며 수동적인 반응을 보이게 되는 것은, 한 사람에 의한 독단적 결정이 여타 가족성원들로 하여금 책임감을 갖지 않게 하고 가족결속을 저해하는 대표적인 예이다. 반면에 독단적인 결정을 내린 당사자는 결정된 사안이 수행되는 동안 그 결정이 초래할 결과에 대한 부담과 책임을 느끼고, 만약 결정의 결과가 좋지 않게 나타난다면 나머지 가족성원들의 불만과 비난을 감당해야 한다.

중요한 사안일수록, 가족성원 모두가 문제의 핵심을 명확히 정의하고 탐색하여 기준을 정하고 대안적 의견들도 검토하여 합의하는 과정을 거치는 것이 이상적이다(Galvin & Brommel, 1996). 그러나 구성원의 수가 많을수록 만장일치에 이르기는 어렵고, 결정해야 하는 사안이 화급을 다투는 경우엔 선택의 여지없이 독단적 결정을 내리게 된다. 따라서 상기 결정방식들 중 어느 것이 여타의 방식들에 비해 더 좋거나 나쁘다고 판단할 수 있는 것은 아니다. 사안의 종류와 중요도 그리고 허용된 시간 등을 고려하여, 의사결정 방식을 선택하는 것이 바람직하다.

4 한국 가족의 의사결정 특성과 지향점

가족 내의 최종 의사결정을 누가 하는지에 따라 유형을 구분하자면, 부부공동형, 남편결정형, 아내결정형, 그리고 부부분리형(자율형)의

네 가지로 분류할 수 있다. 그런데 이러한 구분에 입각해서 한국 가족의 의사결정 모습을 분석한 연구 결과들이, 서로 일치하지는 않는다. 최재석(1982)은 1969년에 시행한 연구에서 부부분리형이 67%로 가장 많고 부부공동형이 25%, 그리고 남편결정형과 아내결정형의 순으로 보고하고 있고; 한남제(1984)는 1970년에 조사한 연구에서 부부공동형 47%, 부부분리형 25%, 남편결정형 25%, 아내결정형 3%의 순으로 보고하였다. 최외선과 유향기(1985)는 부부분리형(57%)과 부부공동형(31%)이 지배적이고, 남편결정형과 아내결정형은 각각 6%와 5% 정도로 보고하고 있으며; 박민자(1992)는 부부공동형이 가장 많고 다음에 아내결정형, 남편결정형, 부부분리형(자율형)의 순인 것으로 보고하였다. 위의 연구들은 시대에 따라 일관적인 변화 추세를 보이는 것도 아니어서, 각 연구들이 사용한 측정도구와 표본을 추출한 모집단이 다른 데 기인하는 차이일 가능성이 높다. 그러나 이와 같은 연구 결과들 간의 상이성에도 불구하고, 부부 중 어느 한편이 모든 가족의사 결정을 하는 비율은 소수임을 확인할 수 있다.

가족의사결정과 관련하여 간과하지 말아야 할 또 한 가지는, "누가 무슨 영역의 결정을 하는가?"이다. 의사결정과 권력이 밀접히 관련되어 있는 것은 사실이지만, 모든 의사결정이 권력을 포함한다고 할 수는 없다. 한국의 많은 가족들에서, 남편은 자신의 시간을 방해받지 않으면서 가족의 생활방식이나 중요한 사안에 관한 결정권을 갖는 지휘적 권력(orchestration power)을 지니고, 자잘하고 시간 소모가 많은 가정 내 사안에 관한 실행적 결정권(implementation power)은 아내에게 위임하고 있다. 그런데 재산 증식이나 주거 문제 등의 중요한 결정을 남편이 주도하는 것이 대부분이라면(박민자, 1992), 실질적인 의사결정권은 남편에게

속해 있다고 할 수 있다. 그래서 아내들은 우회적인 방법으로 유도 (inducement)하거나 정서적인 지원을 철회함으로써 자신의 의지를 관철하는 간접적 방법을 사용하곤 한다(조정문·장상희, 2001). 이는 가족을 떠받치고 인생을 같이 가는 동반자 간의 표면적 평등 이면에 양성 간 수직적인 관계가 여전히 존재함을 드러낸다.

전통적인 가부장제 가족에서, 가족 의사결정은 가부장의 권한이자 책임이었다. 이러한 가족구조에서는 여러 위치에 있는 구성원들의 생각이 고루 반영될 수 있는 장(場)이 마련되지 않음으로 인해 불만이 표현되지 못한 채 쌓이면서 의사결정권자와 여타 가족성원들 간의 거리감이 증폭되었다. 게다가 남편이자 아버지인 가부장은 온 가족을 한 어깨에 떠메고 매사를 관리하며 책임져야 하는 부담을 평생 안고 살아야 했다.

가정은 완전무결한 한 사람이 모두를 지배하고 보호하며 모든 일을 결정하고 책임져야 하는 왕국이 아니라, 불완전한 사람들이 좌충우돌하면서 서로 보완하고 다독여 가는 공동체의 장이다. 한 사람이 의사결정을 내리는 가족보다는 둘 이상의 의견이 공정하게 조율될 때 균형 잡힌 결정이 내려질 수 있고, 가족성원들의 자발적 실행 또한 기대될 수 있을 것이다. 젊은 세대를 중심으로 하여 가정사(家庭事)뿐 아니라 직장에서의 일 역시 아내와 상의하고 결정하는 남편들이 점차 늘고 있음은, 바람직한 일이다.

생 각 해 볼 문 제

01 우리 가족의 의사결정은 주로 어떻게 이루어지고 있는지, 장점은
무엇이고 문제점은 무엇인지 생각해 보자.

02 부부는 가족 내에서 가장 가까워야 하는 관계이다. 양 배우자의 의
견이 팽팽히 대립할 때, 협조적이고 우호적인 방법으로 긴장을 해
소하고 의견을 하나로 모을 수 있는 방법은 어떤 것이 있을지 생
각해 보자.

부부갈등과 의사소통

부부를 일심동체(一心同體)라고 보는 통념은 상당한 오류를 내포한다. 양 배우자는 각기 다른 기질(temper)[1]을 바탕으로 다르게 사회화되어서, 각기 독립적인 인성(personality)[2]을 지닌 존재들로서 마주 한다. 그래서 유사한 사람들이라 하더라도, 각자에게 기대되는 역할과 관계맺음에 따라 상황을 이해하는 방식은 다르다. 이러한 차이로 인한 갈등을 극복하기 위해서, 부부는 서로의 다름을 이해하고 수용하며 주어진 환

---

1) 기질이란, 선천적으로 타고나는 성향을 의미한다.
2) 인성은 선천적이고 유전적인 부분과 후천적으로 사회화되는 과정에서 습득되는 성향이 복합적으로 작용해서 형성된 '사람됨'을 말한다. 인성은 개개인이 지닌 특수성과 동일한 문화권 내에서 공유되는 보편성으로 이루어지는데, 특수성이 개인을 타인과 구별되게 하는 면이라면 보편성은 타인들 간 서로를 이해하고 예측할 수 있게 하는 면이다. 특수성은 선천적인 개별성과 성장과정 및 환경의 차이가 상호작용한 결과이고, 보편성은 인간으로서의 선천적 공통성과 아울러 성장과정에서의 후천적 사회화 과정을 통해 공통적인 문화를 받아들임으로써 터득된다. 특수한 면을 많이 지닌 개인은 개성이 강해서 오래 기억되는 반면, 남들과 어울리기 힘들 수 있다. 보편성이 강한 개인은 무난하게 남들과 어울리지만, 자신만의 개성이 부족하기 쉽다.

경에 적응하려는 노력을 해야 한다. 그런데 그 이해와 수용 및 절충이 얼마나 원활히 이루어질 것인지는, 양 배우자가 서로에게 자신을 노출하고 상대방이 원하는 바를 얼마나 잘 파악하느냐에 달려 있다. 이러한 자기 노출과 수용과정이 부부 간의 의사소통이다. 부부는 이심이체(二心異體)이면서도, 빈번하고 건설적인 의사소통을 통해 서로의 의견을 조율하고 감정을 보듬으면서 마치 하나인 듯 가족을 함께 끌고 밀며 살아가야 하는 동지이다.

1 다양한 부부관계

함께 살고 있는 모든 부부가 친밀한 관계를 유지하는 것은 아니다. 양 배우자가 서로에게 유대감을 느끼지 못하고 그저 타성에 젖어서 살아가는 경우도 적지 않다. 부부관계에 대한 만족도가 현저히 낮아졌음에도 불구하고 공동의 삶에 투자한 정도가 많거나 이혼의 걸림돌이 많은 경우, 결혼관계는 유지될 가능성이 높기 때문이다. 이때 결혼을 유지하게 하는 동인(動因)은 자녀의 존재나 외적인 체면, 부모에 대한 효의식, 경제적 이유, 종교적 이유 등 다양하다. 그러나 결혼 만족도가 낮은 생활 속에서, 부부는 기쁨과 슬픔 그리고 자잘한 일상 등을 서로 나누지도 마음을 털어놓지도 않는다. 최소한의 의사소통만 남은 가정에서는 성적인 교감이나 애정 어린 상호작용은 사라지고, 부부는 서로 상대방의 약점을 공격하고 상처를 주는 악순환을 반복한다.

Cuber와 Harroff는 부부의 상호작용 유형을 다음의 다섯 가지로 구분하였다(Cuber & Harroff, 1971; Lamanna & Riedmann, 1997).

1) 상호 수동적인 관계(Passive-congenial marriage)

상호 수동적인 관계에 있는 부부는 재산이나 경제적 안정, 주변의 평판, 혹은 자녀에 대한 희망 등을 중요하게 여기는 대신, 부부 간의 정서적 친밀감에는 별 의미를 부여하지 않는다. 자신들의 건조한 관계에 대해 때로 좌절하기도 하지만, 상대방이 경제적 부양이나 가사 및 육아 등의 역할을 무리 없이 수행하고 심각한 위기가 닥치지 않는 한 크게 싸우지 않고 무덤덤하게 살아간다. 부모의 요구에 따른 혹은 정략적인 목적으로 선택한 결혼 등과 같이, 처음부터 정서적인 친밀감과 유대감이 없이 이루어진 만남의 경우에 이러한 유형이 흔하다.

2) 무기력한 관계(Devitalized marriage)

만남의 과정과 신혼기에는 서로에 대한 내적 상호작용에 근거한 관계였지만, 점차 서로에 대한 초기의 열정과 생기 및 상대방에 대한 흥미를 잃고 부부로서의 의무를 중심으로 한 실리적 관계에만 국한하게 된 경우이다. 이러한 상황에서는 결혼생활 자체가 지루하고 냉담하게 느껴진다. 자녀를 위한 부모역할, 가족행사 참여 등과 같은 의례적 의무를 수행하는 차원에서는 함께 참여하고 형식적 상호작용을 한다. 하지만 양 배우자가 모두 정서적인 공허감과 "함께 있어도 혼자인 듯 외로운" 감정을 느낀다.

3) 갈등상존형 관계(Conflict-habituated marriage)

해묵은 갈등이 해결되지 않은 채 상존하면서 심각한 긴장 상태가 지속되는 경우가 갈등상존형으로 규정된다. 이들은 때와 장소를 가리지 않고 과거까지 들먹이며 서로 비난을 퍼부어대지만, 어떤 특정한 문제를 해결하기 위해서가 아니고 해결될 것을 기대하지도 않으면서 그저 습관적으로 상대방에게 상처를 주기 위해 싸우는 것이다. 이러한 관계에서의 다툼은 문제를 해결하려는 데 초점이 두어지는 것이 아니라 서로 상대방을 깎아내리는 데 집중되기 때문에, 시간이 흐를수록 관계는 악화일로를 걷게 된다.

4) 전체적 관계(Total marriage)

일과 여가 및 친구와 가족생활 등 인생의 거의 대부분을 부부가 공유하는 경우를 전체적 관계로서 규정한다. 양 배우자의 인생이 마치 겹쳐진 듯 분리되지 않은 상태여서, 부부로서의 일체감을 많이 느낄 수 있다. 개인적인 선택에 의해서든 혹은 상황적인 조건에 의해서든 주변과는 비교적 단절된 상황에서 형성되는 관계로서, 부부만이 서로의 버팀목이 되어 거의 모든 일을 배우자와 함께 하기 때문에 배우자의 존재가 절대적이다.

이러한 부부는 각자의 독립성이 결여되어 있기 때문에 한편 배우자의 죽음이나 이혼 등으로 인해 결혼관계가 해체되는 경우에는 각자의 단독적인 삶에 적응하는 데 어려움을 겪기 쉽다.

5) 생동적 관계(Vital marriage)

부부가 함께 하는 활동과 시간들이 중요하고 즐겁게 느껴지는 관계를 생동적 관계로 규정한다. 생동적 관계는 양 배우자의 삶이 완벽히 겹쳐지는 것이 아니라 서로 독립적인 영역을 유지하고 각자가 주체적으로 주변과 활발한 관계를 유지한다는 점에서, 전체적 관계와는 구별

된다. 즉 부부 공동의 영역 못지않게 각자 자신만의 영역과 독립성을 지니고 이를 서로 인정하려고 노력하는 관계를, 생동적 관계라고 정의한다.

두 사람의 공통적인 활동 영역이 익숙한 안정감을 주고, 각자의 독립적인 영역이 관계의 신선함을 유지하는 데 유리하다. 이들 사이에도 갈등이 있을 수 있지만, 서로 헐뜯거나 과거를 들먹이기보다는 문제해결에 초점을 맞추고 문제가 해결된 이후에는 다시 관계를 회복하고자 노력한다. 생동적 관계는 완전히 독립된 인격체로서의 두 사람이 유연하게 관계를 맺어가기 때문에, 위기 상황에 건강하게 대처하고 적응할 수 있다.

위의 다섯 가지 부부 유형 중, 상호 수동적인 부부와 무기력한 부부 유형은 도구적인 역할 수행을 중심으로 결혼관계를 유지해 가는 반면, 갈등상존형 부부와 전체적 부부 그리고 생동적인 부부 유형은 내적이고 정서적인 상호작용을 중심으로 결혼관계를 유지한다. 그런데 갈등상존형 부부가 부정적인 정서적 욕구에 의존해서 상호작용하는 관계라면, 전체적 부부와 생동적 부부는 서로에게서 힘을 얻고 정서적인 지원을 교환하는 유형이라고 할 수 있다.

물론 전술한 유형들만으로 모든 부부관계의 질을 대변하는 것으로 생각한다면, 지나친 단순화의 우(愚)를 피할 수 없을 것이다. 각 개인들이 지닌 결혼에 대한 관념 ― 도구적인 유대관계 혹은 정서적인 유대관계 ― 에 따라서, 자신들의 관계 유형에 대한 평가 및 만족도가 달라질 수 있기 때문이다. 그러나 일반적으로 갈등상존형 부부뿐 아니라 상호 수동적 부부 및 무기력한 부부관계에서는, 애정에 기반을 두고 평상시

뿐 아니라 위기상황에 건강하게 적응해 가는 가족을 기대하기 어렵다. 따라서 위의 세 유형 - 갈등상존형 부부, 상호 수동적인 부부, 무기력한 부부 - 을 가리켜서 '빈 껍질 결혼(empty shell marriage)'이라고 칭한다(Cuber & Harroff, 1971; Cuber & Peggy, 1971; Lamanna & Riedmann, 1997). 긴 세월을 공유하는 삶에서 부부가 정서적인 친밀도를 지속적으로 유지해 가기 위해서는, 서로에 대해 지루해지지 않도록 하는 자극과 더불어 갈등을 건설적으로 해결하고 다시금 관계를 회복하려는 적극적 노력이 필요하다.

2 부부 간 의사소통

의사소통을 하는 양식이나 의사소통을 통해 서로의 생각과 상황을 공유하는 정도는, 사회에 따라 차이가 있다. 한국 가족은 가부장적인 의사소통 방식에 익숙해져 왔다. 남편은 권위적, 일방통행적, 명령하달식 의사전달을 하고 아내의 자잘한 감정에는 무심한 것을, 과묵한 남성성이라 여겨 온 것이다. 그런데 이는 아내를 동반자의 위치가 아니라 시키는 대로 행동하는 열등한 위치에 배치해 왔음을 의미한다. 또한 이러한 과정에서 남편은 가장 가까운 존재여야 하는 아내에게조차 자신의 속내를 드러내 보이지 않고 스스로 소외되었다. 반면에 아내에게는, 무조건 참고 따르는 것을 여자의 도리로 여겨 자율적인 의견이나 주장이 철저히 배제되는 비주체적 삶이 강요되었다. 그러나 이렇게 형상화된 부부의 삶은, 궁극적으로 독립적인 양 배우자가 서로의 정체성을 유지하면서 상호협력하고 친밀감을 가꿔가는 동반자적 부부 모델과는 상당한 차이를 보인다. 여성들이 더 이상 "참고 따르기만 하는" 역할을 수용하지 않음으로 인해, 부부의 의사소통 모습 역시 변화의 길을 걸을 수밖에 없어졌다.

1) 부부 의사소통 유형

(1) Satir의 분류

Satir(1967)는 의사소통의 유형을 다섯 가지로 구분한 바 있다. 상대방의 비위를 맞추는 데 집중하는 회유형, 상대방을 비난하고 경멸하는 데 익숙한 비난형, 냉정하고 합리적이지만 감정 표현에 인색한 초이성형, 그리고 대화 시에 주의집중을 하지 못하고 문제의 핵심을 벗어나는 산만형의 네 가지 유형을 역기능적인 의사소통의 특성으로 규정하였다. 반면에 솔직한 언어표현과 그에 일치하는 감정을 표현하는 유형 즉 일치형을 가장 바람직한 의사소통 유형으로 지목하였다.

(2) Hawkins의 분류

Hawkins(1977; 김현주a, 1995에서 재인용)는 감정표출 정도와 언어표현의 개방성을 기준으로 하여, 다음의 네 가지 유형으로 구분하였다. 감정표출 정도란 자신과 상대방의 감정이나 행동을 존중하고 감정이입을 할 수 있는 정도를 의미한다. 그리고 언어표현의 개방성이란 자신과 타인의 경험 및 상황을 받아들이고 자신의 관점을 솔직히 표현할 수 있는 정도를 뜻한다.

● **차단형 배우자**

문제시 되는 사안에 대해 배우자와 의사소통을 하지 않고 혼자만 알고 있어서 상대편 배우자는 전혀 상황을 눈치 채지 못한다. 예기치 않게 실직을 한 가장이 아침마다 출근하는 척하며 집을 나섰다가 퇴근 시간에 맞춰 집에 돌아오고 월급날이 돌아오면 평소의 월급에 해당하는 액수를 퇴직금에서 떼어내서 생활비 통장에 입금하는 식으로 가족을 속이면서 혼자서 끙끙 앓는 경우가, 차단형에 속한다. 이 경우, 가족에게 걱정을 끼치지 않고 수개월 안에 새 직장을 구하고자 하는 의도와 달리, 현실은 자신의 뜻대로 굴러가지 않고 가족은 실제 상황에 대처할 준비를 할 수 없다. 그리고 아내는 중요한 순간에 동반자로서의 역할로부터 배제되고, 가장인 자신은 스스로 초래한 소외감으로 인해 스트레스가 배가(倍加)된다.

◦ 억제형 배우자

자신도 모르게 감정을 노출해서 주변 사람들로 하여금 "무슨 일이 있는 것 같다"고 느끼게 하지만, 정작 말로 표현하거나 적극적으로 의논을 시도하지는 않는다. 안절부절 못하면서 배우자 및 가족들을 불안하게 할 뿐 직접 의논을 하거나 도움을 청하지 않음으로 인해, 오히려 부부 간에 엉뚱한 오해를 불러일으킬 가능성이 높다.

◦ 분석형 배우자

자신이 생각하고 있는 것과 상황에 대해 배우자와 대화를 하지만, 감정을 드러내지는 않는다. 이 경우 스스로는 배우자에게 객관적인 사실을 충분히 전달했다고 생각한다. 그러나 감정을 공유하지 않는 제한적 의사소통으로 인해, 배우자는 상황을 통합적으로 이해하기 힘들다. 그리고 부부는 서로 소통이 잘 안 되는 듯한 느낌으로 인한 답답함과

거리감을 느끼게 된다.

● 친숙형 배우자

문제가 되는 상황에 대한 설명과 아울러 자신이 그것에 대해 어떻게 생각하고 얼마나 걱정하고 있는지에 관해, 총체적으로 배우자에게 털어놓고 의논하는 유형이다. 언어적으로뿐 아니라 감정적으로도 솔직한 태도로 상대방을 대하기 때문에, 배우자 역시 객관적 상황에 관해 통합적으로 이해하고 심리적으로도 준비를 할 수 있다.

부부는 삶의 전반을 공유하는 공동체이다. 따라서 의도적으로라도 언어와 감정의 양면에서 자신을 솔직하게 노출하고 상대방에게 다가가는 친숙형 의사소통 방법을 사용함으로써, 부부 간의 유대를 강화하고 가족의 문제해결력 및 응집력을 강화하도록 할 필요가 있다.

3 부부갈등과 대처 유형

마음이 잘 맞는 사람들로 이루어진 작은 집단이라도, 구성원들 간 의견이 늘 일치하는 것은 아니다. 부부 역시 예외가 아니어서, 일상생활에서 부딪히는 다양한 사안에 대해 양 배우자가 항상 같은 판단을 하는 것은 아니다. 그런데 일상적인 삶에서 벌어지는 소소한 의견의 불일치가 해결되지 않은 채 방치될 경우, 심각한 갈등의 원인이 된다.

아내의 경우 집안의 대소사나 가사역할 분담, 자녀양육, 그리고 가족경제 등의 가정사(家庭事)와 관련된 갈등이 행복을 저해하는 요소로 작용하는데 남편의 행복감 여부에는 별 영향을 미치지 않는 반면, 남편에게는 성생활로 인한 다툼이 결혼만족도를 낮추는 것으로 보고된 바 있다(이여봉, 1999b). 부부갈등이 결혼만족도에 미치는 영향에 있어서의 이와 같은 차이는, 가정이라는 영역이 지니는 비중이 남성과 여성에게 다른 데 기인한다. 즉 가정은 주로 여성의 영역으로 여겨지고 일상사를 관장하는 주체가 여성이기 때문에, 가정사 및 가족관계와 관련된 제반 갈등이 여성에게 더 큰 스트레스 요인으로 다가오는 것이다.

1) 갈등 대처방식과 결혼만족도

부부가 제반 가정사를 공유하면서 직면하는 의견 차이의 본질 못지않게 갈등에 대처하는 상호작용 양식 역시 결혼생활의 행복도 및 지속성을 가늠하는 중요한 척도이다. 반면에 결혼만족도에 따라 갈등에 대처하는 상호작용 양식이 달라지기도 한다. 다음의 두 이론은 두 변수 간 인과관계의 방향성을 상반되게 설명한다.

(1) 상호작용이론

상호작용이론에서는 갈등처리 과정의 심리적 보상 및 대가가 결혼만족도에 영향을 미치기 때문에, 갈등상황에 건설적으로 대처하는 것이 중요하다고 주장한다(Heavey et al., 1993; Noller et al., 1994; Rusbult, 1983; 이여봉, 1999b). 양 배우자가 얼마나 긍정적이고 효율적으로 상호작용하면서 갈등을 해결하느냐에 따라 결혼에서 느끼는 만족도가 좌우된다는 논리이다.

(2) 자성예견이론

자성예견이론(Self-fulfilling prophecy theory: Snyder et al., 1977)에서는, 결혼만족도에 따라 갈등에 대처하는 방식이 달라진다고 설명한다.

즉 결혼만족도가 높은 부부는 갈등이 발생한 경우에도 문제해결에 초점을 맞추어 긍정적으로 상호작용하는 반면에, 결혼만족도가 낮은 부부는 서로를 비난하는 등과 같이 부정적으로 대처함으로써 갈등을 증폭시킬 가능성이 높다는 것이다.

위의 두 이론은 갈등대처방식과 결혼만족도 간 인과관계의 방향성에 대해 서로 반대의 주장을 하지만, 갈등 대처방식과 결혼만족도 간에 밀접한 상관관계가 존재한다는 데는 동의한다. 따라서 배우자를 선택할 때 관계에 대한 만족도를 우선순위에 놓는 것이 중요할 뿐 아니라, 결혼생활 중 갈등을 원만히 처리하는 방식을 터득하고 실천함으로써 관계 만족도를 훼손하지 않도록 하는 노력 역시 중요하다고 할 수 있다. 본 장에서는 일단 결혼생활을 영위하는 부부가 주어진 테두리 내에서 갈등을 어떻게 조절하고 의사소통하면서 결혼생활을 가꿔가는지에 초점을 두기로 한다.

2) 갈등에 대처하는 유형

갈등이 발생할 때, 사람들은 다양한 방식으로 서로에게 반응한다. 이동원 등의 조사(2000)에서 부부가 갈등에 직면할 때 자주 취하는 행동은, "문제해결을 위해 대화한다" - "차라리 입을 다문다" - "화를 내면서 큰소리를 친다" - "자리를 피하거나 집을 나간다"의 순이었다. 그리고 대응방식 유형은 연령, 성별, 학력 및 사회경제적 지위에 따라 차이를 보이는 것으로 나타났다(이동원 외, 2000).

양 배우자가 지니고 있는 행동양식과 갈등 대처유형 간의 관련성 역시 부인할 수 없다. 이여봉(1999b)은 이를 폭력적인 대처방법과 비폭력적인 대처방법으로 분류하고, 폭력적인 대처방법을 언어적 폭력과 물리적 폭력으로, 비폭력적인 대처방법을 갈등 회피유형과 이성적 대화유형으로 다시 구분하였다. 한편 Gottman(1994)은 개개인의 의사소통 양식의 다양성에 주목하고, 의사소통 양식별로 부부의 조합을 갈등 회피형, 순간적 폭발형, 그리고 이성적 대화형으로 삼분하여 각 유형별 장·단점을 다음과 같이 지적하였다.

(1) 갈등 회피형

의견 차이에도 불구하고 이를 무시하거나 참고 넘어가는 부부는, 표면적으로는 평화로운 부부생활을 할 수 있다. 그런데 이러한 부부는 그냥 넘어갈 수 없으리만치 중대한 갈등 상황을 만나게 되면, 서로 타협하는 데 익숙하지 않기 때문에 결혼생활 자체가 일거에 흔들리게 된다.

양 배우자가 모두 회피형인 경우, 부부는 상대를 설득하거나 타협하려는 시도를 하지 않는다. 오히려 자신들은 "기본적으로 공통적인 배경과 가치관을 갖고 있어서 유대가 깊기 때문에 사소한 갈등은 덮을 수 있다"고 자부하면서 갈등의 존재 자체를 억누르고 무시한다(Gottman, 1994).

배우자 중 한편은 회피형이고 다른 한편은 그렇지 않은 경우, 상호관계는 좀 더 복잡하다. 전통 한국 사회에서 이상적인 아내란 "순종하고 인내하며 매사에 희생적인" 여성이었다. 그래서 유교적 이데올로기에 익숙한 아내들은 불만이 있어도 상대방에 대한 설득을 아예 포기한 채 속으로 삭이고 넘어가거나 혹은 문제가 존재한다는 사실 자체를 인정하지 않고 외면했다. 하지만 세월이 흐르면서 남편에 대한 불만과 불신 또한 미해결된 채 쌓이고, 긴 세월 동안 억압되어 온 불만들은 한(恨)과 화병(火病)이라는 부정적 결과를 초래했다.

반면에 남편이 회피형인 경우는 아내가 다툼을 걸어올 때 "돌아누워 자거나 포장마차에 가서 혼자 술을 마시다가 늦게 들어와 자는" 방식으로 갈등 상황을 피해버리는 경향을 보인다. 이는 부부 간의 다툼 자체를 바라보는 배우자 간의 시각 차이로 인해 흔히 벌어지는 또 하나의 엇갈림이다. 아내는 부부 간의 불일치를 해결함으로써 남편으로부터 존중받기를 바라는 반면, 남편은 부부 간의 불일치를 피해야 하는 골칫거리로 바라보는 경향이 있다(Goleman, 1986; Lamana & Riedmann, 1997에서 재인용). 그래서 아내들이 정서적인 면에서의 불만을 터뜨릴 때, 남편들은 갈등을 최소화하고자 회피하게 된다. 그러나 이 경우, 아내는 남편이 자신의 감정을 무시하는 것으로 받아들이게 되므로, 따라서 부부관계는 남편의 의도와 달리 악화될 가능성이 높다(Noller & Fitzpatrick, 1991; Lamana & Riedmann, 1997).

억압된 분노는 결국 간접적이고 왜곡된 형태로 표출되어, 별 것 아닌 일에 트집을 잡아 잔소리를 하거나 냉소적으로 대하거나 혹은 자녀에게 분노를 쏟아 붓게 된다(수동적 공격, passive aggression). 그런데 이 경우 무엇이 문제인지 상대편 배우자에게 명확히 전달되지 않으므로, 상대방으로서는 갈등의 원인에 대해 정확히 이해할 수 없고 결국 문제는 해결되지 않은 채 안으로 곪아간다. 회피형 태도는 상대방으로 하여금 자신의 의견이나 기분에 대해 잘못 인식하게 함으로써 거리감을 증폭시켜서 서로를 소외시키기 때문에, 결혼생활 자체를 지겹게 느껴지게끔 하고 이로 인해 정서적 이혼 상태(emotional divorce)[3])에 이르게 하기

---

3) 정서적 이혼이란, 관계상의 의사소통이나 감정교류가 모두 단절된 상태로서, 서로에 대해 깊이 절망하고 거부하고 있어서 부부관계를 회복하기 힘든 단계이다. 따라서 서로에게 위안이 되기보다는 오히려 배신감을 확인하고 서로 으르렁거리며 피폐해지는 날들이 이어진다. 정서적으로는 이미 이혼상태이지만, 혼자 살

쉽다. 이는 외면적으로는 평화롭고 조용해 보이다가 어느 날 갑자기 돌이킬 수 없는 파탄에 이르게 되는, 즉 폭발성 해체를 가져올 수 있는 부정적 대처방식이다(이여봉, 1999b). 스스로 갈등 회피형임을 자각할 경우, 자신의 감정과 부부관계 자체에 주의를 기울이고 대화를 시도하는 훈련이 필요하다(Gottman, 1994). 또한 상대 배우자가 회피형인 경우, 그/그녀는 갈등에 관한 대화 자체를 두려워하고 있는 상황임을 이해하여 "답답하게 굴지 말고 뭐가 문제인지 빨리 얘기해 보라"는 식으로 다그치지 말고 말을 꺼낼 수 있도록 부드럽게 유도해야 한다.

　　마주보고 이야기하기 힘든 내용을 짧은 편지나 전화 혹은 이메일 등을 통해서 완곡하게 전달할 수 있다. 과거엔 쪽지를 접어서 옷갈피 혹은 도시락에 함께 넣어두는 방법이 사용되었다면, 오늘날엔 휴대폰 텍스트나 SNS 등을 통한 의사전달이 가능하다. 이들은 대면적인 의사소통이나 전화 통화 등과 달리 자신의 발언이 상대방에 의해 간섭되거나 중단되지 않고 모두 전달될 수 있기 때문에, 소극적인 성격의 사람들이 손쉽게 여기는 방안이기도 하다. 그러나 문자를 남기는 방법은 사용하는 어휘나 내용에 따라서, 상대방에게 잊혀지지 않는 상처를 남기고 관계를 더 어그러뜨릴 수도 있다. 문자는, 일회성으로 지나치는 말과 달리, 상대방이 삭제하지 않는 한 사라지지 않고 반복적으로 재생되기 때문이다. 따라서 정제되지 않은 감정이나 언어를 전달해 놓고 나중에 후회하지 않기 위해서는, 문자를 작성한 뒤 바로 보내지 말고 시간이 지난 후에 다시 읽어보고 수정하는 과정을 꼭 거쳐야 한다. 이는 상대방이 오해하지 않고 받아들일 수 있도록 최대한 효과적으로 의사를 전달하기 위함이다.

자신이 없어서, 자녀 때문에, 혹은 이혼이라는 오명을 남기지 않기 위해서, 법적 결혼생활 및 동거상태를 이어가면서 서로 괴롭히는 경우가 많다.

(2) 순간적 폭발형

양 배우자가 모두 쉽게 흥분하는 유형인 경우, 일상에서 서로 적극적인 표현과 직선적인 의사소통을 통해 상호작용한다. 그런데 그 과정에서 상대방의 감정을 건드려서, 별 것 아닌 일이 큰 싸움으로 번지게 될 가능성이 높다. 그래서 사사건건 부딪히고, 일단 다툼이 시작되면 상대방이 말하고자 하는 바에는 관심이 없으며, 무조건 자신의 주장만을 밀어붙이는 경향이 있다. 두 사람 모두 격정적이고 급한 성격으로 인해 물불을 가리지 않고 언어적·물리적 폭력을 동원하기 때문에, 격렬한 상황으로 치닫기 쉽다. 그런데 이렇게 되면 협조적이거나 자발적인 합의를 이끌어 낼 수는 없다. 따라서 이러한 부부는 감정이 고조되어서 위험하다고 여겨지는 순간을 느끼면, 어느 한편이라도 얼른 한 발짝 뒤로 물러서서 흥분을 가라앉히도록 하는 훈련이 필요하다(Gottman, 1994).

한편 배우자만 폭발형인 경우, 다른 성향을 지닌 나머지 배우자는 점차 위축되면서 갈등을 회피하려는 태도를 취하게 된다. 결국 문제의 핵심은 늘 비껴가면서 한 쪽은 폭발하고 나머지 한 쪽은 회피하는 반복 속에서, 양 배우자는 서로 소외되어 간다.

그러나 순간적 폭발형 성격이 지닌 단점의 이면에는, 솔직함과 열정이라는 장점이 존재하기 때문에 관계가 지루해지는 일은 드물다. 자신이 순간적 폭발형 태도를 지니고 있음을 자각할 때, 직선적인 표현을 자제하고 상대방에 대한 애정과 존경을 표현함으로써 자신의 성격이 지닌 단점을 최소화하고 장점을 활용하도록 노력할 필요가 있다(Gottman, 1994). 또한 배우자가 순간적 폭발형임을 파악하고 있다면, 배우자의 감정이 위험수위에 달하기 직전에 일단 안정을 찾을 수 있도록 유도하고, 감정이 가라앉은 후에 다시 대화를 시도하면 의외로 쉽고 명

쾌하게 합의에 이르기도 한다.

(3) 이성적 타협형

대화를 통해 본인이 느끼는 의견 차이를 상대편 배우자에게 전달하고 상대편의 의사를 확인하는 과정을 거쳐서 설득하고 타협하는 것은, 부부가 가정사의 전반을 상의하고 한 목소리를 낼 수 있는 가장 이상적인 방법이다. 이러한 방식은 자신과 배우자로 하여금 서로에게서 존중받는다는 느낌을 갖게 하고 결혼을 안정적으로 이끌 수 있는 요령이다(이여봉, 1999b). 다시 말해, 상대방의 감정을 해치지 않으면서 서로의 의사를 확인하고 이해하며 무난하게 부부 간의 거리를 좁혀서 안정적인 결혼생활을 이끌어 갈 수 있는 유형인 것이다.

다만 이성적 타협형 부부가 경계해야 할 부분은 양 배우자의 독자성이나 부부 간의 열정과 낭만이 간과될 수 있다는 점이다(Gottman, 1994). 우정에 기반을 둔 일체감을 강조하다 보니, 각자의 고유 영역까지 파고 들어가 사사건건 토론하려는 데서 파생될 수 있는 문제점 때문이다. 따라서 이러한 유형의 부부는 너무 빈번하게 따지고 분석하는 것을 자제하고 사소한 의견 차이는 각자의 독자성에 맡기려는 노력을 해야 한다. 그리고 부부 간의 친밀감을 되새김질하는 계기 — 선물, 이벤트, 여행 — 를 마련함으로써, 만남 초기의 열정과 낭만을 간직하여 관계가 건조해지지 않도록 노력해야 한다.

4 갈등, 어떻게 대처할 것인가

갈등은 대인관계에서 언제든 일어날 수 있는 자연스러운 현상이다. 갈등의 원인이 되는 문제를 직시하고 함께 해결방안을 찾고자 노력하는 과정에서, 부부관계가 성숙해질 수 있다. 그러나 갈등 표출이나 해결과정에서 비효과적으로 접근할 경우, 갈등은 부부유대를 파괴하고 불신을 초래한다. 특히 상호작용에 동원되는 언어(글과 말)와 비언어적 표현(표정, 목소리, 몸짓)들이 상반되는 메시지를 전달할 때, 오해가 발생할 가능성이 높다. 예컨대 말로는 동의를 표하면서도 표정이 굳어 있거나 음성이 냉소적일 경우, 상대방은 혼란스러워진다. 언어적 표현과 비언어적 표현 간의 불일치는, 화자(話者) 자신이 "해야 한다"고 생각하는 내용과 "하고 싶지 않다"는 감정이 내부에서 갈등할 때 흔히 일어나는 현상이다. 이 경우, 갈등하는 속마음을 상대방에게 솔직히 털어놓는 것이 오해를 줄이는 하나의 방안이다.

Gottman(1994)은 부부관계를 위협하는 가장 위험한 표현을 상대에 대한 비난(criticism), 경멸(contempt), 냉담(stonewalling), 그리고 지나친 방어(defensiveness)의 네 가지로 요약한다. 이 네 가지는 상대방으로부터 상처받기 싫어서 오히려 상대방을 공격하게 되는 과잉방어의 형태이지만, 결과적으로 상대방을 상처받게 함으로써 과잉대응하게 하고, 이러한 주고받음을 거치면서 관계는 더욱 악화된다. 따라서 자신의 느낌에 대해 솔직할 수 있어야 상호 간 오해의 발생을 최소화할 수 있다. 상대를 있는 그대로 수용하고 존중하며 상대의 입장에서 문제를 바라보려는 노력과 진솔한 태도가 부부 간 유대를 원만하게 가꿀 수 있는 방법이다.

1) 적극적 경청(Active listening)

적극적인 경청이란, 상대방이 이야기할 때 주목해서 진지하게 듣고 중간에 말을 끊거나 비판하지 않는 것을 의미한다. 화자의 눈을 바라보며 진지한 표정으로 듣고 때때로 "응", "아, 그랬구나," "정말?" 등 열심히 듣고 있다는 반응을 보여줌으로써, 상대방으로 하여금 존중받고 있다는 느낌을 갖게 한다. 그리고 상대방이 말을 마치고 난 직후, 자신이 듣고 이해한 바 — 느낌이나 의견이 아닌 — 를 요약해서 상대방에게 다시 들려주도록(feedback) 한다. 이는 청자(聽者)가 듣고 이해한 내용을 다시 되돌려서 듣게 해 줌으로써, 화자(話者)로 하여금 표현하고자 한 뜻이 제대로 전달되었는지를 확인하고 교정할 수 있게 하는 방법이다.

이를 통해, 의사소통에서 있을 수 있는 오해의 소지를 불식시킬 수 있다. 또한 화자(話者)는 상대방을 통해 자신이 말한 내용을 객관화함으로써, 당면한 문제와 자신이 보낸 메시지를 보다 명료히 직시하게 된다.

2) 1인칭 메시지(I-message)

1인칭 메시지란, 상대방을 비난하거나 해결책을 제시하지 않는 화법이다. 다만 상대방의 행동이 자신에게 어떤 영향을 끼치는지에 대한 느낌을 전달하는 것이다. 즉 "당신이 연락도 없이 늦어서 나는 정말 마음이 불안하고 걱정이 되었어!"라고 말한다면, "내가 불안하고 걱정했음"을, 그리고 그 원인이 "연락 없이 늦게 돌아온 상대방에게 있음"을 정확하게 전달하는 것이다. 메시지의 어디에도 직접적으로 비난하는 표현은 없지만, 상대방으로 하여금 자신의 늦은 귀가가 어떤 영향을 미쳤는지 그리고 무엇이 잘못인지를 스스로 깨닫게 하기에 충분하다. 이 경우 상대방은 직접적인 비난을 받지 않았으므로 자신을 방어하거나 변호해야 할 필요를 느끼지 않기 때문에, 솔직하게 자신의 실수를 인정하기 쉽고 수정하려고 노력하게 된다.

반면에 2인칭 메시지(You-message)는 "왜 이렇게 늦게 와? 연락은 왜 안하는 거야? 집에서 기다리는 사람은 생각도 안하는구나!" 등과 같이, 말하는 사람의 느낌보다는 상대방의 행위에 대한 평가를 하는 방식이다. 이는 명령하거나 비난하는 어조를 띠게 되므로, 상대방의 행동을 변화시키고 싶은 화자의 의도와 달리 상대방의 반발심을 불러일으키고 방어태세를 취하게 한다.

3) 해결중심적 윈윈 접근법(No-lose problem solving)

양자 간의 관계에서 상대방의 주장을 듣지 않고 자신의 주장만을 관철시키려고 하는 경우, 상대방 역시 마찬가지 태도를 취하기 쉽다. 결과적으로 힘의 향배에 따라 결정은 되지만, 일방적으로 패했다고 느끼는 쪽은 결정 자체에 대한 저항감과 불신이 생길 수밖에 없다. 그런데 의견을 관철한 편 역시, 상대방의 자발적인 협조가 없이는 결정된 사안이 제대로 수행되지 않기 때문에, 원하는 결과를 얻기 힘들어진다. 게다가 이러한 과정에서 생긴 쌍방 간의 불신 때문에, 이후의 의사소통 자체가 더욱 제한적이고 부정확해지기 쉽다.

양편이 서로 자신의 의견을 충분히 설명하고 상대방의 주장을 진지하게 들으며 서로의 의견을 절충해서 제3의 방안을 마련하고자 하는 접근이, 훨씬 효과적이다. 그러려면 자신뿐 아니라 상대편도 욕구를 가질 권리가 있다는 점을 인정하고, 갈등의 초점을 욕구 자체가 아니라 해결방안에 맞출 필요가 있다. 서로 "왜 그런 요구를 하느냐?"가 아니라, "원하는 걸 이루기 위해, 어떻게 할 것인가?"에 관심을 두고 합의점을 모색하는 것이다. 그러기 위해서 양편의 욕구가 무엇인지를 규명하는 과정을 거쳐서 대안적인 해결방안들을 모색하고, 그 방안들 각각이 갖는 장·단점에 대해 논의한 후 가장 나은 방안을 채택하여 협력해서, 양측의 욕구를 어느 정도 절충하려는 노력이 필요하다. 이 경우 양편 다 자신의 주장을 완전히 관철하지는 못하겠지만, 서로를 존중하는 과정에서 부분적으로라도 자신의 의견이 반영되기 때문에 결정된 사안에 관해 협조할 수 있고 나아가 상호 유대를 돈독히 할 수 있다.

4) 역할 전도(Role reversal)

각자가 상대방의 입장이나 주장에 대해 자신이 이해 — 해석이나 평가가 아닌 — 한 것을 먼저 말한 다음에 자신의 주장과 의견을 표현하는 방법이다. 이때 언어적으로뿐 아니라 몸짓과 표정 등에 이르기까지 일관적으로, 상대방의 주장에 관해 진지하게 주의를 기울이고 흥미를 가지고 있음을 표현하는 것이 중요하다.

이는 상대방의 주장을 자신이 대신 해 봄으로써 상대를 이해할 수 있는 폭을 넓히고, 또한 상대방의 말로 표현되는 자신의 주장을 들음으로써 스스로의 입장을 객관화시켜 볼 수 있게 하는 방법이다. 그럼으로써 부부는 쌍방의 주장을 재평가하고 태도를 변화시킬 수 있는 기회를 가질 수 있다. 가족치료사나 가족상담가들에 의해서 활용되는 방법이지만, 일상생활에서 양 배우자가 관계 개선을 위한 노력의 일환으로 시도해 볼 만하다.

5) 감정이입(Empathy)

감정이입이란, 갈등관계에 있는 상대방의 입장에 서서 문제를 바라보며 이해하고 공감하는 것이다. 상대방에 대해 평가를 하지 않고, 다만 "당신의 이러이러한 생각들이 이해가 간다"든지 "당신이 어떤 느낌인지 알 것 같다" 등과 같이 상대방에 대한 공감을 표현한다. 물론이 역시 언어적 표현에 국한하는 것이 아니라, 실제로 상대방의 입장이 되어 보고 상대방이 느끼는 바를 스스로 느껴 보려는 과정이 선행되어야 한다.

다만, 감정이입(empathy)과 연민(sympathy)은 별개의 개념임을 인지해야 한다. 감정이입이 자신의 경계 및 주장에 관해 확고한 정체성을 지니고 있는 상태에서 상대방의 입장에 공감하는 것을 의미하는 반면, 연민이란 상대방과 자아의 경계가 흐려져 있는 상태에서 상대방에게 감정적으로 함몰되는 것이다.

6) 질문하기(Inquiry)

냉소적이거나 방어적인 태도로 질문을 하는 경우, 상대방으로부터 돌아오는 반응 역시 방어적이고 공격적이며 회피적일 수밖에 없다. 따라서 원하는 바에 관해 부드럽게 묻고 탐색함으로써, 상대방으로 하여금 불필요한 방어태세를 취하지 않고 진솔한 욕구를 드러내도록 유도해야 한다. 그런데 상대방의 솔직한 의중을 알기 위해서 가장 중요한 것은, 상대방이 어떤 반응을 보이는지에 따라 좌우되지 않고 일관되게 솔직하고 수용적인 태도로 임하는 것이다.

7) 자기주장적 접근(Assertiveness)

자기주장적 접근이란, "자신과 상대방 모두의 감정과 행동이 기본적으로 가치가 있고 존중받아야 한다"는 입장에서 출발한다. 이는 다음의 기본 전제를 깔고 있다(Bloom et al., 1976; Zastrow et al., 1997).

- 누구나 자신의 생각과 의견을 솔직하고 개방적으로 표현할 권리

가 있다.

- 누구나 실수를 할 수 있다.
- 누구나 자신의 인생을 스스로 책임질 권리가 있다.
- 누구나 자신에게 유리한 선택을 할 권리가 있다.
- 모든 사람에게 호감을 받아야만 하는 것은 아니다.
- 누구나 타인에게 요청을 할 권리가 있고, 동시에 타인의 요청을 거절할 권리가 있다. 따라서 타인의 요청을 거절하는 데 대해 죄의식을 가질 필요는 없고, 거절을 당했다고 해서 적대감을 느낄 필요도 없다.
- 누구나 자신이 필요로 하는 정보를 물어 볼 권리가 있다.

자기주장적이지 못한 경우(non-assertive) 자신의 생각을 적절히 표현하지 못하고 속으로 삭이느라 괴로운 반면, 공격적으로 접근하는 경우(aggressive approach)에는 생각을 표현할 수 있는 상대방의 권리를 인정하지 않음으로써 상호 간 갈등의 골을 패이게 한다. 다음은 동일한 상황에서 어떻게 다른 표현이 이루어질 수 있고 그에 따라 얼마나 다른 결과를 불러올 수 있는지를 예시한다.

남편은 아내에게 "요즘 살이 쪘다,"며 놀렸고, 아내는 남편의 말에 대해 기분이 상했다. 이 경우 아내는 어떻게 반응하게 될까? 그리고 어떠한 반응이 가장 효과적으로 자신의 입장을 전달하고 원하는 방향으로의 변화를 유도할 수 있을까?

- "그래, 맞아. 다이어트 할게."

이는 자신의 감정을 제대로 표현해 내지 못했으므로 자기주장적이지 못한 표현이다. 아내는 속으로 남편에 대한 불만이 쌓일 것이고, 남편은 자신의 행동에 대한 아내의 솔직한 감정을 알 길이 없기 때문에, 다음에도 비슷한 행동을 다시 하게 될 것이다.

- "당신이 더 뚱뚱하고 추해. 멍청하긴…"
이는 공격적인 표현이다. 작게 시작한 불씨가 서로의 감정싸움으로 번져서 갈등을 증폭시키게 될 것이며, 문제의 핵심을 비켜가기 때문에 상대방으로 하여금 행동을 시정하게 하는 효과 역시 의문시된다.

- "아니, 체중은 늘지 않았는걸. 그런데 당신이 그렇게 말하니까, 내 기분이 매우 좋지 않네."
이는 상대방을 공격하지 않으면서, 상대방으로 인해 자신이 상처받았음을 적절히 지적하고 시정을 요구하는 자기주장적 반응이다. 상대방은 자신의 행동을 되돌아보고 그 결과를 직시하게 되므로, 추후 비슷한 실수를 하지 않도록 신경을 쓸 것이다.

8) 무장해제와 달래기

무장해제(disarming)란 상대방이 주장하는 내용의 대부분이 틀렸다고 생각될 경우에라도 상대방의 주장에서 진실 ― 아주 작은 부분이라도 ― 을 찾아내어 그 부분에 대해 동의를 표하는 방법이다. 즉 상대의 말을 경청하고 이를 존중하려고 노력하는 열린 자세를 보임으로써, 상대방으로 하여금 덜 방어적이고 덜 독단적이도록 유도하는 방법이다.

달래기(stroking)란 갈등의 와중에서도 상대방이 지닌 순수한 장점을 발견하고 이를 드러내어 인정해 줌으로써 존중받고 있다는 느낌을 갖게 하는 방법이다. 이 역시 상대방에게 안정감을 제공하여 마음을 열 수 있도록 유도하는 방법이다.

이러한 제반 방법들은 공통적인 기반에서 출발을 한다. 즉 자신과 상대방을 최대한 존중한다는 기본 바탕을 지닌 채 상대방이 원하는 바를 묻고 듣고 이해하며 자신이 원하는 바를 솔직하고 부드럽게 표현함으로써, 서로의 욕구를 충족하기 위해 협동하는 데 목표를 두고 있다. 이들은 의사소통을 원활히 함으로써 갈등을 건설적으로 해소하는 데 주안점을 둔다.

Gottman(1994)은 갈등관계에서 서로 상처를 주었을 경우에도, 이후에 상대방에 대한 지원과 애정표현이 훨씬 더 많이 이루어진다면 사이좋은 부부생활을 이어갈 수 있다는 증거를 제시하고 있다. 그런데, 부정적인 표현으로 인한 상처를 치유하기 위해서는 5배 이상의 긍정적인 어루만짐 – 애정과 지원 – 이 필요하다(Gottman, 1994).

하지만 양 배우자 중 한편에서 전술한 방안들을 적절히 활용한다고 해서 모든 부부관계가 회복될 수 있다고 낙관할 수는 없다. 한편에서 전술한 기법들을 적극적으로 활용함에도 불구하고 갈등 국면이 해소되지 않는다면, 상대방에겐 갈등을 해소해야겠다는 의지가 더 이상 없을 가능성이 있다. 부부관계는 마치 폭포수처럼 어느 시점을 지나면 걷잡을 수 없이 악화된다. 갈등의 골이 깊게 패여 더 이상 복원할 의지가 사라진 이후에는 어떠한 노력으로도 돌이키기 어렵기 때문이다. 따라서 관계 회복이 가능한 시점을 놓치지 않고 서로를 보듬는 것이 중요하다.

　가족문제 자체가 어느 한 쪽의 습관적인 일탈행위로 인한 것인 경우도 있다. 가령 가학 성향이나 알코올 중독 성향 혹은 가정폭력 등의 경우에는, 전술한 방법들만으로 문제가 해결되기를 바라는 것은 무리이다. 보다 적극적이고 전문적인 상담치료나 의료적인 도움이 필요할 수 있고, 관계를 해체하고 새로운 삶을 찾아나서는 것이 차선책일 수도 있다.

생 각 해 볼 문 제

01　우리 주변의 부부생활을 돌아보고, 그들 부부가 어떤 부부관계 – 생동적인 관계, 전체적인 관계, 상호 수동적인 관계, 무기력한 관계, 갈등상존형 관계 – 를 맺어가고 있는지 분석해 보자.

02　우리 주변 사람들이 부부갈등에 어떻게 대처하는지, 갈등 상황이 발생했을 때 배우자가 어떤 태도를 취하기를 바라는지에 관해 들어 보자. 부부갈등이 발생할 때 본인이 취하는 태도와 배우자가 취해 주기를 바라는 태도 사이에는 거리가 있을까? 만약 거리가 있다면 그 이유에 관해 토론해 보자.

03　부부관계는 상호적이다. 따라서 내가 어떤 유형의 성격인지를 먼저 파악하고 나와 잘 어울릴 수 있는 성격과 행동 특성을 가진 배우자를 만나는 것은, 성공적인 결혼생활을 위해 중요하다. 자신의 성격을 객관적으로 돌아보고, 어떤 성격과 행동 특성을 지닌 배우자가 자신과 잘 어울릴지 생각해 보자.

Chapter
09

가족역할과 분담

산업화 이후의 근대 사회에서, 남편이 경제적인 부양을 전담하고 아내는 가정을 보살피는 성별화된 역할분담을 통해 상호 의존하는 핵가족이 이상적인 가족상으로 여겨져 왔다. 그럼에도 불구하고 과거와 현재를 막론하고, 비공식적으로는 가족의 생계를 보조하기 위한 여성의 저임금 노동이 늘 존재해 왔다. 20세기 후반 이래로, 기혼여성들의 노동시장 진출은 공식·비공식 영역에서 전 계층으로 확대되고 그 비율 역시 획기적으로 증가하고 있다.

맞벌이가족의 증가에는 개인적·사회적으로 다양한 원인이 존재한다. 여성의 교육수준이 증가함에 따라 임금노동에 필요한 지식과 기술을 습득한 여성들이 증가하고 아울러 여성들 스스로 경제적 독립을 이루겠다는 자각과 가정 밖에서 자아를 실현하고자 하는 욕구가 증가하면서, 기혼여성의 취업에 대한 시각이 바뀌는 계기가 마련되었다. 이와 더불어 소가족화 시대에 자녀 양육기간이 단축되고 가전제품의 발달로 가정에서의 단순노동시간이 감소한 것 역시 기혼여성의 취업을 가능하게 하였다. 중산층 가족은 더 나은 생활수준을 유지하기 위해서, 노동자 계층의 가족은 홀벌이[1]만으로는 생계를 유지하기 힘들어서, 이래저래 맞벌이가 증가하게 된다. 다른 무엇보다도 여성 노동력을 필요로 하는 사회적 요구와, 노동시장의 불안으로 인해 평생고용 신화가 깨어지면서 남편 한 사람에 의한 가족생계부양이 더 이상 안정적이지 않다는 위기의식이, 맞벌이를 보편화하기에 이르렀다.

IMF 구제금융시기의 경제위기로 인한 대규모 실업사태를 겪으면서 한국 사회에서도 맞벌이가족이 새로운 규범으로 등장하였다. 아내들이 가사에 전념하던 모습에서 점차 가정 밖의 노동시장으로 관심을 돌리는 반면, 남성들은 직장에서의 성공에 목표를 두고 가족을 뒷전에 두던 과거에서 벗어나 점차 가족 및 여가를 중요시하는 모습을 보이기 시작했다. 이러한 상황에서 생물학적인 성차(性差)에 의한 남성과 여성 간의 영역 구분은 설득력을 잃고 있다.

1 가족역할이란

가족역할이란 가족이 적절한 결속을 유지하면서 주어진 기능을 충실히 수행하기 위해 가족성원 각자가 행하는 반복적 행동양식이다 (Galvin & Brommel, 1996). 부부가 역할을 분담하는 방식은 크게 몇 가지로 구분할 수 있다. 남편이 생계부양을 전담하고 아내가 전업주부인 전통적 분담, 아내가 생계부양을 전담하고 남편이 전업주부인 가족, 그리고 맞벌이를 하면서 남편과 아내가 가사와 육아를 공유하는 형태가 그

---

1) 일인생계부양을 홀벌이 또는 외벌이라고 한다.

것이다. 남편이 생계부양자인 가족이 가부장적 성역할 분담에 기초하고 있는 데 반해, 아내가 생계부양자인 가족은 남편의 실직이나 경제적 무능으로 인해 어쩔 수 없이 아내가 생활 전선에 나선 경우와 양 배우자의 능력과 특성에 따라 부부가 합의하여 자발적으로 선택한 경우로 나눌 수 있다. 반면에 맞벌이가 증가하고 있는 근래의 추세에서, 임금노동뿐 아니라 가사에서도 양 배우자가 역할을 구분하지 않고 공유하고자 하는 것이 또 하나의 방식이다. 가족역할 분담에 관하여 어느 하나의 모델을 정석이라고 단언할 수는 없다. 변화의 흐름 속에서 가족성원들은 자신의 역할을 규정하는 데 있어서 혼란을 겪을 수밖에 없으며, 가족성원들 간의 역할분담은 끊임없이 협상하고 조정해 가야 하는 문제로 대두되고 있다.

1) 도구적 역할과 표현적 역할

가족을 경제적으로 부양하는 도구적 역할(instrumental role)과 가족성원을 보살피고 정서적으로 지지하는 표현적 역할(expressive role)이라는 두 가지는, 가족의 유지를 위해 꼭 수행되어야 할 핵심이다. 산업화로 인해 가정과 직장이 분리된 이후, 경제적 부양과 관련된 역할 수행이 주로 임금노동시장에서 행해지는 반면 가족을 보살피고 정서적으로 지지하는 역할은 가정 내에서 이루어진다. 임금노동이 독립적이고 성취지향적이며 도전적·경쟁적 성향을 요구하는 데 비해, 가족성원들을 보살피고 지원하는 가사노동은 부드럽고 친밀하며 관용적인 성향을 필요로 한다.

그림 9-1 여성성과 남성성, 양성성에 관한 도식화의 예

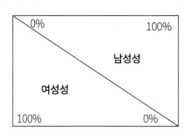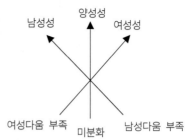

출처: R. T. Francoeur(1984), Becoming a sexual person: A brrief edition. NY: Macmillan, p.73; 임정빈(1992)에서 재인용.

대표적 구조기능론자인 Parsons와 Bales(1955)는 [그림 9−1]에서 왼쪽에 예시된 바와 같이 도구적인 성향을 남성성으로 규정하고 표현적인 성향을 여성성으로 규정하여, 남성과 여성의 성역할 정체감(sex−role identity)을 상호 양립할 수 없는 양 극단으로 이분화하였다. 이러한 논리에 입각한다면, 임금노동은 남편의 몫이고 가사노동은 아내의 몫인 것이 당연해 보인다. 그러나 Jung과 Bem 등은 [그림 9−1]의 오른쪽에 예시된 바와 같이, 남성성과 여성성이 근본적으로 배타적인 것이 아니라 개인의 특성에 따라 여성성과 남성성을 모두 높게 지닐 수도 있고 어느 한 쪽 성향을 강하게 지닐 수도 있으며 혹은 어느 쪽도 제대로 지니지 못할 수도 있는 것으로 설명한다(임정빈·정혜정, 1992). 후자의 논리에 따르면, 임금노동이 남성에게 적합하고 가사노동이 여성에게 적합하다는 이분법보다는, 양 배우자의 개인적 취향과 각 가정이 직면해 있는 상황적 특성에 따라 융통성 있는 역할 분담이 이루어지는 것이 타당하다.

2 임금노동과 가사노동

임금노동과 가사노동은 둘 다 가정의 유지를 위해서 필수불가결한 요소라는 점에서 공통점을 지니지만 그 속성은 상당히 다르다. 동일한 종류의 노동이 행해질 경우에도, 그 노동에 대한 보수가 주어진다면 임금노동이고 가족 내에서 가족성원들에 의해 소비된다면 가사노동으로 분류된다.

다음에서 임금노동과 가사노동이 지닌 근본적인 차이가 구체적으로 어떻게 다른 양상으로 나타나는지를 살펴보고자 한다.

1) 임금노동과 가사노동의 차이

임금노동이 가족생계 부양역할을 의미한다면 가사노동은 가족성원들을 위한 식사 준비와 설거지, 집 안팎의 청소, 빨래와 다림질, 은행관련 업무, 쇼핑, 육아와 환자 및 노인 돌보기, 집안의 대소사 챙기기, 친지 및 이웃과의 관계유지 등을 모두 포함한다. 따라서 두 영역은 다음과 같은 장단(長短)의 차이점들을 지닌다.

첫째, 임금노동은 양과 질에 따라 화폐로 환산되어 경제적 가치를 나타내는 반면, 가사노동은 무보수 노동이다.

둘째, 임금노동은 전문성이나 숙련도 및 업적이 사회적으로 평가를 받지만 가사노동은 객관적인 평가가 불가능하다.

셋째, 임금노동은 정해진 업무시간을 지켜야 하고 주어진 시간 안에 업무를 완수해야 하는 압박이 있는 반면에 가사노동은 시간을 융통성 있게 조절할 수 있고 노동의 양과 질에 대한 기대치에 따라 자율적인 조정이 가능하다.

넷째, 임금노동은 일정한 계획을 세워 수행하게 되는 데 비해, 가사노동은 가족의 요구와 상황에 맞추어 노동의 양과 내용이 좌우되기 때문에 시작과 끝이 명확하지 않다.

다섯째, 임금노동과 달리 가사노동은 사적인 노동이어서 개별 가족의 특성 − 경제적 지위, 가족성원의 감사(感謝, appreciation) 등 − 에 따라 노동 가치에 대한 평가의 편차가 크다. 또한 가사노동은 이혼이나 배우자의 장기질환 및 사망 등으로 인해 경제적 부양자를 상실하는 경우에, 실업수당이나 퇴직금과 같은 보장이 주어지지 않는다.

여섯째, 임금노동은 해당 업무에 대한 훈련과 숙련에 따라 사회적 경력과 전문성을 축적할 수 있지만, 가사노동은 잡다하고 단순하며 반복적인 일의 연속이어서 직업적 성장을 기대할 수 없고, 성과가 눈에 띄지 않아서 그 가치가 상대적으로 낮게 평가된다.

일곱째, 임금노동은 업무로 인해 공적으로 연결된 타인들과의 수직적·수평적 대인관계에서 오는 스트레스를 극복해야 하는 반면, 가사노동은 고립된 집안에서 홀로 수행하는 일이어서 고립감 및 우울감을 유발하기 쉽다. 또한 임금노동이 공적인 조직 및 타인과의 상호작용 과정에서 스스로의 욕구를 조절하고 대인관계의 기술을 터득할 기회를 제공하는 반면, 가사노동은 사적 관계에 치중하기 때문에 가족관계 외의 사회적 흐름을 터득하거나 공적 대인관계 기술을 터득할 기회를 제한한다.

2) 가사노동의 가치평가

가사노동에 대한 가치를 객관적으로 평가하는 일은 쉽지 않다. 그러나 전업주부의 경우, 자신으로 대표되는 수입이 없기 때문에 가사노동을 화폐 가치로 환산하는 것은 중요한 의미를 지닌다. 왜냐 하면, 이는 이혼 시의 재산분할권이나 남편 명의의 재산에 대한 증여세 감면 등과 같은 재산권 행사의 근거가 되고, 재해보상보험 등과 같은 보험료 산정 자료로 활용되기 때문이다. 가사노동의 가치를 평가하는 방법은 크게 두 가지로 나뉜다.

(1) 기회비용에 의한 가사비용 산출법

해당 주부가 취업하였을 경우를 가정하여 예상되는 수입을 "주부 역할로 인해 잃어버린 기회에 대한 비용"으로 대체하는 방법이다. 주부의 교육수준이나 가능한 직업 등에 따라 기회비용이 다를 것이므로 가사노동의 가치 역시 상이하게 평가되는 특성을 지닌다. 그런데 가사노동에 소요된 기간 동안 임금노동을 했다고 가정하여 직장에서의 승진이나 수입의 증가분 등을 고려하는 것이 실질적으로 불가능하기 때문에 정확한 산출이 쉽지 않다는 문제가 있다.

(2) 시장비용에 의한 가사비용 산출법

해당 주부가 수행해 오고 있는 가사노동을 외부로부터 구매한다고 가정할 때 지불해야 할 비용이 어느 만큼인지에 따라 가사노동의 가치를 평가하는 방법이다. 이는 두 가지 방법으로 나뉜다. 첫째 방안은 가사노동 일체를 가사도우미에게 일괄적으로 맡길 경우에 지불해야 하는 액수로 평가하는 방법이다. 두 번째는 개별적인 가사노동을 전문가에게 각각 맡길 때 발생하는 비용, 즉 청소는 청소대행업체에 주기적으로 맡기고 세탁물은 세탁소에 맡길 때 지불해야 하는 액수들의 총합으로 평가하는 방법이다.

시장비용에 의한 평가는 주부가 지닌 인적 자원의 특성을 고려하지 않는 반면, 개별 가구마다 다른 가사노동의 양과 기대치에 따라 상이하게 산정된다. 따라서 부부만 사는 2인 가구와 구성원 수가 많은 3세대 가구의 가사노동비용은 상이하고, 또 성인들만 사는 가구와 어린아이 및 병든 노인이 있는 가구의 가사노동비용은 다르게 산정될 수밖에 없다.

김종숙(국민일보, 2005)은 전업주부의 가사노동 가치를 해당 시점의 국내 총생산(Gross Domestic Product) 중 28.2%에 해당하는 월평균 111만 원으로 추산하였다. 김경희(2005)는 기회비용에 의한 가사노동 가치를 월평균 111만 3천 원~132만 3천 원으로 산정하였고, 전문가에게 개별적으로 맡길 경우의 시장비용에 입각한 가사노동가치를 월평균 96만 8천 원~119만 8천원으로, 가사노동 전체를 도우미가 대체할 경우의 시장비용에 의거한 가사노동가치를 85만 7천 원~109만 2천 원으로 산정하였다. 그런데 8년 후인 2013년 한국여성정책연구원은 30대 주부의 가사노동 가치를 월 314만 6천 원으로 추산하였다(한국여성정책 연구원, 2013). 상기와 같이 조사마다 가사노동의 가치가 다양하게 추산되는 것은, 조사방식이 다르기 때문이기도 하고 조사 시점마다 화폐가치가 다르기 때문이기도 하다.

소득세 산정시의 배우자 인적공제나 재판상 재산분할시 전업주부의 가사노동 가치는 과소평가되어왔다. 따라서 저평가되어 온 가사노동의 가치를 임금노동에 준하도록 현실화해야 한다는 의견이 제기되고 있다. 그러나 어떤 방법으로 가사노동의 가치를 지급할 수 있을지에 관해서 합의된 바는 없다.

3 가족역할 분담
: 무엇이 문제이고 무엇에 의해 결정되는가?

　현대 사회에서 맞벌이를 선호하는 방향으로 의식이 변화하고 실제로 맞벌이 부부가 급격히 증가한다는 사실은 필연적으로 가사노동을 공유하는 비율 또한 증가해야 한다는 논리를 불러온다. 그러나 현실적으로 경제적인 부양역할을 부부가 공유하는 정도에 비해 가사역할의 부부분담은 지체 현상을 빚고 있다. 즉 기혼여성의 취업 증가에도 불구하고, 가사 및 육아의 일차적 담당자는 여전히 여성인 것이 현실이다. 우에노 치즈코(1994)는 이를 가리켜서 '신성별분업' 내지 '신자본주의 단계로의 이행'이라고 진단한 바 있다.

　가부장제가 강한 한국은 말할 것도 없고 서구의 경우에도 맞벌이 주부들은 이중노동에 시달리고 있다. 여성의 취업 여건이 비교적 안정적인 영국의 경우에도, 자녀를 둔 맞벌이 주부들이 "만성적 수면 부족과 피곤함 때문에 자녀에게 짜증을 내고(55%) 남편과의 성관계를 회피하며(66%) 직장에서의 직무 수행에 지장을 받고 원만한 대인관계를 수행하지 못한다"는 연구 결과가 보고되었다(문화일보, 2002). 한국 통계청의 조사(통계청g, 2015)에 의하면, 2014년을 기준으로 할 때 맞벌이를 하는 여성이 가사에 소모하는 시간은 하루 평균 3시간 14분인 반면, 맞벌이 주부의 남편은 하루 평균 40분을 가사에 사용하는 것으로 나타났다. 최근 들어서, 가사노동을 단순히 가사활동에 투자하는 소요시간, 즉 '행동 노동'으로만 측정할 수는 없다는 주장이 제기되고 있다. 가족생활 전반에 대한 계획을 짜거나 정보를 모아서 구상을 하는 등의 '기획 노동'이, 가사도우미나 외부에 맡길 수도 없는 핵심적 가사노동이라는 것이다. '기획 노동' 항목을 추가해서 가사노동 시간을 조사한 결과, 아내의 가사노동 시간이 남편의 3배인 것으로 보고되었다(KBS1, 2024).

반면에 끊임없이 시간과 에너지를 요구하는 직장생활에 몰두하다 보니 가족과의 관계가 소원해지고 스스로 돈벌이 기계로 전락했음을 느끼는 남편들의 소외감도, 간과할 수 없는 문제이다. 가정과 직장이라는 일상의 양 축을 어떻게 이끌어 갈 것인지가, 오늘을 살아가는 부부들이 해결해야 할 당면 과제이다. 다음에서 가사노동분담 상황에 영향을 미치는 것들을 설명하는 이론들에 관해 살펴보기로 한다.

1) 자원-권력 가설(Resource-power hypothesis)

부부관계에서 각 배우자가 지닌 개인 자원은 원하지 않는 가사부담을 피할 수 있게 하는 권력의 근거자원이 된다(Ross, 1987). 개인 자원이란, 가계 수입에 각 배우자가 기여하는 비율뿐 아니라, 각자의 사회경제적 지위나 교육 및 연령 등에서의 상대적 우열, 관계 파탄 시의 대안과 관계에의 상대적 몰입도 등에 대한 총체적 평가이다. 거시경제 상황 또한 자원으로서의 역할을 할 수 있다. 경제 상황이 좋지 않아서 일자리가 드물어지면 직업시장에서 여성이 더욱 불리해지기 때문에 여성의 경제적 독립 가능성이 낮아지며, 결과적으로 남편에 비해 아내가 지닌 상대적 자원이 줄어들기 때문이다(이여봉, 1999a).[2]

여기에서 짚고 넘어가야 할 점은, 남편이 지닌 자원이 쉽게 권력으로 연결되는 반면 아내의 것은 그렇지 못하다는 사실이 여러 연구들에서 지적되고 있는데(Mirowsky, 1985; Arbor & Ginn, 1995) 자원-권력 가설로는 이러한 현상이 설명되지 않는다는 것이다(이여봉, 1999a). 양 배우자 개인의 자원은 상황적 권력을 결정하긴 하지만, 아내의 개인적 자

---

2) 가족 권력에 관해서 기술된 7장을 참고할 것.

원이 실질적으로 가사부담을 피할 수 있는 권력행사로 연결되는 데는 현 가부장 체계의 고정관념(체계적 권력) 및 주변의 압력(구조적 권력)이 상당한 걸림돌로 작용하기 때문이다.

2) 성역할 이념 가설(Sex-role ideology perspective)

성역할 이념이란, 말로 표현되는 성역할 태도뿐 아니라 부모 및 본인의 교육수준, 사회경제적 지위, 나이, 민족적 정서 등을 통해 내면화된 개인의 의식과 태도를 포함한다(이여봉, 1999a).

전통적인 성역할 가치를 지닌 가정은 여성이 불평등한 가사부담을 지는 반면, 진보적인 부부는 비교적 평등한 가사분담 형태를 보인다(Hiller & Philliber, 1986). 양 배우자가 지닌 성역할 이념이 일치할 때, 부부는 역할분담에 관해서도 일치되는 태도를 보인다. 그런데 성역할에 관한 양 배우자의 가치관이 서로 다를 때, 실질적인 가사분담은 어떤 모습으로 정착하게 될 것인가? 다음에서 양 배우자가 지닌 성역할 태도의 조합에 따라 가사분담이 어떻게 이루어지고, 이는 부부유대에 어떤 영향을 미치게 되는지를 살펴본다.

(1) 진보적인 남편과 진보적인 아내

양 배우자가 모두 진보적인 경우, 부부는 맞벌이를 할 가능성이 높고 가사 및 육아 또한 비교적 평등하게 분담하면서 제반 역할을 공유한다. 즉 양 배우자 모두의 성장과정 및 교육과정에서 형성된 성역할 가치가 공통적으로 진보적이므로, 공평한 역할분담이라는 기조 자체에 관해서는 별다른 갈등 없이 합의에 이를 것이다. 물론 구체적인 분담내용과 관련하여 세세하게 조정할 필요가 자주 생기지만, 서로 조정하고 타협하는 과정을 거쳐서 나름대로 공평한 역할 수행양식을 정착시킬 가능성이 높다.

(2) 보수적인 남편과 보수적인 아내

양 배우자가 모두 보수적인 경우, 전통적인 형태의 성별분리가 이루어질 가능성이 높다. 즉 남편은 경제적인 부양역할을 하고 아내는 전업주부로서 가사와 육아에 전념하는 것을 가장 이상적으로 여긴다.

경제적인 여건 때문에 어쩔 수 없이 맞벌이를 해야 하는 경우에도 보수적인 부부는 가사 및 육아를 온전히 아내의 몫으로 여기는 경향이 있다. 이 경우 아내는 이중노동으로 인해 과중한 스트레스에 시달리면서도 남편에게 가사분담을 요구하기보다는 자신이 임금노동을 그만둘 수 있기를 고대하는 경향이 있다.

(3) 진보적인 남편과 보수적인 아내

진보적인 남성과 보수적인 여성의 만남인 맞벌이가족에서 부부는 상대방의 가사수행에 관해 서로 미안함과 고마움을 느낀다. 가사와 육아를 자신의 몫이라고 당연시하는 보수적인 아내는 남편의 작은 도움에도 고마움을 느끼는 반면, 가사와 육아를 공평하게 분담해야 한다고 생각하는 진보적인 남편은 자신에 비해 가사와 육아에 관해 훨씬 많은 짐을 지고 있는 아내에게 미안함을 느낀다.

다만 직장생활보다는 가사에 전념하는 것을 이상적으로 생각하는 보수적인 아내는 맞벌이를 해야 하는 상황 자체에 대해 불만스럽게 여길 가능성이 있다.

(4) 보수적인 남편과 진보적인 아내

보수적인 남편은 아내가 전업주부로 머물러 있기를 바라는 반면에 진보적인 아내는 취업을 선호한다. 경제적 필요에 의해 아내가 취업을 하는 경우, 보수적인 남편은 아내에게 미안함을 느낄 것이다.

그런데 문제시 되는 것은 보수적인 남편과 진보적인 아내로 이루어진 맞벌이가족에서의 가사영역이다. 보수적인 남편은 아내의 취업 여부와 상관없이 가사 및 육아를 아내의 몫이라고 생각하는 반면에 진보적인 아내는 가사를 남편과 분담하고자 한다. 따라서 가사분담을 둘러싸고 부부 간 갈등이 유발될 소지가 있다.

주목할 것은 "성역할 태도가 상이한 부부의 가사분담 양상이 어떤 모습으로 정착될 것인지?"이다. 가정의 가사분담 형태가 정착되는 모습은 주로 남편의 성역할 태도에 의해 좌우된다는 주장이 지배적이다(Calazanti & Bailey, 1991). 그런데 성역할 이념 가설로는 "왜 남편의 성역할 태도가 아내의 태도에 비해 더욱 비중 있게 반영되는지"에 관한 설명을 기대할 수 없다(이여봉, 1999a). 이를 설명할 수 있는 변인은 '체계적 권력'이다. 가부장적 문화 속의 체계적 권력이 남성에게 편향적으로 주어지기 때문에 아내가 많은 부분을 포기하고 남편에 맞추어 적응해 가는 경향이 있지만, 이 경우 아내는 역할분담 상황에 만족하지 못하기 때문에 잠재적으로 부부의 동반자 의식이 훼손될 가능성이 크다.

3) 생애주기 가설(Life-course perspective)

배우자 간의 가사분담 형태는 가족의 발달단계, 즉 무자녀 신혼기, 자녀 양육기, 가족 축소기 그리고 빈 둥지기를 거치면서 변화한다. 남편은 신혼기(직장생활 초기) 및 은퇴 후(빈 둥지기)에 집안일에 관심을 쏟게 되어, 가사 참여 정도가 가족주기를 따라가면서 U자형의 모습을 보인다. 이는 직장생활 초기일 가능성이 높은 신혼기나 성년퇴임 후인 빈 둥지기에 비해 자녀 양육기와 겹치는 중년기가 직장에서의 업무 부담이 가장 많은 시기이고 따라서 직장에서의 부담 정도가 가족주기를 따라 '거꾸로 된 U자' 형태를 보이는 것과는 대조를 이룬다. 인간이 지닌 시간과 에너지는 한정되어 있으므로 직장에서의 요구가 많은 시기엔 직장에 몰두를 하고, 직장일이 한가한 시기엔 가사를 위한 시간을 늘리게 된다는 논리이다. 그런데 아내들은 남편들의 경우와는 정반대의 모습을 보인다. 아내는 육아 및 가사의 절대량이 신혼기나 빈 둥지기에 비해 많은 자녀양육기에 취업률이 낮고 가사노동시간이 가장 길다. 그리고 육아 및 가사량이 적은 무자녀 신혼기나 빈 둥지기에는 아내의 가

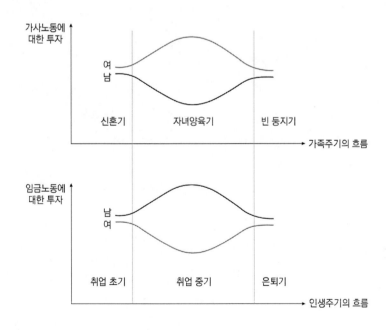

그림 9-2   가족주기 및 생애주기별 역할 분담 양상

사노동시간이 짧아진다.

생애주기이론은 전통적인 남편 부양가족의 가사분담 형태를 설명하는데 잘 부합된다. 그러나 생애주기를 통해 볼 때 부부 간 가사분담이 가장 필요한 시기인 양육기에 오히려 가사분담이 가장 불평등하게 이루어진다는 사실은, 중요한 시사점을 지닌다. 이는 아내가 직업을 유지하기 위해서는 자녀양육기 동안 과도한 이중노동에 시달리고, 가사와 직업 간의 역할갈등을 해결하지 못하는 경우엔 아내가 직업을 포기하게 되는 현실을 의미하는 것이다.

4) 필요-반응능력 가설(Dem&-response capability hypothesis)

남편이 가사에 쏟는 시간은 가사의 필요와 그에 반응할 수 있는 개인의 시간 및 에너지에 따라 좌우될 수 있다(Coverman, 1985). 이 가설은 가사를 분담하는 데 있어서 배우자의 시간 및 에너지 여력에 대한 합의를 전제로 하는 구조기능론적 시각에 입각한 이론이다(이여봉, 1999a). Coverman(1985)은 집안일이 증가(필요의 측면)하면 이에 대한 남편의 기여가 증가한다고 주장하고, Presser(1994)는 부부 간에 직장근무시간이 겹치지 않을수록(반응능력의 측면) 각자가 가사에 많은 시간을 투자한다는 연구 결과를 보고함으로써, 양 측면에서 필요－반응능력 가설을 입증하고 있다. 2018년에 수집된 자료를 분석한 이여봉 등(2020)의 연구에서도, 아내의 취업은 전 연령층에서 아내의 가사수행비율을 감소시키는 것으로 나타났다. 이는 아내의 취업으로 인해 가사에 대한 아내의 반응능력이 감소하고 그로 인한 가사영역의 필요 증가가 남편의 가사수행 시간 증가를 가져온 것으로서, 필요－반응능력 가설을 지지하는 결과로 해석된다.

그러나 가사의 필요에 반응할 수 있는 능력이 실질적인 가사수행 시간에 미치는 영향에 있어서 남편과 아내는 동일하지 않다. 남편은 임금노동을 하고 남은 여력을 가사수행에 투자한다. 반면 아내는 가정을 우선시해야 한다는 문화가 이어지고 있고, 고용현장에서 기혼여성들은 가사 및 육아부담으로 인해 생산성이 떨어진다는 지적이 있으며 실제로 고용불평등을 경험하고 있음을 부인할 수 없다. 왜 이처럼 남편은 직장에 우선적으로 반응하고 여력이 남을 때 가사에 비로소 눈을 돌리는 반면에 아내는 가사 및 육아의 필요에 우선적으로 반응하게 되는가? 이에 대하여 필요-반응능력 가설로 설명을 하는 것은 불가능하다. 이를 설명하는 것은, 여자의 일차적인 영역은 가정이고 남자의 우선적인 영역은 노동시장으로 양성 간의 역할을 분리해 온 성역할 고정관념이다. 이러한 성역할 고정관념이 개인들의 사고방식에 내면화되고 친족체계와 노동시장 내에 고착되면서, 가사부담을 당연히 아내의 몫으로 여기도록 하는 체계적 권력이자 구조적 권력으로 작용한다.

5) 사회 관계망 가설(Social network hypothesis)

가족 외부의 친지나 이웃들의 관계망이 조밀할수록(Bott, 1955; 이여봉, 1998) 그리고 각 배우자가 친지나 이웃과 유대를 긴밀하게 맺고 있을수록(이여봉, 1998), 해당 가족은 전통적인 성역할 분리를 경험한다는 가설이다. 이는 다음의 논리를 따른다.

첫째, 가족 외부의 친지들 혹은 이웃들이 서로 밀접히 연결되어 있다는 것은 성역할 고정관념을 형성하는 집단 동의가 이루어지기 쉽고, 이에 순응하기를 기대하는 유언무언의 압력(구조적 권력)이 주변으로부터 주어짐을 의미한다. 부부는 가족 내의 역할 수행에 있어서 외부의 시각으로부터 자유롭지 않기 때문에, 주변 사람들이 보편적으로 지니고 있는 고정관념에 순응해서 전통적인 성역할 분리 양상을 보이기 때문이다. 익명성이 높은 도시 가족보다, 이웃들 간 서로 잘 알고 지내는 작은 마을의 경우에 가족역할이 훨씬 더 전통적으로 분리 — 아내의 가사 전담 — 되는 모습에서 그 예를 찾을 수 있다.

둘째, 양 배우자가 외부의 친지나 이웃과 친밀한 관계를 맺고 있을수록, 가족 외부에서 가지고 있는 고정관념이 양 배우자에게 자주 그리고 강하게 전달되고 또한 중요한 비중으로 받아들여질 가능성이 높다 (이여봉, 1998). 여전히 가부장적 고정관념이 강한 사회에서 외부와의 잦은 접촉은 부부로 하여금 성역할 분리를 당연시하게 할 가능성이 높기 때문이다.

셋째, 각 배우자가 가족 외부의 친지 및 이웃과 친밀한 유대를 맺고 있는 경우에 가사에 필요한 지원을 용이하게 받을 수 있다. 그러나 외부의 지원 가능성이 높을수록 부부 간 상호 의존을 해야 할 필요는 줄어들어서, 결과적으로 배우자 간 역할 분리를 초래하게 된다. 예를 들면, 육아를 도울 친정 식구가 가까이 사는 경우에 아내는 외출을 위해 굳이 남편에게 자녀를 돌볼 것을 요구할 필요가 없고, 결국 육아는 아내와 친정 식구들 간의 분담으로 이루어져서 남편은 육아부담에서 제외될 가능성이 높아지는 것이다.

부부 역할 수행에 관한 사회 관계망 가설은 현재의 인습적 성역할 규범이 부부 간 역할 분리를 가져온다는 시각에서 출발해서, 개별 가족이 사회의 고정관념으로부터 어느 정도 자유로울 수 있는지를 분석한 이론이다. 한편으로는 사회관계망 구조(유대의 강도 및 관계망 조밀도)의 중요성과 함께, 해당 사회의 문화적 규범(체계적 권력)이 획일적인지 혹은 융통성이 있는지에 따라 개별 부부의 역할 분담 모습이 상당한 차이를 보일 것임에 주목한다.

　　최근의 연구에서, 젊은 부부가 친정부모 및 시부모 가까이에 거주지를 정하려는 경향이 포착되었다(이여봉 외, 2020). 해당 연구는, 맞벌이를 하는 젊은 부부가 부모로부터 육아 및 가사의 도움을 얻고자 하여 부모 가까이로 거주지를 옮기려는 것으로 보고 있다. 또한 젊은 부부가 시가 및 처가와 가까이 살수록 아내의 가사분담비율이 낮게 나타난 연구결과(이여봉, 2019)는, 부모로부터의 간섭, 즉 전통적 역할분담을 부추기는 양가 부모의 구조적 권력이 더 이상 작용하지 않음을 시사한다. 사회문화적으로 성평등을 지향하는 분위기로 인해 전통적 성별분업을 부추기는 체계적 권력이 약화되었고, 양가 부모들의 가치관 역시 예전의 노인세대와는 달라졌기 때문이기도 하다. 특히 육아와 관련하여, 시부모와 가까이 사는 경우 아내의 육아시간이 상대적으로 짧다는 연구(이여봉, 2023)는 한국사회의 새로운 동향을 보여준다. 이는 확대가족 내에서 부모와 성인자녀 관계 그리고 기혼부부의 본가/시가 부모와의 관계 및 처가/친정 부모와의 관계 양상이 달라지고 있음을 시사한다. 따라서 사회관계망의 조밀도와 부부 간 역할분리에 관한 보트(Bott, 1955)의 가설은 제한적으로만 지지될 뿐, 2000년대의 한국 젊은 부부의 삶에서는 설명력을 지닌다고 보기 힘들다.

4 한국 가족에서의 역할 분담

1) 농촌 가족

한국은 유교적 전통이 강하고 농업에 기반을 둔 경제 구조로 인해, 가부장적 대가족 제도를 이상적으로 여겨 왔다. 집과 논밭이 인접해 있고 노동집약적으로 행해져 온 전통 농업의 특성상, 농번기에는 온 가족이 동원되어 논밭에서 일을 하고 농한기에는 집안에서 다음 농사를 위한 준비(예: 새끼 꼬기, 가마니 엮기)를 했다. 여성들이 가사노동을 하면서도 논밭에서의 노동을 병행했으므로 가사노동과 생산노동 간의 구분이 명확하지 않았지만, 이로 인한 역할갈등3)은 상대적으로 적었다. 왜냐하면 과거의 대가족 제도하에서는 "엄마가 일을 하러 논에 나간 동안 할머니나 고모가 어린애를 돌보는" 식으로 가족 구성원들 간의 역할 경계가 유연했으므로, 대체 노동력을 가족 안에서 자연스럽게 조달할 수 있었기 때문이다.

오늘날의 농촌 가족에서도, 아내의 역할은 가사노동뿐 아니라 논밭에서의 생산노동에까지 이어지곤 한다. 그러나 농촌 역시 핵가족화되고 있어서, 여성들이 논밭에서 일을 하는 동안 가사를 대신 할 수 있는 대체인력은 더 이상 집안에 존재하지 않으므로 가사와 육아는 오롯이 아내의 몫으로 남는다. 게다가 농가의 아내가 하는 생산노동은 — 품삯 일을 제외하면 — 임금으로 환산되거나 아내 개인의 몫으로 가치

---

3) 역할갈등이란 한 사람에게 두 가지 이상의 역할이 동시에 요구되는 상황이 벌어졌고 모두 수행하는 것은 불가능한데, 어느 하나만을 선택하고 다른 역할을 포기할 수도 없어서 갈등하는 것을 의미한다(이여봉, 20224). 즉 직장에 출근해야 하는 아침에 아이가 갑자기 아파서 돌봐주어야 한다면, 취업주부는 직장인으로서의 역할과 어머니로서의 보살핌 역할 간 갈등에 직면하게 된다.

가 매겨지는 것이 아니다. 따라서 농가의 아내들은 이중노동을 하면서도 임금노동이 개인에게 가져다 줄 수 있는 장점, 즉 자신의 수입으로 대표되는 경제적 독립과 그로 인한 혜택은 누리지 못하고 있는 것이다.

2) 도시 저소득층 가족

한국 사회가 공업화의 물결을 타기 시작하면서 급격하게 이촌향도가 시작되고, 이는 도시로의 인구 유입 및 핵가족화 그리고 도시 노동자 가족의 증가로 이어졌다. 도시의 저소득층 가족이 남편의 수입만으로 가족 생계를 유지하고 자녀들을 교육시키는 것은 쉽지 않은 일이다. 따라서 저소득층의 아내와 자녀들은 일찌감치 직업 전선에 나서게 된다. 이러한 현상을 가리켜서 "전(全)노동자 가족의 노동자화"라는 개념이 대두되었다.

통계적으로 볼 때 저소득층 남편의 성역할 태도가 중산층의 경우보다 가부장적일 확률이 높아서,[4] 많은 저소득층 아내들이 가사부담을 고스란히 떠맡으면서 생계를 위한 임금노동을 하고 있다. 또한 자원이 부족한 저소득층에서 딸과 아들의 역할을 명확히 구분하는 경향이 있다. 그래서 아들의 진학을 위해 딸이 학업을 중단하고 돈을 벌면서 집안에서는 가사를 돕는 모습 역시 드물지 않다.

어린 자녀를 둔 저소득층 가족의 경우 부부가 모두 일하러 나간 동안의 육아 문제는 심각하다. 저소득층을 위한 탁아시설은 턱없이 부족한 상황에서, 개인적으로 탁아문제를 해결하기 위해 친지나 이웃 간

---

4) 저소득층의 경우 평균적으로 교육수준이 낮고, 교육수준이 낮을수록 가부장적 사고를 지니는 경향이 있다. 그리고 임금노동시장에서 경쟁력이 떨어지는 남편들이, 가정에서라도 "가장으로서의 우대"를 받고자 하는 가부장성을 보이기 쉽다.

주고받는 도움에 의존하곤 한다.

3) 상류층 가족

상류층 가족은 가정부와 보모 및 가정교사를 고용하여 가사 및 육아를 해결할 수 있다. 그래서 상류층에서는 부부 간의 역할이 남편의 생계부양과 아내의 가사와 육아 전담이라는 형태로 나뉘는 것이 아니라, 다자간 분담형태이다. 즉 경제활동은 남편이 하고, 문화적·물질적 소비를 통해 가족의 지위를 대외적으로 과시하고 홍보함으로써 남편의 경제활동을 간접적으로 뒷받침하는 역할을 아내가 하며, 가사와 양육 및 교육은 '지불된 노동력'이 전문적으로 수행한다.

4) 중산층 가족

중산층 가족의 경우, 주부가 가사 및 육아에 전념하더라도 생계를 유지하는 데 큰 지장을 받는 것은 아니다. 그래서 중산층의 전업 주부들은 남편의 출세와 자녀의 학업성취에 목표를 두고 뒷바라지를 하는 데 몰두함으로써 보람을 찾기도 하는데, 이것이 때로는 자녀에 대한 과잉 간섭으로 나타나기도 한다.

생활에 대한 기대 수준이 높아지고, 평생직장을 보장받던 시대가 끝나서 고용불안과 실직이 흔한 일이 되었다. 중산층은 쌓아놓은 자산이 풍족해서가 아니라 일상적 생활을 영위할 만한 경상수입에 의존해서 살아가는 계층이므로, 홀벌이 가장의 실직은 즉각적인 계층 하락을 의미한다. 따라서 가족경제의 안정을 위해서, 중산층에서 맞벌이의 필요를 느끼는 부부가 늘고 있다. 또한 생활수준의 향상과 자아계발을 위해서 혹은 전문지식을 활용하기 위해서, 취업을 원하는 아내가 늘고 있는 실정이다.

취업주부들은 일반적으로 육아는 양육기관이나 친지들에게 도움을 청하고 가사문제는 파출 도우미를 고용하는 등의 방법을 통해 절충하면서, 가사 및 육아의 부담을 줄이고자 한다. 그런데 근무시간 동안 아이를 돌봐줄 양육기관이 양과 질에 있어서 중산층의 욕구를 만족시키지 못하고, 파출 도우미에게 지불해야 하는 비용은 만만치 않다. 그리고 육아 및 가사의 특성상 남의 손을 빌려서 해결되지 않는 부분이 많기 때문에, 맞벌이 부부들은 직장과 가사의 양 영역 사이에서 끊임없이 부딪히는 역할갈등과 과잉부담에 시달리고 있다. 따라서 이러한 부담을 양 배우자가 어떻게 분담할 것인지가 쟁점이 되는 것이다.

5 바람직한 역할 분담에 관하여

가족이 긴 세월을 하나의 단위로 살아간다는 것은 각자의 위치에서 주어진 역할들을 하면서 어우러져서 전체를 모나지 않게 일구어 가는 동시에 그 안에서 위안을 찾는 과정이다. 전체를 이루는 조각들은 크기도 모양도 다르지만 서로 절묘하게 아귀를 맞추어 '가족'이라는 이름으로 굴러간다. 하나의 공을 완성하기 위해 필요한 갖가지 모양과 색깔들로 나누기도 조립해 내기도 하는 것이, 가족역할 분담이고 가족역할 수행이다.

일인생계부양을 전제로 하는 전통적 가족개념 하에서, 남편이자 아버지의 실직은 가족의 경제적 추락뿐 아니라 가부장권의 상실과 가족질서의 혼란을 초래한다. 지난 1997~1998년 IMF 구제금융하의 대규모 실직 사태를 겪으면서 수많은 가정이 가족 해체를 경험했고 "고개 숙인 아버지들"이 거리를 배회하고 노숙자로 전락했는데, 그로부터 사 반세기가 흐른 오늘도 여전히 취업의 문은 좁고 실업의 늪은 깊게 패여 있다. 집안에서만 살아 온 아내들이 남편의 실직이나 이혼 혹은 사별 등으로 인해 경제적 부양원을 상실했을 때 직면하는 빈곤 문제를 간과 할 수 없다. 이혼이나 사별을 한 남편들이 가사 및 육아 영역에서 공황 상태에 빠지는 것 역시 놀라운 일은 아니다. 또 가족을 도외시하고 생 계부양 역할에만 충실하게 살아온 남편들이 퇴직 후의 일상생활과 가 족관계에서 부적응 증상을 보이고 소외되어 방황하는 예는 주변에 흔 하다.

가족 밖의 경제적 자원으로 이어지는 다리(bridge)가 하나인 것보 다는 둘일 때, 가족은 위기 상황에 훨씬 잘 적응할 수 있다. 부부가 경 제적 부양역할을 맞들고 가기 위해서는, 노동시장에서는 고용과 승진의 기회가 성별이나 결혼 여부에 관계없이 동등하게 펼쳐지고 가정에서는 가사 및 육아의 분담이 평등하게 이루어져야 한다. 가족생활의 두 축을 이루는 경제적 부양과 가사의 양 영역에서 부부가 균등하게 역할을 분 담하는 것은, 위기상황에서 가족의 대처능력을 배가(倍加)할 수 있는 방 안이다.

승진과 높은 보수를 위해 직장에만 몰두하는 것을 당연시하던 사 고로부터, 많은 남성들이 벗어나고 있다. 그들은 직장과 가정을 양립하 고 싶어 한다. 그러나 아직도 정시 퇴근이나 육아휴직을 백안시하고 밤 낮 없이 직장에 헌신하기를 기대하는 우리 사회의 직장 분위기와 퇴근 후의 술자리 문화는 남편들로 하여금 실질적으로 가정에서 육아 및 가 사역할을 아내와 공유하기 힘들게 하고 있다. 양성(兩性)이 사회의 성역할 고정관념에 맞추느라 억눌려 왔던 본성을 자유롭게 발휘하고 생활의 양 영역 - 가사 및 보살핌 노동 - 을 공유함으로써 대등한 동반자로서 균형 잡힌 삶을 살아가기 위해서, 가부장적 노동시장의 관행이 개선되고 육아 및 가사를 대신 해결할 수 있는 양질의 사회 시설이 보급되어야 하는 것은 시대적인 요청이다.

생 각 해 볼 문 제

01 나의 가족이 현재 역할을 분담하고 있는 모습을 관찰해 보고, 해결해야 할 문제점이나 취약점이 무엇인지 생각해 보자.

02 가사노동의 실질적 가치를 현실화하여 지급할 수 있는 다양한 방안에 관해 생각해 보자.

PART
04

부모와 자녀

Chapter
10

부모 되기의 의미와 결정

소자녀 시대에 '부모 되기'란 무엇을 의미하는 것일까? 우리 사회가 산아제한 정책을 통해 인구 증가를 성공적으로 억제했다고 자부했던 것이 20세기 후반이었는데, 이번엔 출산율이 OECD 국가들 중 최저치를 기록하면서 여러 가지 우려를 자아내고 있다. 저출산은 다양한 사회문제 ─ 인구 고령화로 인한 부양부담과 세대갈등, 노동인구 감소로 인한 경제 위축 등 ─ 의 근원이다. 그래서 정부와 지방자치단체는 막대한 예산을 투입하면서 효과적인 인구부양책을 찾아 절치부심하고 있다. 그러나 즉각적인 효과를 기대하기는 어려워 보인다. 임신과 출산은 개인적인 선택의 영역이어서, 사회 공동의 이익에 부합한다는 이유로 쉽게 바뀌는 것이 아니기 때문이다. 개인들에게 '부모 됨'이 주는 매력이 많아질 경우에 출산을 선택할 것이고, 반대의 경우엔 출산을 억제하는 현상이 지속될 것이다.

1 부모 되기의 의미 변화

오늘날 출산 및 '부모 되기'의 의미는 과거와는 다르다. 자녀가 지니는 의미가 달라졌고, 자녀로 인한 부담이 달라졌으며, 자녀에 대한 기대가 달라졌다. 개인적 차원에서의 이러한 변화는 사회 전반의 사고와 행동양식의 변화를 의미하는 것이기도 하다.

1) 당위적 규범에서 선택의 대상으로

현대사회에서 '부모 되기'는 당위적 규범이기보다는 선택의 대상이다. 피임과 낙태 및 불임 치료술의 발달로, 인간은 성관계와 임신을 그리고 임신과 출산을 분리할 수 있게 되었다. 자녀를 낳을 것인지 말 것인지, 자녀를 언제부터 낳기 시작할 것인지, 자녀를 몇 명 낳을 것인지, 그리고 자녀 간의 나이 터울을 몇 년으로 할 것인지 등은, 이제 "주어지는 대로"가 아니라 "스스로 결정할 수 있는" 사안이다.

열악한 의료기술과 위생 수준으로 인해 사망률이 높던 옛날에는 태어난 자녀가 모두 무사히 성장할 것을 장담할 수 없었으므로, 충분한 자녀수를 확보해 놓는 것이 중요했다. 그리고 농경이 기계화되지 않았던 사회에서 인간의 노동력이 농사를 짓는 중요한 수단이었기에, 노동력 확보를 위해서라도 자녀를 많이 낳는 것은 필요한 일이었다. 의료기술 및 위생수준의 발달과 더불어 사망률이 낮아지면서, 더 이상 많은 수의 자녀를 확보해 두어야 할 필요는 없어졌다. 게다가 농업중심의 사회가 아닌데다 농업 역시 기계화되었으며 자녀에 대한 교육기간이 장기화된 오늘날, 자녀는 더 이상 노동을 제공하는 존재가 아니라 성년에 이르기까지 혹은 그 이후에도 부모에게 의존하는 부담이다. 오늘날의 자녀는 "먹을 것을 스스로 가지고 태어나는" 존재가 아니며, 부모가 자녀로 인하여 치러야 하는 시간적·물리적·경제적 비용은 상당하다. Caldwell(1982)은 부의 흐름(wealth flow)이 자녀로부터 부모에게로 흐르던 농업 중심 사회와 달리, 근대화 이후 부모로부터 자녀에게로 향하게 되면서 점차 소자녀 시대로 접어들었다고 설명하였다. 더구나 기혼여성의 취업은 증가하고 있는 반면에, 자녀양육은 여전히 어머니의 몫으로 여겨지고 노동시장에서의 모성에 대한 배려나 사회적 양육은 턱없이 부족하다. 이처럼 임금노동과 양육을 병행하기 어려운 현실에서, 여성들은 출산을 늦추거나 자녀수를 줄이는 선택을 하게 된다.

한국 사회에서 "자녀를 반드시 가질 필요는 없다"는 인식이 급증하고 있다. 개인주의 사고가 확산되고 부모 봉양에 대한 의식이 약화되며 자신의 노후 역시 자녀에게 기대지 않겠다는 혹은 기댈 수 없다는 생각이 늘면서, "자식을 낳지 않는" 풍조로 이어지고 있는 것이다(김승권 외, 2004b).

그럼에도 불구하고 결혼 후에 자녀를 낳지 않는 부부에 대해서는 정상궤도를 이탈한 것으로 바라보는 시선이 여전히 존재한다. 급속도로 약화되고 있기는 하지만, "결혼한 사람들은 최소한 한 명 이상의 자녀를 출산하는 것이 당연하다"는 식의 보이지 않는 사회적 압력이 작용해서, 출산 동기를 유발한다.

2) 규범적 관계에서 정서적 관계로

과거의 부모자녀 관계는 수직적인 규범에 근거해 있었다. 가부장권이 강한 사회에서, 자녀는 보호하고 가르쳐야 할 존재이자 부모의 노후를 의탁할 수 있는 존재였다. 또한 노부모에 대한 효를 자신의 자녀에 대한 사랑보다 우선하는 것으로 여기도록 기대되었다.

사회변화의 흐름이 빠르지 않던 시절, 축적된 경험에 기반을 둔 부모의 견해는 자식에게 삶을 사는 지혜로서의 권위를 지닐 수 있었다. 그러나 변화가 가속화되는 현대에는 축적된 경험의 가치보다는 새로운 지식의 습득과 정보의 획득 능력이 더욱 중시된다. 더구나 개인주의와 평등주의 사고가 확산된 상황에서, 부모의 권위와 자녀의 효에 주목하던 수직적 규범을 오늘의 부모자녀 관계에 적용하는 것은 무리가 있다. 오늘날의 부모는 자녀에게 예전의 농경사회에서처럼 일찍부터 노동을 기대하지도 않고 또한 노후의 부양을 기대하기도 쉽지 않다. 그러나 자녀에 대한 도구적 기대가 감소한 대신, 소자녀 시대에 각각의 자녀에게 거는 정서적 만족에 대한 기대치는 오히려 증가했다.

3) 부모의 영향력 변화

과거의 대가족적 전통이나 친족 공동체 문화[1]가 더 이상 존재하지 않고 가족 규모가 축소된 상황에서, 어린 자녀에 대한 부모의 영향력은 일견 커진 것처럼 보인다. 그러나 자녀의 사회화에 영향을 미치는 가족 외부의 요인들이 과거와는 비교할 수 없으리만치 많아졌고 그 영향력 역시 막대하다. 즉 교육기간이 증가하면서 학교와 교과서 그리고 또래들로부터의 영향력이 증가하였고, 라디오나 TV뿐 아니라 인터넷 등과 같은 대중매체의 영향이 통제하기 힘들 만큼 커졌다. 그런데 이러한 주변 요인들은 부모의 양육방침과 역행하는 경우가 많아서, 자녀가 부모

---

1) 조옥라(1988)는, 전통 대가족제도 하에서 부계친족집단을 중심으로 자녀교육의 기본적인 틀이 규정되고 이를 위반할 경우 제재를 가할 수 있었음을 지적하였다.

의 영향권을 벗어날 가능성이 과거에 비해 오히려 증가했다.

4) 지위획득 기반 제공자로서의 부모역할 강화

전통 신분사회에서 자녀의 미래는 부모의 신분과 토지 소유 상황에서 크게 벗어나지 않았고, 다자녀 시대였으므로 개별적인 자녀 각각에 대한 부모의 부담은 오히려 적었다. 그러나 소자녀 시대이고 성취사회로 여겨지는 오늘날, 부모는 결코 만만치 않은 기간 동안 자녀의 교육을 위해 진력해야 한다. 자녀의 학업성취 및 학력성취는 개인적 자질뿐 아니라 부모의 양적·질적 뒷받침 정도와 무관하지 않기 때문이다. 부모의 사회경제적 지위가 경제적 자본뿐 아니라 문화자본으로서 자녀의 교육 및 직업에서의 성취도와 높은 상관성을 보이고, 나아가 결혼 및 성인으로서의 경제적 기반 마련에 있어서도 부모의 역할이 강조되고 있다. 그래서 오늘날의 부모들은 자녀가 좀 더 나은 지위를 획득할 수 있도록 물심양면으로 지원해야 한다는 부담을, 과거 어느 때보다도 무겁게 지고 있다.

중산층 이상의 부모들이 자녀의 교육을 위해 부심(腐心)하는 것은, 교육을 통해서 자식들로 하여금 부모가 지닌 지위 이상을 성취하고 누리게 하려는 노력의 일환이다. 특히 한국 사회에서 중산층의 부모는 과열된 입시경쟁에서 자신의 자녀가 가능한 한 좋은 학벌을 획득하게 하려고 시간적·정신적·물질적 자원을 집중적으로 투자한다. 그런데 현재의 부모세대가 자녀의 성취와 자신의 지위를 동일시하는 경향이 강한 것은, 소자녀화로 인한 결과일 수 있다. 소자녀 시대에 개별 자녀의 성취가 부모의 정서에 미치는 영향은, 과거에 비해 훨씬 커졌기 때문이다.

반면에 부족한 자원으로 인해 선별적으로 교육을 시킬 수밖에 없는 빈곤상황에서는 모든 자녀에게 고루 투자할 수 없으므로 어느 한 자녀에게 집중적으로 투자함으로써 가족의 사회경제적 지위를 상향 이동하고자 하는 전략을 취하기도 한다(Lee, 1998). 그런데 저소득 계층일수록 평균 교육수준이 낮고, 교육수준이 낮은 계층일수록 보수적인 경향이 있다. 그래서 저소득층 가족이 부족한 자원을 배분하는 방식으로서, 아들 특히 장남에게 우선적으로 교육기회를 주고 딸들은 일찍부터 노동시장에 내보내곤 했다. 따라서 대부분의 빈곤층 자녀들은 저학력으로 인해 빈곤을 대물림할 확률이 높다. 빈곤가정에서 특별히 교육을 받을 수 있었던 자녀 역시 추후의 삶에서 여타 가족성원들에 대한 정신적·경제적 부담을 안고 살아가며, 형제자매들 사이에서 혜택을 많이 받은 자와 소외된 자 사이의 기대 차이로 인한 갈등이 초래되기도 한다.

이처럼 자녀로 인해 부모에게 주어지는 부담이 많아진 오늘날, 자녀에 의한 노후부양은 기대할 수 없고 노후의 여명(餘命)은 길어지고 있다. 그래서 오늘의 가족은 한정된 가족자원을 가지고 자녀의 성취를 위한 투자와 부모 자신의 노후를 위한 경제적 대비(對備) 사이에서 균형을 잡아야 하는 현실적 고민에 맞닥뜨리고 있다. 부모 자신의 노후를 희생하면서까지 자녀의 성취를 위해 진력하는 현재와 같은 사회적 규범이, 과연 언제까지 지속될 것인가? 앞으로도 당분간은 일단 태어난 자녀에게는 "묻지 마"식으로 경쟁하듯이 가족자원을 쏟아 붓는 규범이 이어지겠지만, 머지않은 미래에 양육을 위한 지출과 노후를 위한 준비 사이에 재균형을 시도하는 변화가 일어날 가능성이 높다.

낙태를 둘러싼 논쟁

'부모 되기'가 선택 사안이 된 오늘날에도, 원치 않는 임신과 출산은 드물지 않다. 그리고 이로 인해 낙태에 관한 논쟁이 끊임없이 이어지고, 혼외 자녀 및 비혼 부모로서의 삶이 사회적 이슈가 되고 있다.

• 낙태권에 대한 지지 입장(Pro-choice)

원치 않는 임신에 직면한 여성이 "자신의 몸에 대해 선택할 수 있는 권리"를 존중해야 한다는 입장이다. 임신 초기의 태아는 수정란일 뿐 모체와 동등한 인격체는 아니라고 보고, 모체의 권리 즉 여성의 선택권에 주목한다. 원치 않는 임신을 한 경우, 임신의 주체인 여성이 낙태 여부를 결정할 권리를 갖는 것이 정당하다는 것이다. 즉 출산과 양육을 책임지면서 삶의 결정적 변화를 겪어야 하는 여성의 선택권을 법적으로 보호해야 한다는 것이다. 이는 "낙태를 금지하는 것은 여성을 자궁 안의 태아를 위한 인큐베이터 수준으로 격하시키는 것으로서, 여성의 성과 임신 및 출산을 사회가 통제하던 전(前) 근대로의 회귀"라고 보는 여성계의 입장과 통한다. 이에 덧붙여, "좋은 환경에서 양육할 수 없음이 예측된다면, 출산을 하는 것이 오히려 책임 없는 행위"라는 것이다.

이와 같은 이념적 논쟁을 차치하고라도 낙태를 합법화해야 하는 현실적 타당성이 존재한다. 낙태를 불법으로 규정할 경우 낙태는 음성적으로 시행될 가능성이 높은데, 무자격자에 의한 낙태시술의 부작용은 상상 외로 심각하다. 그러므로 낙태를 양성화함으로써 자격을 갖춘 전문의에 의해 적절한 방법으로 시술하고, 여성의 선택권과 모체의 건강을 사회가 보호해야 한다는 것이다.

• 낙태 반대론(Pro-life)

종교계를 중심으로 하여, 태아의 살 권리에 주목하는 입장이 있다. 여성의 몸 안에 깃든 생명은 수태되는 바로 그 순간부터 모체의 일부가 아닌 별개의 생명이라고 본다. 따라서 낙태는 태어날 권리를 인위적으로 박탈하는 것이므로 죄악으로 간주한다. 모성 양육이 아니더라도 새로운 사회구성원을 양육할 수 있는 사회복지적 대안이 존재한다는 것이, 또 하나의 이유이다.

현실적으로는, 낙태를 합법화할 경우 낙태가 피임의 한 형태로 인식되면서 죄의식 없이 무분별하게 이루어질 가능성이 있다는 점이, 낙태 반대론에 타당성을 부여한다.

2 부모자녀 관계의 변화와 자녀수

Caldwell(1982)이 제기한 바와 같이 '부의 흐름(wealth flow)'이 역전 되었음을 굳이 떠올리지 않더라도, 오늘날의 부모자녀 관계는 호혜적이지 않다. 자녀수가 감소된 상황에서 부모역할에 대한 기대는 오히려 높아졌고, 자녀의 실패에 대한 책임을 부모 ― 특히 어머니의 부적절한 양육 탓 ― 에게 돌리는 사회 분위기가 조성되어 있다. 그렇다고 오늘날의 부모들이 과거의 부모들처럼 "부모로서의 권위"를 무조건적으로 누릴 수 있는 것도 아니다. 부부의 생활만족도가 가족주기 중 양육기 ― 특히 자녀가 청소년인 시기 ― 에 낮게 나타나는 것은, 자녀양육과 관련되어 발생하는 경제적·사회적·실질적 차원에서의 어려움을 시사한다(이여봉, 1999a). 그렇다고 노후를 위한 보험으로서의 역할을 더 이상 자녀에게 기대하지도 못한다. 그럼에도 불구하고 상당수의 사람들이 이와 같은 비호혜적 관계를 감수하면서 자녀를 출산하고 자녀와의 관계를 이어가는 것은 어디에 기인하는 것일까?

"내리사랑"이라는 우리말에서 시사하듯, 부모와 자녀 간의 교환관계는 여러 세대를 거치면서 "부모로부터 받고 자식에게 베푸는" 사슬을 이어가는 일반화된 교환관계(generalized exchange)2)에 의해 유지되어 왔다. 그리고 이러한 흐름 속에서, 개별 부모는 자신과 자녀 간의 주고받음만으로 교환의 형평성을 평가하기보다는, 자신의 부모로부터 받았던 정서적·실질적 지원에 대한 기억에서 준거틀(frame of reference)3)을 찾는 경향이 있다. 그러나 자신의 노후에 정서적인 지원주체로서의 역할을 자녀에게 막연히 기대하고 있음 또한 부인할 수는 없다.

인구변천이론(Population Transition Theory: Teitelbaum & Winter, 1985)에서는 의료와 위생의 발달로 인해 사망률이 감소하면서 출산율 또한 감소하는 과정을 겪어서 최종적으로 사망률과 출산율이 모두 낮은 단계에서 인구가 안정화되는 단계에 이르는 것으로서, 인구변천의 흐름을 설명한다. 그러나 그 안정화란 출산율과 사망률이 제로(0)에 이르는 단계를 의미하는 것은 아니다. 사망률이 낮다고 해서 영구히 사는 것을 뜻하지 않듯이, 출생률이 낮다고 해서 자녀를 전혀 낳지 않는 사회를 예측하는 사람은 없다. 인간에게는 부모가 되고자 하는 동기

---

2) 일반화된 교환이란, 사회교환의 한 형태로서 두 사람이 서로 주고받는 식의 직접적이거나 제한적인 교환과는 반대되는 개념이다. 즉 사회 안에는 A가 B에게 자원을 제공했다고 해서 B로부터 자원을 되돌려받을 것을 기대하는 것이 아니라 A는 제3자인 C로부터 자원을 받는 등의 일방적 관계를 가능하게 하는 기제가 있다고 본다.
3) 옳고 그름에 관한 판단을 위해 비교할 수 있는 기준을 의미한다.

표 10-1	합계출산율 및 연간 신생아수 변화 추이						
연도	1971	1975	1980	1983	1984	1990	2000
TFR	4.54	3.43	2.82	2.06	1.74	1.57	1.48
신생아 수(명)	1,024,773	874,030	862,835	769,155	674,793	649,738	640,089
연도	2010	2017	2018	2020	2021	2022	2023
TFR	1.23	1.05	.98	.84	.81	.78	.72
신생아 수(명)	470,171	357,771	326,822	260,562	260,562	249,186	230,000

출처: 통계청f, 〈인구동향조사〉 각년도.

(motivation)이자 본능이 존재한다고 믿기 때문이다.

그런데 '부모 됨'의 동기를 충족시키기에 충분한 자녀수는 과연 몇 명일까? 한국의 합계출산율(Total Fertility Rate)[4]은 1971년에 4.54로 정점을 찍은 이래 빠른 속도로 감소해 왔고, 1983년부터 인구대체율[5]을 밑돌기 시작했다. 2023년을 기준으로 할 때 합계출산율은 .72에 불과하다(표 10-1). 출산 동기가 건재함에도 불구하고 출산율이 급감하고 있다면, 이는 현실적으로 부모역할이 점점 어려워지고 있기 때문이라는 사실로 귀결된다.

---

4) 합계출산율(TFR)이란, 여성 한 명이 평생 동안 낳는 자녀수를 의미한다. 따라서 합계출산율은 "해당 사회의 전체 인구 중 가임여성의 비율이 어느 정도인지?" 그리고 "가임여성들 중 어느 만큼의 비율이 결혼을 하고 출산을 하는지?"의 두 가지에 의해 좌우된다. 요즈음 태어나는 여자 아이들이 수십 년 후의 가임여성이 되는 것이므로, 지금 시점에서의 신생아 수는 수십 년 후의 신생아 수에 영향을 미치는 중요한 변인이다. 그러므로 인구 문제는 일거에 해결될 수 있는 것이 아니라, 장기간에 걸쳐서 영향이 이어지는 사안이다.

5) 인구대체율이란, 현재의 인구 수준을 유지하기 위해 필요한 출산율을 의미한다. 합계출산이 2.1명은 되어야 현재의 인구크기를 유지할 수 있고, 이보다 높으면 인구가 증가하고 낮으면 인구가 감소한다.

부모가 되고자 하는 동기

Skolnick(1987)은 부모가 되고자 하는 동기를 두 가지로 요약하였다.

① **사회적 압력:** "혼인한 자는 자녀를 갖는 것이 정상"이라고 여기는 사회문화적 규범이다. 즉 본인의 성향과 상관없이 사회적인 분위기 때문에, 자식을 낳는 것을 결혼한 사람이 거쳐야 하는 당연한 절차로 받아들이는 것이다.

② **정서적·상징적 보상:** 인간은 사랑하고 사랑받고 싶은 욕구가 있고, 자신의 성(last name)과 가업 및 가계를 잇고 싶은 영생의 욕구가 있다. 또한 자녀에게 영향력을 행사하고 싶은 욕구가 있고, 자신에게 의존하는 자녀를 양육하고 보호함으로써 스스로가 누군가에게 필요한 존재라는 느낌을 얻고자 하는 욕구가 있다. 이를 두루 충족하는 길이 자녀를 낳아 키우는 일이므로 부모가 되고자 하는 동기를 지니게 된다는 것이다.

반면에 Rubin(1965; 유희정, 1995에서 재인용)은 부모가 되고자 하는 동기를 다음과 같이 규정하였다.

① **숙명의 동기:** 결혼한 부부는 당연히 자녀를 출산하고 양육하는 것을 자연의 섭리로 받아들이고 따르는 경향이 있다.

② **이타주의 동기:** 성숙한 성인은 타인을 보살피고자 하는 욕구가 있는데, 이것이 자녀를 출산하고 보살피게끔 하는 동기가 된다.

③ **자기도취적 동기:** 자신의 후속세대를 출산하고 타인(자신의 자녀)에 대해 영향력을 행사하는 성인으로서 정서적 안정감을 얻고자 하는 동기에서 자녀를 출산하고자 한다.

④ **도구적 동기:** 첫 자녀의 출생과 더불어 부부는 비로소 "완성된 가정을 이루었다"는 느낌을 받는다. 즉 자녀의 존재는 부부 사이에 새로이 놓이는 다리이자, 법적으로 맺어진 친족 즉 시가 및 처가와의 연결을 단단하게 해 주는 역할을 한다. 그래서 자녀를 통해 부부 간의 결속도가 높아지는 것이 사실이다. 또한 부부는 자신과 닮은 존재의 성장을 통해 지나버린 세월과 잃어버린 기회에 대한 대리 만족을 구하기도 한다.

3 부모 되기를 주저함, 어떻게 대처할 것인가

출산율 감소는 해당 연령집단의 상대적 크기가 줄어드는 것을 의미하고, 지속적인 출산율 감소는 어린 세대 내지 젊은 세대의 비율 감소로 이어진다. 한국의 청소년 인구비율은 1978년에 정점(36.9%)을 찍은 이래 지속적으로 감소해 왔다. 2022년 10~24세 청소년 인구는 766만 2천 7백여 명으로 한국 전체인구의 14.8%에 불과한 것으로 나타났다(통계청, 2023). 청소년층의 인구 비율이 낮다는 것은 노동연령층의 상대적 비중이 줄어들고 이들이 부양해야 할 노령층의 비중이 커지며 추후 노동력 부족으로 인한 경제 침체에 이를 것임을 의미한다. 그뿐 아니라 조만간 노동연령층에게는 과잉부양부담이 그리고 피부양 노령세대에게는 부양혜택의 결핍이 초래됨으로 인한 세대갈등을 예고한다. 또한 추후 가임연령층의 비율 및 숫자가 감소하게 됨으로 인해, 어느 시점을 지나면 더욱 급격한 인구 감소를 초래하게 될 것이다.

이미 OECD 국가들 중 최저의 출산율을 기록하고 있는 한국은, 양 방향적 대응책을 필요로 한다. 그 하나는 다양한 출산 유인을 세밀히 분석해서 적극적으로 지원함으로써 가임연령층으로 하여금 출산행위에 나서게끔 유도하는 것이고, 또 하나는 초저출산으로 인한 부작용을 최소화하여 국가 경쟁력을 잃지 않고 세대 간 통합을 유지할 방안을 강구하는 일이다.

1) 출산율, 어떻게 회복할 것인가

임신과 출산은 강제할 수 있는 사안은 아니다. 따라서 저출산 문제를 해결하는 열쇠는 "아이를 낳지 않게 만든" 원인을 제거하거나 "아이를 낳고 싶어지게 하는" 여건을 조성하는 데 있다. 혼인을 장려하는 홍보나 자녀수에 따른 가족수당의 차등 적용 및 다자녀 가구에 대한 우선적 주택 공급 혹은 각 지자체들이 시행하고 있는 출산장려금 등은, 정도의 차이만 있을 뿐 저출산 현상의 근본 원인을 파악하지 못한 근시안적 대책들이다. 특히 계층적인 욕구 차이를 고려하지 못하고 단지 경제적 유인책에 치중되고 있어서, 설혹 효과가 있다고 하더라도 저소득층의 출산율만 단기적으로 높일 뿐 장기적으로는 오히려 경제적 부담을 가중시키고 계층별 출산율 격차를 벌려 놓을 가능성이 크다. 일단 낳고 나면 평생에 걸쳐서 막대한 시간과 양육비 및 교육비 그리고 에너지를 필요로 하는 자녀 출산에 대한 결정이 일시적인 금전적 인센티브에 의해 좌우될 것으로 기대하는 것은, 지극히 평면적인 발상이자 예산과 인력의 낭비일 뿐이다.

요즘 '부모 되기'를 주저하게 하는 근본적 이유는, 단지 "낳기"와 관련된 것이기보다는 "키우기" 및 "가르치기"의 현실적 어려움과 "내 아이가 살아갈 미래" 그리고 "나의 노후"에 대한 장기적이고 총체적인 우려이다. 따라서 저출산의 문제는 출산 자체를 독려하는 것으로 해결되지는 않을 것이다. 개개인들이 출산의지를 갖고 행동에 옮기고자 할 만한 여건을 조성하는 방안을 마련해야 한다. 그러기 위해서는 이와 연관되어 있는 영역들을 폭넓게 살펴보고 "키우기" 및 "가르치기" 그리고 아이와 부모의 '미래'와 관련된 영역들을 포괄하는 청사진을 제시할 수 있어야 한다.

(1) 돌봄노동6)으로 인한 부담

과거 여성들이 정체성을 인정받을 수 있는 유일한 수단이던 출산과 양육역할의 효용성은 감소하고 있다. 반면에 임금노동은 여성들의 경제적 독립이나 자아실현을 위해서만이 아니라 가족 단위의 경제를 위해서도 필요조건이 되고 있다. 가족경제를 위한 여성의 임금노동은 특히 저소득층일수록 중요하다. 이러한 조건에도 불구하고 출산의지를 갖도록 유도하려면, 자녀로 인한 경제적·시간적 부담을 대체하거나, 혹은 대가를 기꺼이 치루고 싶게 할 만한 무엇인가가 필요하다.

가임여성의 경제활동 참가율이 높은 나라일수록 출산율이 높다는 사실(오치아이 에미코, 2004)은, 한국 사회의 저출산 현상과 관련하여 시사하는 바가 크다. 여성의 경제활동 참가율과 출산율을 잇는 중간 지점에, 해당 사회의 보육환경이 자리하고 있다. 가부장권이 강하고 모성의 육아부담이 높은 사회에서, 여성들은 육아부담으로 인해 경제활동이 위축될 수밖에 없고 또한 경제활동을 위해 출산을 포기할 가능성이 높다. 반면에 보육에 대한 사회분담이 효율적으로 이루어지는 사회에서는, 육아와 경제활동을 병행하는 데 대한 개인부담이 적기 때문에 여성의 노동시장 참가율과 출산율이 동시에 높을 수 있는 것이다. 자녀로 인한 경제적·육체적·시간적 부담이 적을수록, 자녀가 제공하는 정서적 충족감은 증가한다. 따라서 저출산 문제의 해결은 육아에 소모되는 경제적 부담뿐 아니라 육체적·시간적 부담을 효과적으로 낮출 수 있는 방안을 찾을 수 있느냐에 성패가 달려있다.

---

6) 돌봄노동이란, 육아와 노인부양 및 환자간호 등을 총체적으로 의미한다. 본장에서는 육아를 중심으로 하여 논하기로 한다.

그렇다면 방법은 ① 돌봄노동의 교환가치를 임금노동에 준하도록 하든지, ② 돌봄으로 인한 부담을 사회가 맡아 개인으로 하여금 경제활동을 하는 데 지장이 없도록 하든지(2인 노동자 모델), 아니면 ③ 직업과 돌봄이 남성과 여성과 사회 모두에게 배분되도록 일상화하는 환경을 조성하는 것(역할 공유 모델) 등이다. 과연 어떤 것이 가장 효과적일까? 정책 입안자의 입장에서 선택할 수 있을 만큼 현실적인 방안은 어떤 것일까?

● 돌봄노동의 교환가치를 임금노동에 준하도록 보상하는 방안

단기적으로는 돌봄노동을 가족제도에 그리고 가족 안의 개인에게 맡기고 어느 정도 보상하는 것이 국가 예산을 절약하는 현실적 방법일 수 있다. 그러나 그 보상액이 실질적인 수준에서 이루어지기는 어렵다.

뿐만 아니라, 이 방안은 여성을 가정 안에 머물게 하는 유인이 됨으로써 여성노동력의 사회참여를 위축시킬 수 있다. 경제 컨설팅업체인 매킨지는, 한국 여성의 90%가 노동시장에 참여할 경우 제3국의 노동인력을 수입할 필요 없이 노동력을 자급할 수 있다는 결과를 보고한 바 있다(매킨지 서울, 2001). 이는 순수하게 경제적인 논리에서 보더라도 여성의 노동시장 참여율을 높여야 한다는 주장이다. 생산 인구가 감소하고 있는 시점에서, 여성노동력의 활용이 더욱 필요해졌다. 그렇다면 여성을 돌봄노동에만 머물도록 하는 방안은, 성차별적이고 성별 분리를 심화한다는 지적을 차치하고라도 장기적으로 국가적인 경제 손실이다.

● 2인 노동자 모델

국가나 민간이 돌봄의 주체가 되어 보육 서비스를 질적 · 양적 측면에서 확대하는 방안이 2인 노동자 모델(돌봄노동 대체모델)이다. 핀란드의 경우에는 국가가 그리고 미국의 경우에는 민간이 주체가 되어, 돌봄 서비스를 제공하고 있다.

우리 사회에 이러한 서비스가 없는 것은 아니다. 그러나 양적으로 충분히 보급되지 못하고 질적인 면에서 만족스럽지 않다. 돌봄 서비스가 전 계층에 보편화될 수 있도록 국가와 민간의 돌봄 역할을 병존시키되 선택폭을 넓혀 놓아야 한다. 그리고 사회화된 돌봄의 질에 있어서 계층 차이를 최소화하려는 노력이 필요하다. 취업모의 자녀에 대해 보육료를 추가로 제공해야 한다는 지적이 제기되는데(장지연, 2005), 이는 기혼 여성의 취업과 출산이 상충되는 것으로 여겨지지 않도록 지원하는 방안일 수 있다.

● 역할 공유 모델

궁극적으로는 삶의 두 축인 가정과 직장이 조화를 이루어서 성별에 상관없이 양육과 임금노동을 병행하는 것이, 자녀의 양성적인 사회화를 위해서 그리고 부성과 모성의 균형 잡힌 삶을 위해서 바람직하다. 그런데 이는 남성과 여성이 모두 양육과 임금노동을 병행하는 것이 가능하도록 지원하는 정책과 제도가 다각도로 마련되어야만 가능하다.

현재 공기업을 중심으로 증가하고 있는 모성육아휴직(maternity leave)과 부성육아휴직(paternity leave)이, 사기업들의 경우에도 불이익에 대한 두려움 없이 확산될 수 있기를 기대한다. 특히 부성육아휴직이 보편적으로 정착할 수 있으려면, 해당 기업들에 대한 실질적인 지원과 더불어 육아에 실질적으로 활용되고 복직 후 불이익이 주어지지 않도록 모니터링하는 과정이 병행되어야 할 것이다. 한편 재택근무 및 유연근무제의 확산추세는, 조만간 양육의 필요에 맞추어 근무시간을 조절할 수 있는 노동시장의 유연성 확보로 이어질 수 있을 것으로 기대한다.

유럽을 중심으로, 절대노동시간보다는 시간당 효율성에 주목함으로써, 노동시간 자체를 줄이고 노동의 나눔(work-sharing)[7]을 강조하는 추세로 나가고 있다. 그러나 가부장적이고 생산성 위주의 경쟁체계인 현재의 한국 노동시장 분위기에서 역할 공유 모델이 실용화되기까지는 시간이 걸릴 것으로 보인다. 과도적인 시점에서 두 가지 모델, 즉 역할 공유 모델과 2인 노동자 모델이 병행되는 것이 바람직할 것이다.

(2) 교육으로 인한 부담

교육과 관련된 사안 역시 돌봄노동 못지않게 저출산과 깊은 관련이 있다. 이는 두 가지 줄기에서 논의될 필요가 있다. 그 하나는 공교육의 약화로 인해 사교육시장이 지나치게 활성화된 상태에서 자녀 교육에 투자하는 경제적 부담이 과중하고, 결과적으로 부모의 경제적 능력에 따라 자녀의 학벌과 계층적 지위가 결정되는 데 기인한다. 20세기 초반 이래로 교육열에 있어서 타(他)의 추종을 불허해 온 우리 사회에서는, 일단 낳은 후에 교육 투자를 조절하기보다는 애초에 출산아 수를 줄이는 방법을 택하고 있기 때문이다. 두 번째는 우리의 교육 시스템이 학교에서 교육과 보호를 전담하지 못하고 전업주부인 어머니를 활용하는 보조적 지원체계에 의존한다는 데 있다. 이는 취업주부의 모성역할을 강화함으로써 임금노동에 제한을 가하는 결과를 초래하고, 나아가

---

7) '노동의 나눔'이란, 근로자의 노동시간을 줄이는 대신 고용을 확대함으로써 보다 넓은 층에 고용혜택이 돌아가도록 하는 것이다.

여성의 출산의지를 억압하고 궁극적으로 출산율을 낮춘다.

앞서 논의된 돌봄노동의 대상 연령층을 확대하는 방안으로서, '방과후 학교'가 초등학생들을 대상으로 시행되고 있다. 중학교에 다니는 아이들의 학습과 관련해서도, 유사한 지원책을 기대할 만하다. 이는 출산 부양책의 일환인 동시에 자녀의 육아와 교육 부담 및 그로 인한 개별 가정의 경제적 부담을 완화하고, 나아가 가임기 여성의 취업 지속성 및 업무 효율성을 촉진하는 방안이 될 것이다.

(3) 노후에 대한 불안과 노후보장

오늘날의 젊은 세대는 더 이상 자신의 노후를 자녀에게 기대하지 않는다. 그렇다고 해서 복지 선진국들의 경우처럼 사회적인 노인 부양책이 마련되어 있는 것도 아닌데, 평균수명의 증가로 은퇴 후에도 긴 기간에 걸친 삶이 예상된다. 그래서 노후의 삶이 불안하게 느껴지고, 이러한 불안은 현재의 가임 세대로 하여금 자신들의 노후에 대한 경제적 준비를 스스로 해 두어야 한다는 압박감을 느끼게 한다.

그런데 노후를 위한 경제적 비축을 해야 하는 시기는 자녀양육을 위해 경제적으로 투자해야 하는 시기와 겹쳐진다. 그리고 양육을 위한 경제적 투자와 노후를 위한 비축을 병행하는 데 있어서의 현실적 어려움은, 후속세대로 하여금 '부모 되기'를 주저하게 한다. 그렇다면 역으로, 노후의 부양불안을 불식시킬 수 있다면 출산의지를 회복시킬 수 있을 것이라는 희망을 제기할 수 있다. 다시 말해, 사회적인 부양체계를 질적·양적으로 개선하고 계층에 따른 혜택의 차이를 줄이는 것은, 간접적으로 출산율을 높일 수 있는 방안이 될 것이다.

전술한 방안들의 실질적 효과는 이러한 방안들이 얼마나 현실을 반영하고 지속적으로 시행될 것인지에 달려 있다. 그리고 그 지속성을 뒷받침하는 것은, 예산과 인력의 마련 및 집행에 관한 합리적이고 철저한 계획, 일선 집행진의 조직적이고 전문적인 실행과 피드백을 통한 조율, 그리고 관련부처의 철저한 관리라는 삼박자이다.

2) 저출산 시대에 어떻게 적응할 것인가?

단기적으로는 궁극적인 인구 감소에 대한 우려 자체보다는, 그 과정에서 나타나는 연령별 인구 구성의 불균형으로 인한 부정적 파급효과가 더 크게 부각된다. 말하자면, 노동연령층 부족으로 인한 경제활동인구 부족과 국토방위인력 부족, 노령층 비율의 과다로 인한 부양부담이 일차적으로 우려된다. 그래서 출산율을 높이는 데 필요한 정책적 관심 못지않게, 이미 벌어진 저출산 상황에 적응하는 전략 또한 중요하다.

(1) 노령 인구층의 노동참여 확대

현재의 연령별 인구구성비가 변화하는 것은 물론 저출산으로 인해 소령인구의 유입이 적은 탓도 있지만, 평균수명의 증가로 인해 노령인구수가 많은 데 기인하기도 한다. 의료기술의 발전은 초고령의 병약한 인구가 의료기술에 의존해 수명을 연장하게 하는 결과를 초래했지만, 다른 한편으로는 비교적 건강한 상태에서 노령층에 편입되는 인구 비율 역시 증가시켰다.

60세에서 65세를 경제활동에서 은퇴하는 시기로 규정하고 65세를 노령층에 진입하는 시기로 당연시하는 현재의 사회구조 속에서는, 실질적으로 일할 능력과 건강을 유지한 상태에서 정년퇴직이라는 이름으로 노동일선에서 물러나 피부양인구층8)으로 편입되는 인구가 적지 않다.

---

8) 생산가능인구로 분류되지 않는 연령대에 속하는 인구층을 의미한다. 현재로서

특히 여타 연령대에 비해 상대적으로 인구수가 많고 숙련노동사층을 두텁게 구성하고 있던 베이비붐 세대가 본격적으로 노동일선에서 물러나고 있다. 그래서 우리 사회는 숙련된 노동인력의 결핍으로 인한 경제침체와 피부양인구의 급증으로 인한 부양부담으로 인해 몸살을 앓기 시작하였다.

이 문제와 관련하여, 부양인구비9)를 다르게 산정해야 한다는 주장이 제기되고 있다(한국노동연구원, 2005). 단순히 연령대별 인구에 따른 부양인구비가 아니라 실질적으로 경제활동에 참여하는 인구를 분모로 하고 실질적인 피부양인구를 분자로 하여 부양비를 계산할 경우, 전체적인 부양인구비는 감소한다(한국노동연구원, 2005). 65세 이후에도 이러저러한 방식으로 재취업을 하는 경우가 많기 때문이다. 요점은 65세 이상의 연령층을 일괄적으로 노인으로 간주하여 퇴직하게 함으로써 피부양인구로 간주할 것이 아니라, 개개인의 능력과 건강 차이를 고려하여 경제활동을 왕성하게 할 수 있는 노동인력으로 활성화시켜야 한다는 주장이다.

부양인구비에 관한 산술적인 논쟁이 아니더라도, 이는 우리 사회의 노동인구 부족을 해결하는 실질적 방안이 될 수 있다. 한편에서는 대량 실직과 취업난이 심각하고 다른 한편에서는 구인난이 상존하는 현 상황은, 가지고 있는 기술 및 학력과 취업 가능한 일자리 간의 간극(job−skill mismatch)이 큰 데 기인한다. 한 가지 해결책을 들자면, 기업 차원의 임금 피크제10)나 개인 차원의 직업 이모작11) 등을 통해 노령인

는 15세 미만과 65세 이상 연령대의 인구를 피부양인구라고 부른다.
9) 현재 부양인구비는, 피부양연령대의 인구수를 노동연령대의 인구수로 나눈 값으로 측정한다.
10) 임금 피크제란, 일정 연령에 도달하면 은퇴를 하는 대신 지금까지 받아온 임금

구층의 경제활동을 활성화함으로써 노동력 부족현상과 부양부담을 경감하는 것이다. 그러나 현재의 임금피크제는, 일정한 연령을 지난 구성원들의 숙련된 노동력을 효과적으로 활용하는 것이 아니라, 그들을 불필요한 유휴인력으로 취급함으로써 당사자들의 자존감을 상하게 하고 조직으로서는 경제적 낭비를 한다는 지적을 피할 수 없다.12) 노령인구층의 경제활동을 활성화하고 효과적으로 사용할 수 있는 방안을 찾기 위한 범사회적 고민이 필요한 시점이다.

(2) 군 대체인력의 확대 모집과 유연한 활용

청소년 인구비율의 급감은, 국가 방위인력의 부족과 연관된다. 게다가 여전히 지속되는 출산율 하락은, 이러한 상황이 장기화되고 더 심각해 질 것임을 시사한다. 이제 여성의 군복무에 관한 논쟁은 양성평등 논란에만 머물지만은 않는다. 군복무의 의무를 양성 모두에게 적용하되, 복무 형태를 다양화하는 방안을 고민해 볼 필요가 있다. 현재와 같은 방위산업체나 무의촌 의료봉사뿐 아니라 지역단위의 보육과 구인난으로 허덕이는 열악한 직종 등에도 군 대체인력을 활용하는 방안을 고려하는 것이다. 이는 병역의무를 남성에게만 부여함으로써 역차별 논란

에 비해 적은 임금만을 받고 직위를 낮추어서 근무를 지속할 수 있도록 하는 제도이다. 이는 근무 연한이 길어질수록 임금이 증가하여 기업의 지출 부담이 증가하는 것을 막고 동시에 젊은 연령층의 승진 기회를 박탈하지 않으면서도, 회사는 숙련된 인력을 계속 활용하고 당사자는 아직 녹슬지 않은 능력과 건강을 활용해서 경제활동을 계속 할 수 있도록 하자는 목적을 가지고 도입되고 있다.

11) 직업 이모작이란, 일생에 걸쳐서 하나의 직업을 계속해서 유지하는 것이 아니라, 일정한 연령 이후에는 다른 직업을 갖는 것을 말한다. 즉 정년과 더불어 경제활동에서 완전히 은퇴하는 것이 아니라, 퇴직 이후에 스스로 일할 시기를 조절할 수 있는 다른 직업을 준비하여 활동하는 것이다.

12) 임금피크를 지난 구성원들에게 정작 필요한 업무를 배정하지 않고 자리를 옮겨서 퇴직할 때까지 '시간 때우기'만 하도록 한다는 지적이 빈번하다.

을 빚어온 현행 제도를 대체할 수 있는 것으로서, 성에 따라 일괄적으로 구분하는 것이 아니라 개개인의 특성에 따라 유연하게 구분하여 방위인력을 충당하고 대체인력을 활용하자는 것이다. 이는 인력부족 시대에 인력수급의 불균형을 사회적으로 해소할 수 있는 방안이 될 것이다. 더불어 남성에게만 부과되는 병역의무와 군가산점제를 둘러싸고 벌어지는 양성간 차별/역차별 논란을 희석시킬 수 있을 것으로 생각된다.

(3) 통합적이고 포괄적인 정책

이와 같은 생각들이 효과적으로 실행될 수 있으려면 직업의 귀천을 가리는 체면문화를 교정함으로써, 노령인력이 과거의 지위에 연연하지 않고 제각각 알맞은 자리에서 경제활동을 할 수 있어야 한다. 아울러 보육의 사회화를 통해 준비된 여성인력을 활성화해야 한다. 초저출산으로 인한 노동력 부족 및 방위인력 부족 그리고 과중한 부양부담을 해소하기 위해 무엇보다 절실한 것은, 국토방위와 경제, 여성 및 가족 문제, 노동과 복지, 그리고 인구문제 등 사회 전반을 관통할 수 있는 포괄적인 정책의지와 적극적인 실천이다.

생 각 해 볼 문 제

01 임신과 출산에 대한 결정은 여성 개인이 자신의 몸에 관해 결정할 수 있는 권리의 문제일 뿐 아니라, 배우자의 의지와 관련된 문제이기도 하다. 그리고 조부모와 여타 친척들의 의견 또한 밀접하게 관련되어 있는 것이 한국적 현실이다. '자녀 낳기' 내지 '부모 되기'와 관련하여, 할머니 세대와 어머니 세대 그리고 오늘날의 젊은 부

부로 이어지는 세대의 흐름에서 어떤 변화가 있어 왔을까 생각해 보자.

02 오늘날의 젊은 세대가 자녀에게 요구하는 것은 정서적인 충족감이다. 젊은 부모에게 정서적인 충족감을 안겨 주기 위해서 많은 수의 자녀가 필요한 것은 아니다. 그런데 세월이 흘러 오늘의 젊은 세대가 노년이 되었을 때, 노후에 들어선 부모에게도 젊은 시절처럼 적은 수의 자녀만으로 충분한 것일까 생각해 보자.

03 한국은 전 세계에서 유례가 없을 만큼 빠른 속도로 출산율이 감소했다. 산아제한정책이 성공(?)할 수 있었던 것은 인구를 줄여야 하는 사회 공동의 목표와 가난에서 탈출하고자 하는 개인적 목표가 일치했기 때문이다. 오늘날 출산율을 높여야 한다는 사회 공동의 목표와 여러 가지 측면에서 "낳고 키우기 힘들고 나 자신의 욕구도 중요하기 때문에 자녀수를 줄여야 한다"는 개인적 사정은 서로 배치(背馳)되고 있다. 개인의 이익과 사회 공동의 이익이 서로 충돌할 때, 어떤 선택을 해야 할지 생각해 보자.

Chapter
11

성장기 자녀와 부모

인간이 태어나서 처음 만나는 존재이자 의존적 성장기에 곁에서 양육하는 존재가 부모이다. 자녀는 부모를 통해서 세상을 배우고 사회와 문화를 체득하기 시작한다. 그리고 부모는 자녀로 인하여 새로운 역할에 눈을 떠서 후속세대를 보살피고 상호작용하는 방법을 터득해 간다. 이처럼 부모와 자녀가 주고받는 사슬을 따라 과거와 현재 그리고 미래로 이어지는 흐름에서 사회가 존속해 왔다. 시대와 사회를 관통하면서 부모와 자녀 사이를 흐르는 공통점이 존재하는 반면에, 시대와 사회에 따라 다양하게 변화하기도 하는 것이 부모와 자녀 간의 관계이다.

부모와 자녀는 일반적으로 혈연으로 묶이는 가족이면서, 서로 다른 시대에 태어나 다른 연령대를 살아가는 사람들 간의 세대관계로 특징지어진다. 또한 양육과 노후부양으로 대표되는 장기적 교환관계이기도 하고, 현재 느끼는 관계 만족감의 정도에 따라 상호 유대의 질이 다양하게 변화하는 관계이기도 하다. 본장에서는, 오늘날의 부모자녀 관계에서 주목할 만한 소주제들을 중심으로, 발달단계별 특성과 우리 사회의 부모역할 및 자녀역할에 관하여 숙고해 보고자 한다.

1 현대 가족에서의 양육자와 양육방식

아이의 첫 울음소리를 들으면서, 어머니는 "어떻게 잘 키울 것인가?"를 아버지는 "잘 키우기 위해 돈을 더 많이 벌어야겠다"는 생각을 한다는 이야기가 회자된다. 아버지의 역할에 대한 기대는 경제적 부양에, 어머니 역할에 대한 기대는 양육에 주안점이 두어짐을 함축하는 말이다. 이처럼 아버지와 어머니의 역할을 분리하는 고정관념은, 전통적인 성별 분업을 당연시하는 가치관이 내면화되고 사회규범으로 자리를 잡아온 데 기인한다(김현주a, 2001).

Fromm(1956)은 도구지향적인 부성애(paternal love)에 대비되는 개념으로서 모성애(maternal love)를 내재적이고 무조건적인 사랑으로 규정한 바 있다. 질서와 규율 및 모험을 가르침으로써 자녀를 사회로 인도하는 존재로서의 부성역할은 교육환경을 갖춘 사회적 양육시설로 대체될 수 있다. 그러나 자녀에게 직접적인 보살핌을 담당하는 과정에서 요구되는 헌신적 모성역할은 쉽사리 대체가 되지 않는다. 그래서 여성들의 자아실현 욕구와 경제적 필요에 의한 맞벌이가 증가하는 현실에서, 때로 자녀의 욕구와 어머니 개인의 욕구 간 갈등이 일어나게 된다. 이와 같은 갈등상황에서 우리 사회는 '모성애'를 여성의 본능인 것처럼 강조함으로써, 어머니인 여성의 희생을 기대해 왔다. 가령 맞벌이가족에서 자녀가 갑자기 아파서 부부 중 누군가가 집에 남아 아이를 돌보아야 한다면, 어머니가 지각이나 조퇴 혹은 결근을 하면서 자녀를 보살펴는 것을 당연시해 왔다. 그러나 보성에 대한 직장의 배려를 기대할 수 없는 사회에서, 육아로 인한 결근이나 지각 등은 결국 승진 누락이나 해고 등 여성 개인이 당해야 하는 불이익으로 돌아온다.

1) 양육의 주체는 누구여야 하는가

Chodorow(1978)는, 양성적인 자녀양육을 위해 경제적인 부양역할과 육아 및 가사를 부모가 공유하는 형태가 가장 바람직하다고 주장하였다. 자녀로 하여금 양성적인 인성을 갖도록 키우기 위해 부부가 함께 양육에 참여하는 것은 중요하다. 아버지의 육아를 통해 아들도 애정과 친근감을 나누고 보살피는 역할을 습득하며, 경제활동에 종사하는 어머니를 통해 딸도 독립적이고 진취적인 역할을 습득할 수 있어서, 생물학적 성에 관계없이 양성적인 인간으로 성장할 것으로 보는 것이다.

아버지의 양육역할에 대한 필요성이 제기되면서, '좋은 아버지가 되기 위한 모임' 등과 같은 시도가 일어나고 있다. 그러나 경제적 부양자로서의 아버지에 대한 기대가 감소되지 않으면서 양육자로서의 기대가 더해짐으로써, 아버지들의 부담만 증가했을 뿐 실질적인 행동 변화는 미미한 상황이다(김현주a, 2001). 양육자로서의 아버지를 기대할 수 있으려면, 아버지들이 실질적으로 양육에 참여할 수 있는 시간과 에너지를 확보할 수 있도록 가족친화적인 직장문화가 조성되어야 한다. 즉 부성육아휴직제(paternal leave) 등과 같은 기존 제도들을 적극적으로 활용하도록 하는 지원책과 더불어, 퇴근 후까지 이어지는 비공식적인 업무 문화를 변화시킴으로써 가족과 보내는 시간을 늘릴 수 있도록 해야 한다. 이는 개별 가족의 노력과 더불어 직장문화가 가족생활과 병행할 수 있는 방향으로 변화함을 통해서 현실화될 수 있을 것이다.

2) 부모의 양육방식

부모는 자녀를 바람직한 사회성원으로 양육해야 한다는 책임을 지니고 있으므로, 자녀에 대해 이러저러한 영향력을 행사하고자 한다. 반면에 자녀는 부모의 보호를 누리면서도 동시에 부모로부터 독립하고 싶어 한다. 그래서 "자녀에게 어느 만큼의 자유와 권리를 주고 어느 만큼의 책임을 부여하며 규제할 것인가?"는 부모가 풀어가야 할 쉽지 않은 문제이다.

Baumrind(1971, 1991)는 자율과 통제를 양축으로 하여, 전제주의적 부모(Authoritarian Parenting), 허용적 부모(Permissive Parenting), 그리고 융통적 권위형 부모(Authoritative Parenting)로서 부모의 양육방식 유형을 삼분하였다. 전제주의적 부모(Authoritarian Parenting)는 자녀의 절대적인 복종을 기대하고 상명하달식 명령과 처벌을 통한 훈육에 주력한다. 따라서 자녀와의 열린 대화나 아래로부터 의견이 전달되는 의사소통을 기대하기는 어렵다. 이러한 가정에서 성장한 자녀는 권위와 질서에 익숙하고 무조건적 복종에 길들여져 있기 때문에, 자율적이거나 창의적이지 못하게 성장하기 쉽다. 지나친 통제에 대해 자녀가 강력히 반발하는 경우, 청소년기의 탈선으로 이어질 가능성 역시 높다. 교육수준과 직업적 지위가 낮은 계층의 부모가 비교적 보수적이어서 자신의 권위에 집착하는 전제적 양육태도를 견지하는 경향이 많다고 알려져 있다. 허용적 부모(Permissive Parenting)는 자녀의 책임을 요구하거나 규제를 하지 않고 무조건적으로 자녀의 자율적인 판단에 일임하는 경향이 있다. 허용적 부모 유형은 다시금 자녀에 대한 애정을 기준으로 하여 방임형(放

任型)과 익애형(溺愛型)으로 분류된다. 방임형이 자녀에 대한 무관심에 기초하여 규율도 통제도 하지 않는 유형임에 반해, 익애형은 자녀에 대한 사랑에 함몰되어 자녀가 원하는 대로 끌려가는 유형이라고 할 수 있다. 소자녀 시대 이후 중산층 가정에서 한두 명뿐인 자녀에게 모든 것을 쏟아 붓는 익애형 부모는, 자녀의 요구를 거절하지 못하기 때문에 자녀들이 삶의 제반 영역에서 거의 통제를 받지 않고 성장한다. 혹은 부부가 자녀와 함께 지내는 시간이 짧은 가정에서, 자녀에 대한 부모의 미안함과 돌봄시간의 부족이 어우러져서 자녀를 무조건 풀어 놓기 쉽다. 그러나 지나치게 허용적인 부모 밑에서, 자녀는 욕구를 자제하거나 연기할 줄 아는 인성을 체득하지 못한다. 이러한 경우 자칫 자기중심적이고 충동적이며 즉각적으로 욕구를 충족하려 함으로 인해 남과 어울리기 힘든 인성으로 성장할 가능성이 높다. 반면에 융통적 권위형 부모 (Authoritative Parenting)는 애정과 통제의 양면이 적절히 조화를 이룬 형태이다. 즉 제한된 범위 내의 자유를 부여하고 선택에 대한 책임을 지도록 하며, 자녀와의 이성적 대화를 통해 부모의 권위에 대한 자발적 복종을 유도해 내려고 노력하는 유형이다. 무조건 허용적이지도 전제주의적이지도 않으면서 한편으로는 통제와 일관성 있는 지지를 제공하고 다른 한편으로는 자녀의 결정과 독립을 지원하는 양육방식은, 자녀로 하여금 독립적이고 창의적이면서도 책임감 있고 성취도가 높은 사회성원으로 성장하도록 한다. 이는 자녀 스스로 부모의 권위를 인정하고 따르도록 하는 가장 효과적인 방법이기도 하다. 다만 "통제와 자율을 어떻게 배분할 것인가?"는, 부모의 특성뿐 아니라 "자녀가 어떤 성향인지?" 그리고 "주제가 어떤 사안인지?"에 따라 적절히 조절되어야 한다.

3) 한국 부모와 자녀 관계의 문제점

부모는 자신들의 어린 시절에 견주어서 자녀를 평가하고 기대하는 경향이 있다. 그러나 과거의 방식은 달라진 환경에 둘러싸인 자녀에게 적용하기에 무리가 있기도 하고, 때로는 부모 자신의 과거에 대한 기억이 선별적이거나 편향된 것일 수도 있다. 그렇다고 '정석'이라고 여길 만한 양육 모델이 존재하는 것도 아니다. 결국 오늘날의 한국 부모와 자녀는, 급속도로 변화하는 사회와 교육제도의 혼란 속에서 전통적 사고와 서구적 사고를 적당히 얼버무린 독특한 관계를 지니게 되었다.

첫째, 현재의 한국 사회에서 부모들은 과도히 허용적이거나 혹은 지나치게 전제주의(專制主義)적인 양육을 하고 있다. 이는 유교적 전통에 익숙한 전통적 부모역할의 적합성이 사라진 자리를 대체할 만한 모델이 아직 자리를 잡지 못한 상황에서 나타나는 현상이다.

둘째, 부모와 자녀 간에 개방적 의사소통 즉 열린 대화를 하는 훈련이 되어 있지 않다. 열린 대화란 자녀를 지지해 주고 자녀의 상황에 공감하는 태도를 보이며 적극적으로 경청하는 등의 의사소통 기술을 포함한다. 열린 대화를 통해 부모자녀 간 의사소통의 통로를 열어두는 것은 부모가 자녀에게 효과적으로 영향력을 행사할 수 있는 방법이다.

셋째, 부모와 자녀 간 대화의 소재가 제한되어 있다는 점 역시 한국의 부모자녀 간 문제점으로 지적된다. 대화의 범위가 주로 학교생활이나 학업 그리고 진로 등의 주제로 제한되어 있고, 정작 자녀들의 관심사인 이성 관계나 친구 관계 및 가치관 혹은 신체 발달 등과 같은 소재에는 미치지 못한 채 대화가 겉도는 경향이 많다.

넷째, 자녀양육과 관련하여 어머니의 역할이 비대한 반면 아버지의 역할이 상대적으로 축소되어 있어서, 아버지와 자녀 간의 관계 형성이 쉽지 않고 아버지가 가정에서 소외되는 경향이 있다. 이는 장기적으로도 아버지와 자녀 간 상호 친밀감을 형성할 기회를 박탈하는 결과를 초래한다.

다섯째, 급격한 사회변동으로 인해 부모와 자녀 간 세대 차이가 큰데, 이는 상호 이해의 폭을 좁히고 대화가 단절되게 한다. 특히 부모는 "좋은 직업을 얻기 위해 공부를 잘해야 한다"는 성인중심적 교육관에 입각하여, 학과 위주의 교육에 치중하고 있다. 그러나 공부만 잘하면 그 외의 모든 일들로부터 면제된 채 성장하는 상황에서, 인성교육을 기대하기는 어렵다.

여섯째, 부모는 자녀의 학업을 위한 사교육비 부담으로 인해 허리띠를 졸라매야 하는 상황이다. 결국 과도한 사교육비 지출에 기초한 자녀세대의 학벌 성취 및 추후의 직업적 성취는 계층 불평등이 세습되는 사회적 문제뿐 아니라, 개인적으로는 중산층 부모들이 살아갈 노년기의 경제적 궁핍을 초래할 것이다.

이와 같이 드러나는 양육상의 문제점들은 자녀양육에 대한 책임을 부모 개인에게 과도하게 지우는 데서 오는 부작용이며, 따라서 최근 사회문제화되고 있는 출산기피 현상과 무관하지 않다. 자녀양육을 규범화된 부담으로서가 아니라 기쁨으로 느낄 수 있을 때, 양육과 관련된 새로운 가치관이 정립될 수 있을 것이다.

2 자녀의 발달단계와 가족관계

자녀의 성장단계가 갖는 특성과 발달과업에 따라 부모의 생활 역시 달라진다. 요람에서 시작해서 죽음에 이르기까지의 전 인생을 8단계로 나누어 설명한 Erikson(1963)에 따르면, 영아기와 유아기, 학령 전기와 학령기, 청소년기 및 청년기 등의 각 성장단계마다 나름대로의 특징과 발달과업이 존재한다. 그리고 중년기 및 노년기 등 각 단계에 처해 있는 부모와의 상호작용 역시 이러한 발달단계적 특성 및 사회적으로 주어지는 역할과의 관련성하에서 이루어진다. 그래서 부모자녀 관계는 어느 한편의 특성에 의해서만 좌우되는 것이 아니고, 자녀가 처한 상황

Erikson의 8단계 심리이론

Erikson은 성장기뿐 아니라 전 인생을 8단계로 나누고, 각 단계마다 성취해야 할 과업이 존재한다고 보았다(Erikson, 1950).

첫 단계가 생후 12개월까지의 영아기로서 정서적·신체적 건강을 위해 애정을 절대적으로 필요로 하는 시기이다. 부모는 따뜻하고 애정 어린 보살핌을 통해 타인에 대한 믿음을 키워 주는 중심적인 존재이다. 부모로부터 일관적인 애정을 받은 아이는, 부모를 포함한 타인들과 세상에 대한 신뢰를 갖게 되고 이후의 인생에서 안정적 관계를 맺을 수 있는 자질을 갖추게 된다.

두 번째 단계가 생후 12개월 이후 3세까지의 유아기로 자율성을 획득해 가는 시기이다. 혼자서 식사하고 배변하는 것을 필두로 하여 독립적인 활동들을 시도해 가면서 자아에 대한 확신과 가치감을 획득하게 된다. 반면에 지나친 규제나 학대를 받을 경우, 불필요하게 과도한 수치심을 갖게 된다.

세 번째 단계가 만 3세에서 6세까지의 학령 전기로 주도성을 획득하는 시기이다. 이 시기는 육체적으로도 활동적이고 세상에 대한 궁금증과 호기심 그리고 상상력이 활발한 시기이다. 이러한 활동을 격려하고 지지할 경우, 아이는

추후의 관계맺음이나 일처리 등 여러 면에서 능동적인 삶을 살게 된다. 반면에 아이의 활동이나 호기심을 무시하거나 금지할 경우, 아이는 매사에 죄책감을 갖게 되고 수동적인 성격으로 성장한다.

네 번째 단계가 6세에서 12세까지의 학령기이다. 이제 놀이뿐 아니라 학업에서의 성취가 중요시되며, 본격적으로 또래들과 비교되기 시작한다. 부모의 영향권에서 점차 벗어나기 시작하는데, 학업이나 또래관계에서 성공적인 경우엔 근면성을 실패할 경우엔 열등감을 지닌 성격으로 성장한다.

다섯 번째 단계가 청소년기로서 아동에서 성인으로 변화해 가는 과도기이다. 부모의 영향력은 현저하게 약화되고, 또래들과의 관계가 중요시된다. 자신이 속한 집단에서의 역할들 사이에서 다양한 시도와 방황을 거치고 이들을 통합해서 자아 정체성을 확립해야 하는 시기이다. 그런데 자아 정체성 확립에 실패할 경우, 자아개념 및 진로 등과 관련하여 혼돈이 지속된다.

여섯 번째 단계인 청년기는 친밀감에 대한 욕구와 이를 확보해 가는 과업으로 특징지어진다. 자아 정체성을 훼손하지 않고도 타인과 친밀함을 공유할 수 있는 능력을 확보하고 이성과 성적인 관계를 맺게 된다. 그러나 이전 시기인 청소년기에 자아 정체성을 확고히 하지 못한 경우에는 청년기에도 타인과의 친밀한 관계맺음에 실패하고 고립되어 외로움을 느끼게 된다.

일곱 번째 단계인 중년기가 원숙한 어른으로서 다음 세대를 돌보거나 돕고 이끌어 주는 데 심혈을 기울이게 되는 시기이다. 그러나 타인에 대한 관대함이 결여되고 자기중심적이며 내향적인 데 머물 경우, 침체된 삶을 살아가게 된다.

여덟 번째 단계가 인생을 완성해 가는 노년기로서 과거를 반추하는 단계이다. 지나온 삶에서의 성취와 실패를 있는 그대로 인정하고 나름대로 최종적인 자아통합을 달성해야 한다. 그럴 경우 평화스럽게 삶을 마감할 수 있으나, 지나간 세월에 대한 후회와 절망을 극복하지 못하는 경우에는 인생을 관조할 여유를 얻지 못한 채 죽음에 이르게 된다.

잊지 말아야 할 것은, 이와 같은 인생 단계들이 각각 별개의 것이 아니라 연결되어 있다는 사실이다. 후차적인 단계들은 각각 선행 단계들에 뿌리를 두고 있기 때문에, 매 단계가 얼마나 성공적으로 달성되느냐에 따라 다음 단계의 성취 여부가 달려있고, 최종적으로 삶 전체가 영향을 받는다.

과 발달단계의 특성 그리고 부모가 처한 상황과 해당 연령대에 경험하는 상황적 · 심리적 상태가 복합적으로 작용해서 만들어 내는 것이다.

성인 초기의 젊은 부모에게, 어린 자녀와의 접촉은 자녀로부터의 절대적 의존과 신뢰, 그리고 신체적 친밀감 등 다른 관계에서는 얻을 수 없는 고유의 충족감을 제공한다(한경혜 · 노영주, 2000). 이 시기의 자녀에게 있어 부모는 가장 큰 영향을 미치는 중심적 존재이다. 그러나 자녀가 성장할수록 자녀에게서 부모가 차지하는 비중은 점차 줄어들고 자녀의 독립성이 커진다. 궁극적으로는 부모와 자녀 간의 심리적 분리가 성공적으로 이루어져야 하고, 부모는 자녀와의 관계에서 자신의 역할을 재편성해야 하는 과업에 직면한다. 다만 부모와 자녀가 심리적으로 분리되는 시기는 개별 가족마다 차이가 있어서, 어떤 경우에는 청소년기에 분리가 이루어지는 반면에 어떤 경우는 자녀가 결혼한 이후까지도 분리되지 않은 채 서로의 삶에 과도히 관여되기도 한다.

자녀양육은 가족주기 및 개인의 인생주기와 맞물려 장기간에 걸쳐서 경험하는 생활사건이기 때문에 "자녀가 얼마나 잘 자랐나?"에 관한 개인적 · 사회적 평가가 곧 부모 자신의 삶에 대한 평가로 이어진다. 특히 가장의 출세와 자녀의 학업 및 직업에서의 성취도가 가족 단위의 성공 여부를 가늠하는 잣대로 작용하는 한국 사회에서, 자녀양육과 이를 통한 성취는 양육의 주담당자로 여겨지는 어머니의 인생 자체에 대한 주관적 · 객관적 평가로 이어지곤 한다.

1) 영 · 유아기 자녀와 부모

영아기(0~12개월)는 부모와의 애착관계를 통해 신뢰감을 형성하는 시기이다. 영아기의 자녀에게 충분하고 일관된 애정을 주는 것이 부모의 주된 역할이며, 그렇지 못한 경우 누적된 불신감은 무의식 속에 잠재되어 자녀가 성인이 된 이후까지도 부정적인 영향을 미치는 것으로 알려져 있다. 이 시기의 자녀양육이란 주로 먹이고 씻기고 입히고 안아주는 등 신체적으로 보호하는 중에 자연스럽게 애정과 신뢰감을 심어주는 것이다. 이는 비교적 단순한 역할이지만 24시간 내내 아기에게 매달려 있어야 하므로, 주돌봄 역할자인 모성의 시간과 에너지를 가장 많이 제약한다.

영아기를 지나면서 아이는 배변을 비롯하여 스스로를 건사할 수 있는 능력을 습득한다. 그러나 배변훈련을 서두르거나 질책하는 등 과도한 압박을 가할 경우, 아이는 자율성을 익히지 못하고 수치심을 내면화해서 이후의 성격에도 부정적 영향을 미친다. 유아기의 자녀는 일차적인 반항기에 접어들어 부모의 의도에 반하는 행동을 하곤 해서, 부모는 점차 자녀에게 제약을 가해야 할 필요성에 직면한다.

첫 자녀의 탄생은 부부 생활에도 큰 변화를 가져온다. 서로만을 바라볼 수 있던 둘만의 신혼기와는 다른 생활주기가 펼쳐지고 역할의 전환이 이루어진다. 첫 자녀를 낳은 새내기 어머니는 자녀를 돌보는 일에 아직 익숙하지 않은데다 아기가 잠을 자고 깨는 주기가 규칙적이지 않기 때문에 만성적인 피로감을 느낀다. 더구나 맞벌이 주부의 경우, 육아와 직장을 양립하는 데 따르는 부담에 직면하고 아기를 직접 돌보는 시간이 절대적으로 부족하므로 아기에게 죄책감을 느끼곤 한다. 그리고 육아부담으로 인해 직장을 포기한 경우에는 잃어버린 기회에 대한 상실감과 불안감이라는 심리적 대가를 치르게 된다. 반면에 남편은 자신으로 비롯하여 태어난 존재인 아기로 인해 자긍심과 부양책임을 느끼는 동시에, 자신에게로 향하던 아내의 관심이 아기를 돌보느라 줄어드는 데서 상실감을 느끼기 쉽다. 이는 생물학적으로 직접적인 출산과 수유로부터 소외되는 남성적 특성으로 인함이기도 하지만, 아기를 돌보는 역할을 아내에게 일임하는 데서 초래되는 소외감이다. 남편이 아기를 돌보는 양육자로서의 역할을 능동적으로 수행할 경우, 아내의 역할부담을 덜어 줄 수 있을 뿐 아니라 신혼기와는 다른 색깔과 방법으로 아내와의 일체감 내지 동반자 의식을 키울 수 있다. 아울러 아이에게 "같이 놀아 주고 돌봐주는 존재"로서의 남성 역할을 심어 줄 수 있어서 양성(兩性)적으로 자라게 하고, 자칫 소원해지기 쉬운 아버지와 자녀 간의 유대를 친밀하게 일궈갈 수 있는 토대가 된다.

2) 학령 전기 및 학령기 자녀와 부모

유아기를 벗어나 유치원에 다니는 시기에도 부모는 자신의 자녀가 여전히 아기인 듯 느껴지지만, 아이는 가족 외의 사회집단과 접촉을 시작하고 관계를 맺기 시작한다. 이 시기 또래들과의 어울림은 남과 더불어 살아가기를 본격적으로 연습하고 적응해 가는 과정이다. 가족 및 외부 또래들과 친사회적인 행동을 발달시켜야 하는 이 시기는, 이전 시기 동안 부모와 쌓은 애정을 기초로 습득된 신뢰감과 자율성의 토대 위에 이루어진다. 이 시기에 자신의 일을 스스로 처리하고 또래들 사이에서 주도적인 역할을 할 수 있다면, 이후의 삶에서 무난하게 사회생활을 하며 살아갈 가능성이 높다. 따라서 한편으로는 아이의 안전을 소홀히 하지 않으면서 동시에 아이가 어른의 품 밖으로 나가서 또래들과 어울릴 수 있는 여지를 만들어 주어야 한다. 이 시기 또래들과의 놀이와 사귐은 대인관계를 맺는 능력, 즉 사회성을 습득하는 과정이기 때문이다. 오늘날 사회문제화되는 집단 따돌림 ─ 왕따 ─ 의 피해자와 가해자 모두, 다수의 힘을 빌려서 약자를 괴롭힘으로써 자신 안에 감추어진 열등감을 은폐하려 하거나 혹은 원만하게 집단에 섞이지 못하고 소외되는 적응장애인 경우가 많다. 이는 남과 건강하고 원만하게 어울릴 줄 아는 능력을 습득하지 못한 결과가 추후에 가시화된 것이다.

학령기(6~12세)의 자녀는 가정을 벗어나서 학교에서의 집단 활동에 참여하여 주어진 일을 수행하고 평가받으면서 성취감을 얻기 시작하며, 이를 통해 자아개념을 형성한다. 이 시기에 접어들면 부모가 자녀를 직접 돌보아야 하는 시간은 줄어든다. 막내 자녀가 초등학교에 입학하는 시기가 주부들로 하여금 다시 노동시장에 참여하려고 시도하게 하는 시점과 맞물리는 이유가 여기에 있다. 그러나 우리 사회의 교육제도는 학령기 자녀의 학교생활과 교육을 위해 어머니의 적극적인 참여를 요구하고,[1] 이러한 역할을 활발히 수행하려면 어머니는 항상 대기상태여야 한다. 자녀가 성장하면서 도구적 보살핌을 위한 모성의 부담이 감소하는 반면, 자녀의 학업스케줄을 챙기고 학원과 사교육에 관한 정보를 수집하며 자녀를 학원까지 혹은 학원에서 집으로 실어 나르는 등 교육 매니저로서의 역할이 자녀의 학령기로부터 청소년기까지 지속적으로 중산층의 어머니들에게 기대된다.

게다가 우리의 노동시장은 오랫동안 전업주부로서 경력이 단절된 여성이 쉽사리 원하는 직업을 얻도록 허용할 만큼 녹록하지 않다. 결국 재취업의 현실적 어려움과 자녀에 대한 교육열이 맞물려서, 중산층의 전업주부는 자녀의 학업적 성취를 위한 뒷바라지에 전력투구하게 된다.

---

1) 대부분의 초등학교는 저학년 아동들의 급식도우미 및 청소도우미나 등하교 지원 녹색어머니회 등의 활동을 어머니들에게 요구하고, 아동들에게 부과되는 과제 및 준비물 역시 어머니의 적극적 도움을 필요로 한다.

학벌을 중심으로 성취경쟁이 과열되어 온 한국 사회에서, 중산층의 전업주부는 같은 또래 자녀를 둔 어머니들끼리의 정보교환을 위한 사교활동에 나서고 자신들이 모은 정보를 바탕으로 각각 "내 자녀 우등생 만들기"에 돌입한다. 그래서 초등학생 혹은 그 이전 시기부터 대학입학을 목표로 장기적인 계획을 세우고 실행에 옮긴다는 중산층 여성을 어렵지 않게 만날 수 있다. 이는 자녀를 경쟁사회에서 상대적으로 우위에 서게 하려는 가족이기주의와 부실한 공교육이 상호작용해서 빚어낸 산물이다. 사회는 가족이기주의에 편승해서 교육적 역할과 비용을 가족에게 떠넘기고(김현주a, 2001), 사교육 시장이 팽창하면서 이를 부추기고 있다.

그 부작용은 의외로 광범위하다. 어린 자녀들은 자신들의 발달단계에 맞지 않는 과도한 스트레스를 경험하고, 부모는 이로 인한 시간적·경제적 압박감에 시달리며, 사회적으로는 부모세대의 계층격차를 차별적 사교육을 통해 다음 세대에까지 물려주는 결과를 초래한다. 그렇다고 해서 어린 시절부터 과도한 학업 스케줄에 단련된 세대가 그렇지 않았던 이전 세대에 비해 학문적으로 뛰어나게 성장하는 것도 아니다. 너도나도 사교육 열풍에 동참하기 때문에, 과부담을 감수하면서 사교육을 시킨다고 해도 자녀를 경쟁사회에서 우위에 서게 할 수 있다는 보장은 없다. 그럼에도 불구하고 언제부터인지 "남들이 하는 대로 따라하지 않으면 내 아이가 뒤쳐질 것 같고 불안해서," 편승하는 분위기가 확산되고 있다. 그리고 이를 위해 긴 세월에 걸친 시간적·경제적·정신적 비용은 고스란히 자녀와 부모가 "울며 겨자 먹기" 식으로 떠맡고 있다.

3) 청소년기 자녀와 부모

청소년기는 2차 성징과 더불어 남성과 여성 간 외모의 특징이 부각되는 시기일 뿐 아니라, 심리적으로 좌충우돌하는 소용돌이를 경험하는 시기이다. 자녀를 보살피는 역할로 인해 부모의 자유가 제한되는 일은 큰 폭으로 감소하고, 자녀는 부모의 보호를 불필요하고 귀찮은 간섭으로 여기기 시작한다. 이 시기의 자녀는 심리적으로 부모로부터 독립해서, 또래들과의 관계에서 정체감을 찾고자 하기 때문이다. 그러나 또래들 역시 아직 불완전한 미성년이므로 그들로부터의 영향이 항상 긍정적인 것만은 아니기 때문에, 부모와의 의사소통 통로가 늘 개방되어 있어야 한다. 부모 스스로 자녀와의 관계가 수직적·권위적 관계로부터 수평적 관계로 변화하는 상황을 받아들이고 자녀를 독립된 인격체로서 존중하며 부모의 가치관도 변화할 수 있다는 유연한 자세를 취할 때, 비로소 자녀와의 열린 대화가 가능해진다.

상대적으로 자녀와 연령 차이가 많이 나지 않는 부모들은, 자녀의 행동에 대한 이질감을 덜 느낀다는 장점이 있는 반면에 자녀와 잘못된 방식으로 경쟁관계에 빠져듦으로써 갈등을 겪기 쉽다. 이와 반대로 "늦둥이"를 출산하여 키우는 부모들의 경우 자녀의 성장과정에 대한 생생함은 덜하지만, 자녀와 왜곡된 형태로 기 싸움을 할 염려는 적은 것이 사실이다. 한편 교육수준이 높은 부모가 청소년 자녀와의 관계를 보다 수월하게 유지한다고 알려져 있다. 이는 교육수준이 높은 부모가 자녀에게 지적 도움을 줄 수 있고 자녀와의 관계를 성공적으로 조율할 가능성이 높아서이기도 하지만, 부모의 교육수준이 높은 것이 자녀로 하여금 부모의 권위를 받아들이게 하는 데 유리하기 때문이기도 하다. 반면에 교육수준이 낮은 부모들의 경우, 자녀가 성장함에 따라 영향력이 줄어들고 부모로서의 권위를 위협받을 가능성이 높아져서 자녀와의 관계 조절에서 어려움을 경험하기 쉽다.

(1) 청소년기의 정체성 혼란

Marcia(1991)는 이 시기의 정체성 위기에 적응하는 유형을, 4가지로 구분한 바 있다.

- **정체감 성취(identity achievement)**: 격렬한 긴장과 고민을 거쳐서 주체적인 가치관을 확립하고 이에 근거하여 진로를 찾게 되는 유형이다.
- **정체감 유실(foreclosure)**: 비교적 일찍 가치관과 진로에 대한 결정을 내려서 사춘기의 갈등이나 혼란을 경험하지 않고 지나치는 유형이다. 이 경우 가치관이나 진로가 부모의 가치관과 의견을 그대로 내면화해서 자연스레 결정되는 경우가 많아, 다른 다양한 기회나 가능성으로부터 사전에 차단되는 단점이 있다.
- **정체감 혼미(identity diffusion)**: 정체성과 관련하여 혼란을 겪긴 하지만 어떤 결정도 내리려고 하지 않고 회피하는 유형이다. 자존감과 결단력이 낮은 경우에 이것저것 옮겨 다닐 뿐 어느 한 가지도 책임감 있게 수행하지 못하는 경향이 있다.
- **유예(moratorium)**: 정체성 위기 동안 극심한 불안에 사로잡히면서 가치관과 진로에 대해 적극적으로 고민하고 비판적인 주제에 관해 갈등하지만, 아직 어떠한 결정도 내리지 못한 상태를 의미한다.

물론 위의 네 가지 유형 중 가장 바람직한 것은, 혼란기를 거쳐서 스스로 가치관을 세우고 진로를 결정하는 첫 번째 유형이다. 그러나 청소년기의 혼란이 모두 정체감 성취로 이어지는 것은 아니고, 또래의 영향력이 강한 이 시기의 특성으로 인해 방향키를 잃고 일탈로 발전할 가능성 역시 배제할 수 없다.

(2) 청소년기의 부모자녀관계

부모는 청소년 자녀의 친구관계나 주변 요인들을 통제하기 힘들기 때문에 자녀의 미래에 대한 불안이 많은 반면, 자녀는 부모의 시시콜콜한 간섭에 반발하고 성인으로서의 독립성을 존중받길 원하며 끊임없이 자신의 존재감을 외면적으로 표현하려고 한다. 청소년기의 이러한 심리는 헤어스타일이나 옷차림 등에서 어른을 모방하고 성적으로 매력 있게 보이려는 시도로 나타나기도 하고 혹은 사회 인습에 대한 무조건적 비판과 또래 집단과의 강한 동류의식으로 표현되기도 한다. 그런데 부모로서는 이와 같은 자녀의 변화가 당황스럽게 느껴진다. 부모는 어린 자녀와 맺었던 관계 패턴을 성장한 자녀와의 관계에서도 그대로 유지하고 싶어 하기 때문에(Youniss & Smollar, 1985), 자녀에 대한 자신의 통제력이 감소되는 상황에 적응하기 힘든 것이다(Koski & Steinberg, 1990; Silverberg & Steinberg, 1990; 김종숙, 2005에서 재인용).

대학 입학을 위한 경쟁이 심한 한국 사회에서, 입시를 준비하는 시기와 맞물려 있는 청소년기는 부모와 자녀 간의 생각 차이가 극명하게 드러나는 시기이다. 성인기의 계층적 위치가 학벌에 의해 좌우되는 경쟁사회를 살아온 부모들 — 특히 중산층의 경우 – 이 볼 때 청소년기 자녀의 학업성취는 중요한 관건인데, 청소년기의 방황은 학업의 성취도 및 진학 가능성에 부정적으로 작용하기 때문이다. 그런데 부모와 갈등이 많으면 청소년의 학업성취도가 낮아지고 또한 자녀의 학업성취도가 낮은 경우 부모와의 갈등이 고조되기도 하는 등, 청소년 자녀의 학업 문제와 부모자녀 간 갈등은 상호순환적으로 영향을 미친다. 자녀의 학업성취도가 높은 경우 부모는 자녀에 대해 만족하고 신뢰하기 때문에 자녀에게 관용적이기 쉬우며, 자녀는 자신에게 관대하고 신뢰를 보내는 부모에 대해 개방적이고 우호적이며 학업에도 적극적으로 임하기 때문이다. 한국 사회의 경우 청소년 자녀에 대해 만족하는 부모는 자신들의 결혼생활에 대한 만족도 역시 높은데, 이는 부부관계의 질도 부모자녀 관계에 의해 좌우됨을 시사한다.

(3) 부모와 청소년 자녀 간 가치관 차이와 의사소통

자녀와 부모는 각기 서로 다른 생애발달단계에 처해 있으므로, 미래를 바라보는 시각에서도 상이한 잣대를 지닐 가능성이 높아서 서로를 이해하기가 쉽지 않다. 부모와 자녀가 각각 태어나고 자란 사회적 · 역사적 · 문화적 시기 간에는 상당한 차이가 있으므로 부모와 자녀는 필연적으로 가치관의 차이를 지니게 되는데(김종숙, 2005), 사회 변화의 속도가 유례없이 빠른 오늘날의 세대 간 가치관의 차이는 클 수밖에 없다. 김종숙(2005)은 부모자녀 간의 가치관 차이를 다음과 같이 요약한다.

- 권력과 명예 및 부에 가치를 두는 부모세대와 현재의 즐거움과 행복을 우선시하는 청소년 세대 간의 차이
- 권위적이고 가족중심적인 부모세대와 평등주의적이고 개인주의적인 청소년 세대 간의 간극
- 현실적이고 실용적인 곳에 가치를 두는 부모세대와 청소년 시기의 이상주의에서 비롯되는 가치관의 거리

부모와 자녀 간 가치관의 차이는 구체적으로 자녀의 학습태도 및 취미생활, 옷차림, 이성교제, 그리고 TV 및 컴퓨터 사용 등을 둘러싼 일상적 갈등으로 표출된다. 그러나 청소년기 자녀가 부모에 대해 반항하는 것은, 자녀가 자율성을 획득하기 위해 필수불가결한 단계적 행동인 경우가 많다. 따라서 이 시기의 부모자녀 간 갈등은 적절히 조절하고 해결할 수만 있다면, 오히려 청소년들로 하여금 부모로부터 자신을 분리시키고 가정 밖에서도 애착관계를 형성할 수 있게 하는 기제로 작용할 수 있다(김종숙, 2005). 그래서 일상에서 벌어지는 불평과 불만 그리고 갈등을 피할 수 없을지라도, 부모자녀 관계를 근본적으로 훼손하지 않을 만큼의 지원과 격려 그리고 신뢰를 주려는 노력이 필요하다. 한 번의 부정적 상호작용이 관계에 미치는 악영향을 상쇄하기 위해서는 최소한 다섯 번의 긍정적 상호작용이 필요하다는 Gottman(1994)의 주장은, 부모자녀 관계에도 설득력을 지닌다.

(4) 청소년기 자녀를 둔 중년 부모의 삶

청소년 자녀를 둔 중년기의 부모는 스스로도 더 이상 젊지 않음을 느끼며, 직업과 결혼 등 지나온 세월에 대한 아쉬움과 후회로 인해 방황한다. 그렇기 때문에 더욱, 자녀의 존재는 부모 자신이 인생을 살아왔음을 가시화하는 구체적 열매이면서 또한 부담이다.

청소년기 자녀를 둔 어머니의 경우, 자신의 존재가 자녀에게 더 이상 과거와 같이 중요하게 여겨지지 않음을 느끼고 허탈해진다. 자녀의 학업성취도에 따라 어머니로서 자신의 지위가 상승하는 듯한 대리만족감을 느끼기도 하고, 자녀의 학업성취도가 만족스럽지 않을 경우에는 자신의 인생 전체가 실패한 듯한 좌절감과 죄의식을 느끼기도 한다. 이여봉 등(2005)은 청소년 자녀의 학업 성적과 자녀로 인한 지위 상승이 어머니가 느끼는 부모자녀 관계의 질뿐 아니라 어머니 자신의 삶의 질에 직접적인 영향을 미친다는 연구결과를 보고함으로써, 이러한 주장을 뒷받침하였다. 특히 남편과 자녀의 뒷바라지에 전념해 온 중년의 전업주부들은, 자녀가 잘 자랐는지에 대한 주관적·객관적 평가를 잣대로 삼아 자신의 삶 자체를 평가하곤 한다(Ryff & Seltzer, 1996). 반면 경제적인 부양 부담을 주로 떠맡아 온 아버지들에게, 청소년기 자녀의 존재는 경제적 부담이다. 특히 21세기의 소비 지향적 청소년 문화와 사교육 열풍으로 인해, 중산층의 부모는 경제적인 중압감과 함께 자녀에게 눈높이를 맞춰야 하는 부담을 느낀다. 게다가 스스로 "다 자랐다"고 여기고 자유와 독립을 요구하지만 막상 스스로를 책임지기엔 미흡한 청소년 자녀로 인해, 부모의 중년기는 더욱 만만치 않다.

그럼에도 불구하고, 한편으로는 부모가 자녀를 뒤에서 지켜주는 든든한 아군임을 느끼게 하고 다른 한편으로는 자녀를 믿고 독자성을 인정해 줄 만큼 느슨한 끈을 유지해야 하는 것이, 긴 세월 동안 지켜져야 하는 부모 노릇의 기본이다.

4) 청년기 자녀와 부모

청년기의 자녀는 이제 사회에서 성인으로서 독립된 인생을 준비한다. 자녀는 부모로부터 독립하여 자신의 가정을 책임지고 살아가야 하며, 부모와 자녀 관계는 성인 대 성인으로서 새로이 정립되어야 한다. 그러나 불황으로 인한 취업난 때문에 자녀는 청년 중기에 이르기까지 경제적으로 부모에게 의존하는 경우가 많다. 그래서 오늘날의 청년들이 "성인기로의 이행을 지체하고 있다"고 표현된다. 이는 연령 면에서 성인기에 진입한 이후로도, 취업을 통한 경제적 독립을 하지 않은 채 교육기간을 연장하거나 거주독립을 하지 않고 부모의 집에 얹혀있거나 혹은 결혼을 하지 않고 부모에게 의존해 있는 기간이 장기화되고 있음을 의미한다. 그런데 서정적 가족주의[2]를 내면화한 오늘의 부모는, 청년기에 접어든 자녀의 의존을 수용하면서 양육기간을 연장하고 있는 실정이다.

한국에서는, 자녀의 결혼까지도 부모의 양육역할로 수용하는 분위기이다. 한국 중산층 가정에서는 자녀의 혼수 마련 역시 부모의 부담으로 남아 있고, 이는 노년에 접어드는 부모가 장성한 자녀의 미래를 위해 또 한 번의 경제적 투자를 해야 함을 의미한다. 그런데 사교육 열풍으로 인한 경제적 투자와 자녀의 혼수 마련으로 인한 부담은, 소자녀 시대인 오늘도 부모세대의 노후준비 여력을 소진시킨다.

소자녀 시대인 오늘의 자녀 역시, 부모로부터 정서적인 독립을 이루지 못한 채 결혼을 한다. 그러나 정서적으로 자신들의 원가족으로부터 독립하지 못한 두 남녀의 결혼은, 이후로도 지속적으로 양가 부모의 개입과 간섭을 부를 수밖에 없다. 부모와 기혼 성인 자녀 간의 과잉 밀착은, 신혼부부의 독립성을 저해하고 고부갈등이나 처가와의 갈등뿐 아니라 부부갈등을 초래할 가능성이 높기 때문이다. 부모는 장성한 자녀를 놓아주어야 하고 자식은 독립에 대한 권리뿐 아니라 성인으로서의 의무와 책임을 감당해야 하는 구체적인 이유가 여기에 있다.

기혼 자녀와 부모가 서로 정서적으로 독립하지 못하는 이면에는, 경제적·도구적 차원의 의존이 함께 한다. 그런데 오늘날 부모가 성인이 된 자녀를 계속 지원하게 되는 현실적인 요구가 증가하고 있다(Cobb-Clark & Gergens, 2014). 경제활동을 한 기간이 짧아서 모은 돈이

---

2) 6장의 〈각주 5〉를 참조할 것.

많지 않은 청년층이 감당하기에는 한국의 주거비용 및 결혼 비용이 너무 크고 맞벌이 부부의 증가에 맞춘 사회적 양육대행 서비스가 부족해서, 부모가 기혼자녀에 대한 지원을 피하기 힘든 상황이 벌어지고 있다. 서울에 거주하는 청년 중 주거비용을 부모가 부담하는 비중이 44.4%라는 뉴스가 보도된 바 있다(연합뉴스, 2021). 자녀에 대한 부모로부터의 경제적 지원은, 성인자녀에게는 앞날을 위한 종자돈이 된다. 그래서 성인기를 시작하는 지점에서의 경제적 유불리가 평생에 걸쳐서 영향을 미치고, 사회적으로는 계층 불평등이 다음 세대로 세습되는 결과로 나타난다. 또한 부모의 손자녀 양육이 기혼자녀의 맞벌이를 가능하게 하는 버팀목이 되기 때문에, 자녀로부터 손자녀 양육대행을 의뢰하는 부탁이 올 때 부모가 이를 거절하기는 쉽지 않다. 그러나 사회변화가 빨라서 "이상적인 양육"에 대한 그림 역시 과거와는 확연히 달라졌으므로 자녀 세대와 부모 세대의 양육방식은 다를 수밖에 없는데, 이로 인해 노부모와 성인자녀 간 갈등이 발생할 가능성이 적지 않다. 뿐만 아니라, 손자녀 양육은 육체적으로도 힘드는 일이므로, 노년의 신체가 감당하기엔 버겁다. 그러나 노년을 경험하지 않은 젊은 연령대의 자녀가 그 힘듦의 정도를 예측하기란 쉽지 않기 때문에, 손자녀 양육 대행을 둘러싸고 어떤 선택을 하든 노부모와 성인자녀 양측은 서로를 이해하지 못한 채 서운함 내지 갈등을 겪기 쉽다.

이처럼 성인자녀의 지원 요구는 부모에게 부담으로 느껴지며, 또한 부모로부터 경제적·도구적으로 지원을 받은 자녀는 추후 부모부양에 대한 심리적 채무감을 느낀다(이진숙·이윤석, 2024). 최근 10년 간 부모의 기혼성인자녀 지원에 대해 부모와 자녀 모두 부정적 태도가 증가하였음을 보고한 이진숙과 이윤석(2024)은, 세대 간 지원의 필요성이 존재하는

것이 현실이지만 상호 부양 의식은 약화되고 있는 괴리 상황을 관찰함
으로써 세대 간 상호 교류 약화 및 결속력 약화 가능성을 예측하였다.

생각해볼문제

01 자신의 지나간 성장기 동안 부모와의 관계를 돌아보고, 어떤 변화
   를 겪어 왔는지 어려움과 즐거움은 무엇이었는지 그리고 그 시절
   동안의 상호작용이 현재에 어떤 영향을 미쳤는지, 자녀의 입장과
   부모의 입장에서 생각해 보자.

02 성장기 자녀와 부모 간의 관계는 과연 부모가 자녀에게 일방적으로
   주는 관계일까? 자녀를 양육하는 제반 과정에서 부모는 무엇을 얻
   는 것일지 생각해 보자.

03 자녀의 양육기 동안, 부모의 삶과 자녀의 삶에는 각각 어느 정도의
   독립성이 필요하고 어느 정도의 상호성이 이상적일지 생각해 보자.

04 성장기의 자녀가 부모와 맺는 유대가 추후 부모가 노쇠해졌을 때
   자녀의 노부모 부양행위와 어떤 관계를 보일지 생각해 보자.

Chapter
12

노년기 부모와 성인자녀

대가족적 삶이 보편적이던 전통사회에서 노부모 부양은 자연스러운 가족생활의 연장이었다. 효가 절대시되는 유교적 윤리규범이 지배하던 사회였으므로 노부모의 지위는 높았고, 대가족 안의 여러 사람들이 돌아가면서 노인을 공경하고 병시중을 드는 것이 당연시되었다. 그런데 기대수명이 짧았던 당시에는 성인 자녀가 노부모를 부양해야 하는 기간은 길지 않았다. 오늘날 장기간에 걸친 노인 부양이 쟁점화되는 것은, 효 규범의 약화와 핵가족화 및 맞벌이 가구의 증가뿐 아니라 유병장수 경향으로 인해 피부양 필요기간이 장기화된 데서도 원인을 찾을 수 있다.

노부모의 거주 형태 및 가족으로부터의 지원 등과 관련하여 많은 변화가 있어 왔고, 변화는 앞으로도 가속화될 전망이다. 기대수명이 연장되면서, 노부모세대와 자녀세대 그리고 손자녀세대 등 3세대 이상이 동시에 생존해 있는 기간이 증가하였다. 이는 한 세대가 자녀로서 부모와 관계를 맺으면서 다른 한편으로는 부모로서 자신의 자녀와 관계를 맺는 기간이 장기화되었음을 의미한다.

물론 긴 세월 동안의 상호작용을 통해 부모와 자녀관계 및 조부모와 손자녀 관계가 더욱 친밀해질 수 있는 가능성도 있다. 그리고 자녀가 성인기에 도달한 이후로도 부모가 건강한 동안에는, 부모와 자녀 간 다양하게 지원을 주고받는 관계가 이어질 수 있다. 그러나 부모의 노쇠로 인해 의존성이 증가하면, 지원은 결국 자녀로부터 부모에게로 일방향으로 흐르게 된다. 세대 간 이질적인 사고방식과 생활태도 및 부양을 둘러싼 양 세대 간 역할기대의 불일치 외에도, 장기간에 걸친 부양부담은 쉽사리 해결하기 힘드는 문제이다. 더구나 베이비붐 세대이자 스스로는 소자녀화를 주도한 세대가 노년에 이르면서, 외동이거나 형제자매가 한둘에 불과한 그들의 자녀 세대가 감당해야 할 부담은 더욱 많아져서 이로 인한 스트레스가 세대갈등을 증폭시킬 것이다.

1 가족의 부양기능 변화와 세대갈등

1) 노부모 부양에 관한 가치관 변화

세대 간 부양에 관한 태도는 연령대에 따라 큰 차이를 보인다. 부모의 성인자녀 지원에 관한 태도 면에서, 연령대가 높을수록 자녀에 대한 이타심이 강하게 작용하고, 중년 세대는 성인자녀 지원에 대한 부담감과 부모자녀 관계의 친밀성이라는 양가감정을 느끼며, 청년세대는 부모로부터 받는 지원에 대해 보답을 해야 한다는 의무감에 비중을 두는 것으로 나타났다(Fingerman et al., 2008). 노부모 부양에 관한 태도 역시 마찬가지 맥락에서 이해할 수 있다. 유교적 가족주의[1]를 내면화했고 현재 부양을 받을 입장에 있는 고령층은 수직적 부모자녀 관계와 효 규범에 입각한 부양기대를 하는 반면, 서정적 가족주의[2]를 내면화한 중년은 관계의 친밀성을 중시한다. 현재 중년층 자녀의 노부모 지원이 전통적인 부양관에 의해 유지되는 정도는 별로 강하지 않다(김두섭 외, 2000). 게다가 지금의 중년세대가 노인이 될 때 가족부양의 규범적 강제력은 지금보다 더 약해질 것이기 때문에, 더 이상 자신들이 부모에게 제공했던 바와 같은 부양 서비스를 자녀들로부터 기대하기는 어려울 것이다.

효 규범이 오늘날의 젊은 세대 내에서 오히려 강화되고 있다는 주장도 있긴 하다(장경섭, 2001). 그러나 젊은 세대가 내면화한 효 규범이 전통사회와 같은 내용의 효와 부양의 실천을 의미하는 것은 아니다. 또한 노부모 부양이 아직 자신들의 발등에 떨어지지 않은 청년세대가 현재 가지고 있는 부모에 대한 부양태도가 추후 실제 부양행위로 나타날 것이라고 장담할 수는 없다. 아직 노부모 부양 필요에 직면하지 않은 젊은 세대가 막연히 생각하는 효와 막상 부양현실에 직면한 세대가 효를 실천하는 것은 전혀 다른 차원이기 때문이다.

2) 노부모 부양을 둘러싼 상황적 변화

핵가족이 보편적인 규범으로 자리 잡은 오늘의 가족 내에서 노부모의 위치는 예전과 같지 않다. 젊은 층의 이농(離農)현상과 교육기회

---

1) 유교적 가족주의란, 조선 중기 이후 세대 간 그리고 남녀 간 엄격한 서열관계를 중심으로 확립되었던 가치관이다. 친족 간 유대와 세대 간 수직적 질서 및 효 부양윤리 그리고 성별과 연령 및 지위에 따른 차별을 당연시한다(이여봉, 2022).
2) 6장의 〈각주 5〉를 참조할 것.

확대 및 자유로운 직업 선택 과정에서, 친족과 부모의 영향력은 약화되었다(은기수, 1997; 김두섭 외, 2000). 특히 현재 노부모 부양의 주체인 중년층의 가치관과 생활양식이 변화하고 있어서, 동거부양을 고수하기는 쉽지 않다. 또한 신체적으로 자립생활을 유지할 수 있는 노인의 수가 증가하는 등 노부모세대의 상황적 필요가 변화하는 것도, 노부모의 거주 형태 및 자녀로부터의 지원관계가 변화하는 또 하나의 이유이다(김두섭 외, 2000).

2005년 65세 이상 노인들을 대상으로 한 조사에서, 건강이 악화했을 경우에도 배우자가 있으면 배우자와만 살고 싶다는 비율이 다수(65~72%)이지만, 배우자가 없는 경우엔 자녀와 살겠다는 응답이 50%로 나타났다(한국보건사회연구원, 2005; 양옥남, 2005에서 재인용). 그로부터 20년 가까이 흐른 2023년 조사에서는, 60세 이상 노인 중 향후 자녀와 동거를 원하는 비율은 11.2%로 감소하였다(통계청h, 2023). 그러나 실제로 60세 이상 노인 중 31.6%가 자녀와 동거하는 것으로 나타난 것으로 미루어볼 때(통계청h, 2023), 세대 간 동거와 관련하여 노인세대의 의지와 현실 간에는 괴리가 있는 것으로 보인다.

부모의 피부양 필요에 부응하기 위해 어쩔 수 없이 세대 간 동거를 선택하는 경우, 노부모와 중년 자녀 간 부양을 둘러싸고 상이한 가치관이 일상에서 부딪힐 가능성은 상존하고 우선적인 부양책임을 진 자녀부부와 그 외 자녀들 사이의 가족갈등으로 확대될 소지를 안고 있다.

2 세대 간 자산이전과 가족갈등

1) 노부모와 성인자녀 간 자산이전과 갈등

부부와 미성년 자녀로 이루어진 핵가족 안에서는, 부부가 중심이 되어 자신들의 판단에 따라 가족자원을 배분하며 생활을 꾸려간다. 즉 자원배분과 지출에 관한 결정권은 부모가 갖고, 미성년의 자녀는 좋으나 싫으나 부모의 결정에 따른다. 그러나 자녀가 성장하여 분가한 경우 특히 부모가 노쇠해진 이후엔, 문제가 달라진다.

결혼하여 분가한 성인자녀의 경제적 지원 요청으로 인해 노후의 경제적 삶이 위협받는 경우가 드물지 않아서, '자녀 리스크'[3]라는 신조어가 회자되고 있다. 부모자녀 관계는 여타 관계와 달리, 사회적 합리성이나 이해타산의 논리가 비껴갈 수 있는 '우리성'(we-ness; 최상진, 1992) 그리고 사회생물학적으로 일방적이며 맹목적인 이타적 충동이 발생하는 '혈연 이타성'(Wilson, 1978)이 작동하는 것으로 여겨진다. 그럼에도 불구하고 기대수명이 증가하고 자녀에 의한 노후부양을 기대할 수 없어진 오늘날, 노부모로서는 자신과 배우자의 노후에 대한 준비가 성인자녀에 대한 지원보다 우선되어야 하는 것이 당연하기 때문에 성인

---

3) 성인자녀가 사업자금을 지원해 달라는 등의 이유로 노부모에게 목돈을 요구하거나 혹은 부모 소유의 부동산을 담보로 잡혀서 금융권 대출을 받아달라고 요청하고, 부모가 이를 거절하지 못해서 퇴직금이나 노후자금을 소진하며 혹은 살고 있던 집마저 잃어버리는 경우가 적지 않다. 일단 시작된 자녀로부터의 요구는 반복되는 경향이 있는데, 부모가 이러한 요구를 끊어내지 못해서 노후자금이 바닥나고 노후 빈곤에 처하게 될 위험을 가리켜, '자녀 리스크'라고 한다. 부모자녀 관계의 특성상 자녀의 요구를 거절하기 힘든 노부모의 상황을 고려하여, 일시납 연금보험제도가 생겼다. 일시납 연금보험이란, 일시금을 맡기고 지정한 시점부터 장기간에 걸쳐서 매월 일정한 액수를 지급받기로 하는 계약이다. 그런데 일단 계약을 하고 나면 중도해지가 불가능하기 때문에, '자녀 리스크'로부터 노후자금을 지켜서 안정적 노후를 보장한다는 의의가 있다.

자녀의 금전적 지원 요구를 수락하기 힘들다. 또한 자녀가 한 명이 아닌 경우, 부모로서는 다른 자녀와의 형평성도 고려할 수밖에 없다. 그러나 늙음의 세월을 살아보지 않은 성인자녀로서는, 현재 자신의 발등에 떨어진 어려움이 크기 때문에 이기심이 발동하고 또한 자신을 무조건적으로 밀어주지 않는 부모가 매정하게 느껴져서 서운한 마음이 들 수 있다.

부모 사후에 예상되는 유산 혹은 사전 증여는 자녀들로부터 부양을 이끌어낼 수 있는 유인이기도 하지만, 부모의 자산배분을 둘러싸고 자녀들 사이에 갈등이 일어나는 사례가 드물지 않다. 오늘날 금전은 누구에게나 "부족하게 느껴지고 많을수록 좋은" 자원이기 때문에, 가족관계에서도 양보하기가 쉽지 않기 때문이다. 또한 부모로부터 주어지는 금전은 부모로부터의 애정과 등치되기 때문이기도 하다. 개별자녀마다 분배정의[4]의 원칙 - 평등, 형평, 필요 - 중 자신에게 유리한 원칙에 준하여 부모의 자산이 분배될 것을 주장하고 그렇지 않다고 여겨질 경우엔 분노한다.

한편 노후를 위한 대비가 되지 않은 채 일거리를 놓아버린 부모가 아직 경제적 기반이 채 마련되지도 않은 자녀에게 경제적으로 의존함으로 인해, 자녀의 과부담과 그로 인한 부모자녀 간 갈등 그리고 형제자매 간 갈등도 드물지 않다. 노부모로서는 자녀를 키워준 데 대한 보상으로서 자녀가 늙은 부모의 필요를 충족시켜주는 것이 당연하다고

---

4) 정의로운 분배를 규정하는 원칙으로서, 평등과 형평 및 필요라는 세 가지 축을 들 수 있다. 평등이란 모든 구성원에게 무조건 똑같이 분배하는 것이고, 형평이란 투자한 비율대로 분배하는 것이며, 필요란 더 필요한 곳에 더 분배를 하는 원칙을 의미한다. 일반적으로 자녀의 입장에서는 형평한 분배를 주장하며, 부모는 자녀들 중 더 필요하다고 여겨지는 자녀에게 자원을 더 주는 것이 옳다고 생각하는 경향이 있다(이여봉·김현주, 2014).

여길 수도 있으나, 개인주의에 익숙하고 자신들이 살기에도 경제적으로 빠듯하다고 느끼는 자녀는 부모에 대한 지원을 과도하다고 느끼기 쉽다. 그뿐만 아니라 부모에 대한 경제적 지원 분담에 관해 형제자매들 간 생각이 다를 수 있고, 특히 성장기에 자원이 불균등하게 배분되었다고 여긴다면 "누가 부모부양에 대한 주책임자가 되어야 하는지?"를 놓고 자녀들 간 갈등이 증폭되기도 한다.

2) 재산상속제도와 부양

전통사회의 재산 차등상속 및 장남우대상속제[5]는 가산(家産)을 분산하지 않고 보존하고자 하는 의도와 함께 장남에게 부모 봉양 및 봉제사(奉祭祀)의 책임을 지우는 데 대한 경제적 지원이자 보장책이었다. 이에 대해 어느 정도의 사회적 합의가 존재하던 시절, 재산상속과 부양책임은 하나로 묶여져 이루어질 수 있었다.

오늘날 재산 균분상속제로의 변경은 장남뿐 아니라 기타 자녀들 모두를 동등하게 포함하는 보편관계로의 변화를 의미한다. 이는 성별과 출생 순위에 관계없이 자녀들 간 상속의 평등권을 보장한다는 의의를 지닌다. 그러나 자녀들 간 재산의 균분상속과 더불어 봉제사 및 노부모 부양에 관해서도 균등한 분담이 이루어질 수 있을 만큼 사회적 합의가

---

5) 부모 봉양 및 봉제사의 의무가 모두 장남에게 부과되는 제도가 자리를 잡은 종선 중기 이래, 재산을 장남 위주로 상속한 것은 대략 두 가지 목적을 지니고 있었다. 첫째, 농지를 기반으로 하던 사회에서 생산량이 많지 않아 축적된 가산(家産)의 규모가 크지 않던 시절, 집안의 부를 분산하지 않고 보존하는 기능을 할 수 있었다. 따라서 장남은 부모의 사후에도 여타 형제자매들을 집안의 테두리 안에서 통솔하고 보호하는 역할을 함께 물려받았다. 둘째, 장남을 위주로 한 재산상속을 통해서 부모 봉양 및 봉제사의 의무를 진 장남 부부가 이를 제대로 수행할 수 있도록 하는 경제적인 기반을 마련해 주는 기능을 했다.

이루어진 것은 아니고, 부모부양과 관련하여 자녀들 간 균등한 의무를 법으로 지정한 것도 아니다. 이러한 상황에서 재산 균분상속제의 도입은 실질적으로는 노부모의 유산에 대한 장남의 권리를 축소함으로써 장남과 맏며느리의 부양의지를 약화시켰는데, 그렇다고 여타 자녀들의 부양의지를 강화시키지는 못한 것으로 평가된다. 사회구조적으로는 여전히 장남을 중심으로 한 부계중심의 부양관이 관습과 도덕이라는 이데올로기에 의해 지속되고 딸들은 친정 부모에 대한 부양의무로부터는 주변적 태도에 머물러 왔다.

이와 같은 사회문화적 상황에서의 재산 균분상속제는, 상속인들 간의 평등권을 보장한다는 의의에도 불구하고 실질적으로는 노부모를 위한 부양의무를 서로 미루게 할 소지가 다분하다. 사회구조적인 부양의 양계화(兩系化) 혹은 적극적인 사회부양 대책이 마련되지 않은 상황에서 단순히 평등권만을 고려한 상속법의 개정은, 오히려 우선적인 부양책임자의 부재(不在)를 초래함으로써 노인세대의 부양불안을 증가시키는 결과를 초래했다.

피상속권자의 재산상속에 대한 자기 결정권과 상속권자의 기본권

노인들은 재산상속을 자신에 대한 봉양행위의 담보로 활용하는 전략을 취하게 되었다(정경희 외, 1999; 장경섭, 2001에서 재인용). 고령(高齡)이라는 사실 자체가 권력자원으로서의 역할을 하지 못하고 또한 양육행위에 대한 보답을 요구하는 것이 현실적이지 못하게 된 상황에서, 재산상속은 노인이 자식들에게 내어 놓을 수 있는 잠재적인 보상 자원이다. 이는 장남의 재산 상속권과 더불어 부양의무를 함께 지정하던 전통규범의 원리를, 개인적 차원에서 사용하고자 하는 것으로 해석된다.

그런데 노년세대의 불안을 가중시키는 것은, 생전의 재산 증여나 사후의 상속과 관련된 노부모의 의지가 제한적 효력만 지닌다는 점이다. 노부모가 생전 재산에 관한 유언을 공정증서화했다고 하더라도, 이에 불복하는 자녀가 부모의 사후에 유류분(사망한 피상속인이 증여했거나 상속한 재산)에 대한 반환청구소송을 제기할 수 있고, 그럴 경우 균분상속제에 의해 보장된 부분의 50%까지 반환을 받을 수 있기 때문이다. 이는 상속권자들의 기본 권리를 보장하고자 했다는 의의를 지닌다. 그러나 이는 재산에 대한 노부모(피상속인)의 자기결정권, 즉 자녀로부터 부양서비스를 유도해 내는 수단으로 재산상속을 활용할 수 있는 노부모의 권한을 제한하고, 형제자매 간 상속을 둘러싼 분쟁 가능성을 증폭시키는 결과를 초래하였다.

3 노부모 부양과 효 문화

부양이란 경제적·정서적·도구적으로 피부양자의 필요를 충족시키는 행위를 의미한다. 부양을 서비스의 형태에 따라 구분할 때, 경제적 부양과 도구적 부양, 그리고 정서적 부양으로 나눌 수 있다. 경제적 부양이란 생활비나 용돈, 음식, 선물 등과 같이 금전이나 물질을 제공하는 것을 말한다. 그리고 정서적 부양이란 대화 상대가 된다든지 안부 전화 등을 통해 인격적·정서적 욕구를 충족해 주는 것을 의미한다. 정서적 지원은 경제적 지원에 비해 세대 간 호혜관계를 유지하기가 비교적 쉽다(김정석·김익기, 2000; 민무숙, 2005; 한경혜·한민아, 2004). 또한, 노부모의 건강이 좋을수록 정서적 지원은 부모자녀 간 쌍방향적으로 활발히 이루어진다(서병숙·장선주, 1990; 한경혜·한민아, 2004). 반면에 도구적 부양이란 일상생활 상의 실질적인 도움을 의미하는 것으로, 집안일을 돌보거나 시중 및 부축, 외출 시의 동행 등이다. 노부모의 건강이 좋지 않을 경우, 자녀에 대한 의존성이 증가하게 되고 자녀로부터 노부모에게로 향하는 도구적 지원의 양이 증가하게 된다(강유진·한경혜, 1997; 한경혜·한민아, 2004).

부양의 주체에 따라 구분하자면, 공적 부양과 사적 부양으로 나뉜다. 공적 부양이 국가의 사회복지제도나 사회복지기관에 의한 사회적 차원의 부양을 의미하는 반면, 사적 부양은 노인 자신을 포함한 가족이나 친척 혹은 친구나 이웃 등에 의해 이루어지는 개인적 차원의 부양을 포괄하는 개념이다. 사적 부양은 다시금 자기(自己)부양과 가족부양으로 구분할 수 있다. 자기부양이란 스스로의 힘으로 자신의 노후를 책임지는 것을 의미한다. 현재의 중년세대는 자기부양을 목표로 노후설계를 하는 추세이며, 저축이나 주식투자, 보험 등을 활용하여 노년기의 경제적인 문제를 해결하고자 한다. 반면에 가족부양이란 자녀와 동거하면서 일체의 부양을 제공받는 경우와, 독립된 세대로 거주하거나 혹은 유료 양로시설에 거주하되 시설이용료 등을 자녀가 지불하는 경우로 나뉜다. 노후의 경제생활을 위한 공적 지원체계가 확립되지 않은 한국 상황에서, 자녀는 경제력을 상실한 노부모를 위해 경제적 자원 제공자로서의 역할을 수행해 오고 있다(한경혜·한민아, 2004).

효 문화

한국 사회의 전통으로 이어져 온 효 문화는, 가족중심적 지배질서를 유지하기 위한 핵심으로서(이성용, 1997) 오늘날에도 여전히 그 명맥을 잇고 있다.

효를 강조함으로써 얻을 수 있는 긍정적 효과가 존재하는 것은 사실이다. 효 문화는 우선 연장자에 대한 후속세대의 공경을 자연스럽게 유도하는 기능을 한다. 전통사회에서는 생존한 노인에 대한 공경뿐 아니라 부모 사후의 제사모임을 유지하면서, 친족 및 형제간의 관계를 밀접하게 유지하고 친족 내부의 단결을 도모하기 위한 핵심적 생존전략으로서 효를 활용해 왔다. 주목할 것은 효를 사회의 지배윤리로 설정하고 이에 대한 자발적 동조를 유도함으로써, 사회가 노인부양부담을 가족에게 떠맡길 수 있었다는 사실이다.

효는 연령과 성별에 따른 차별을 전제하고 있어서, 상호 간의 솔직한 대화와 수용보다는 상명하복(上命下服)의 윤리를 강요한다. 그래서 효는 수직적 권위 앞에 예속적인 인간을 키우는 중심적 가치로 존재해 왔고, 남편에 대한 아내와 자녀의 예속을 의미했으며, 고부간의 상이한 기대치로 인한 불화를 조장해 왔다. 효 규범이 상정하는 부양에 대한 기대수준은 높아서, 이를 실천하는 자녀나 포기하는 자녀 모두에게 현실적인 스트레스 요인으로 작용한다(장경섭, 2001). 또 혈연 중심의 가족이기주의와 파벌 형성에 일조해 왔고, 현재에 이르기까지 혈연, 지연, 학연 등으로 엮인 비합리적이고 배타적인 결속을 조장해 왔다. 그래서 집단 안에서의 의타심을 조장하고 집단에서 소외된 자에게는 불이익을 초래했다.

효의 의미가 변화하고 있다. 개인적 차원에서의 효는 부모와 자식 간 상호적인 개념이어야 한다. 즉 부모자녀 관계 역시 대인관계이기 때문에, 쌍방의 도리와 역할 수행의 상호성에 기반을 두고 변화하는 관계로 받아들여야 한다. 그리고 효를 강조하는 것이 곧 부양을 가족에게 떠맡기는 기제(mechanism)로 작용하지 않도록, 사회적 차원의 노후 부양책이 견실하게 마련되어야 한다.

4 부양기대와 부양동기

노부모가 성인 자녀에게 부양을 기대하거나, 성인 자녀가 노부모에게 부양 및 효도에 관한 의무를 지니게 되는 동기를 다음과 같이 요약할 수 있다.

첫째가 도덕적·사회적 기대요인이다(전길양·김태현, 1993). 특히 부모에 대한 효 규범을 강력히 사회화시켜 온 한국 사회에서, 자녀는 노부모의 욕구에 반응하는 것을 당연한 도리로 여기고 부모 또한 이를 기대하는 경향이 있다. 이와 같은 전통적 부양의식을 내면화(內面化)한 정도에 따라, 자신의 부모에 대한 실제적 부양행위뿐 아니라 자신의 노후부양에 관해 자녀에게 기대하는 부양기대감 역시 좌우된다. 현재 노부모에 대한 부양책임을 지고 있는 중년세대 내에서도 부양관(扶養觀)은 다양하다. 전통적인 부양관을 지니고 노부모를 가까이에서 지원하고 있는 중년층은 자신의 노후생활에 대해서도 가족부양을 선호하고 독립적인 노후대책을 마련하는 데는 소극적인 것으로 드러났다(김두섭 외, 2000). 그러나 노부모 부양관이 약한 중년층은, 현재 자신은 노부모를 위한 지원 기능을 하고 있을지라도 자신의 노후생활은 독립적이길 원해서 자기부양을 위한 대책 마련에 적극적이다(김두섭 외, 2000).

둘째, 자녀의 성장기에 부모가 양육을 위한 투자를 하고 부모가 늙어서 의존적이 되었을 때 성인 자녀가 부모를 부양하며 추후 부모의 유산을 자녀가 상속받는 것으로, 부모와 자녀 간 장기간에 걸친 교환관계가 설명되곤 한다. 따라서 과거에 부모로부터 받은 지원과 미래의 잠재적인 보상(재산 상속)에 대한 판단은, 노부모에 대한 부양동기를 설명하는 변수이다(서소영·김명자, 1998). 그러나 노부모와 성인 자녀 사이에는, 장기간에 걸친 교환뿐 아니라 현재적으로도 호혜적인 교환이 이루어진다. 비교적 젊은 노년기(65~74세)에 있는 오늘날의 부모는 아직 건강하고 특히 중산층 이상인 경우에는 경제력 또한 자녀세대에 앞서는 경우가 많으며, 어린 손자녀를 돌보거나 맞벌이하는 자녀의 가사를 도와주는 등 자녀세대에게 오히려 도움을 주는 경우도 많다. 노부모의 건강 상태가 좋고 양 배우자가 생존해 있는 경우 성인 자녀와의 정서적 지원 교환이 활발하다(서병숙·장선주, 1990). 이처럼 노부모로부터 현재적 보상이 주어지거나 혹은 잠재적 보상자원이 존재하는 경우, 자녀로부터의 정서적 지원 역시 많다(정기원, 2001).

그러나 노부모의 연령이 증가하고 건강이 쇠퇴해서 경제적으로뿐 아니라 정서적·도구적으로도 자녀에게 의존하는 정도가 높고 자녀로부터 받는 도구적 지원의 필요가 커지면, 자녀로부터의 정서적인 지원은 적어지는 것이 현실이다(정기원, 2001). 이는 부모자녀 사이의 현재적 호혜성이 낮아진 데 기인하는데, 자녀로부터 일방적으로 지원을 받을 수밖에 없는 노부모 역시 정신적인 부담이 커진다(Call et al., 1999; 정기원, 2001). 그런데 잊지 말아야 할 것은, 현재적 보상이란 물질이나 서비스만을 의미하지는 않는다는 사실이다. Blau(1964)는 고마움을 표현하는 것 자체를 교환관계에서의 자원으로 파악하였다. 고마움을 표현한다는 것은 상대방에게 정서적인 충족감을 제공하고, 상대방에게 권력과 지위를 부여하는 의미를 지니기 때문이다. 자녀의 부양지원에 대해 고마움을 표현하는 것은, 여타 자원을 지니지 못한 노부모가 자녀에게 줄 수 있는 정서적 자원이다. 그러나 효 문화가 강조되어 온 우리 사회에서, 노부모는 자녀로부터의 지원을 과거 자신들의 양육행위에 대한 당연한 보상이자 자신들의 권리로 여기기 때문에 자녀의 부양행위에 대해 고마움을 표현하는 데 인색한 경우가 많다. 연장자로서의 권위에 집착하게 되는 노년기의 특성으로 인해, 중년의 자녀에 대해 통제력을 행사하려는 경향도 많다. 그러나 부양 서비스를 받는 부모가 고마움의 표현으로써 보답하지 않을 때, 부모자녀 사이의 현재적 호혜성은 균형을 잃고 노부모와 성인 자녀의 관계는 갈등 상황에 처하며, 궁극적으로 자녀는 노부모를 위한 부양 지원에 제한을 가하게 된다.

셋째, 노부모에 대한 성인자녀의 부양동기 및 지원 정도에 영향을 미치는 것으로서, 효 규범이나 호혜성에 못지않게 중요한 것이 장기간에 걸친 애정적 유대이다. 자녀의 생애 초기에 부모와 형성된 애정적 유대는 전 생애에 걸쳐 지속된다. 따라서 현재의 부모와 자녀 간 유대는 지난 세월 동안 쌓아온 관계의 질에 기초하는 것이 사실이다. 친자식이 부양주체가 되는 서구와 달리 한국에서는 전통적으로 부양서비스가 주로 며느리에 의해 제공되었다. 이를 가리켜서, 부모가 아들의 성장기 동안 자원과 혜택을 주면서 키우고, 아들을 낳아 양육한 데 대한 보답을 며느리가 되돌리며, 자신의 부모에 대한 아내의 부양역할에 대해 남편이 보답하는, 삼자간의 순환적 교환관계로 설명하기도 한다(김현주b, 1999). 그러나 시부모에 대한 며느리의 부양을 설명하기 위해서는, 삼자 간의 순환적 교환뿐 아니라 며느리와 시부모 간에 형성되어 온 이자 간 교환(dyadic exchange)의 질이 밀접하게 연관되어 있음을 고려해야 한다. 즉, 시부모가 아직 건강하고 힘이 있던 시절부터 형성되어 온 고부관계의 질이 부양 및 피부양과 관련된 스트레스에 미치는 영향이 적지 않다(김현주b, 1999). 한국 사회에서의 고부갈등은 해묵은 주제이고, 따라서 갈등관계에 있는 시부모에게 부양서비스를 제공해야 하는 며느리나 혹은 지나온 세월 동안 탐탁하지 않게 여겨왔던 며느리로부터 도구적 부양을 받아야 하는 노인 중 어느 편도 만족스러울 수 없으므로, 부양으로 인한 스트레스는 전반적인 가족갈등으로 확대되기 쉽다. 반면에 시집의 가족관계에서 자율성을 존중받아왔고 자신의 부양행위에 대한 남편의 보상을 만족스럽게 느끼는 여성은, 시부모에 대한 부양행위에 비교적 능동적으로 참여하는 경향이 있다.

5 부양 형태와 부모자녀 관계

부양 형태를 결정하는 데 있어 개별적인 부모자녀 관계의 질은 중요하게 고려되어야 할 변수이다. 즉 지난 세월 동안 부모가 해당 자녀 및 그/그녀의 배우자와 맺어온 관계 - 특히 직접적인 부양서비스를 담당할 주체와의 관계 - 가 원만한 유대에 기초하고 있는지, 그리고 노부모와 부양자녀 간의 역할 및 권한 배분에 있어 양측이 받아들일 수 있을 만큼의 합의가 이루어졌는지가 중요하다. 자녀가 노부모에 대한 애정에 기초하여 부양하고자 하고 노부모가 자녀와의 관계에서 주도권을 자녀에게 맡기고자 할 경우, 노부모와 성인 자녀의 동거는 순항할 가능성이 높다. 그러나 노부모 자신이 여전히 가족생활에서 주도권을 행사하려 하고 자녀의 부양의지가 오로지 외적인 의무감에만 기초한 경우, 노부모와 자녀의 동거는 불만족스러운 상호작용의 빈도를 높임으로써 갈등관계를 증폭시킨다. 따라서 노부모와 부양자녀가 서로의 기대치와 역할을 새로이 규정하고 합의하여, 이에 부합하는 부양 형태를 선택하는 것이 바람직하다.

1) 동거부양

노부모와 동거하면서 부양하는 자녀는 경제적·도구적·정서적 측면에서의 부양을 총체적으로 제공하는 것이 일반적이다. 노인에 대한 공적 부양체계가 아직 보편화되지 않은 한국 상황에서, 자녀와의 동거는 여전히 노인이 기댈 수 있는 최후의 보루처럼 여겨진다. 부모의 연령이 높을수록, 건강이 좋지 않을수록, 경제적인 상황이 나쁠수록, 그리고 배우자와 사별해서 혼자 남은 경우에, 자녀와 동거하는 비율이 높다. 또한 자녀의 연령이 높을수록 그리고 가족주의 가치관을 강하게 내면화하고 있을수록, 노부모와 동거하면서 부양하는 경향이 높다.

(1) 동거부양의 장점

노부모를 자신의 집에서 동거하며 부양하는 자녀는 자신을 낳고 키워 준 부모에게 보은(報恩)을 하고 있다는 충족감과 더불어 자신이 부모의 삶을 책임지는 유용한 존재라는 만족감을 느낄 수 있다. 그리고 자신의 자녀들에게 부모를 봉양하는 모범을 보임으로써 자녀들 역시 동거부양에 익숙해지게 하며, 나아가 자신 역시 노후에 자녀들로부터 부양을 받을 수 있으리라는 막연한 기대감을 가질 수도 있다. 또한, 자신을 낳고 성장기 동안 강력한 보호자였던 부모의 노쇠한 모습을 가까이에서 보면서, 자신의 노후에 대해서도 가깝게 느끼고 대처하게 될 것이다. 손자녀들 또한 규율과 통제를 동반하여 이루어지는 부모자녀 관계와는 다른 조손(祖孫) 간의 연대를 가꿀 수 있다.

상기 긍정적 효과는 노부모를 위한 동거부양이 비교적 순조롭게 이루어질 경우에만 기대할 수 있는데, 현실은 그다지 녹록치 않다. 2007년과 2008년에 수집된 자료를 활용한 이여봉의 연구(2011)에서, 동거하는 경우 특히 성인자녀의 필요보다 노부모의 필요에 의해 동거를 하는 경우에 부모자녀 간 갈등수준이 더 높게 나타나는 양상이 관찰된 바 있다. 동 연구는 세대 간 상호작용이 많을수록 갈등 또한 증가하는 것에 관하여, 상호작용 자체가 배태하는 부작용, 즉 서로의 삶에 대한 관여 및 간섭과 충돌 그리고 저항을 원인으로 꼽고 있다.

(2) 동거부양의 문제점

오늘날의 가족은 과거와는 다른 상황에 직면해 있고, 가족 안의 개인들 역시 과거와는 다른 역할 기대를 지니고 살아간다. 가족의 형태 및 기능이 점차 축소되고 불안정해지는 상황에서 노부모 부양을 전적으로 가족에게 일임하는 것은 결과적으로 노후 삶의 질을 현격히 떨어뜨릴 가능성이 높다. 동거부양을 이상화할 수만은 없는 구체적 이유를, 다음과 같이 들 수 있다.

첫째, 오늘날의 가족은 도구적인 상호 의존에 기초하던 과거와 달리 핵가족을 중심으로 한 정서적 응집성에 주안점을 두고 있다. 따라서 세대가 다르고 생활주기가 다른 세대가 한 공간에서 동거하는 것은 처음부터 갈등의 소지를 내포한다. 일상적인 사생활이 대부분 서로에게 노출되는 것만으로도, 노부모는 노부모대로 성인 자녀세대는 또 그들 나름대로 행동에 제약을 받게 된다.

둘째, 의료기술의 발달로 평균수명이 연장되었지만, 이는 건강한 상태로 오래 사는 것만을 의미하지는 않는다. 만성적인 질환과 의존 상태에서의 장수(長壽) 경향으로 인해 부양주체의 부담과 부양기간이 증가하였다. 따라서 부양 스트레스로 인한 세대갈등 그리고 자녀세대의 부부 간 갈등을 초래할 가능성이 높다. 노부모의 의존도가 높을수록, 이러한 스트레스가 증가하면서 피부양자와 부양서비스 담당자뿐 아니라 가족성원 모두 삶의 질이 낮아지게 된다.

셋째, 과거의 대가족과 달리 오늘날의 핵가족은 부양서비스를 분담할 수 있는 인력이 충분하지 않기 때문에, 주로 한 사람이 실질적인 부양서비스를 전담하여 제공한다. 그런데 이는 부양부담을 여럿이 분담할 수 있었던 과거와 달리, 부양주체로 하여금 장기간에 걸쳐서 과도한 스트레스에 시달리게 한다. 직접적인 부양서비스 담당자는 개인적인 시간이 부족하고 가사 및 돌봄으로 인한 부담이 가중됨으로 인해 육체적 피로와 정신적 부담감 및 시간적 구속감에 시달리는데, 이와 같은 부양 후유증으로 인해 부양서비스의 질이 낮아져서 노부모의 실질적 복리수준도 낮아질 수 있다.

넷째, 여전히 부계를 중심으로 가족부양이 이루어지고 있는 현실에서 아들은 부양관리자(care manager)의 역할에 머물고 며느리로 하여금 직접적인 부양제공자(care provider)로서 시부모 부양을 책임지도록 하는 것은, 평생에 걸쳐서 이루어지는 부모자녀 간 장기적 교환의 형평성에도 부합하지 않는다.[6] 그렇다고 손자녀 돌봄 지원을 위해서가 아닌 노년의 의존을 위해 딸/사위와 동거를 택하는 경우는 흔치 않다.

다섯째, 맞벌이가족이 증가하고 있는 오늘날 실질적으로 노부모 부양에 매달릴 만한 인력을 가족 안에서 찾기는 쉽지 않다. 게다가 과도기적 상황에서 한 가정의 여성이 시부모와 친정 부모의 부양서비스를 모두 떠안게 됨으로써 과도한 역할부담에 시달리게 될 가능성 역시 배제할 수 없다. 며느리든 딸이든 여성을 중심으로 한 가족부양 기능이 더 이상 원활히 작동하기 힘들어지고 있다.

---

6) 부모자녀 간 교환의 형평성이란, 현재적 교환 뿐 아니라 자녀의 성장기 동안 부모가 자녀에게 지원을 제공하고 부모의 양육지원에 대한 보답으로 노후의 부모를 자녀가 부양하는 장기간에 걸친 교환관계의 균형을 의미한다. 서구에서는 노부모의 의존도가 증가할 경우, 딸이 직접적 서비스 제공자로서의 역할을 담당하고, 아들은 재정적 지원을 제공하는 경향이 있다.

2) 비동거부양

장남과 맏며느리에게 노부모 부양을 일임해 오던 규범적 강제는 더 이상 유효하지 않다. 물론 노부모와의 동거에 대한 사회적 압력은 여전히 다른 자녀들보다는 장남과 맏며느리에게 강하게 주어지지만, 노부모 부양을 자신의 책임으로 당연시하는 맏며느리는 이제 드물다. 그래서 장남뿐 아니라 여타 아들도 딸도 자신의 부모에 대한 부양의 무로부터 자유로울 수 없는 시대이다. 게다가 한국 사회는 아직 시설에서의 부양에 대한 긍정적 인식이 보편화되어 있지 못하다. 따라서 동거부양을 해야 한다고 생각하면서 실행에 옮기지 못하고 있는 자녀의 경우, 가치관과 실제 행위 사이의 괴리로 인한 죄책감을 피하기 힘들다.

점차 여건만 허락하면 자식과 따로 살기를 원하는 노인의 수가 증가하고 있다. 2023년 통계청의 조사에서 나타난 바, 60세 이상 노인 중 향후 자녀와 동거를 원하는 비율은 11.2%에 불과하다(통계청h, 2023). 특히 노인의 경제적 수준이 높을수록, 동거보다는 별거를 선호한다. 자녀 역시 교육수준 및 사회계층적 지위가 높을수록 노부모와 따로 살면서 지원을 하는 경향이 높다(김두섭 외, 2000). 통신 및 교통수단이 발달한 오늘날, 노부모와 성인 자녀가 지리적 거리에 구애받지 않고 다양하게 지원을 주고받는 것이 가능하기 때문이다. 따라서 동거부양은 세대 간 연대를 나타내는 단지 하나의 지표에 불과할 뿐이라는 주장도 제기된다(김두섭 외, 2000). 사회적 이동의 기회가 적고 경제적인 여건이 제한되어 있을 때 어쩔 수 없이 선택하게 되는 것이 동거부양이라는 지적이 있고(Litwak, 1985; 김두섭 외, 2000에서 재인용), 경제적 부양행동은 오히려 멀리 떨어져 살 때 증가한다는 연구결과가 보고되기도 한다(강유진, 1997; 서소영·김명자, 1998에서 재인용). 그러나 직접적이고 도구적인 부양 서비스는 일상적으로 접촉할 수 있을 만큼 가까이 살 경우에 가능하기 때문에, 자녀와 노부모가 지리적으로 가까이 살수록 도구적인 지원이 활발히 제공되는 것은 사실이다.

노부모와 정서적인 지원을 주고받는 데 있어서는 딸이 더 적극적이어서, 특히 여성노인들은 딸에게 정서적으로 의존하는 경향이 많다. 그러나 도구적인 부양역할을 주로 아들과 며느리에 의존하고 있는 경우, 딸과의 정서적 과잉 밀착은 고부갈등을 부추기거나 혹은 부양을 둘러싼 가족갈등을 유발할 소지를 내포한다. 이는 부계 위주의 전통적 가족문화가 변화되면서 친정에서 딸의 권한이 확대되고 있는 반면 부양 부담은 여전히 아들과 며느리 중심으로 남아 있는 현재의 과도기적 가족문화에 배태되어 있는 부작용이다.

부계중심적 사고가 덜한 서구의 연구들은, 일관적으로 딸이 아들보다 노부모에게 지원을 더 많이 하는 것으로 보고하고 있다(Dwyer & Coward, 1991; Ingersoll-Dayton et al., 1996; 한경혜·한민아, 2004). 2007년과 2008년에 수집된 자료를 분석하여 도구적인 부양지원과 세대갈등을 연구한 이여봉(2011)은, 한국사회에서도 부양의 모계화가 진행될 가능성을 예측한 바 있다. 이는 정서적 부양뿐 아니라 도구적 부양 역시, 딸에게로 무게 중심이 옮겨가고 있음을 시사한다.

6 새로운 부양문화에 관하여

우리 사회의 부양문화가 제 자리를 찾지 못하고 있는 동안, 노인들의 상당수가 적절한 부양서비스를 받지 못하며 자녀세대는 동거부양으로 인해 과도한 부담을 겪거나 혹은 비동거하는 데 대한 죄책감에 시달리고 있다. 중년세대 또한 자신들의 노후에 대한 불안을 피할 수 없다. 우리 사회에서 노후의 부양불안이 지속될 경우, 자기 부양을 위한 경제적 준비를 위해서 자녀를 낳지 않거나 자녀에 대한 투자를 주저하게 될 가능성을 배제할 수 없다. 저출산과 고령화가 지속되고 있는 현 상황에서, 부양체계의 안정화는 간접적으로 출산의지를 회복하게 하는 방안이 될 것이다.

1) 가족의 동거부양을 지원하는 제도 및 시설의 확대

동거부양이 지닌 다양한 문제점에도 불구하고 피부양 세대인 노년층의 상당수가 자녀와 동거하고 있는 것이 현실이다. 사회적인 부양체계가 충분하게 확보되지 않은 현 상황에서, 동거부양을 전면적인 공적 부양으로 교체하는 것 또한 쉽지 않은 일이다. 뿐만 아니라 현재의 상황에서는 가족자원을 활용하는 것이 전면적인 공적 부양으로 바꾸는 것보다는 사회적 비용을 줄일 수 있는 방안이기도 하다. 따라서 노년층의 안전과 심리적 안정을 도모하면서 동시에 부양세대의 독립성을 최대한 확보할 수 있는 다양한 방안들이 강구될 필요가 있다.

- 자녀의 부양능력에 대한 실질적 평가와 동거부양을 하는 가족에 대해 경제적·실질적 지원을 제공하는 방안이 다각도로 모색되

어야 한다.

- 경제적 지원뿐 아니라, 개별 노인 가구에 도우미를 정기적으로 파견하도록 제도화하고 지원해야 한다. 현재 노인장기요양 보호 등급에 따라 제한적으로 파견하는 요양보호사 제도의 적용 범위를 확대하고 지원시간을 늘릴 필요가 있다.
- 낮동안 보살핌을 제공하는 노인주간보호시설을 확대하고 서비스의 질에 대한 신뢰를 확보함으로써, 가족 특히 주부양주체(主扶養主體)의 심리적·실질적 부담을 완화해야 한다.

2) 다세대 공동주거를 통한 부양분담

3세대 주거형 아파트가 동거하는 세대 간의 독립성을 보장하고자 하는 방안으로 추진된 바 있으나, 3세대 가구의 감소와 더불어서 보편화되지 못했다. 그런데 다른 한편에서는, 부모세대와 성인 자녀 세대가 가까이에 살면서 부양을 분담하려는 모습이 관찰되고 있다. 이는 지리적으로 근접해 있어서 도구적인 부양 가능성을 높이는 동시에, 동거가 주는 불편함을 최소화하고자 하는 시도이다. 또한 성인 자녀의 수효가 여럿인 경우, 서로 가까이 삶으로 인해 부모에 대한 부양부담을 정신적·실질적으로 분담할 수 있는 방안이기도 하다. 노부모의 입장에서 역시 어느 한 자녀에게 과도히 의존하지 않고 여러 자녀들에 둘러싸여 있다는 안락함을 느낄 수 있다. 또한 평상시에는 노부모와 자녀가 상호 독립적으로 지내더라도, 갑자기 아프거나 도움이 필요할 때 자녀가 언제라도 방문할 수 있는 거리에 있다는 것만으로도 위안이 될 수 있다.

한편 노부모와 장성한 형제자매들이 가까이에 모여서 살 경우, 독립성이 결여되고 사생활이 과도히 노출됨으로 인해 불필요한 갈등 상황이 조성될 수 있다. "모여서 삶"으로 인한 편리함과 노부모 부양분담이라는 장점은 살리면서 사생활과 독립성을 어떻게 보장할 수 있을 것인지에, "따로 또 같이" 살아가는 삶이 성공적으로 안착할 수 있을지 여부가 달려있다.

성인 자녀들과 "따로 또 같이" 살아가는 A씨 댁 이야기

A씨 댁은 전문직에서 은퇴한 부부와 4남매가 노부부 소유의 땅에 각각 출자를 하여 5가구용 주거 건물을 지었다. 물론 기여분에 따라 다른 평수의 공간을 차지하고, 각각의 이름으로 별도의 등기를 했다.

이렇게 "따로 또 같이" 살아갈 계획을 하는 시점부터 지금에 이르기까지, 수시로 공표하고 중요하게 지키고 있는 규칙이 있다. 미리 연락을 하지 않고는 서로의 공간을 방문하지 말고, 서로의 생활에 간섭하지 않기로 한 것이다. 이는 친족들이 같은 다세대 주택에 거주할 경우에 독립성이 결여되고 사생활이 과도히 노출될 수 있는 단점을 최소화하고자 한 노력이다. 다만 노부모인 A씨 부부의 공간은 손주들의 놀이터로서 개방해 왔다. 이는 직장생활로 바쁜 자녀들의 양육 부담을 덜어 주고 자신 또한 손주들의 재롱을 자주 보고자 하여, A씨 부부가 제안한 것이다.

A씨 부부의 저녁식사는 주중에는 별다른 약속이 없는 경우 도우미가 가사와 식사 준비를 하는 장남부부의 공간에서 하고, 주말의 저녁식사는 나머지 자녀들이 순번제로 돌아가면서 준비한다. 메뉴나 방법은 순번을 맡은 사람의 자율에 전적으로 맡기는데, 순번이 돌아왔지만 시간이 없어서 준비하지 못한 경우엔 외식을 하되 그 날의 당번이 외식비용을 부담한다. 집안의 대소사 역시 형식에 구애받지 않고 모두가 참여하도록 하였다. 제사나 명절에는 각자가 마련해 온 한두 접시의 음식들을 모아놓고 보낸다. 예를 들면, 제사가 주중에 있을 경우 퇴근하면서 떡볶이를 사들고 와서 제사상에 놓는 사람도 있고, 전통적으로 제사상에 필수인 것으로 여겨져 온 나물이 없는 날도 있지만 아무도 개의치 않는다. "중요한 것은 형식보다는 마음이고, 가족 간에 평등하게 참여

하고 서로 편안하게 느끼면서 화목하게 지내는 것"이라고들 생각하기 때문에 현재와 같은 방식을 정착시킬 수 있었다.

어느 한 자녀에게 과도한 부양부담을 지우지 않아도 되고, 손주들 역시 "시간이 허락할 때" 돌봐줄 수 있으니 부담이 덜했다. 함께 살기 시작한 지 20여 년의 세월이 흐르는 동안 크고 작은 일들이 수없이 일어났으며, 이제 손주들은 모두 자랐고, A씨 부부는 초고령에 접어들었다. 그러나 그동안 아무도 이사를 나가지 않았고 모두들 함께 살아가고 있다. 지난해에는 A씨 부부가 교대로 병치레를 하느라 어수선했다. 그러나 여러 자녀들이 한 건물에 살고 있었기 때문에 도움이 필요할 때 어느 자녀든 금방 와줄 수 있다고 생각하니, 그것만으로도 든든했다.

물론 가까이 있다 보니 마음에 들지 않는 일들이 눈에 띄는 것은 사실이다. 함께 살기 시작한 지 얼마 되지 않았던 어느 날, A씨가 문득 창밖을 보니 며느리가 장을 봐 가지고 와서 차에서 내리는 모습이 보였다. 그다지 무거워 보이지도 않는 쇼핑백 하나뿐이었는데도 위층에 있는 남편(A씨의 아들)을 일부러 불러내서 옮기게 하는 것을 보고, 슬그머니 마음이 상하는 걸 느꼈다. 그러나 다음 순간 "이렇게 싫은 내색을 하기 시작하면 모여 살기가 쉽지 않다. 그건 그들의 생활방식이다"라는 데 생각이 미쳤다. 그래서 자신과 직접적으로 관계가 없는 한, 개의하지도 간섭하지도 않으려고 서로 노력해 왔다.

세대 간에는 가치관의 차이가 존재하고 친족 내의 위치에 따라 입장이 다를 수밖에 없음을 이해하고 실천에 옮기기 때문에 오늘도 "따로 또 같이" 화목할 수 있다고, A씨 댁 사람들은 믿고 있다.

3) 아파트 단지 내 노인동

아파트 단지 안에 노인동을 건설하여 보급하는 것을 의무화하는 방안이, 학계에서 논의되고 있다.[7] 특히 현재의 유료 양로시설에서 제

---

7) 이러한 계획은 재개발 아파트를 대상으로 하여 점진적으로 확대해 가는 방안을 검토할 필요가 있다. 물론 아파트 소유주들의 반대가 있을 수 있으나, 인근 공영

공하는 바와 같은 서비스를 제공하고, 식사 및 의료 서비스 등을 아파트 단지 내 상가와 연결하여 일반 주민에게 제공함으로써 비용을 절감할 수 있을 것이다. 그리고 노인동 가까이에 유치원이나 학교를 위치하게 하면, 노소(老小)가 어우러져 살아감으로 인한 시너지 효과를 유도할 수 있다. 또한 자녀가 같은 단지 내의 아파트를 소유한 경우 노부모에게 노인동의 입주 우선권을 주거나, 노인동의 입주권이 있는 경우 자녀에게 같은 단지 내 거주우선권을 줌으로써, 자녀와 노부모가 같은 단지 내에 거주하는 것을 활성화시킬 수 있다. 이는 부양자녀로 하여금, 동거부양에 대한 부담 및 노부모와의 비동거로 인한 죄의식으로부터 벗어나서, 독립성을 유지하면서도 가까이에서 노부모에게 필요한 지원을 하게 하는 방안이다.

이와 같은 절충적 방식들이 일반화될 경우, 전적인 공적 부양에 비해 사회적 비용을 줄일 수 있을 것으로 생각된다. 또한 민간에서 운영하는 양로시설이 확산되고 있는 추세이고 그 위치 또한 과거의 한적한 장소로부터 점차 도심으로 옮겨지고 있어서, 자녀와 가까이에 있고 싶어 하는 노년층의 욕구를 반영하는 것으로 보인다. 그러나 전술한 방법들은 기실 중산층 이상의 자녀와 노인들만이 선택할 수 있는 방안이다.

4) 공적 시설부양

저소득층의 홀로 사는 노인들은 공적인 부양체계에 의존해야 할 현실적 필요가 크다. 그러나 공적인 부양체계의 경우 수혜요건이 까다로워서, 자녀가 있는 노인들은 자녀의 부양능력이나 접촉여부와 관계없이

토지 등을 아파트에 무상 편입시키는 등의 절충방안을 마련할 수 있을 것이다.

제외되어 왔다. 그런데 이는 실질적으로 저소득 노년층을 절대 빈곤의 사각지대로 내모는 결과를 초래했다. 따라서 공적 시설부양의 수혜요건을 현실화함으로써, 독립적인 생활이 불가능한 상태이면서도 자녀들로부터 실질적인 부양을 제공받을 수 없는 노인들을 사회가 끌어안는 방안이 다양하게 강구될 필요가 있다. 또한 사회의 저변을 포괄하는 무료 양로시설의 확충과 질적인 관리에도 정책적 노력을 기울여야 한다.

무조건 "선 가정보호, 후 사회보장"이라는 잔여적인 복지개념을 고수하면서 전통적 "효" 이념에만 매달리는 것은, 어느 세대를 위해서도 바람직하지 않다. 가족부양이 가능하도록 하는 지원책과 동시에, 가족부양에만 집착하지 않을 수 있도록 사회부양에 대한 열린 인식으로의 전환이 필요하다. 현재 기업 차원에서 수익사업의 일환으로 중산층 이상을 위한 사회부양의 질적·양적 다양화 추세가 이어지고 있는데, 저소득층 가족이 부양으로 인한 과부담에서 헤어날 수 있도록 저소득층 노인들을 위한 사회적 부양시설의 질적·양적 확충이 병행되어야 한다. 궁극적으로는, 가족부양이든 사회부양이든 혹은 절충적 형태든 가족이 처한 상황에 맞추어서 자유롭게 선택할 수 있도록, 다양하고 탄력적인 부양 방안이 충분히 마련되기를 기대한다.

생 각 해 볼 문 제

01 자신과 부모가 지금껏 유지해 온 상호관계에 준하여 앞으로의 관계까지 고려할 때, 자신의 부모를 위한 노후부양 형태는 어떤 것이 가장 바람직할 것인지 생각해 보자.

02 자신의 노후에 자녀로부터 무엇을 원하게 될 것인지 생각해 보자. 현재 자신의 노부모가 자신에게 바라는 것과, 자신의 노후에 자녀에게 바라는 것 사이에 차이가 있을지, 아니면 유사할지 생각해 보자.

03 자녀에게 부양부담을 지우지 않으려고 한다면, 노후에 자기부양을 위해 무엇을 어떻게 준비해야 할 것인지 생각해 보자. 그리고 사회가 보장해 주어야 할 부분이 구체적으로 무엇일지도 생각해 보자.

04 노쇠해져서 죽음에 이르기까지 스스로를 관리할 수 있기를 바라는 것은, 우리 모두의 희망이다. 그러나 노후의 자기부양을 위해 경제적인 준비를 충분히 했다고 해도 스스로 판단하거나 선택할 능력조차 상실한 상태가 된다면, 자신과 관련된 판단을 누군가에게 전적으로 의존해야만 한다. 그리고 의존적인 개인은 학대에 무방비상태인 것이 지금까지의 현실이다. 과연 누구에게 의존해서 여명을 보내는 것이 좋을까? 이러한 시기를 대비해서, 개인은 어떤 준비를 해야 하고 사회는 어떤 안전장치를 제공해야 하는 것인지 생각해 보자.

PART
05

가족 해체와 재구성

Chapter
13

이혼과 이혼 가족

 이혼은 더 이상 드문 일이 아니어서, "죽음이 갈라놓을 때까지 함께 하라"든가 "검은 머리가 파뿌리처럼 되도록 해로(偕老)하라"는 덕담이 공허하게 들리기도 한다. 1990년대 이후 2003년에 이르기까지 이혼율 증가추세가 가파르게 진행되었는데, 이후 약간의 감소세를 보이기는 한다. 협의이혼 시 이혼숙려기간의 의무화와 이혼 전 상담제도의 도입 그리고 혼인율 감소가, 실제 이혼율 감소에 기여한 것으로 생각된다. 그러나 다소간의 감소에도 불구하고, 이혼율은 여전히 높은 수준이다. 무엇보다 이혼에 관한 태도가 점점 허용적으로 변하고 있다. 가족문화에 관한 전국조사(이동원 외, 2000)에서 "첫 배우자와 헤어질 수도 있다"는 의견을 보이는 비율이, 남자는 16%이고 여자는 19%였다. 그런데 수년 후에 이루어진 조사(통계청c, 2003)에서는 "경우에 따라 이혼을 할 수도 있다"는 응답이 33%에 달했다. 또한 "이혼은 선택 사안"이라는 응답이, 2010년에는 35.9% 그리고 2012년에는 42.1%로 지속적 증가세를 보이고 있다(통계청c, 2011, 2013). 이는 이혼을 일시적이거나 예외적인 사건으로서가 아니라 상존하는 사회적 사실(social fact)[1]로 인식하는 경향이 증가하고 있음을 의미한다. 따라서 이혼을 개인 및 가족이 경험할 수 있는 다양한 측면 중의 하나로서 이해할 필요가 있다.

1 이혼의 개념 및 현황

1) 이혼의 개념 및 이혼 제도

이혼이란, 양 배우자가 모두 살아 있는 동안에 결혼관계를 해지하는 것을 의미한다. 이혼과 동시에, 부부임으로 해서 누릴 수 있었던 서로에 대한 권리와 행해야 했던 의무가 사라지고, 결혼으로 인해 생겨났던 친척관계 역시 소멸한다. 그런데 혼인신고와 더불어 시작된 이와 같은 법적 권리와 의무 및 관계들은 끝을 맺는 과정 역시 법적 처리절차를 필요로 한다.

(1) 파탄주의와 유책주의

이혼법은 크게 파탄주의와 유책주의의 양 갈래 원칙에 입각하고 있다. 유책주의란 어느 한편의 배우자가 결혼관계에서 부여된 의무를 위반했을 경우에 이혼을 인정하는 것이다. 반면에 파탄주의란 결혼 파탄의 책임이 어느 편에 있는지에 상관없이 더 이상 결혼관계를 유지할 수 없는 상황에 이르렀다고 인정되면 이혼이 성립되도록 하는 것이다.

한국 민법은 이혼을 억제하고자 하는 의도에서 유책주의를 채택해 왔으므로, 결혼 파탄의 책임이 있는 배우자는 이혼을 청구할 수 없도록

---

1) 사회적 사실의 개념에 관해서는 2장의 〈각주 1〉을 참조할 것.

되어 있다. 이는 대다수의 여성이 전업주부로서 경제적 능력이 없었고 이혼 사유가 주로 남성에게 있던 시절, 피해자인 여성을 보호한다는 의의를 지녔었다. 그러나 세계적으로 파탄주의를 택하는 추세이고(곽배희, 2002) 한국에서도 1990년 가족법이 개정되면서 특정 배우자의 잘못 여부에 상관없이 이혼을 인정하는 제도(No fault divorce)가 도입되었으며 판례[2]적으로는 점차 파탄주의 경향으로 나아가고 있다(곽배희, 2002). 이는 이혼을 배우자의 실책에 대한 징벌이자 끝으로서가 아니라 회복 불능의 결혼관계를 해소하고 새로운 삶을 찾기 위한 시작으로서 바라보게 된 법적 분위기의 변화로 해석된다.

(2) 재판이혼과 협의이혼

재판이혼이란, 양 배우자 간에 이혼에 관한 합의가 이루어지지 않는 경우, 재판을 거쳐서 이혼여부 및 이혼조건 등을 결정하는 것을 의미한다. 이혼을 원하는 쪽에서 이혼 청구소송을 하면, 가정법원의 조정을 먼저 거쳐야 하고[3] 조정과정에서 합의가 이루어져서 합의조서에 기재하면 이혼이 이루어진다.[4] 만약 조정과정에서 합의에 이르지 못하면 재판절차를 거쳐야 하는데, 법적인 이혼사유(민법 840조)[5]에 해당하는지

---

2) 완료된 재판의 판결내용으로서, 추후 유사한 내용의 사건을 판결할 때 중요한 근거로서 참고가 된다.
3) 조정 전치주의
4) 조정에 의한 이혼
5) 재판에 의한 이혼
   제1호. 배우자에게 부정한 행위가 있었을 때,
   제2호. 배우자가 악의로 다른 일방을 유기한 때,
   제3호. 배우자 또는 배우자의 직계존속으로부터 심히 부당한 대우를 받았을 때,
   제4호. 자기의 직계존속이 배우자로부터 심히 부당한 대우를 받았을 때,
   제5호. 배우자의 생사가 3년 이상 불분명할 때,
   제6호. 기타 결혼을 계속하기 어려운 중대한 사유(민법 840조)

를 근거로 하여 이혼 여부 및 관련된 제반 결정이 판결에 의해 이루어진다.

협의이혼이란 부부가 이혼 자체 및 이에 관련된 제반 절차에 관하여 합의했을 경우, 재판이 아니라 법원의 확인과 서류상의 이혼신고절차를 거쳐서 결혼관계를 종결하는 것이다. 협의이혼은 양 배우자 간에 합의만 되면 이혼에 이르는 것이므로, 절차가 간편하기 때문에 매년 전체 이혼의 80% 정도를 차지한다(통계청i, 각년도). 그러나 이혼 후의 상황이나 이혼 조건 등에 관해 충분히 고려하지 않고 빨리 상황을 종결짓고 싶은 생각에 서둘러서 합의를 하는 경우, 재산 분할 및 위자료나 자녀 양육비 등과 같이 중요한 문제를 대충 넘겨 버리기 쉽다. 그래서 추후 다시금 해당 문제를 해결하기 위해 소송을 거쳐서 재판을 해야 하는 경우도 드물지 않은데, 그렇게 되면 더욱 긴 기간 동안 서로에게 깊은 상처를 남기게 된다.

● 이혼 전 상담

이혼 전 상담이란, 결혼이 왜 불행해졌는지를 인식하고 결혼 상태를 유지하면서 관계를 회복할 수 있을지 아니면 관계를 해체해야 할지에 관해 객관적으로 바라보고 생각하도록 돕는 것이다. 그리고 이혼하기로 결정하는 경우, 그럴 수밖에 없는 상황적 불가피성을 수용하고 합리적으로 독자적인 삶을 찾을 수 있도록 유도하는 데 목표를 둔다(이원숙, 2004).

한국도 2008년 6월부터 전국적으로 이혼 전 상담이 권고되고 있다. 그러나 집안일에 대해 공개하기를 꺼려하는 한국 문화에서는, 권고 조항만으로 실질적 효과를 기대하기는 어렵다. 근본적으로 도움을 주려면, 여러 차례에 걸쳐서 전문적 상담이 이루어짐으로써 실질적인 효과를 거둘 수 있도록 해야 한다. 따라서 상담에 소요되는 재정과 인력 등에 관해 현실적인 지원 및 관리 방안이 마련되어야 한다. 즉 이혼 당사자의 사회경제적 계층에 상관없이 양질의 상담이 이루어지려면, 피상담인에게 상담비용을 부담하도록 하는 현재의 상담 유료제는 재고되어야 하고 상담과 관련된 보편적 재정 지원체계가 마련되어야 한다. 뿐만 아니라 이혼을 원하는 당사자들이 상담의 필요성과 효과에 대해 인지하도록 광범위하고 적극적인 홍보가 이루어져야 한다.

● 이혼숙려제도

이혼을 청구한 후 일정한 기간(숙려기간)이 경과해야 최종적으로 이혼에 이를 수 있도록 하는 제도이다. 이는 이혼 후의 관계와 자녀 문제 등에 관해 구체적으로 계획하고 이혼의 후유증 등에 관해 생각해 보는 기간을 제공하고자 하는 것이다. 2008년 6월부터, 미성년 자녀가 있는 경우에는 3개월 그 밖의 경우에는 1개월의 숙려기간을 두고 그 이후 양 배우자가 모두 법원에 출석하여 이혼의사를 확인해야 이혼이 성립되도록 하고 있다.

그러나 이에 관해 개인의 행복추구권을 침해할 가능성이 있다는 우려가 제기된다. 이혼은 원래 그 과정에서 겪는 갈등이 만만치 않기 때문에, 이혼진행 기간이 길어지면서 오히려 더욱 깊은 상처를 남길 가능성을 배제할 수 없기 때문이다(이여봉, 2003). 따라서 숙려 기간 동안 부부와 자녀가 그대로 한 공간에 방치되어서는 안 되고 각자의 안전이 철저하게 보장되어야 하며,[6] 반드시 전문가들 - 가족치료사,

---

6) 이혼숙려기간 중 갈등이 고조되어 가정폭력이 발생할 가능성이 많거나 특히 가

법률 상담원 등 – 로 이루어진 중재팀의 주도하에 체계적인 접촉과 합리적인 의사소통을 할 수 있도록 지원해야 한다.

이혼 전 상담제도나 이혼숙려제도는 가족상담원이나 가족치료사 그리고 법률상담원 등의 전문인력을 지속적으로 확보하는 현실적 방안과 더불어 소요될 재원을 어떻게 마련할 것인지에 관해 충분한 검토가 지속적으로 이루어져야, 비로소 내실 있는 제도로 정착할 것이다.

2) 한국의 이혼 현황 및 추이

한국의 조이혼율[7] 및 "결혼대비 이혼율[8]"은 여전히 OECD 회원국 중 최고 수준이다(통계청b, 2023). 특히 결혼대비이혼율은 잠시 주춤했던 2010년대를 지나면서 다시 50% 가까이에 다가서서, 조이혼율의 소폭감소가 조혼인율 감소로 인한 착시효과일 수 있음을 시사한다.

근래 우리 사회의 이혼 추이는, 내용 면에서 몇 가지 뚜렷한 특징들을 보인다.

첫째, 1970~1980년대의 이혼이 주로 젊은 층에 집중되어 있었던

정폭력이 이혼을 원하는 주 이유인 경우, 이혼을 원하는 쪽과 상대편 배우자를 한 공간에 방치할 경우 치명적인 결과를 초래할 수 있다. 따라서 숙려기간을 단축하거나 면제해야 할 필요가 있는 경우, 이를 소명하는 사유서를 제출할 수 있다. 그리고 그 사유가 인정되면, 숙려기간을 단축하거나 면제 받을 수 있다.

7) 조이혼율(crude divorce rate)이란 해당 연도의 인구 1,000명당 이혼 건수를 의미한다.

8) 결혼대비이혼율이란, 해당연도의 이혼건수를 결혼건수로 나눈 비율을 의미한다. 따라서 결혼대비 이혼율은 이혼건수에 비례하고 결혼건수에 반비례한다. 즉 이혼건수가 동일하더라도 결혼건수가 줄면, 결혼대비이혼율은 높아지게 된다. 이 수치는 결혼한 집단 중에서 이혼에 이른 비율을 의미하는 것은 아니라는 점에 주의해야 한다. 예를 들어, 결혼대비 이혼율이 45%라는 것이, 결혼하는 부부들 중 45%가 이혼한다는 의미는 아니다.

표 13-1 **조이혼율 및 결혼대비이혼율 추이(1970-2022)**

	조혼인율	이혼건수	결혼대비이혼율
1970	0.4	11,615	3.93
1980	0.6	23,150	5.87
1990	1.0	46,146	11.44
2000	2.5	119,982	35.90
2003	3.5	167,096	54.79
2005	2.6	128,468	40.61
2010	2.3	116,858	35.83
2015	2.1	109,153	36.04
2020	2.1	106,500	49.88
2022	1.8	93,232	48.64

출처: 통계청b. 〈인구동태통계연보: 혼인·이혼〉 각년도.

표 13-2 **평균 이혼연령 추이(1980–2023)**

	1980	1990	2000	2005	2010	2015	2020	2023
여자	31.1	33.0	36.6	38.6	41.1	43.3	46.0	46.6
남자	36.3	37.0	40.1	42.1	45.0	46.9	49.4	49.9

출처: 통계청b. 〈인구동태통계연보: 혼인·이혼〉 각년도.

것과 달리, 점차 전 연령층으로 확대되면서 평균 이혼연령이 지속적으로 상승하고 있다. 20~30대 연령층에 집중되어 있었던 1980년에 비해 2000년대에 들어서면서 오히려 40대의 중년이혼이 더 높은 비율을 기록하고 있다. 황혼이혼[9]의 증가 추세 역시 만만치 않아서, 2023년에는 결혼지속 기간이 20년 이상인 부부의 이혼이 전체 이혼 중 35.6%를 차지한다(통계청c, 2023).

---

9) 자녀를 모두 출가시키고 은퇴를 하고 난 60대 이후의 이혼을 노년이혼 혹은 황혼이혼이라고 부른다. 또한 결혼한 지 20년 이상이 된 부부의 이혼을 황혼이혼이라고 부르기도 한다.

둘째, 이혼 사유가 다양화되고 있다. 즉 배우자의 부정이나 폭행 등과 같은 이유에서 한 걸음 나아가, 부부 간의 의사소통 및 감정적 문제로 인한 이혼이 증가하고 있다(이현송, 1999).

셋째, 자녀로 인해 이혼을 망설이고 이혼 시에 서로 양육권을 차지하려 애쓰던 경향이 줄어든 반면, 미성년 자녀를 둔 30~40대 부부의 이혼이 증가하고 있다. 게다가 양육책임을 서로 미루거나 심지어는 이혼 후에 자녀를 유기하는 경향도 증가 추세이다(한경혜·이정화, 2002). 이는 한국 사회에서 이혼을 억제하는 강력한 요인으로서 자녀의 역할이 약화되고 있음을 시사한다(한경혜 외, 2003).

2 왜 이혼이 증가하는가?

1) 상호 의존도 감소와 여성의 경제적 독립

전통사회에서 가족은 기본적인 욕구충족을 위해 서로 의존해서 자급자족하는 생산단위였다. 남성은 경제적 부양을 하는 대신, 식사와 깨끗한 의복 및 휴식 환경을 마련하기 위한 가사노동을 아내로부터 제공받았는데 가정 외에 이러한 서비스를 대체할 만한 곳을 찾기는 쉽지 않았다. 반면에 여성이 공적인 곳에서 자신의 위치를 차지하고 경제적인 소득을 보장받을 수 있는 기회가 많지 않았던 과거에, 결혼은 여성의 경제적 위치와 생활수준을 결정하는 중요한 수단이었다. 따라서 남성과 여성은 상호 다른 역할을 수행하면서 서로에게 의존할 필요가 있었고, 결혼은 이러한 도구적 상호 의존에 기초한 제도였다.

그러나 서비스 산업이 발달한 현대에, 남성이 식사와 의복 등 일상의 필요를 충족할 수 있는 방안은 가족 외에도 다양하다. 또한 여성의 노동시장 진출이 활발해지고 맞벌이가족이 보편화되고 있는 상황에서, 여성이 남성의 경제력에 의존해야 할 필요 역시 줄어들었다. 이처럼 가정 내에서 남성과 여성의 상호 의존도는 급격히 감소했기 때문에, '도구적 상호 의존'에 기초해서 쌍방을 묶어 놓을 수 있었던 '제도로서의 결혼'이 지니는 의미와 역할은 축소되었다. 2016년 조사에서, "이혼을 해서는 안 된다"는 비율이 여성은 39.9%로 남성(49.1%)보다 훨씬 낮다(통계청c, 2016). 직장을 가진 여성 특히 전일제 노동을 하는 여성일수록 이혼 가능성이 높고 이혼을 추진하는 데도 적극적인 것은, 전 세계적 현상이다. 이는 여성의 경제활동이 증가하면서 여성들이 선택할 수 있는 대안10)이 증가하였으므로, 불평등하고 고통스러운 결혼생활을 참아야 할 필요성을 덜 느끼게 된 것과 무관하지 않다.

2) 결혼의 본질 변화

결혼이 경제적 부양자인 남편과 가사역할 담당자인 아내가 부모를 부양하고 적자(嫡子)11)를 낳아 키우기 위한 수단으로 여겨지던 과거에, 부부는 사랑채와 안채로 분리된 각자의 공간에 거주하면서 서로 친밀한 정서적 소통 없이도 결혼의 틀을 유지할 수 있었다. 하지만 오늘을 살아가는 사람들은, 결혼을 통해 정서적 지원과 애정을 교환할 수 있기를 기대한다. 그런데 사람들 간의 관계란 고정되어 있는 것이 아니고 가변적

---

10) 취업을 한 여성은 경제적 독립뿐 아니라 새로운 파트너를 만날 수 있는 가능성 역시 전업주부에 비해 높을 것으로 예상된다.

11) 한국 전통 사회에서, 합법적 결혼 안에서 태어난 자식, 즉 적자의 존재는 상당히 중요한 의미를 지녔다. 적자와 서자 사이에는 사회적 지위의 격차가 현저했고, 따라서 가문을 잇는 존재인 적자를 생산하는 일은 조강지처의 지위와 결혼의 안정성을 보장하는 강력한 수단이었다.

인 속성을 지닌다. 따라서 오늘날의 '관계로서의 결혼'은 도구적인 필요에 기초했던 '제도로서의 결혼'보다 훨씬 불안정할 수밖에 없다.

뿐만 아니라 과거에 당연한 것으로 여겨지던 많은 일들이 오늘날의 가족에서는 끊임없는 마찰과 협상 그리고 타협을 필요로 하게 되었기 때문에, 부부가 상호 갈등적인 상황에 처하는 빈도가 잦아진 것도 사실이다. 특히 지난 세월 동안 아내들은 가족 내에서 불이익을 당하면서도 인내와 희생을 미덕으로 여기며 참아왔지만, 오늘날의 아내들은 부당한 대우 및 과도한 역할 등을 옛날만큼 참지 않는다. 반면에 기득권을 누려온 남편은 이와 같은 변화에 저항하기 때문에, 가정 내 갈등이 표출될 가능성이 높아진 것이다.

결혼의 본질을 관계 자체에서 찾는 오늘날, 부부관계가 훼손되었다면 더 이상 결혼을 유지해야 할 이유가 없다고 여기기 쉽다. 그래서 오늘날의 결혼은 과거에 비해 해체 가능성이 높다. 그러나 안정적인 관계가 더 행복한 관계이고, 불안정한 관계가 덜 행복한 관계일까? 과거의 부부들이 오늘날의 부부들보다 더 많이 더 오래도록 행복했었다고 단언할 수는 없다.

3) 결혼에 대한 기대의 변화

주로 가문에 의해 주도되고 결혼당사자들은 당연한 숙명으로 받아들였던 과거의 결혼에 비해, 오늘날의 개개인들은 배우자와의 감정적·성적 친밀감에 대한 기대치가 훨씬 높다. 그리고 기대치가 높을수록, 이를 충족하기 어려워졌음 또한 당연하다. 따라서 예전의 기준으로는 심각한 사유가 아닌 것으로 보이는 경우에도, 이혼을 결정하는 비율이 증가하는 것이다.

오늘날 사람들은 성장기부터 '낭만적 사랑 이데올로기'에 둘러싸여 살아가고, 구체적인 이성과의 애정과 친밀감에 기초해서 스스로 결혼상대를 선택한다. 따라서 부부관계에 거는 기대는 높을 수밖에 없다. 그러나 '낭만적 사랑'이란 상대방을 비현실적으로 이상화(理想化)하게끔 한다. 따라서 결혼 후 상대방에 대한 기대와 현실 간의 괴리에 직면하게 되면, 부부관계의 질이 급격히 떨어지면서 결혼 자체를 재고(再考)하는 것이다.

4) 사회적·법적·도덕적 제약의 완화

도시화가 진행되고 사회적 이동이 증가하면서, 친족과 지역사회 차원의 비공식적 통제가 약화되었다. 아울러 불행한 결혼생활을 해 온 부부들이 이혼을 하는 것에 대한 사회적·도덕적 제약 역시 완화되었다. 그동안 유책주의 원칙에 근거해서 유책배우자의 이혼청구를 제한해 온 한국의 법정에서조차, 실책의 유무를 떠나서 부부관계의 파탄 자체에 주목하기 시작했다. 이러한 외적 억제 요인의 감소는, 이혼율 증가에 한 몫을 한다.

5) 가치관의 변화

집단을 위해 개인을 희생해야 한다는 확대가족 중심의 가족주의 의식이 희석되고, 개인의 행복을 중시하는 개인주의 사고가 보편화되고 있다. 결혼 자체에 대해서도 "영원한 것이 아니라 해소할 수도 있는" 관계라고 생각하는 것이 점차 보편화되는 추세이다. 그래서 과거였다면 참아가면서라도 결혼관계 안에 남아있었을 만한 상황에서도, 오늘의 부부는 이혼을 선택하는 경우가 많다.

게다가 자신들의 결혼생활이 끝날 수도 있다는 식의 자성예견 (self-fulfilling prophecy)은 결혼생활이 끝날 수 있음을 전제로 한 상호작용을 하게끔 하고, 그러한 상호작용의 결과 이혼할 가능성이 높아지기도 한다(Glenn, 1991; Lamanna & Riedmann, 1997). 즉 결혼을 영속적이지 않다고 생각하는 오늘날의 사고(思考) 자체가 이혼율 증가에 기여하는 바를 무시할 수 없다.

3 이혼의 구체적 원인과 이혼 결정

1990년대 이후 빈번하게 제기되는 이혼사유들은 성격 차이, 생활무능력, 경제문제로 인한 갈등, 폭언, 무시, 모욕, 대화 단절, 성격 파탄, 주벽, 불성실, 무책임, 애정 상실, 양가 가족과의 갈등 등이다(곽배희, 2002). 질병이나 불임 혹은 자녀의 유무 등이 결혼생활이나 가족관계에 미치는 영향은 과거에 비해 감소하는 반면, 시가와의 갈등에 부가하여 처가와의 갈등이 새로운 이혼 요인으로 등장하고 있다(곽배희, 2002). 그리고 IMF 구제 금융을 전후한 시기에는 경제문제로 인한 이혼 증가가 두드러져서, 거시경제상황 역시 이혼율 증감에 연관됨을 시사한다.

1) 이혼의 원인

민법 840조에 명시된 이혼 사유와 한국가정법률상담소의 상담사례에서 드러난 이혼의 원인들을 종합하여, 이혼 원인을 크게 다음과 같이 분류할 수 있다(민법 840조; 곽배희, 2002).

(1) 관계상의 문제

결혼의 의미를 부부 간의 관계 자체에 주목하는 오늘날, 부부관계의 질(質, quality)은 결혼의 핵심이다. 따라서 부부 간의 성격 차이나 애정 결핍 및 의사소통 부재 혹은 외도나 폭력 등으로 인해 부부관계가 훼손되었다고 여겨지는 경우, 이혼을 결정한다.

(2) 경제문제로 인한 갈등

경제적인 어려움이 부부갈등의 발단이 되지만, 직접적으로 영향을 미치는 모습은 다양하다. 경제적 스트레스로 인해 부부 갈등이 극단화되는 경우, 폭력과 이혼으로 이어질 수 있다. 특히 남성을 경제부양자로 규정해 온 한국 사회에서 실직으로 인해 가부장권을 상실했다고 느끼는 가장이 열등감과 자격지심을 느끼게 되면서, 이로 인해 부부관계에 악영향을 미치게 될 가능성도 농후하다. IMF 구제 금융 시기는 대량 실직과 대량 이혼을 낳았지만, 실직이 직접적인 이혼의 사유가 되었다기보다는 실직으로 인한 스트레스가 부부 간의 부정적 상호작용을 초래했고 오해와 갈등이 증폭되면서 이혼에까지 이르게 된 경우가 대부분이었다.

(3) 확대가족과의 갈등

결혼을 독립된 성인인 여성과 남성 간의 결합으로 보기보다는 여전히 남편 쪽 집안에 여성을 편입시키는 형태로 간주해 온 한국 사회에서, 고부 갈등 및 시가 형제들과의 갈등은 해묵은 주제이다. 며느리이자 올케이며 형수/제수의 위치에 있는 여성이 무조건 참고 인내하는 것을 양편에서 모두 당연시하던 과거에는, 시가 식구들의 무리한 요구나 과도한 행동조차 인내해야 하는 "벙어리 삼년, 귀머거리 삼년, 장님 삼년"의 시집살이로 치부하고 지냈다. 그러나 이러한 강요는 평등주의 사고에 익숙한 요즘의 젊은 여성들에게 받아들여지지 않기 때문에 곧바로 시가 쪽 확대가족과의 갈등 및 부부갈등으로 이어지기 쉽다. 최근 들어 처가와 사위 간의 갈등으로 인한 이혼 역시 늘고 있다. 딸은 "출가외인"이라 여겨서 가능한 한 간섭하지 않고 사위는 "백년손님"이라며 무조건 환대하고 조심하던 과거와 달리, 여성의 지위 상승과 더불어 친정 부모 역시 자녀의 부부생활에 중요한 변수로 등장한 것이다.

확대가족과의 갈등이 이혼의 중요한 사유로 대두되는 것은, 결혼을 개인 간의 결합으로 보지 않고 집안 간의 결합으로 보는 전통적 관념이 잔존하는 데 기인한다. 게다가 소자녀 시대에 자녀를 낳아 키운 부모들은, 한두 명뿐인 자녀를 결혼 후까지도 여전히 "품 안의 자식"으로 여겨서 보호하며 간섭하려 한다. 또한 결혼 후에도 자신들의 원가족(family of origin, family of orientation)으로부터 정신적·물질적으로 독립하지 못한 젊은 부부가, 자신들의 문제를 스스로 해결하지 않고 양쪽 부모에게 공개하고 의존하는 경향도 있다. 그렇게 되면, 부부의 결혼생활에 양가의 확대가족이 함께 얽히면서 작은 문제가 어느 틈엔가 통제할 수 없는 지경으로 확대되어 이혼에 이르는 것이다.

(4) 성생활의 어려움

가부장적 성각본[12]이 지배적인 한국 사회에서는 성에 관해 드러내

---

12) 가부장적 성각본은, 성애(sexuality)란 다음 세대를 출산하기 위한 기능으로서만 의미가 있는 것으로 본다. 특히 여성의 성은, 남성의 성욕을 충족시켜 주면서 임신과 출산을 위해 소용되는 것으로 바라볼 뿐 여성의 성욕 자체를 건강한 것으로 인정하지 않는다. 그러나 여성주의 시각에서 바라본 표현적 성각본에서는, 성애란 친밀감을 표현하는 수단으로서 남성과 여성 모두에게 중요할 뿐 아니라

놓고 표현하지 않는 것을 불문율처럼 여겨왔으나, 실제로 성관계의 만족도는 결혼 만족도와 정적인 상관관계에 있다(이원숙, 2004). 결혼생활 유지와 성적 만족 간 상관성에 관한 조사(한국성과학연구소, 2005)에 따르면, "현재의 성생활에 만족한다"는 여성 가운데 "결혼생활이 만족스럽다"는 응답이 83%인 반면, "성생활에 불만족한다"는 여성 중 "결혼생활에 만족한다"는 비율은 11%에 그치는 것으로 나타났다. 같은 조사에서 특히 남성의 77%가 "결혼생활을 유지하는 데 성생활이 중요하다"는 응답을 하고 있어서, 성생활의 어려움이 결혼생활을 위기로 몰아넣을 수 있음을 시사한다. 성적인 문제에 관한 대화를 솔직히 나누지 않는 경우, 엉뚱한 주제로 갈등이 확대되면서 해결의 실마리조차 찾을 수 없게 되는 경우가 허다하다.

(5) 폭력과 중독

부부갈등의 극단적인 단계가 폭력이다. 특히 상습적으로 이어지는 학대 – 물리적 폭력, 성적 폭력, 언어적 폭력, 경제적 폭력 등 – 는, 그 자체로서 이혼의 주요인이 된다. 상습적인 폭력에도 불구하고 가족의 울타리를 지키는 것은, 오히려 폭력의 악순환을 부르고 피해자뿐 아니라 자녀들의 현재와 미래의 삶까지 피폐하게 한다.

약물이나 알코올 중독뿐 아니라 도박이나 인터넷 중독 역시 이혼을 부르는 원인으로 등장했다. 약물이나 알코올 중독 및 도박은 가족에 대한 폭력과 착취를 부르기 쉽고, 인터넷 중독은 가족뿐 아니라 자신의 일상과 직무를 유기하게 한다. 그래서 적극적으로 치료하지 않을 경우,

---

출산능력과 상관없이 즐거움을 누리고 이를 통해 서로에 대한 친밀감을 높일 수 있는 행위로 본다.

배우자는 불만이 고조되어 참을 수 없게 되면서 이혼을 고려하게 된다.

2) 이혼을 막는 장벽

위와 같은 원인으로 인해 고통을 받는 부부들 중에, 어떤 커플들은 이혼을 하는 반면 다른 커플들은 결혼관계를 그대로 유지한다. 이혼을 해야 할 이유를 지닌 커플들이 결혼관계를 유지하는 것은, 이혼을 주저할 만한 이유가 더욱 중요한 비중으로 존재하기 때문이다.

(1) 자녀의 존재

어린 자녀의 존재는 이혼을 억제하는 역할을 한다(한경혜 외, 2002). "어린 자녀에게 양친이 필요할 것"이라는 의무감과 더불어 "부모의 이혼이 자녀의 장래에 걸림돌이 될 것"이라는 부담감 때문에, 이혼을 망설이게 되는 것이다. 황혼이혼이 증가하고 이들의 이혼 원인이 주로 긴 세월 동안 누적된 불만에 기인하고 있다는 사실은, 어린 자녀의 존재가 결혼생활의 만족도를 높이는 것이 아니라 단지 이혼의 문턱을 넘지 못하게 하는 것일 뿐임을 확인하게 한다. 자녀가 장성하여 독립하자 오래도록 미루어 오던 이혼을 결행하는 것이 "수십 년을 함께 한 부부의 이혼", 즉 황혼이혼 중 상당부분을 차지한다.

(2) 결혼 외의 대안 부재

이혼 후의 생활에 대한 전망이 현재의 결혼생활보다 오히려 못할 것으로 판단되는 경우, 불행한 결혼임에도 불구하고 남아 있는 쪽을 선택하곤 한다. 그런데 이혼 후의 전망이란 객관적인 근거에 토대를 둔 것이 아니라 본인의 주관적 판단일 가능성이 높아서, 객관적 사실과는 다른 경우가 많다. 한 예로 저소득층의 학대받는 여성들이 경제적으로 독립할 자신이 없어서 폭력남편 곁에 머물러 있지만, 실제로는 자신이 벌어오는 소득마저 폭력남편에 의해 착취 당하면서 사는 경우가 많다. 이러한 경우엔 이혼을 하고 나면 여성의 경제사정은 오히려 나아진다.

직업이 있는 여성들이 전업주부에 비해서 이혼에 대한 고려를 더 자주 한다는 사실(여성부, 2003)은, 경제력이 개인적 대안으로 작용함을 시사한다. 그러나 현재의 결혼생활과 이혼을 가정했을 때의 대안에 관한 비교는, 비단 경제적인 면에만 국한되지 않는다. 이혼 후 독신으로서의 삶과 현재의 삶을 저울질해 보고, 주관적인 저울추가 어디로 향하는지에 따라 이혼 여부를 결정하는 것이다.

(3) 외적인 억제 요인

더 이상 서로를 배려하지도 않고 감정적인 교류나 긍정적인 상호작용도 없이 관계 자체를 포기한 상태에서도, 사회적 위신이나 명예 혹은 노부모에 대한 효도 등과 같은 외(外)적 이유 때문에 '법적 이혼'만은 하지 않고 대외적으로는 부부로 행동하는 경우도 드물지 않다. 이를 가리켜서 "쇼윈도우 부부"라고 부른다.

(4) 보수적인 태도와 편견

결혼과 이혼에 대해 여전히 가부장적인 사회에서는, "가족 안에서 행복한가?"에 초점을 맞추기보다 "참고 살아냄으로써 가족을 유지한다"는 사실 자체에 큰 의미가 부여된다. 따라서 이혼자에 대한 일반적 시각은 "참고 살아내지 못한" 개인의 결함에 초점이 맞춰지고, 이는 결혼관계를 유지하는 사람들의 "참고 살아낸 자"로서의 우월감으로 연결된다(김혜련, 2002). 특히 전통적으로 여자들에게 주입되어 온 성적 순결에 대한 고정관념은, "일부종사(一夫從事)를 해야 한다"는 강박관념으로 연결되어 "결혼 지키기"에 자존심을 걸게 한다. 보수적인 태도와 사회적 편견을 내면화한 정도가 강한 사람들의 경우, 자신의 이혼에 대한 결정 역시 이러한 시각으로부터 자유롭기 어려워서 불행한 결혼에 그대로 머무르기 쉽다.

4 이혼의 단계와 적응

이혼은 인생의 한 과정을 막음하는 끝이기도 하지만 새로운 인생 과정을 여는 시작이기도 하다. 하지만 그 또한 한순간에 잘라내서 붙일 수 있는 단일한 사건이기보다는 일련의 단계들을 거쳐서 완성될 수 있고 혹은 미완성의 상태에 머무를 수도 있는 과정으로서의 성격을 지닌다. 이혼의 완성을 "이혼한 삶에 대한 적응"이라고 정의한다면, 이는 전 배우자(ex-spouse)로부터 벗어나서 독립된 정체성을 갖고 제반 역할을 독자적으로 수행할 수 있게 되는 것을 의미한다. Bohannan(1970)은 이혼의 다양한 측면을 여섯 단계로 구분하고, 이러한 일련의 단계를 거쳐서 이혼에 대한 적응에 이르게 되는 것으로 보았다.

1) 정서적 이혼(Emotional divorce)

부부 간 의사소통이나 감정 교류가 전혀 없는 상태로서, 서로에 대한 절망과 거부가 심해서 부부관계를 회복하기 힘든 경우를 정서적 이혼이라고 부른다. 이 단계에 이르면, 서로에게 위안이 되기보다는 오히려 배신감을 확인하고 서로 으르렁거리며 피폐해지는 날들이 이어진다. 정서적으로는 상호유대가 존재하지 않지만, "집착을 떨치지 못해서,"

"혼자 남게 되는 것이 두려워서," "자녀 때문에," 혹은 "이혼이라는 오명을 남기지 않기 위해서" 등의 이유로, 결혼생활을 이어가는 단계이다.

2) 법적 이혼(Legal divorce)

법적으로 결혼을 해소하는 것을 의미한다. 정서적으로는 이미 이혼단계인 부부가 각자 독립적인 삶을 시작하고 자유롭게 새로운 배우자를 만날 수 있으려면, 법적으로도 결혼관계를 종료할 필요가 있다. 법적 이혼이 완료되면, 경제적 재산 분할 및 위자료 지급 등에 관한 합의 혹은 판결도 이루어지므로, 각자는 자기 몫의 재산과 자신의 수입에 의존해서 별개의 삶을 영위하기 시작한다.

그런데 정서적으로는 이미 관계가 끊어진 지 오래된 부부들에게도, 법적 이혼은 홀가분함과 자유로움뿐 아니라 슬픔과 두려움을 동반한다. 비록 괴로웠고 서로 증오했던 시간들이지만, 익숙했던 것들과 단절하고 미지의 세계를 열어야 하는 상황은 상실과 두려움으로 느껴지기 때문이다. 홀로 남게 되는 데 대한 슬픔은, 특히 이혼에 소극적이었던 배우자에게 더 힘들게 다가온다.

3) 경제적 이혼(Economic divorce)

경제적 이혼이란 재산을 나누는 것을 의미하므로, 당연히 양 배우자 모두에게 경제적 하락을 가져온다. 그렇더라도 생계부양역할을 해온 남성들은 재산 분할로 인한 일시적인 하락으로부터 곧 이전의 수준을 회복한다(이원숙, 2002). 그러나 결혼기간 동안 전업주부로서 살아온 여성들의 경우, 이혼으로 인한 경제적 하락은 이후로도 지속되다가 재혼을 통해서 비로소 회복되는 경향이 있다.

이처럼 이혼한 여성들이 경제적 고통을 겪는 이유는 결혼기간 동안의 역할 분담과 연관성이 높다. 가정에서 여성들이 주로 담당하는 가사 및 양육역할은 노동시장에서의 경력과 인적자원의 개발을 저해하기 때문에, 전업주부로 살아온 여성들이 이혼 후에 눈높이에 맞는 직업을 구하는 데 있어서 어려움을 겪기 때문이다. 어린 자녀를 양육하고 있는 경우에는 양육부담으로 인해 전일제 일을 하기 힘들다는 점도, 이혼 후 여성 한부모 가장이 겪는 경제적 어려움에 한 몫을 한다.

과거와 달리 자녀양육권이 여성에게 주어지는 경우가 많다. 그리고 여성 한부모의 경제활동이 쉽지 않은 상황에서 비양육권자인 전 배우자로부터의 양육비 확보는 자녀의 복리를 위해 절실하다. 그런데 비양육권자로부터의 양육비 지급이 원활히 이루어지지 않는 현 상황에서, 법적 이혼 후 개인적 차원의 양육비 문제 해결은 쉽지 않다. 그래서 전일제 노동 경력이나 건강보험과 미래의 예상 수입(퇴직 연금 등)까지를 고려하여 재산을 분할해야 한다는 목소리가 커지고 있다.

실질적인 양육비 확보를 위해, 독일은 양육비에 관한 국가 선급제(先給制)를 시행하여 국가가 우선적으로 양육비를 지급하고 비양육친으로 하여금 국가에 납부하도록 한다(이여봉, 2003). 반면에 미국과 영국은 비양육친이 양육비를 지급하지 않은 경우 급여에서 공제하거나 운전면허증을 비롯한 자격증을 취소하는 등과 같이 이행강제수단을 동원한다(이여봉, 2003). 한국에서도 2015년 3월부터 여성가족부 산하에 양육비 이행관리원이 출범하였다. 그리고 '양육비 이행확보 및 지원에 관한 법률' 및 '건강가정기본법'을 기반으로 하여, 양육친의 양육비 확보를 위한 상담과 소송을 지원하고 있다. 한편으로는 양육비 채무 불이행시 운전면허 정지 및 출국 금지와 명단 공개 등을 통해 양육비 확보를 유도하고, 다른 한편으로 양육비 미지급으로 인해 양육에 어려움이 있다고 인정되는 경우 국가가 긴급양육비를 지원하고 추후 양육비 채무자로부터 환수하는 방식이 동원되고 있다. 그런데 지원수요가 많은 데 비해 인력과 권한 등이 부족하여, 지원이 수요에 미치지 못하고 있는 것이 현실이다.

4) 지역사회 이혼(Community divorce)

결혼은 남편과 아내 각각의 친족과 친구 및 이웃이 하나의 관계망(network)으로 얽히는 것을 의미하는 반면, 이혼은 부부 공동의 친지이자 친구 및 이웃들과 얽혀 있던 관계망을 다시금 별개의 관계망으로 분리하는 과정을 필요로 한다.

우선 전 시가(前媤家) 혹은 전 처가(前妻家)와의 관계가 재정립되어야 한다. 자녀가 없는 상태에서 이혼을 하는 경우엔 일반적으로 전 배우자의 원가족과는 단절된다. 그러나 전혼에서 태어난 자녀가 있어서 자녀와 전 배우자의 원가족이 조손관계 및 삼촌관계 등으로 엮여 있는 경우에는, 이혼친족관계를 새로이 자리매김할 필요가 있다. 친구나 이웃과의 관계 역시 재정립되어야 한다. 어느 한편 배우자와 직접적인 유대가 있어 왔던 관계망의 경우엔, 간접적으로 유대를 맺어 오던 배우자는 해당 관계망으로부터 단절된다. 반면 부부 공동의 친구였던 경우에는 성별에 따라 이분되는 경향이 크며, 캠퍼스 커플이었던 경우 여성이 관계망에서 멀어지는 경향이 있다. 부부가 같이 어울리던 기혼 커플들 역시, 이혼한 양쪽 모두와 친분을 유지하기는 쉽지 않다.

이혼한 당사자들은 이와 같은 일련의 변화들을 겪으면서 각자 새로운 관계망을 구축해야 한다. 그런데 새로운 관계를 형성하거나 기존

관계가 재정립되는 과정에서 경험하는 편견과 낙인 그리고 스스로 내면화하고 있는 피해의식이 상호작용해서, 이혼 당사자는 위축되기 쉽다. 그러므로 이를 극복하려는 스스로의 노력과 주변 사람들의 정서적 지원 그리고 이혼을 바라보는 사회 고정관념 즉 이혼에 대한 편견이 수정되어야 한다.

5) 심리적 이혼(Psychic divorce)

전 배우자의 인성이나 영향력으로부터 스스로를 분리하고 심리적인 자율성을 획득하는 단계를 심리적 이혼이라고 부른다. 다시 말해, 심리적 이혼이란 이혼에 수반되는 충격과 좌절 및 분노와 우울을 극복하여 전 배우자와 자신을 용서할 수 있는 단계를 의미한다. 특히 아직 남아 있는 전 배우자에 대한 애착과 증오를 끊는 것이 중요하다(Bohannan, 1970). 그러나 모든 이혼자들이 이 단계에 도달할 수 있는 것은 아니고, 이 단계에 이르기 위해서는 부단한 노력과 상당한 시간이 필요하다.

이혼에 따르는 슬픔을 충분히 애도함으로써 심리적으로 애증과 분노 및 좌절의 단계를 넘어선 경우에, 비로소 전 배우자와 긍정적이고 건설적으로 의사소통할 수 있고 자녀양육과 관련하여서도 서로 협력할 수 있다. 즉 심리적 이혼을 이룬 후에야, 진정한 의미에서 새로운 인생을 위한 출발점에 도달했다고 할 수 있는 것이다.

6) 양육협조자로서의 관계 정립(Co-parental divorce)

부부는 자신들의 이혼을 스스로 결정했으므로 이후의 결과를 감내해야 하지만, 자녀들은 무고하게 고통을 겪는다. 따라서 부부는 이혼으로 인해 자녀가 받을 부정적 영향을 최소화하기 위해 협력해야 할 의무가 있다. 양육과 관련된 의무란 양육친의 양육과 비양육친의 양육비 지급 및 면접교섭으로 요약되지만, 표면적인 의무를 넘어서서 내용적으로 자녀양육에 관한 한 양친이 이혼 전과 다름없이 적극적이고 효율적으로 협조하는 것이 중요하다.

그런데 이혼한 부부가 자녀양육을 위해 원활히 협조할 수 있으려면, 심리적 이혼 단계에 이르러서 서로를 자녀의 부모로서 존중할 수 있어야 가능하다. 그렇지 않은 경우 양 배우자는 상대편에 대한 적의와 비난을 자녀에게 퍼붓게 되기 때문에, 자녀의 정서와 행동 발달뿐 아니라 평생에 걸친 부모자녀 관계에도 부정적인 영향을 미치게 된다.

5 이혼과 자녀

이혼은 새로운 삶을 위한 또 하나의 시작임에는 틀림이 없지만, 무(無)에서부터 가볍게 시작하는 것이 아니라 고통의 연장선에서 극복해 가는 과정이다. 따라서 이혼 당사자뿐 아니라 자녀들 그리고 노부모 등 여러 사람들이 각자의 위치에서 새로이 극복해야 할 과업을 지니게 된다.

특히 자녀는 자신의 의사와 상관없이 행해진 부모의 이혼이 초래한 결과를, 온몸으로 겪어내야 한다. 이혼가족의 자녀라는 사회적 편견으로 인한 열등감, 한편 부모로부터 버려졌다는 느낌으로 인한 두려움과 불신, 경제적 어려움, 해체된 가족에서 이전에는 아버지 혹은 어머니가 수행해 오던 역할을 자신이 떠맡아야 하는 데서 오는 어려움, 그리고 서로 적대적인 양편 부모 사이에서의 갈등 같은 문제들이 자녀의 밖으로 남는다(박부진, 1999). 그래서 성장기뿐 아니라 자녀가 성인이 된 이후에도, 부모의 이혼은 자녀의 삶과 부모자녀 관계에 영향을 미친다.

1) 부모의 이혼과 미성년 자녀

이혼가족의 미성년 자녀는, 어느 한편 부모와는 동거할 수 없고 원할 때 언제나 접촉할 수 있는 권한을 박탈 당하면서 깨어진 가족의 실체에 직면한다. 어린 자녀에게 있어서 부모는 믿고 의지하는 세계의 전부이기 때문에, 부모의 이혼은 부모에 대한 신뢰뿐 아니라 모든 것이 무너지는 경험이자 두려움으로 다가온다. 게다가 이혼가족에 대해 여전히 부정적인 사회에서 느껴지는 낙인을, 자녀는 수시로 경험한다. 그래서 지나치게 의존적이 되거나 혹은 멋대로 행동하며 방황하기도 하고, 지나치게 불안하고 공격적이 되거나 우울감에 빠지기도 한다. 이러한 영향은 부모와의 관계에만 국한되지 않고 주변 사람들과의 관계에까지 확대되면서, 또래 관계나 학교에서의 적응에 장애를 초래할 수 있다.

(1) 자녀의 발달단계별 부모 이혼의 영향

Wallerstein과 Kelly는 부모의 이혼이 각 연령대별 자녀에게 미치는 영향을 자녀의 연령대별로 3~5세, 6~8세, 9~12세, 그리고 13세 이후의 사춘기로 구분하여 다음과 같이 요약하였다(Wallerstein & Kelly, 1980; 이원숙, 2004에서 재인용).

① 학령 전기(3~5세)의 자녀에게 가족은 영향력이 가장 큰 사회화의 매개체이다. 따라서 부모의 이혼으로 인한 타격은 이 시기의 자녀에게 매우 크다. 3~5세의 자녀는 이혼의 의미를 이해하지 못하기 때문에, 버려진다는 데 대한 두려움으로 인해 정

서적 안정감을 잃게 된다. 그래서 오줌을 싸거나 손가락을 빨거나 하는 퇴행에서부터 자폐 증상에 이르기까지 광범위한 후유증을 겪는다. 자신으로 인해 부모가 이혼을 했다는 죄책감을 갖기도 하고, 자신이 부모를 화해시켜야 한다는 생각을 갖기도 한다.

② 6~8세의 자녀는 학령 전기와 같은 죄책감을 갖지는 않지만, 헤어진 부모에 대한 그리움과 함께 부모가 재결합할 수 있다는 환상을 구체적으로 갖는다.

③ 9~12세의 자녀는 이혼이 무엇을 의미하는지 알지만 이혼에 이르게 되는 부모의 입장을 세세히 이해하기는 힘들기 때문에, 부모의 이혼에 대해 분노와 반대를 표현한다.

④ 청소년기의 자녀는 "부모가 왜 이혼하는지?"에 관해 폭넓게 사고하고 판단할 수 있다. 그래서 부모의 이혼을 자녀 자신의 이성 관계 및 정체성 형성과 관련하여 새로이 고민해야 할 과제로 여기게 된다. 또한 이 시기에는 부모의 이혼으로 인한 삶의 변화에 대처하기 위해 친구 집단 등과 같은 가족 외의 자원을 활용할 수 있어서, 이전 시기의 자녀들만큼 무력하지는 않다(유희정, 2001). 가족 안에서 충족하지 못하는 면을 또래 집단에서 추구하는데, 또래들 역시 성숙한 성인이라고 할 수 없으므로, 자칫 반사회적인 문화에 과도히 노출되고 집착하게 될 가능성을 배제할 수 없다.

(2) 부모의 이혼이 미성년 자녀에게 미치는 영향에 관한 이론

이혼이 자녀에게 부정적인 영향을 미치게 되는 여러 측면들을 다음의 이론들로 설명할 수 있다(Amato, 1993; Lamanna & Riedmann, 1997).

● 생애 스트레스로 인한 영향(Life stress perspective)

자녀는 부모의 이혼과 연관되어 벌어지는 일련의 사건들을 경험한다. 아버지와 어머니 중 어느 한 편과는 동거할 수 없고 매일 만날 수도 없게 된다. 이사 및 전학을 해야 하는 경우가 많고, 그럴 경우 익숙했던 학교 및 교우 관계로부터 단절된 채 새로운 환경에 적응해야 한다. 게다가 비양육친 쪽의 친족, 특히 조부모와의 관계 역시 변화를 겪는다. 이 모든 부정적 스트레스들이, 어린 자녀가 소화하고 적응하기에 과도할 만큼 한꺼번에 누적되기 때문에, 자녀에게 부정적 영향을 미칠 가능성이 높다.

● 부모 상실로 인한 영향(Parental loss perspective)

부모는 자녀를 감정적·실질적으로 지원하고 일상적인 정보와 도움을 제공하는 중요한 자원이다. 그리고 양친이 동거하면서 서로 협조하고 타협해 가는 모습은, 자녀로 하여금 원만한 대인관계 능력을 관찰할 수 있게 하는 중요한 역할 모델이다. 따라서 양친(兩親) 중 어느 한편과 떨어져서 성장해야 하는 환경은, 친밀한 부부관계를 관찰하며 익숙해질 수 있는 기회의 박탈을 의미한다. 또한 어머니가 양육하는 아들 혹은 아버지가 양육하는 딸의 경우에는, 동성역할 모델의 부재로 인해 성역할 정체감을 형성하는 데 혼란을 경험할 가능성이 있다.

● 부모 간 갈등으로 인한 영향(Inter-parental conflict perspective)

이혼 전과 이혼 과정뿐 아니라 이혼 후까지 이어지는 양편 부모 간의 극심한 갈등 자체가 자녀의 복리에 부정적인 영향을 미친다(Amato & Booth, 1996). 이혼을 "결행하느냐?" 혹은 "하지 않느냐?"의 차이가 아니라 부부갈등의 존재 자체가 자녀에게 미치는 영향이 더욱 크다는 주장이, 여러 연구에서 뒷받침되고 있다(Morrison & Cherlin 1995; Wenk et al., 1994). 자녀의 복리를 위해서 특정한 가족 형태나 구조보다 더욱 중요한 것이, 가족 간의 유대 및 의사소통 패턴이기 때문이다. 다만 부모가 자녀에게 애정과 훈육 및 지지를 충분히 제공할 수 있다면, 이혼이나 부부 간 갈등 상황으로 인해 자녀에게 미치는 부정적 영향을 줄일 수 있다는 연구들이 보고되고 있다(Amato, 1986; Booth & Amato, 1994; Simons et al., 1999).

● 양육친의 부적응(Parental adjustment perspective)

이혼과정 및 이혼 전후에 겪는 양육친 자신의 스트레스 때문에, 자녀에게 적절한 양육을 제공하지 못할 가능성이 높다. 그런데 자녀의 올바른 성장을 위해서는 부모의 적절한 훈육과 보호가 중요하기 때문에, 그렇지 못할 경우 자녀는 성장에 부정적 영향을 받을 수밖에 없다.

● 경제적 어려움(Economic hardship perspective)

이혼은 일시적이든 장기적이든 양편 배우자 모두의 경제적 하락을 초래한다. 특히 양육친은 육아와 경제활동을 병행하기 힘들기 때문에, 경제적 어려움을 겪기 쉽다. 그래서 비양육친으로부터 양육비를 확보하는 것은 중요하다. 그러나 비양육친으로부터 양육비를 지급받는 것이 모든 양육친에게 가능한 것도 아니다. 이처럼 한부모 가족이 겪을 수 있는 경제적 어려움과 이에 관한 사회적 지원 부족 등이 자녀의 성장에 어려움을 초래하게 된다.

이혼 초기에 자녀가 극심하게 겪는 증상은 이혼 후 2년 정도가 지나서 새로운 가족생활에 적응하게 됨에 따라 개선된다는 연구들(Hetherington & Kelly, 2002; Wallestein & Kelly, 1980)이 있는 반면, 이혼으로 인한 상처가 아물지 않고 성인이 된 이후에도 여전히 남아서 자녀가 성장한 후의 사회경제적 성취도 및 자녀 자신의 결혼 안정성에까지 부정적인 영향을 미친다는 연구들(Amato, 1993; Amato & Keith, 1991; Amato & Booth, 1991; Ross & Mirowsky, 1999)도 설득력을 지닌다.

자녀가 부모의 이혼을 바라보는 시선과 해석은 성장단계마다 다르고, 또 부모의 이혼으로 인해 영향을 받는 강도와 색깔도 다를 수 있다. 그리고 부모의 이혼에 대한 이해폭 역시 정체되어 있는 것이 아니라, 자녀의 성장과 더불어 재해석된다(Hetherington et al., 1989). 그러나 부모의 이혼에 맞닥뜨리는 자녀의 우선적인 감정이 충격이고 불안이며 괴로움이라는 점은, 자녀의 성장단계와 상관없이 공통적이다. 따라서 이혼하는 부모가 해야 하는 첫 번째 행동은, "이혼할 수밖에 없는" 현실에 관해 자녀에게 숨기지 말고 가능한 한 솔직하게 그리고 자녀의 눈높이에 맞춰서 충분히 이해할 수 있도록 알려 주는 것이다. 그리고 부모의 이혼에도 불구하고 자녀를 향한 애정에는 변화가 없을 것임을, 자녀에게 진심을 다해 이야기하고 자녀가 신뢰할 수 있도록 노력하는 일이다.

2) 부모의 이혼과 성인 자녀

자녀가 성장함에 따라 부모의 이혼을 점차 이해하게 된다는 연구들이 나오고 있다(Amato & Booth, 1991). 그러나 이혼 후 경제적 어려움이나 스트레스에 시달리는 동안, 양육친이 자녀를 돌보는 데 있어 효과적이지 못할 가능성(Hetherington & Clingempeel, 1992)이 있고 따라서 부모자녀 간 상호작용의 질이 저하될 가능성은 농후하다. 그리고 비양육친은 자녀를 만나는 일이 점차 드물어지면서, 자녀의 생활로부터 분리되는 경우가 대부분이다(Lamb, 1999). 그래서 상호 갈등하는 부모 밑에서 성장을 했거나 이혼한 부모 밑에서 성장을 한 자녀들은 부모와의 유대가 비교적 약하며 특히 비양육친과의 관계는 더욱 소원하다(Aquilino, 1994; Booth & Amato, 1994; Lamanna & Riedmann, 1997; White, 1994). 성장기에 손상된 부모자녀 간 유대는 자녀가 성장하여 성인이 된 이후에도 회복되기 힘들기 때문이다. 이혼한 가정의 자녀들이 부모에게 전화를 하거나 방문을 하는 등 접촉을 해야 한다는 의무감을 비교적 덜 느끼고 부모와 성인 자녀 간 도움을 주고받는 관계 역시 드문 것으로 나타나는데, 그 구체적 이유를 다음과 같이 설명할 수 있다(Lye et al., 1995).

- 이혼가족 및 한부모 가족에서 성장하는 동안, 양친 밑에서 성장한 또래들에 비해 상대적으로 정서적·물질적 자원을 덜 받았을 가능성이 있다. 따라서 성장 후에 되갚아야 한다는 의무감 역시 덜 느끼는 것이다.

- 양육친이 이혼 후의 정서적인 스트레스나 경제적인 어려움으로 인해 자녀에게 애정을 덜 쏟게 되는데, 이로 인해 자녀와의 관계가 소원해질 가능성이 있다.

- 이혼가족에서는 시부모(媤父母)에 대한 며느리 역할 및 처부모(妻父母)에 대한 사위 역할 등이 존재하지 않는다. 그리고 이혼으로 인한 새로운 가족 구조 및 역할로 인해, 노부모에 대한 성인 자녀로서의 역할 경계 역시 모호해지는 경향이 있다. 이러한 가족

에서 성장하는 자녀들은 조부모와 부모가 맺는 부모자녀 간 호
혜적 교환을 관찰하고 모방하여 학습할 수 있는 기회를 갖지 못
한다. 그런데 이는 자녀들이 성장한 후에 부모와 맺는 유대를 약
화시키는 결과를 초래한다.

• 이혼가족의 자녀들은 부모가 화목한 양친 가정을 제공해 주지
않았다는 데 대한 분노를 성장한 이후까지도 해소하지 못한다.
따라서 부모에 대한 반감을 지니게 된다.

3) 부모의 이혼과 자녀세대의 삶

부모의 이혼을 경험한 사람들은, 자신이 결혼하여 가정을 이루고
난 이후에도 결혼 만족도가 낮고 부부갈등을 많이 겪으며 이혼 가능성
을 많이 고려하기 때문에 자신들 역시 이혼에 이르기 쉽다(Bumpass et
al., 1991; Ross & Mirowsky, 1999; Tallman et al., 1999; Webster et al., 1995;
Wolfinger, 1999).

(1) 사회학습이론(Social learning theory)

이혼가족의 자녀들은, 서로에 대해 분노하고 비난하며 이혼에 이
르는 부모 간의 상호작용에 익숙한 채로 성장한다. 따라서 성장한 후에
도 문제해결을 위해 남과 협력하고 긍정적으로 관계를 맺는 기술이 부
족하게 되며, 결혼생활 역시 불안정하게 된다.

(2) 애착이론(attachment theory)

자녀에게 있어서 부모자녀 관계는 사람들과의 관계맺음을 형성하
는 근본이다. 그런데 부부갈등과 이혼을 겪는 부모는 자신들의 스트레
스로 인해, 자녀에게 애정과 감정적 지지를 충분히 제공하기 힘들다.

부모자녀 관계에서 긍정적이고 신뢰하는 정서를 발달시키지 못한 자녀는, 성장 후에도 정서적으로 불안정해서 타인과 친근한 관계를 장기간 이어가기 힘들기 쉽다.

부부갈등이 극심해서 이혼에 이르는 동안 자녀가 부정적 상호작용을 학습했기 때문이든 혹은 이혼을 겪는 부모의 스트레스로 인해 애착을 발달시키지 못해서든, 한 세대의 갈등 상황은 자녀세대로 이어지면서 대를 이어 비슷한 문제 ― 갈등과 이혼 ― 를 초래한다(Amato & Cheadle, 2005). 그리고 그들의 자녀세대가 경험한 갈등과 이혼은 손자녀세대로 이어지면서 다시금 유사한 상황을 낳기 쉽다(Amato & Cheadle, 2005). 이러한 불행의 고리를 끊기 위해서는, 대체역할모델들 ― 행복한 결혼생활을 유지해 가는 이모, 삼촌 등의 주변 사람 ― 과의 잦은 접촉을 통해 친밀한 부부관계를 학습할 수 있는 기회를 제공함으로써, 부모의 이혼으로 인해 자녀에게 미치는 부정적 학습효과를 제거하도록 노력해야 한다. 그리고 이혼으로 인한 스트레스에도 불구하고 자녀에 대한 애정과 지원을 최우선 순위에 놓고 실천할 때, 부모 자신의 이혼이 자녀에게 대물림되는 세대전이의 고리를 끊어낼 수 있을 것이다.

6 이혼, 더 나은 삶을 위한 선택이기 위하여

결혼하는 시점에서 모든 부부는 "평생토록 행복하고 사이좋게 살아가기"를 기대한다. 아무리 성공적인 이혼도 친밀한 결혼을 유지하며 평생을 살아가는 가족에 비할 수는 없기 때문이다. 이혼은 본인들과 성장기의 자녀들뿐 아니라 이혼 시점에는 세상에 태어나지도 않은 손자녀의 삶에까지 영향을 미친다(Amato & Cheadle, 2005).

그러나 우리 시대의 가족을 서로 사랑하고 친밀한 관계를 유지하는 부부와 이혼가족으로 이분할 수 있는 것은 아니다. 영원한 행복을 꿈꾸며 결혼한 부부들 중 상당수는 심각한 갈등을 겪게 되는데, 그들 중의 일부는 이혼을 하고 다른 일부는 결혼관계를 유지한 채 갈등 속에서 고통을 받으며 살아간다. 끝없이 갈등하며 살아가는 가족과 이혼가족을 비교할 때, 어느 편이 낫다고 단정할 수는 없다. 이혼을 촉발하는 요소들과 이혼에 장애가 되는 요소들 사이에서 끊임없는 저울질 끝에, 당사자들의 선택이 있을 뿐이다. 다만 서로에게 만족하지 않는 부부들의 이혼 추세는 앞으로도 이어질 것이기 때문에, 이혼을 경험하는 가족과 개인들이 이혼으로 인한 감정적·경제적·실질적 부적응의 악순환에 머물지 않고 새로운 출발을 할 수 있도록 우리 사회가 다음을 준비해야 한다.

1) 이혼에 관한 인식 변화의 필요성

일반적으로 이혼에 대한 일반적 인식은 수용적으로 변화하고 있으면서도 여전히 이혼가족에 대해서는 부정적으로 보는 이중적 시각에 문제의 핵심이 있다. 이러한 모순된 분위기에서 한편에서는 이혼율이 증가하고, 또 다른 한편에서는 이혼가족이 주변으로부터 외면당하는 결과가 초래된다. 따라서 당사자와 주변 친지들, 그리고 주변 사회가 가진 이혼에 대한 편견을 수정하는 작업이 우선되어야 한다.

(1) 이혼 당사자 내부의 편견

이혼을 한 당사자들은 자신의 내부에 존재해 온 편견에 기초하여 세상이 자신을 비난할 것이라는 피해의식을 갖고 안으로 움츠러드는 경향이 있다(이원숙, 2004). 이는 이혼 자체에 관해 사회가 주입해 온 부정적 틀을 내면화한 상태에서, 자신에게 닥친 이혼 상황을 심정적으로 수용하지 못하는 데 기인한다.

(2) 중요한 타자(significant other)가 지닌 편견

부모형제들 역시 이혼에 대한 무지와 편견에 기초하여, 이혼한 자녀나 형제 혹은 자매를 부담스러워하거나 가족의 체면에 누(累)가 될까봐 꺼려하고 부담스러워하는 경향이 있어왔다. 그런데 부모형제는 이혼 당사자가 지원을 받을 수 있는 중요한 자원이기 때문에, 부모형제의 편견과 외면은 이혼 당사자에게 매우 큰 상처가 된다.

(3) 지역사회의 편견

이웃과 동료들 역시 이혼한 사람을 호기심의 대상으로 보고 그/그녀에게서 개인적 결함을 찾아내려고 애쓰곤 한다. 그래서 이혼 당사자는 자신의 이혼 사실을 숨기고 나아가 대인관계를 축소하는 경향이 있다. 그런데 이혼 사실을 숨기면, 이혼의 상처를 극복하고 새로이 적응하기 위해 필요한 지원을 주변으로부터 받을 수 없다. 그래서 지역사회가 지닌 편견은 궁극적으로 이혼한 당사자의 적응에 실질적인 걸림돌로 작용한다.

2) 핵가족 위주의 정상가족 이데올로기로부터의 탈피

우리 사회는 경제적 부양자와 가사 및 양육역할 담당자로서 상호의존하면서 다양한 역할을 해내는 부부 중심의 핵가족만을 정상이라고 여기는 '정상가족 이데올로기'를 고수해 왔다. 이는 가사와 양육 및 노인과 환자 부양 등의 많은 역할을 가족 내에서 해결하도록 기대하고 이러한 역할들을 전담하는 존재로서 전업주부를 상정하며, 또한 가족을 평생토록 경제적으로 부양하는 남편을 전제로 한 모델이다. 그런데 이러한 가족 구조에서 한 가지라도 빠지게 되면 어떻게 될까?

가사 및 양육역할을 담당하느라 전업주부로 살아온 여성은 이혼과 동시에 자신의 존재 가치 및 정체성을 상실하기 쉽다. "핵가족이 유일한 정상가족"이라는 고정관념으로부터의 전환과 동시에 다양하게 살아가는 모습들을 받아들이는 사회 분위기가 조성되어야 한다.

3) 이혼가족을 위한 사회적 지원

핵가족 위주로 돌아가는 사회구조 속에서 "한부모 가족도 핵가족에 부과되는 역할들을 모두 행해야 한다"는 부담은 처음부터 부적응을 예고한다. 이혼과 동시에 직면하는 경제난은 취업의 어려움으로 인해 극복하기 힘들고, 한부모에게 주어지는 양육부담은 경제활동에 걸림돌이 된다.

다양한 모습의 가족들이 사회 속에서 어울려 살아갈 수 있으려면, 핵가족뿐 아니라 다양한 가족들 각각에게 필요한 지원이 이루어지는 포괄적 방안이 마련되어야 한다. 한부모가 양육을 할 수 있도록 경제적 지원책 – 양육비 확보 및 양육비 지원 – 이 마련되어야 하고, 취업과 양육을 병행할 수 있도록 사회적 보육 시설이 확보되어야 한다.

이혼이 최선이라고 할 수는 없고, 이혼 후의 삶도 쉽지 않다. 그럼에도 불구하고, 이혼은 누구에게나 닥칠 수 있는 현실이고, 불행한 삶을 적극적으로 타개하는 차선책일 수 있다. 그래서 이혼가족에 대한 편견 대신 적극적인 지원을 통해 더불어 살아가는 사회를 만드는 것이 우리 모두의 몫이다.

Chapter
14

재혼과 재혼 가족

이혼이나 사별을 경험한 사람들이 다시금 결혼관계에 돌입하는 추세가 증가하고 있다. 이로 미루어 볼 때, 대다수의 이혼은 특정인과의 관계 결렬일 뿐 결혼 제도 자체에 대한 거부를 의미하지는 않는다 (Bumpass et al., 1990). 한두 번의 결혼생활을 종결하고 난 후 다시금 새로운 배우자와의 관계에 돌입하고자 한다면, 그 이유는 어디에 있을까? 재혼을 하려는 동기를 사랑과 성 그리고 일상을 공유할 파트너에 대한 끊임없는 욕구에서 찾기도 하고 혹은 이혼으로 인한 사회적 낙인을 지우려는 의도로 해석하기도 한다. 결혼관계 안에 있는 것을 바람직하게 여기는 사회문화적 압력 역시, 재혼을 설명하는 중요한 이유이다.

재혼가족(remarried family)이란 한 쪽 배우자 혹은 양쪽 배우자가 이혼이나 사별로 이전의 결혼을 종결한 후 현재의 배우자와 다시 결혼관계를 맺어서 형성한 가족을 총칭한다. 따라서 초혼남과 초혼녀의 결합을 제외한 모든 결혼이 재혼이며, 이렇게 구성된 가족을 재혼가족 혹은 재구성 가족(reconstituted family)이라고 한다.

1 재혼 현황

20세기 전반까지 재혼이 주로 사별로 인해 배우자를 상실한 경우였다면, 오늘날의 재혼은 이혼을 통해 전혼관계를 종결하고 새로운 배우자를 만나는 경우가 주를 이룬다. 2023년 한 해 동안 31,644건의 재혼이 이루어졌는데, 이는 전체 결혼건수의 16.3% 수준이다(통계청b, 2024). 재혼건수는 1990년 이후 지속적으로 증가해서 2005년 정점을 찍은 이후에도 2012년까지는 연 5만 건을 상회했는데, 이후 감소해서 2020년부터는 3만 건을 약간 넘는 수준을 유지하고 있다.

이제 사별한 여성뿐 아니라 이혼한 여성의 재혼도 드문 일이 아니어서, 2000년대에 들어선 이래로 여성의 재혼비율이 남성의 재혼비율보다 높다(표 14-1). 또한 재혼 남성과 초혼 여성 간의 결합으로 대표되던 한국 사회의 재혼양상이 변화하면서, 2000년 이래 지속적으로 재혼 여성과 초혼 남성 간의 결합이 재혼 남성과 초혼 여성 간의 결합 비율을 넘어서고 있다(표 14-2). 이는 여성의 재혼을 바라보는 사회의 부정적인 시각이 현저히 완화되고 있음을 시사한다.

표 14-1 전체 결혼 중 재혼 구성비 추이

연도(%)	1990	1995	2000	2005	2010	2015	2020	2023
남성	8.4	10.0	13.1	19.0	16.3	15.3	15.6	16.3
여성	7.1	10.0	14.5	21.2	17.6	17.4	17.8	18.2

출처: 통계청b, 〈인구동향조사: 혼인·이혼〉 각년도.

표 14-2 초혼 및 재혼 유형별 분포

연도	초혼남-초혼녀	재혼남-재혼녀	초혼남-재혼녀	재혼남-초혼녀
1990년	89.4	4.7	2.3	3.6
1995년	86.4	6.5	3.6	3.6
2000년	81.9	9.6	4.9	3.4
2005년	73.8	14.7	6.4	4.2
2010년	78.1	12.0	5.6	4.3
2015년	78.7	11.5	6.0	3.9
2020년	78.2	11.8	6.0	3.7
2023년	77.3	12.2	5.9	3.9

출처: 통계청b, 〈인구동향조사: 혼인·이혼〉 각년도.

2 재혼가족의 특성

초혼가족의 경우에도 결혼을 통해 양쪽 확대가족이 모두 연결되긴 하지만, 재혼가족에서의 관계망은 훨씬 복잡하다. 특히 전 배우자와의 사이에 자녀가 있는 경우, 자녀로 인해 이어지는 연결고리들[1]이 다양하게 펼쳐진다. 일단 부모가 이혼을 하고 나면 비양육친(非養育親)과는 거의 소식이 두절된 채 성장하던 과거와 달리, 비양육친에게 양육비 지급의무[2] 및 면접교섭권[3] 등이 주어지는 오늘날에는 자녀가 비양육친

---

1) 전혼 자녀의 비양육친인 전 배우자, 전혼 자녀의 조부모, 현 배우자의 전혼 자녀, 현 배우자의 부모, 현 배우자의 전 배우자 등이, 재혼생활에 복합적으로 얽혀 있을 가능성이 높다.
2) 이혼 후에도 특별한 사정이 없는 한, 부모가 공동으로 양육(양육행위와 양육비)을 행해야 하고, 이는 양쪽의 경제사정과 상관없는 부모로서의 의무이다. 따라서 비양육친은 자녀가 성인이 될 때까지 양육비를 지급할 의무를 지니고, 양육친은 이를 청구할 권한이 있다(민법 826조 1항, 서울가정법원 1996. 2. 14. 선고, 95브118 결정).
3) 이혼 후 자녀와 동거하지 않는 부모(비양육친)는, 주기적으로 자녀와 접촉할 권

과 지속적인 접촉을 유지하게끔 하는 방향으로 변화하고 있다. 그래서 부모가 재혼을 하게 되면, 전혼 자녀(前婚子女)를 매개로 하여 전혼가족과 재혼가족이 복잡하게 얽히는 연계구조가 형성되고 또한 다양한 의붓 관계(step relationship)와 생물학적 관계가 얽힌 복잡한 관계망이 형성된다. 이러한 특성에 기초하여, 재혼가족을 연계가족(linked family) 혹은 혼합가족(blended family)이라고 부르기도 한다.

3 재혼에 이르는 과정

1) 재혼 이유에 있어서의 성차

이혼을 경험한 사람들은 전혼의 실패로 인한 상실을 재혼을 통해서 채우고 싶어 한다. 결혼생활은 흔히 모성역할을 하는 여성에게는 스트레스를 증가시키는 반면 남성에게는 스트레스를 경감해 주는 것으로 알려져 있다(Bernard & Jessie, 1982). 실제로 이혼이나 사별 후 독신으로 지내는 비율은 여성이 훨씬 높은데, 특히 학력과 경제력이 높은 여성들의 경우에 이러한 경향이 두드러진다. 그런데 남성들의 경우에는 사별이나 이혼 후 재혼하기까지의 공백기가 상대적으로 짧다.

평균적으로 볼 때, 재혼을 하고자 하는 이유에 있어서 남성과 여성은 상이하다. 부부간 역할 분리(role segregation) 현상이 여전히 지속되고 있어서, 부부관계를 종료하는 경우 남성은 가사역할 담당자의 부재로 인해 일상생활의 불편을 경험한다. 특히 전혼 자녀를 양육하고 있는

리를 갖는다(민법 837조 2항). 다만 이에 관해서 양육친의 주소지 관할 가정법원에 신청하게 되어 있다.

남성의 경우, 모성역할을 담당할 존재에 대한 필요는 성관계의 파트너를 찾는 욕구 못지않게 절실하다. 따라서 전혼 자녀를 양육하면서 재혼을 고려하는 남성들은, 상대방에게서 성적 매력뿐 아니라 자녀를 위한 모성역할을 기대한다. 반면에 전혼에서 전업주부였다가 이혼으로 인해 한부모 가족이 된 여성들의 경우, 이혼으로 인한 경제적 곤란이 육아로 인한 어려움과 노동시장에서의 성차별로 인해 쉽사리 극복되지 않는다. 이러한 상황에서 경제적 이유는 여성으로 하여금 재혼을 결심하게 하는 주요인이다. 재혼상대에 대한 기대가 경제적 부양역할을 할 남성과 가사 및 양육역할 담당자이자 성적 매력을 지닌 여성으로 성별에 따라 이분(二分)되는 것은, 성에 따른 역할분리 현상과 낭만적 사랑의 허구[4]가 재혼 대상 선택에도 어김없이 적용됨을 시사한다.

근래에 들면서 결혼관계에서 교환되는 자원 자체의 희소성 및 중요도가 남성 쪽으로 유리하게 편중되고 있다. 남성이 재혼에 기대해 온 가사역할 및 성욕 충족은 식당과 세탁소 및 가사도우미와 유아놀이방의 보편화 및 성개방 의식 등으로 인해 가족 밖에서의 조달이 가능해진 반면, 여성이 재혼에 기대해 온 경제력은 불황과 더불어 점점 심해지는 취업난으로 인해 대체할 곳을 찾기가 어렵기 때문이다(Lamanna & Riedmann, 1997).

나이가 많은 여성들의 재혼율이 낮은 것은, 재혼 상대자의 조건으로서 여성에게 중요시되는 젊음과 외모의 쇠락이 매력의 상실로 간주

---

4) 남성은 재혼대상 여성의 외모를 중시하는 반면 여성은 상대 남성의 경제력을 중시하는 경향이 있다(SBS, 2003). 사랑과 배우자 선택에 관하여 3장과 4장에서 기술한 바, 낭만적 사랑 관념을 지닌 여성은 외모를 필두로 한 성적 매력에 의해 경제력을 갖춘 남자로부터 사랑을 얻고, 이로써 남성이 지닌 자원을 간접적으로 공유하는 비주체적 삶을 당연한 것으로 여기는 경향을 보인다.

되면서 재혼시장에서의 가치가 하락하기 때문이다(Bumpass et al., 1990; Ganong & Coleman, 1997). 그러나 남성들의 경우에는, 연령의 증가가 재혼 가능성의 감소로 이어지지는 않는다. 여성의 경우와 달리 남성에게 있어서 결혼은 사회적 성취를 받쳐줄 수 있는 기반이기 때문에, 경제력이 높은 남성이 재혼을 기피할 이유는 없다. 게다가 남성의 경우, 연령 상승이 매력의 상실로 연결되기보다는 사회적 지위와 경제력 상승으로 이어지면서 재혼 상대자의 범위를 넓힐 수 있게 하는 자원이 되기도 한다.

2) 재혼 배우자 선택

결혼이 도구적 필요에 의한 제도로서의 틀을 벗어나면서, 재혼 역시 우선적으로 양 당사자 간의 관계, 즉 정서적 유대를 중심으로 결정되고 있다. 따라서 초혼의 배우자를 선택할 때 고려되는 제반 요건들이 재혼의 경우에도 고려되고, 사람들은 서로의 관계에 대한 긍정적 기대를 안고 재혼을 결정한다. 그러나 두 사람의 애정관계에 기초한 결혼 결정이라는 점에서는 초혼과 유사함에도 불구하고, 재혼은 초혼과 구별되는 다양한 특성들을 지닌다.

(1) 선택 성향의 이질성과 대상범위의 한정성

결혼에 있어서 가장 중요하게 고려되는 동질혼(homogamy)[5]의 원

---

5) 동질혼(homogamy)이란 동일한 범주 내의 사람들끼리 결혼을 하는 것을 의미한다. 즉 교육수준이나 사회경제적 배경 및 종교나 연령 등이 유사한 사람들 간의 결혼을 동질혼이라고 한다. 반면에 이질혼은 전술한 면들에서 상이한 사람들 간의 결혼을 뜻한다. 그러나 이러한 구분은 어떤 요건에 초점을 맞추느냐에 따라 달리 구분될 수 있다. 예를 들면, 한 부부의 종교적 조합은 이질혼이지만, 교육수준 면에서는 동질혼으로 구분될 수 있는 등이다.

칙이, 재혼의 경우에는 덜 지켜진다. 사별을 한 후 재혼 배우자를 찾는 경우에는 초혼 배우자와 유사한 성향의 배우자감을 찾는 반면에, 이혼자들이 찾는 재혼 배우자에 대한 성향은 다양하게 나타난다. 성장기부터 형성된 기호(嗜好)가 지속적이어서 다시금 전 배우자와 유사한 성향의 상대를 선택하려는 경우도 있고, 혹은 전혼(前婚)에 대한 기억이 부정적이어서 전 배우자와 유사한 것은 무조건 거부하고 상반된 유형을 선택하고자 하는 경우도 있다.

한편 재혼시장은 자신의 기호나 성향을 고집할 만큼 대상자가 많지 않으므로, 초혼에 비해 한정된 범위에서 배우자를 선택할 수밖에 없다. 따라서 재혼은 연령이나 교육수준과 종교적 배경뿐 아니라 관심이나 생활방식 등에 있어서, 비슷한 배우자를 만날 가능성이 초혼보다 낮다. 그래서 재혼은, 이질혼(heterogamy)의 비율이 초혼에 비해 높다 (Lamanna & Riedmann, 1997).

(2) 연령

재혼자들의 연령은 평균적으로 초혼자들보다 높다. 그런데 이와 같은 연령 효과는 상반되는 두 방향으로 영향을 미친다. 우선 연령이 증가할수록 다양한 경험으로 인해 자신의 생활방식이나 여가 등과 관련하여 자아의식이 훨씬 뚜렷해지므로, 배우자 선택과 관련해서도 현명한 판단을 할 가능성이 높을 수 있다. 반면 젊음의 매력이 자원으로 여겨질 수 있는 현 문화에서, 특히 여성들은 나이가 들수록 적합한 파트너를 만날 가능성이 줄어든다는 강박감 때문에 재혼을 서두를 가능성도 배제할 수 없다.

(3) 결혼 경험

결혼 경험도 일종의 학습과정이므로, 유경험자들은 자신이 어떤 유형의 배우자를 원하고 어떤 유형을 원하지 않는지에 대해 초혼자들보다 더 잘 알고 결혼생활에 대해 현실적으로 이해할 수 있어서, 재혼 시에는 좀 더 현명하게 배우자를 선택할 수 있을 것이라는 주장이 있다. 그러나 "전혼(前婚)에서 경험한 학습 효과가 곧 재혼의 성공으로 이어질 것"이라는 단순한 예측은 위험하다. 왜냐하면 "한두 번 결혼했었다"고 해서 결혼에서 있을 수 있는 모든 상황을 예측할 수 있는 것은 아니기 때문이다.

물론 이전의 결혼을 파국으로 이끌었던 배우자의 특성과 유사한 면을 지닌 상대와의 결혼을 피하거나, 이전의 결혼생활에서 실패의 원인이었다고 생각되는 부정적 상호작용 역시 피하려고 노력할 수는 있다. 그러나 새로운 배우자와의 결혼생활은 전혼과 같지는 않더라도 또다른 문제점을 내포할 수 있다. 그리고 배우자를 선택하는 취향은 성장기 동안 형성된 이래로 지속되는 경향이 있어서, 자신이 의식하지 못하는 사이에 실패한 전혼과 유사한 선택을 다시 하게 될 가능성 역시 간과할 수 없다.

3) 자녀와 재혼 결정

일반적으로 자녀의 존재는 부모의 이혼뿐 아니라 재혼을 결정하는데 있어서도 걸림돌이 된다. 우선 자녀에게 부모의 재혼은 삶에서 경험하는 중대한 위협이자 새로운 관계맺음에 대한 두려움으로 다가온다. 그리고 계부모와 전혼 자녀의 한집 살이는, 전혼 자녀뿐 아니라 전혼 자녀의 비양육친에게도 그리고 계부모에게도 부담이 되는 것이 사실이다.

그러나 경우에 따라서, 자녀는 부모가 새로운 삶을 찾도록 돕는 지원자일 수도 있다. 이러한 차이는 어떤 상황에서의 재혼인지 그리고 이전의 삶에서 전혼 자녀와의 관계를 어떻게 일구어 왔는지에 따라 상이하게 나타날 것이다.

(1) 미성년 자녀와 재혼 결정

전통적으로 우리 사회는 남성의 재혼에 대해서는 허용적이어서, 전혼 자녀를 양육하고 있는 남성이 여성 한 사람을 맞아들이는 형태의 재혼이 보편적이었다.[6] 오늘날 여성의 재혼이 증가하고 있는 것은 사실이나, 전혼 자녀를 양육하고 있는 여성들의 재혼은 여전히 쉽지 않다. 재혼 상대자인 남성의 입장에서 상대 여성의 전혼 자녀는 정서적 부담일 뿐 아니라 양육비용과 상속 문제를 포함한 경제적 부담으로 작용한다. 전 배우자와의 사이에서 낳은 자녀 특히 아들을 양육하고 있는 여성의 재혼은 쉽게 이루어지기 힘들다는 보고(SBS, 2003)가 이러한 현실을 입증한다.

게다가 여성이 한부모로서 살아오느라 터득한 독립적이고 자기주장이 강한 태도 역시 재혼시장에서는 오히려 매력을 감하는 요소이다(Quinn & Allen, 1989). 왜냐하면 낭만적 사랑을 이상적인 것으로 생각하는 고정관념하에서, 초혼이나 재혼을 막론하고 "나약하고 의존적인" 특성이 남성의 사랑을 얻기 위한 매력으로 여겨지기 때문이다.

미성년 자녀의 존재 자체보다 더 주목해야 할 것은, 부모의 재혼에 대한 자녀의 반발 가능성이다. 미성년 자녀들은 이혼에 대한 저항감 및

---

6) 이동원 등의 조사(2000)에서, 미성년 자녀를 양육하는 여자의 재혼을 반대하는 의견이 37%인 반면, 미성년 자녀를 양육하는 남자의 재혼을 반대하는 의견은 20%로 나타났다.

죄책감 그리고 이혼 전으로 되돌리고 싶다는 향수 때문에, 부모의 재혼을 받아들이기 쉽지 않다. 또한 자녀의 입장에서 부모의 재혼은, 아버지 또는 어머니에게 새로운 파트너가 생긴다는 차원에서 한 걸음 나아가 비양육친의 자리를 다른 사람이 대체한다는 의미로 여겨지기 때문이다. 따라서 자녀들의 저항을 어느 정도 누그러뜨릴 수 있느냐에 따라 재혼이 원만하게 성사될 수 있는지의 여부가 달려 있다고 해도 과언이 아니다. 전혼 자녀를 데리고 재혼을 계획하는 부 혹은 모는, 결혼 상대자와의 관계가 성인인 자신에게 얼마나 중요한지에 관해 자녀들에게 솔직하게 설명하고 이해시킬 필요가 있다. 그리고 재혼 배우자를 "부모로 받아들일 것"을 자녀에게 강요하기보다는 "부모 역할을 할 사람"으로 소개하고, 나머지는 자녀의 자율적 선택 영역으로 남겨 두어야 한다. 이는 자녀로 하여금 "부모의 재혼이 직접적으로 자신의 생활을 뒤흔들어 놓을지 모른다"는 위기감을 덜 느끼게 하고 부모의 입장에서 생각해 볼 수 있는 여지를 갖게 한다.

(2) 노년의 재혼과 성인 자녀

지난 세월동안 우리 사회는 노년의 삶에서 동반자를 원하는 욕구, 즉 노인들의 성적·정서적·실질적 상호 의존 욕구에 대해서는 주목하지 않았다. 배우자와 사별한 노인들은 자신과 가족들의 체면에 누(累)가 될 것을 염려해서 데이트나 재혼에 대한 관심을 노출하는 것 자체를 꺼렸고, 가족과 주변에서는 "노인들은 삶을 마감하기까지의 길지 않은 기간 동안 독신으로 살아가는 것이 자연스럽다"고 여겨 왔다. 황혼의 재혼이 증가하고 있는 오늘날에도, 노년의 재혼은 여전히 본인들에게조차 양가(兩價, ambivalent)적으로 받아들여지고 있다. 그런데 이는 이성애(異性愛)를 출산 기능에 국한해서 바라보는 '가부장적 성각본'7)과 무관하지 않다. 특히 홀로 된 여성노인들의 경우에는 남편과 사별한 후 긴 세월을 독신으로 남는 경우가 많다. 여성노인들은 남성노인들과 달리 일상적인 필요를 스스로 충족하는 데 있어서는 별 어려움이 없어서 재혼의 필요를 덜 느끼는 것도 사실이다. 그러나 주목해야 할 것은, 여성의 재혼을 좋지 않게 생각하는 보수적 태도가 현재의 노령층에 여전히 남아 있고 홀로 남은 노년여성들 역시 이러한 태도를 내면화하고 있다는 사실이다. 그래서 노년의 여성들은 "일부종사(一夫從事)해야 한다"는 의무감과 전통적 순결관으로 스스로를 무장(武裝)하고 무성화(無性化)하면서 삼종지도(三從之道)8)의 마지막 단계를 보내는 것이다.

이성에 대한 관심과 성적인 친밀감에 대한 욕구는 강도만 약화될 뿐 노년에도 여전히 존재하고, 이를 즐기며 사는 것이 건강을 증진하고 노년을 풍요롭게 할 수 있다는 결과가 여러 연구에서 보고되고 있다 (Lamanna & Riedmann, 1997; Zastraw & Kirst-Ashman, 1997). 노년에 동반자로서 의지하고 삶을 공유할 수 있는 배우자는 성적·정서적으로뿐 아니라 일상적 상호 의존을 통해서 노년의 삶을 행복하게 할 수 있다. 최근 들어 노인층의 재혼이 큰 폭으로 증가하고 있다. 2023년 65세 이상인 남성노인의 재혼건수는 3,662건으로서 2010년의 1.7배를 넘고, 여성노인의 재혼건수는 2,112건으로서 수적으로는 남성노인보다 적지만

---

7) 가부장적 성각본에서는, 성애(sexuality)란 다음 세대를 출산하기 위한 기능으로서만 의미가 있는 것으로 바라본다. 따라서 "노령으로 인하여 출산능력을 상실한 경우, 성애는 불필요하다"고 여긴다. 그러나 표현적 성각본(여성주의 시각)에서 바라볼 때, 성애란 친밀감을 표현하는 수단으로서 출산능력과 상관없이 쾌락을 누릴 수 있는 행위이다. 후자의 시각에서 바라보면, 성애란 굳이 성교에 국한하지 않고도 가벼운 신체적 접촉 등을 모두 포함하며 노년의 성애 역시 서로 친밀감을 나누는 수단으로서 존중되어야 한다.

8) "어릴 적에는 아버지를 따르고, 결혼한 후에는 남편을 따르며, 남편 사후에는 아들을 따르는 것이 여성의 도리"라고 주입해 온 조선 후기의 유교적 규범이다.

표 14-3 **65세 이상 연령층의 재혼 추이(단위: 건수)**

연도	1990	1995	2000	2005	2010	2015	2020	2023
남자	705	939	971	1,566	2,099	2,672	2,966	3,662
여자	85	169	202	413	702	1,069	1,621	2,112

출처: 통계청b. 〈인구동향조사〉 각년도.

2010년 여성노인의 재혼건수 대비 3배이다(표 14-3). 이는 성과 사랑에 관한 노년층의 인식이 바뀌면서 노년의 고독을 적극적으로 해결하고자 하는 시도가 증가하고 있음을 시사한다. 노인들의 경우에도 서로 의지할 반려자가 필요하다는 주장이 호응을 얻으면서, 이성 친구와의 만남과 재혼이 증가하고 이에 대한 사회적 분위기 또한 관대해지고 있다.9)

　그런데 자녀들이 모두 장성하고 난 노년의 재혼 역시, 자녀로부터 독립적이지 않다. 물론 이 경우에는 자녀와의 동거나 양육의무로 인한 부담 때문은 아니다. 그보다는 노부모의 재혼에 대한 자녀의 의견 자체가 관건이다.10) 자녀들이 장성하고도 부모가 비교적 젊은 나이인 경우에는 "아직 많이 남아 있을 앞으로의 삶" 동안에 홀로 남은 부 또는 모가 겪어야 할 외로움과 자녀인 자신들의 부양부담을 고려하기 때문에, 부모의 재혼에 관해 성인자녀들은 호의적일 수 있다. 또한 배우자와 사별한 남성노인들의 경우, 일상생활에서 수발을 해 줄 가사 담당자를 찾는 차원에서 자녀들이 오히려 재혼을 권하고 서두르는 경향도 있다. 그

---

9) 60세 이상을 대상으로 한 설문조사 결과, 노인들 역시 성생활을 삶의 활력소로 여기고 있는 것으로 나타났다. 여성노인들 중에서도 80% 이상이 폐경 후에도 성생활이 가능하다고 응답했으며 22%는 배우자가 없더라도 성생활을 하고 싶다고 응답하였다.

10) 이동원 등의 조사(2000)에서, "홀로 된 노부모를 재혼시켜 드려야 한다"는 생각에 동의하는 비율은 56%이고 반대하는 비율이 46%로 나타났다. 두 가지 의견이 비교적 균등하게 나타난 결과로 미루어, 노인의 재혼에 대해 여전히 양가적인 사회 분위기를 엿볼 수 있다.

그림 14-1 결혼 상태와 평균수명(성별)

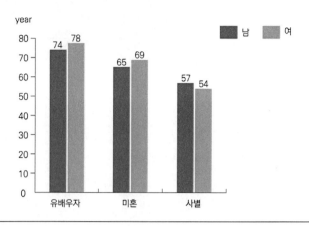

출처: KBS(2005)를 재구성함.

러나 노년의 부모가 재혼을 고려할 때, 자녀들은 자신들의 체면이 손상
될 것을 우려하기도 하고 혹은 유산 상속과 관련된 이유 때문에 반대하
곤 한다(Zastraw & Kirst-Ashman, 1997).

　　노부모의 재혼에 관하여, 성인자녀들은 호의적이건 비호의적이건
노부모의 입장이 아니라 성인 자녀 자신들의 입장에서 판단한다. 그러
나 독신의 삶과 재혼이라는 갈림길에서 우선적으로 고려해야 할 것은,
홀로 남은 노인의 삶이다. 노부모 자신과 자녀들의 입장을 두루 고려하
면서 노년의 재혼이 자녀들의 축하와 더불어 순조롭게 이어지도록 하
려면, 자식들에게 미리 재산의 상당 부분을 분배하고 새로운 배우자와
도 한편이 사망할 경우의 상속과 관련하여 미리 합의하는 것 - 재혼계
약서 - 이 묘책일 수 있다. 또한 어느 시점엔가 다가올 자신의 죽음
이후에 있을 수 있는 재혼배우자와 전혼 자녀들 간의 재산분쟁을 방지
하기 위한 방안이다. 2000년대 들어서면서, 재혼하는 노인들 사이에서

도 이와 같이 현실적이고 구체적으로 재혼에 임하는 경향이 증가하고 있다(중앙일보d, 2005).

4 재혼의 안정성

이혼 후 재혼을 하는 사람들은 대부분 "두 번 다시 실패하지는 않겠다"는 다짐을 한다. 그러나 재혼이 다시 파경에 이를 가능성은 초혼보다 높은데, 이는 다음에 제시되는 바와 같은 재혼의 특성 때문이다.

1) 이혼에 허용적인 성격(Divorce-proneness)

유사한 정도의 갈등 상황에도 결혼을 유지하는 사람들이 있고, 관계를 종결짓는 편을 선택하는 사람들이 있다. 또 이혼이나 사별을 겪고 난 후 독신으로 살아가는 사람들이 있고, 얼마 지나지 않아 재혼을 하는 사람들이 있다. 이렇듯 동일한 상황에서 상이한 결정을 내리는 이유는 다양하게 설명될 수 있을 것이다. 그 중 하나가 "보수적인 사람들보다는 진보적인 사람들이 이혼을 할 확률이 높다"는 것이다. 사별보다는 이혼을 통해 독신이 되는 경우가 훨씬 많은 오늘날, 재혼 대상자들의 상당수가 이혼 경험자이므로 상대적으로 진보적인 사고를 지닐 가능성이 크다. 게다가 이전의 결혼생활을 끝내고 난 후 이혼자에 대해 호의적이지 않은 한국 사회에서 스스로를 방어하며 홀로 헤쳐 오는 동안, 과거보다 훨씬 독립적이고 자기 주장적인 성격과 태도로 변화했을 가능성이 크다. 그런데 홀로서기에 익숙해진 성격은, 공존을 위해 서로를 구속해야 하는 재혼관계에서는 걸림돌이 되기 쉽다.

원래 진보적인 성향이어서 이혼을 선택했을 수도, 혹은 이혼을 경험하고 나서 홀로서기를 하는 동안에 진보적으로 변화했을 수도 있다. 그런데 어떤 경우든, 이혼에 이어 재혼을 한 사람들은 이혼에 대해서 허용적인 성격이기 때문에 또다시 이혼을 할 가능성이 초혼 생활 중인 사람들에 비해 높다.

2) 불안정한 제도로서의 특성과 역할 모델의 부재

재혼가족은 성인인 남자와 여자 두 사람이 주축이 되어 시작하는 초혼과 달리, 시작부터 전혼 자녀들을 포함하고 있는 경우가 많아서 의붓형제자매 관계 및 계부모자녀 관계가 복합적으로 얽혀 있다. 그런데 의붓관계에 있는 사람들 간의 상호작용에 대한 규범 및 공식적 지침은 거의 존재하지 않는다(Cherlin, 1978; Garnong & Coleman, 2003에서 재인용). 재혼이 증가하고 있기는 하지만, 여전히 다수는 초혼관계를 이어가는 사람들이기 때문에, 유사한 경험을 가진 조언자나 준거(準據)로 삼을 만한 역할 모델도 부족하다. 초혼 핵가족을 유일한 가족 모델로 상정하는 정상가족 이데올로기하에서, 계부모자녀 관계 역시 초혼 핵가족에서의 친부모자녀 관계에 준하는 틀에 끼워 맞추도록 강요될 뿐이다. 그렇다고 계부모들이 계자녀의 교육이나 양육 등과 관련하여 법적으로 보장된 지위를 갖는 것도 아니다(Ramsey, 1994; 장혜경, 2002에서 재인용).

이러한 상황들은 재혼부부로 하여금 막연한 환상에 이어 좌절을 겪게 하고, 재혼가정의 자녀들로 하여금 무조건 두려움과 불안을 느끼게 하며, 의붓관계로 얽인 가족구성원들이 서로에 대해 적개심을 갖게 할 위험도 크다. 이처럼 사회적으로 합의되지 않은 역할 관계의 모호함과 역할 모델의 부재, 그리고 그로 인한 상호 기대의 엇박자가 재혼가족을 또다시 해체로 이끌기 쉽다.

3) 재혼 파트너 간의 이질성

재혼시장은 초혼의 경우보다 제한적이다. 동년배 집단 내에서 비슷한 관심이나 신념을 갖고 생활방식이나 배경이 유사한 파트너를 만날 가능성이 초혼의 경우보다 낮기 때문에, 기질이나 태도 면에서 이질적인 배우자를 선택하게 될 가능성이 초혼보다 높다. 그런데 이질적인 성향의 결합은 서로를 이해하고 적응하는 데 걸림돌이 되어 갈등을 일으킬 가능성이 높아서, 관계가 장애에 부딪힐 위험성이 크다.

4) 사회적 낙인

사회는 여전히 초혼의 핵가족을 주류에 놓고 있다. 이러한 상황에서 재혼가족은 가능하면 재혼 사실을 주변에 알리지 않고 초혼 핵가족처럼 기능함으로써 사회적 낙인을 피하려고 노력한다. 재혼으로 인한 구조적 복합성을 외면하고 핵가족 신화에 집착하는 것이다. 그런데 이처럼 재혼가족임을 숨기게끔 하는 사회적 압력이 존재하고 또한 본인들이 숨기기 때문에, 주변으로부터 필요한 도움을 받을 수 없는 악순환이 거듭되어 왔다.

호주제(戶主制)가 있던 시절에는, 재혼한 어머니와 함께 살아가는 전혼 자녀들의 경우 가족이 아닌 동거인으로 규정되었다. 그래서 어쩔수 없이 재혼가족임이 주변에 알려지게 되면, 어린 자녀들이 또래로부터 상처를 받는 일이 허다했다. 또 재혼여성의 전혼 자녀들이 가족성원으로 인정되지 않고 동거인의 신분으로 남아 있음으로 인해, 의료보험이나 신분보장 등과 같은 법제상의 불이익을 받았다. 이처럼 일상에서의 어려움으로 인한 잦은 마찰과 스트레스는 가족 안에서 곪으면서, 재혼가족의 응집성을 저해한 것이 사실이다.

2005년 호주제의 폐지와 더불어, 양육모가 재혼을 하는 경우 계부의 성을 취득할 수 있는 길이 열린 것은 다행스러운 일이다. 그러나 이는 친부가 친권을 포기할 경우에나 가능한 일이어서, 그 과정이 쉽지 않다. 반면에 2016년 8월부터 재혼한 배우자의 자녀와 세대주의 관계를 주민등록 등·초본에 표기할 때 '동거인'이 아닌 '배우자의 자녀'로 표기하게 되었다. 이러한 개정이 차근차근 이루어짐으로써, 재혼가정이 겪어 온 낙인의 상당 부분이 해소되길 기대한다.

5 재혼가족관계

재혼은 독립된 사건이 아니고, 삶의 연장선상에 존재한다. 따라서 재혼 전의 가족 경험과 이혼한 전 배우자와의 관계, 재혼가족의 구성 등은 재혼 이후의 생활이 어떻게 이어질 것인가에 관해 많은 단서를 제공한다. 재혼가족 간의 관계는 "재혼이기 때문에 경험하는" 다음과 같은 문제들을 내포하고 있다.

1) 전 배우자와의 관계

전 배우자와의 관계를 어떻게 설정하느냐 하는 것은, 새로이 시작하는 재혼 가족관계에 상당히 중요하다. 물론 가장 좋은 것은, 이혼한 양자가 모두 부부로서의 관계를 종결했음을 받아들이고 전 배우자로서 그리고 자녀의 양육친/비양육친으로서 상호 협조하는 것이다. 그러나 현실에서의 전 배우자 간 관계는 다양하다.

다음에서 전 배우자와의 관계에 따라 재혼가족관계는 어떤 영향을 받게 되는지에 관해 살펴보고자 한다.[11) 재혼부부가 각각 전 배우자와 어떤 관계에 있는지를 구분하자면, 다양한 조합이 가능하다. 그리고 각 각의 전혼에서 자녀가 있었는지, 또한 자녀의 양육권이 어떻게 결정되었는지에 따라 더욱 다양하게 구분된다. 그러나 본절에서는 단순화하여 그 특징을 소개하기로 한다.

(1) 사별 후 재혼

전 배우자와 사별한 후에 이룬 재혼가족은 외형상 핵가족과 유사한 모습을 지니고, 가족성원 간의 역할 역시 핵가족에서와 같은 역할이 기대된다. 그러나 자녀들은 사망한 부모와 계부모 사이에서 누구와의 의리를 택할 것인지를 놓고 갈등(의리갈등; loyalty conflict)한다. 이 경우 계부모를 친부모로 여기도록 강요하는 것은 오히려 자녀의 반발을 부르게 되고, 결과적으로 계부모와 자녀 사이의 관계를 출발점에서부터 일그러뜨릴 가능성이 높다. 그보다는 자녀들로 하여금 사망한 친부모에 대해 마음껏 추억하고 슬퍼할 수 있도록 그리고 자녀가 계부모와의 관계를 자율적으로 규정하고 행동할 수 있도록 허용해야 한다(Visher & Visher, 1988). 사망한 부모와 계부모를 경쟁적 위치에 배치하지 말아야, 계부모와 계자녀 간 관계는 부드럽게 시작할 수 있다.

(2) 단절된 관계

이혼 후 비양육친이 전 배우자는 물론 자녀와도 전혀 연락이 없는

---

11) Ganong & Coleman(1994)을 참고하여 구분을 단순화하였음.

경우로, 과거 우리 사회의 이혼부부 유형 중 가장 많았다. 이러한 경우의 재혼은, 자녀로 인한 전 배우자와의 연계가 없어서 계부모가 전적으로 대리부모역할을 한다.

전 배우자 간 관계는 단절된 상태에서 비양육친과 자녀만 접촉하는 경우, 비양육친과 양육을 담당하는 재혼부부 간에는 자녀를 다루는 방향이 일치하지 않을 가능성이 높고 양육을 담당하는 계부모는 계자녀에 대해 적절한 통제권을 지니기 힘들다.

(3) 협력적인 관계

전 배우자 간 이성애에 기초했던 관계는 끝났지만, 서로 인간적으로 존중하고 자녀를 위해서 협력하는 경우이다. 이들 사이의 자녀는 양쪽 부모 모두와 자유롭게 관계를 이어갈 수 있다.

그러나 전 배우자 간의 과도한 친밀성은 재혼가족에 대한 위협요인으로 작용하기도 한다. 새로운 배우자의 입장에서는 상대편의 단절되지 않은 전혼관계가 사생활의 침입으로 여겨진다. 그리고 자녀들은 친부모와 계부모 사이에서 어느 편에 의리를 지켜야 할지를 놓고 갈등(의리갈등; loyalty conflict)하며, 또한 계부모만 아니면 자신들의 친부모가 재결합할 수 있을 거라는 환상을 갖게 된다. 또한 친부모와 계부모 역시 자녀들을 사이에 두고 서로 질투를 느끼기도 한다.

따라서 친부모와 계부모 각각의 역할과 현 배우자와 전 배우자 간의 역할 경계를 명확히 긋는 것이 필요하다. 전 배우자들 간의 접촉이 과도히 소원하지도 과도히 밀착되지도 않은 적당한 지점에 자리하는 경우에, 전 배우자는 자녀와 계부모 사이에서 의사소통 채널의 역할을 할 수도 있다.

(4) 적대적인 관계

전 배우자와 서로 용서하지 못하고 적대적인 상태로 이어지는 경우, 자녀를 위해서도 협력이 거의 불가능하다. 이런 상황에서 어느 한편이 재혼을 하게 되면 다른 한편의 적대감은 더욱 커진다. 그 경우 자녀들은 어느 쪽 부모와도 긍정적인 관계를 맺기 힘들고 계부모에게 적대적이기 쉬우며, 순차적으로 재혼부부 관계에도 부정적인 영향을 미치게 된다.

2) 재혼부부관계

(1) 재혼부부 간 유대

재혼가족에서도 예외 없이 가장 중요하고 강해야 하는 것이 부부 간의 유대이다. 재혼부부의 강한 유대감은 초혼의 경우와 마찬가지로 부부만의 역할 경계를 확고히 하는 일로부터 비롯된다. 그러나 재혼부부는 전 배우자의 직·간접적 개입, 계부모자녀 관계 등으로 인해 부부 간 유대를 위협받기 쉽다. 적대적인 관계에 있는 전 배우자는 자녀들과 계부모 간 갈등을 초래할 수 있고, 협력적인 관계에 있는 전 배우자는 자녀들에 대한 부모역할을 통해 재혼부부관계에 개입하기 쉽다. 따라서 어떤 경우에도 전 배우자가 재혼부부관계에 간섭하는 것을 차단할 수 있도록, 사전에 역할 경계를 명확하고 투명하게 설정해야 한다.

(2) 재혼부부 간 권력 및 역할분담

재혼부부는 초혼부부에 비해 의사결정권이나 역할분담에 있어 덜 전통적이어서, 여성의 결정권이 다소 크고 역할분담 역시 초혼의 경우보다는 평등한 것으로 나타난다(Nock, 1995; 이여봉, 1999a). 그 이유로서,

재혼한 여성들은 홀로 살아온 이전의 독립적 삶으로 인해 재혼 후의 상호작용 과정에서도 적극적으로 결정권을 행사하려 하기 때문이라는 설명이 가능하다. 또한 초혼을 경험했던 남성이 실패했던 전혼의 경험을 반성하고 재혼한 아내에게는 비교적 양보를 많이 한다는 설명 역시 설득력이 있다. 뿐만 아니라, 이혼 및 재혼을 선택하는 사람들은 초혼을 유지하는 사람들에 비해 진보적인 성역할 태도를 갖고 있어서, 의사결정이 보다 평등하게 이루어지고 역할 역시 비교적 균등하게 분담할 가능성도 있다. 반면에 재혼은 초혼보다 이혼의 문턱이 낮아서 의견이 크게 충돌하거나 역할분담이 지나치게 불공평할 경우에는 결혼생활이 유지되기 힘들고 비교적 공평하게 권력과 역할을 나누는 부부들이 주로 재혼관계를 유지하기 때문에, 이러한 통계치가 나오는 것일 수도 있다.

이와 같은 경향에도 불구하고, 재혼가족에서도 의사결정 과정에서의 권력은 남편에게 있다. 성역할 분담 역시 객관적으로 평등하게 이루어지는 것은 아니며, 특히 계자녀든 친자녀든 상관없이 자녀양육의 부담은 여성에게 집중된다. 이는 오늘날의 임금시장 조건과 가족 안팎의 가부장적 문화가 맞물려서 나타나는 현상인데, 다만 재혼가족의 경우 초혼가족에 비해 이러한 경향이 덜 뚜렷할 뿐이다.

3) 계부모자녀 관계

(1) 전래동화 속의 재혼가족에 숨은 오류

이혼 시에 아버지가 양육권을 갖는 것이 보편적이었던 과거의 긴 세월동안, 계모와 계자녀 간의 관계를 주제로 한 다양한 이야기들이 있어 왔다. 계모로부터 구박받는 불쌍한 자녀의 이야기는 「신데렐라」, 「백설공주」 등의 동화에 끊임없이 등장하면서, 계모는 사악하고 자녀는 무력한 희생양이라는 고정관념을 형성해 왔다. 반면에 그러한 이야기 속에 친부의 역할에 대한 언급은 거의 없고 사망했거나 가까이에 없는 친모는 절대적인 이상형으로 설정되어 있다. 이러한 인식이 보편화되어 온 상황에서, 계모의 양육을 받는 자녀에 대해서는 주변의 동정심이 주어지고 계모에 대해서는 부정적인 편견이 존재한다. 그리고 이와 같은 편견이 사회에 내면화된 결과, 부모의 재혼에 직면한 아이들은 계모에 대한 두려움과 더불어 사망했거나 접촉이 단절된 친모에 대한 환상을 품게 되고, 계모는 자신이 사악하지 않음을 증명해야 할 것 같은 강박감(계모의 덫; step-mom trap)에 빠지기 쉽다(Lamanna & Riedmann, 1997; Morrison & Thompson, 1985).

그러나 현실의 계부모자녀 관계에서 자녀가 일방적으로 영향을 받기만 하는 수동적인 존재는 아니다. 자녀가 계부모를 수용하는 정도는 계부모와의 상호작용에 큰 영향을 미친다. 또한 계모와 계자녀 간의 갈등 상황에서 계자녀의 친부가 계모인 재혼 배우자에 대해 부정적인 태도를 취하고 자녀를 옹호하는 경우, 혹은 계자녀의 조부모가 계모인 새 며느리의 양육행동에 대해 부정적인 태도를 보이거나 계자녀를 무조건 감싸는 경우, 재혼배우자이자 계모이며 며느리인 여성의 소외감으로 이어지면서 결국 부부갈등으로 확대되기 쉽다(Ganong & Coleman, 1994).

(2) 계부모자녀 관계의 현실

자녀에게 양친과 동거하는 가정을 제공하겠다는 것이, 재혼의 이유가 되곤 한다. 재혼을 시작하는 시기에는 새로운 배우자가 자신의 자녀들에게 친부모와 같이 대할 것이라 기대하고, 자신 또한 배우자의 자녀에게 친부모처럼 대할 것이라 믿으며, 자녀들이 자신들을 친부모와 같이 여기게 될 수 있을 것으로 착각하기 쉽다. 그럼으로써 새로운 핵가족적 삶을 누리는 것이 가능할 것(핵가족 신화)으로 여기는 것이다.

계부모들은 자녀들에 대해 즉각적으로 친부모와 같은 애정을 가져야 한다는 문화적 환상(인스턴트 사랑 신화)을 내면화해 왔기 때문에, 곧바로 애정에 바탕을 둔 유대를 맺지 못하는 데 대한 죄의식을 느끼곤 한다. 그러나 재혼으로 이루어진 혼합가족 안에서 가족 성원들 간의 가족 정체감 및 결속력이 즉각적으로 생기지는 않는다. 계부모자녀 관계 역시 상호적인 대인관계에 기초하고 있어서, 어느 한편의 역할에 의해 즉시 이상적인 유대가 이루어질 수 있는 것은 아니기 때문이다. 계부모들의 노력뿐 아니라 이를 계자녀가 수용하는 정도에 따라 유대의 강도 및 성격은 다른데, 이 또한 자녀의 연령 및 성별, 비양육친과의 관계, 그리고 부모의 재혼에 대한 태도 등과 관련이 있다. 대개의 경우 자녀들은 비양육친에 대한 애정과 의리를 계부모에 대한 적개심의 형태로 드러내고, 혹은 재혼 전에 자신들에게 부여되던 지위와 역할(양육친의 조력자이자 동반자)을 박탈해 간 사람으로서 계부모를 지목한다. 특히 재혼 당시 자녀가 청소년인 경우, 사춘기의 반항적 특성과 맞물려서 계부모자녀 관계는 더욱 힘들어질 수 있다. 초혼가정에서도 부모자녀 관계가 자녀의 성장단계 및 부모의 인생 단계에 따라 변화를 하고 이에 적응해야 하는 과업이 있는 것처럼, 계부모자녀 관계는 자녀의 성장단계 중 어느 지점에서 시작하는 지에 따라 다르고 이후로도 자녀의 성장에 따라 가변(可變)적일 수밖에 없다.

전혼 자녀가 있는 재혼가족에서, 구조적으로 부모자녀 간의 유대가 선행(先行)하고 재혼 파트너는 기존의 부모자녀 체계에 후차적으로 부가되는 관계이다. 양 배우자에게 각각 전혼 자녀가 있는 경우에는 두 개의 선행하는 부모자녀 체계에 부부관계가 더해지는 모습이다. 이처럼 자녀와 친부모 사이의 관계는 새로이 재혼한 배우자와의 관계에 앞서서 존재해 왔기 때문에, 새로이 합류한 배우자가 포함되지 않았던 이전의 가족사(家族史)를 공유하고 있다. 그래서 계부모인 자신과 계자녀의 관계와 달리, 자신의 재혼한 배우자와 그/그녀의 전혼 자녀 사이에는 친부모 – 친자녀 관계 특유의 친밀함이 존재할 수밖에 없다. 그래서 자신의 전혼 자녀를 양육하는 상황에서 재혼을 한 남편들은, 새로이 결혼한 아내와 전혼 자녀 사이에서 갈등을 경험하고 때로 재혼아내의 전혼 자녀 양육에 대해 서운함을 느끼기 쉽다. 또 친자녀든 계자녀든 자녀양육은 아내에게 일임되는 반면에 경제적 부양이 주로 남편에 의해 이루어지는 상황에서, 전혼 자녀를 데리고 재혼한 여성들은 전혼 자녀를 위한 지출을 재혼한 남편의 수입으로 충당해야 하는 데서 오는 어려움을 느끼는 반면 자신의 전혼 자녀에 대한 양육과 관련하여 남편을 소외시키는 경향이 있다. 하지만 재혼가정의 자녀양육과 관련하여 어떤 경우든 재혼부부는 늘 상의하고 협조하는 관계를 유지해야 한다. 아내의 전혼 자녀와 동거하는 남편은 아내가 자녀를 위한 경제적 지출 때문에 눈치를 보지 않도록 배려해야 하고, 아내는 재혼 남편을 자신의 전혼 자녀 양육에 적극적으로 참여시켜야 한다. 또 남편의 전혼 자녀를 양육하는 여성은 남편과 그의 전혼 자녀 간 생물학적 관계가 지닌 친밀감을 인정하고, 자신과 계자녀 관계에서 남편을 사이에 둔 경쟁이 일어나지 않도록 의식적으로 노력해야 한다.

재혼가족에 관련된 신화

① 핵가족 신화

재혼가족이 초혼의 핵가족과 똑같은 친밀감을 가지고 기능할 것이라는 기대이다(이원숙, 2004). 이러한 기대는 전 배우자 및 비양육친과 계부모 등이 복잡하게 얽힌 관계로 인한 영향을 간과함으로써, 재혼이 가진 복잡한 현실에 적응하기 힘들게 한다.

재혼을 고려하는 단계에서, 자신들이 이루게 될 재혼가족구조에 대해 구체적이고 현실적으로 예측하여 어떻게 관계를 정리하고 어떻게 적응할 수 있을지에 관해 숙고하는 것이 중요하다. 왜냐하면 재혼가족과 얽혀 있는 주변 존재들과의 관계에서 서로의 영역을 인정하고 역할 경계를 정착시킬 수 있느냐에 재혼가정의 성패가 달려 있기 때문이다.

② 보상 신화

새로운 배우자는 끊임없이 전 배우자와 비교된다. 즉 재혼의 출발 단계에서 새로운 배우자에 대해 전 배우자가 갖지 못한 모든 것을 갖춘 상대이기를 기대하게 되는데, 이는 전혼에서 결핍되어 불만스러웠던 부분을 재혼 배우자에게서 보상 받으려는 심리가 작용하기 때문이다(이원숙, 2004). 그런데 이러한 환상이 충족되지 않음을 확인하면, 재혼에 대해 좌절하기 쉽다.

③ 인스턴트 사랑 신화

재혼과 동시에 계부모와 계자녀가 서로를 친부모 및 친자녀와 같이 여기기를 기대하는 경향이 우리 사회에 존재한다(이원숙, 2004). 그런데 계부모자녀 사이에 즉각적인 친밀감이 오가지 않음을 느끼면, 계부모는 자녀에게 바로 친밀감을 느끼지 못하는 자신으로 인해 죄책감을 갖기도 하고 자신에게 친밀감을 갖지 않는 계자녀에 대해 서운한 마음이 들게 된다.

실상 계자녀에 대한 생각은 양가(兩價, ambivalent)적이다. 한편으로는 계자녀에 대해 연민과 책임감을 느끼기도 하고, 다른 한편으로는 양육 및 보호 부담과 더불어 부부 사이에서 갈등을 일으키는 방해의 근원으로서 계자녀를 인식하게 된다.

6 성공적인 재혼생활을 위하여

전술한 바와 같이 재혼가족이 지니는 여러 함정에도 불구하고 재혼 이후의 삶이 이전보다 훨씬 낫다고 느낀다면, 재혼은 성공적이라고 평할 수 있다. 그러나 재혼이 다시금 이혼으로 종결되는 사례 또한 드물지 않다. 새로운 시도가 또 한 번의 고통으로 남지 않고 성공으로 이어지기 위해서는 개인과 사회 양 차원에서 다음과 같은 노력이 필요하다.

1) 개인적 차원

재혼가족은 전혼가족으로 인해 파생된 다양한 경험과 관계 위에 정립되었으므로, 가족성원 간의 통합 역시 재혼관계에 포함된 모두를 다독이고 끌어안을 수 있어야 한다. 이를 위해, 본 장에서 논의한 내용들을 다음과 같은 구체적 전략들(이원숙, 2004)로 요약할 수 있다.

- 재혼 전 한부모로서의 역할과 재혼가정에서 배우자로서의 역할은 다르다. 또 한부모의 자녀로서의 역할과 계부모와 함께 살아가는 가정에서 자녀로서의 역할은 같지 않다. 따라서 과거와 현재의 다름을 인정하고 분리하는 것이 필요하다.

- 재혼가족은 생물학적 가족과 외면적 형태가 비슷하더라도 본질적으로 같지 않다는 사실을 인정하고, 가족성원 누구에게도 억지로 강요하거나 기대하지 않아야 한다.

- 재혼가족은 가족사와 전통 및 습관 혹은 가족주기가 다른 구성원들의 모임이다. 따라서 이러한 차이를 인정하고 상호 타협해

야 한다.

- 재혼가족의 자녀들은 비양육친과 계부모 사이에서 누구에게 의리를 지켜야 할지에 관해 갈등을 느낀다는 사실을 인정하고, 자녀들 스스로 관계를 정립할 수 있도록 기다려야 한다.

- 자녀들의 비양육친과 재혼부부 간에 적대적인 관계가 형성되지 않고 부모역할을 공유하고 협력할 수 있도록, 역할 경계를 새로이 규정하고 합의해야 한다.

- 재혼가족만의 역할과 규칙이 작동할 수 있는 새로운 가족 경계를 구축해 가도록 지속적으로 노력해야 한다.

위에 제시된 요건들은 재혼가족 내외의 관계망(network)에 존재하는 모두가 재혼을 있는 그대로 받아들이고 미래를 설계하는 데 동의하는 것을 전제로 할 때 가능하다. 따라서 재혼을 구체화하는 단계에서 재혼계약서를 작성함으로써 관련된 모두가 합의하는 절차를 거치는 것이 합리적이다. 재혼계약서란 재혼부부와 자녀들 그리고 전 배우자와 자녀들의 조부모에 이르기까지 관련된 사람들 모두가 새로운 가족의 역할 경계와 재산에 관한 권리 등에 대해서 타협하고 합의하여 명시하고 날인하는 것을 말한다.[12]

---

12) 초혼의 경우에도 결혼생활 동안의 약속뿐 아니라 추후에 발생할지도 모르는 관계 종결 시의 재산 분배에 관하여 결혼계약서에 명시하지만, 재혼의 경우에는 전혼 자녀를 포함하여 훨씬 복잡한 관계의 사람들이 포함되기 때문에 역할 경계 및 재산처리 등에 관해 확실히 해 두는 것이 중요하다. 특히 유산 상속 시 재혼 이전에 각자 소유하고 있던 재산을 새로운 배우자와 배우자의 자녀들에게 어떻게 할 것인지에 관해 명확히 밝히고 합의해서 공정증서화하는 절차를 거칠 필요가 있다. 그렇지 않은 경우, 한편 배우자의 사망시 재혼배우자와 계자녀 간 망자의 유산을 둘러싼 분쟁이 드물지 않게 일어난다.

특히 재혼가족들의 경우 전혼 자녀로 인한 지출 및 유산 상속과 관련하여 갈등이 발생하기 쉽기 때문에, 이에 관해 미리 합의하는 것이 필요하다. 장혜경과 박경아(2002)는 "각자의 재산은 각자의 명의로 하여 별도로 관리하고, 공동생활비를 분담하고 공동재산은 공동명의로 하는" 부부별산제를 택할 것을 권하고 있는데, 이는 재혼부부가 맞벌이를 하고 있는 경우에 현실적이다. 그러나 재혼 후 홀벌이 가족으로 살 경우에도, 양육비를 포함한 생활비 등의 재정문제에 관해 "누가 어떻게 관리하고 지출할 것인지?"에 관한 세부적이고 명시적인 합의를 하고 재혼생활을 시작하면, 불필요한 갈등을 줄일 수 있다.

재혼부부뿐 아니라 전 배우자와 자녀들을 포함하여 연관된 사람들 모두가 재혼을 인정해야, 모두의 참여하에 재혼계약서를 작성하는 것이 가능하다. 물론 이혼한 전 배우자 간에 서로를 용서하고 감정적인 앙금을 최소화하는 데 성공하여 심리적으로 이혼(psychic divorce)을 마무리한 경우, 서로의 재혼생활을 인정할 수 있다. 이러한 단계에 이르러서야, 자녀들 역시 친부모와 계부모 사이에서의 갈등을 최소화하고 부모의 재혼에 대해 너그러울 수 있다. 이는 재혼의 성공 여부가 전혼의 이혼과정과 분리되어 있지 않음을 의미한다. 그리고 이혼 단계에 돌입한 부부들을 대상으로 한 상담에서, 성공적으로 심리적 이혼(psychic divorce)에 이를 수 있도록 도와야 하는 중요한 이유 중의 하나이기도 하다.

그러나 현실적으로 한국의 이혼부부들 대다수가 전 배우자와 적대적인 관계에 있거나 혹은 단절된 관계에 있다. 그러므로 재혼부부 및 자녀들을 중심으로 가능한 사람들끼리라도 합의하여 재혼계약서를 작성할 필요가 있다. 이는 계약서 자체의 효과를 차치하고라도, 자녀로 하여금 부모의 재혼에 주도적으로 참여하게 하고 재혼에 얽힌 서로의 감성을 소통할 수 있는 기회를 갖도록 한다는 의미에서도 중요하다.

2) 사회적 지원

재혼가족들이 경험하는 현실들을 무조건 가족 내부에서 해결되어야 하는 사적인 것으로 여겨온 데서, 다양한 문제들이 발생한다. 따라서 초혼 핵가족의 경험적 틀에 끼워 맞출 수 없는 다양한 관계들을 포괄할 수 있고 재혼가족 나름의 삶과 경험에 부합하는, 정책적·제도적 틀이 필요하다. 이는 다음과 같은 정책 및 제도적 지원으로 구체화할 수 있다.13)

- 재혼가족의 가족성원들이 일상생활에서 불이익을 받아온 법적 조항들을 수정한다.
- 온라인과 오프라인을 통해, 재혼가족을 위한 전문 상담 시스템을 구축하고 활성화한다.
- 재혼가족의 가족역할 및 가족 경계 등과 관련된 새로운 가족 모델을 개발하고 보급한다.
- 초혼 핵가족 중심의 정상가족 이데올로기를 극복하고, 재혼가족 또한 보편적이고 동등한 형태의 가족으로 인정하고 받아들이도록 적극적으로 홍보한다.
- 재혼가족의 구성원들이 하나의 단위로서 보호받을 수 있도록 법적 제도를 정비한다.

---

13) 정책제안과 관련하여, 장혜경(2002)를 참고하였음.

위에 제안된 정책과 지원책들은, 재혼가족들이 경험하는 현실과 요구에 관한 정확한 정보 수집을 토대로 수립되고 지속적인 피드백[14]을 통해 실효성에 관한 검증이 뒤따라야 한다.

개인적·사회적 차원에서 이루어져야 할 것으로 전술된 제안들은, '성공하는 재혼'을 위해서 풀어가야 할 과정이 지난(至難)함을 시사한다. 그러나 동시에 재혼가족이 생물학적 가족 못지않은 응집력과 행복을 가져올 수 있다는 구체적인 가능성과 희망을 의미하기도 한다.

생 각 해 볼 문 제

01 전혼 자녀와의 관계는 재혼부부가 새로이 유대감을 형성해 가는 데 있어서 결코 작지 않은 도전이다. 반면에 재혼부부 사이에서 태어난 자녀의 존재는 재혼부부의 유대를 돈독하게 하는 데 도움이 되기도 한다. 전혼 자녀와 재혼 후에 태어난 자녀들 간의 관계는 어떨지 생각해 보자.

02 재혼관계는 이혼으로 가는 문턱이 낮아서 부부관계가 갈등 상황에 직면하게 되면 다시 관계가 종결될 가능성이 높다고 알려져 있다. 반면에 재혼자들은 초혼 시보다는 결혼생활에 대한 기대가 낮고, 또 이혼이라는 상처와 이혼 후의 괴로움을 되풀이하고 싶지는 않다는 심정 때문에 "웬만하면 참고 사는" 경향이 있는 것도 사실이

---

14) 본 장에서 피드백(feedback)이란 정책 및 지원책 실시 후 일선 담당자 및 수혜자들로부터 의견을 수렴하는 것을 말한다.

다. 재혼 배우자 및 계자녀와의 관계가 회복 불능인 상황이라면, 어떤 선택을 하는 것이 좋을지에 관해 토론해 보자.

PART
06

현재와 미래의 접점에서

Chapter 15

가족과 관련된 제도적 변화

　개인이 가족의 테두리 안에서 완벽히 보호될 것으로 기대할 수 없는 오늘날에도, 가족은 여전히 과중한 역할 기대와 이를 충족하기 힘든 현실 사이의 부적합성으로 인해 갈등한다. 그리고 다른 한편에서는 가족이 감당해 온 역할들 중 어느 만큼을 사회가 분담해야 하는지에 관한 논란 그리고 재원과 인프라 구축을 둘러싼 논란으로 인해 몸살을 앓고 있다. 2000년대 들어서면서 한국 사회의 가족 변화는 더욱 두드러졌고, 그에 대한 대응으로서 관련법과 제도 역시 새로이 만들어지기도 수정되기도 혹은 사라지기도 했다.

1 가족의 유지를 지원하는 제도

　구조 및 관계 면에서 취약한 가족들은, 스트레스 사건에 맞닥뜨릴 때 쉽게 위기로 치닫는다. 따라서 취약한 상태에 있는 가족을 보호하는 제도적 지원은 중요하다. 가족은 개인과 사회 사이의 완충재이므로, 가족의 해체를 막는 것은 사회구성원들을 보호함과 동시에 사회의 안정을 도모하는 방안이기 때문이다.

1) 건강가정기본법

1997~1998년 IMF 구제금융 위기를 만나면서 대규모 실직과 가장의 가출 및 노숙과 자살 그리고 이혼 사태가 벌어졌고, 2000년대 들어서는 고령화와 노인부양 부담이 크게 사회문제화 되고 있다. 이러한 일련의 사건들을 겪으면서, 개인들이 가족으로부터 이탈되거나 가족이 해체되지 않도록 지원하고자 한 것이 건강가정기본법의 구상 배경이다. 건강가정기본법은, 건강한 가정생활과 가족의 유지 및 발전을 위해 지원한다는 취지하에, 2003년 12월 국회를 통과했고 2005년 1월부터 시행되기 시작했다. 정부와 지방자치단체가 주도하여 5년마다 가족실태조사를 실시하고, 가족이 원활한 기능을 수행하도록 양육과 부양 그리고 건강 및 가족관계 증진을 위해 지원하는 것을 골자로 한다. 좀 더 구체적으로는 중앙과 지방자치단체 단위의 건강가정지원센터가 운영되고, 가사와 육아 및 산후조리와 간병을 돕는 가정봉사원과 가족갈등을 상담하고 중재하는 건강가정사를 활용하여 지원 사업을 하고 있다.

그런데 건강가정기본법은 핵가족적 형태와 기능을 기본 모델로 하고 있다는 점에서 논란이 된다. 즉 "혼인과 혈연 및 입양에 의한 공동체"를 가족으로 규정하고, '가정'이라는 개념을 "가족구성원이 생계 또는 주거를 함께 하는 생활공동체이자 구성원의 일상적 부양·양육·보호·교육 등이 이루어지는 생활단위"로서 정의하였으며, "구성원의 욕구가 충족되고 인간다운 삶이 보장되는 곳"을 "건강한 가정"이라고 간주하고, 가족의 부양·양육·보호·교육 등의 가족기능을 강화하는 것을 '건강가정사업'으로 명시하였다. 따라서 그 기본 이념상 한부모 가족이나 일인가족, 조손가족, 재혼가족, 사실혼 가족, 그리고 별거가족 등 현실적으로 급증하고 있는 다양한 가족들을 "건강하지 않은 가족"으로 낙인화하였다는 비난으로부터 자유롭지 않다.

그럼에도 불구하고, 가족 단위로 참여할 수 있는 프로그램 등 가족관계증진을 지원하는 사업, 가족상담 사업, 아이돌보미 지원과 장애아가족 양육지원 등의 돌봄 지원 사업 등에 부가하여 취약가족 역량강화서비스지원 사업, 한부모 가족지원 사업, 조손가족 지원 사업, 미혼모(부)자 거점기관 운영사업, 청소년 한부모 지원 사업 등으로 범위를 넓히고 있다. 이들은 모두 스트레스 상황에 있는 가족들을 상담이나 실질적 서비스 등을 통해 지원함으로써 심각한 위기로 치닫지 않게 하려는 사업들이다. 그런데 사업의 목록들을 펼치는 것보다 더 중요한 것은, 실질적인 지원이 제대로 이루어지느냐에 있다. 서비스의 전문성을 높이고 필요한 만큼의 지원이 이루어질 수 있도록 해야 하는데, 수요에 비해 공급은 질적·양적인 면에서 턱없이 부족한 것이 현실이다. 따라서 정부 예산의 확보와 더불어 지역사회의 민간자원을 활용하려는 노력이 필요하다. 그런 점에서 지역사회 네트워크사업이 활성화될 수 있기를 기대한다.

2) 한부모 가족 지원법

1989년 모자복지법이라는 이름으로 제정된 이래, 2002년 모·부자 복지법으로 그리고 2007년 한부모 가족지원법으로 명칭이 변경되었다. 이와 같은 명칭 변경은 처음엔 모자(母子)가정만 포함하다가 부자(父子)가정까지 포함하기로 그리고 다음엔 조손가족까지 포함하는 식으로 수혜 범위를 넓혀온 것과 맥을 같이 한다. 해당법은, 18세 미만의 아동(취학 중인 경우 22세 미만)이 속한 한부모 가족 및 조손가족 중 일정 소득 미만의 저소득층 가족에게, 생계비·교육 지원비·양육비 등의 복지급여를 제공하고 복지시설을 이용할 수 있도록 규정하고 있다. 또한 국가와 지방자치단체로 하여금, 한부모 가족의 모 또는 부의 직업능력을 개발하기 위해 직업능력개발 훈련을 실시하도록 하고 있다. 창업을 원하는 경우 저리의 복지자금 대여를 받을 수 있고, 또한 이혼 후 비양육친으로부터의 양육비 지원이 원활하지 않은 경우엔 양육비 이행 관리원을 통해 양육비 확보를 위한 지원을 받을 수 있도록 하고 있다. 뿐만 아니라 영구임대아파트 등 「주택법」에서 정하는 바에 따라 국민주택을 분양하거나 임대할 때, 일정한 비율을 한부모 가족에게 우선 분양하게 되어 있다.

이 모두는 경제 및 주거면의 지원과, 취업훈련을 통한 가족역량 개발에 초점을 두는 제도이다. 즉 저소득층 한부모 가족과 조손 가족이 양육을 포기하지 않고 수행할 수 있도록 하는 데 목적을 둔다. 부연하자면, 취약가족이 해체되지 않고 주어진 역할을 해낼 수 있도록 지원하는 제도라고 볼 수 있다. 이에 관하여, 지원금 증액의 필요성에 대한 주장과 더불어 의료비 지원이나 부모교육 그리고 방과 후 학습지원 등으로 지원 범위를 확대해야 한다는 주장이 제기되고 있다(황은숙, 2008).

자녀양육을 지원하는 제도

양육지원제도는 여성의 경제적 독립과 유급노동에의 접근성을 확보하게 하는, 즉 노동권 차원에서 탈가족화를 지원하는 방식과, 자신의 자녀를 직접 양육하는 보살핌 노동에 대한 권리, 즉 탈상품화를 지원하는 방식으로 나뉜다. 출산휴가 및 육아휴직과 그 기간 동안의 소득보전에 관한 제도가 탈상품화를 지원하는 것이라면, 공보육서비스의 확충 및 직장 보육시설 지원은 탈가족화를 지원하는 제도이다. 이러한 제도들은 지원기간 및 지원금액을 점차 늘리는 방향으로 변화되고 있다. 다음에 제시하는 제도의 조건들은 2024년을 기준으로 한다.

1) 가정 양육 지원 제도

(1) 출산휴가제도

출산휴가제도란, 임신과 출산으로 인해 소모된 체력의 회복을 지원하는 제도이다. 출산휴가를 신청하는 경우 90일(다태아의 경우 120일)간 유급 휴가를 쓸 수 있다. 이때 우선지원 대상기업[1] 근로자라면 최초 60일(다태아 75일) 동안은 최대 월 210만원까지 정부지원으로 지급되며 통상임금 간 차액이 발생하는 부분은 사업주가 지급하고, 이후의 휴가 기간 동안은 전액 사업주가 지급하게 되어 있다. 대규모 기업 근로자인

---

1) 우선지원 대상기업은 근로자수에 따라 구분하는데, 그 기준은 산업별로 다르게 적용된다. 제조업의 경우 500명 이하인 경우에 해당된다. 광업, 건설업, 운수업, 출판과 영상, 방송통신 및 정보서비스업, 사업시설관리 및 사업지원 서비스업, 전문, 과학 및 기술, 서비스업, 그리고 보건업 및 사회복지 서비스업 등의 경우엔 300명 이하인 경우이다. 도매 및 소매업, 숙박 및 음식점, 금융 및 보험업, 예술, 스포츠 및 여가관련 서비스업 등의 경우엔 200명 이하이다. 그리고 그 외의 업종인 경우 100명 이하인 경우에 해당된다(고용보험법 시행령, 2024).

경우엔, 최초 60일(다태아 75일) 동안은 사업주가 지급하고 이후 30일(다태아 45일)은 고용보험에서 지급되며, 급여상한액은 월 210만원이다.

또한 배우자 출산휴가는, 남성 근로자의 육아참여 활성화를 위한 제도로서, 출산한 아내의 간호와 보호 및 육아를 목적으로 남성 근로자가 휴가를 청구하는 경우 10일 간 유급휴가를 쓸 수 있도록 하고 있다. 우선지원대상기업 근로자에 한해 최초 5일분 중 401,910원까지는 정부가 지원하고 차액분은 사업주가 지급하며, 나머지 5일분은 전액 사업주가 지급하도록 하고 있다.

상기 출산휴가는, 신청인의 거주지나 사업장 소재지 관할 고용센터 혹은 온라인이나 모바일로 신청할 수 있다.

(2) 육아휴직 지원제도

육아휴직제도란, 만 12세 이하의 자녀를 둔 근로자로 하여금 양육을 위해 한 자녀당 최장 1년까지 휴직을 신청할 수 있도록 한 제도이다. 육아휴직 기간 중 첫 3개월 동안은 고용센터에서 월 통상 임금의 80% − 하한액은 월 70만원이고 상한액은 월 150만원 − 를 지원하도록 되어 있다. 2025년부터 육아휴직 급여 상한액은 250만원으로 상향될 예정이다.

부부가 맞돌봄을 위해 육아휴직을 하도록 하는 제도를 '6+6 부모 육아휴직제'라고 한다. 자녀 생후 18개월 내에 부모가 동시에 혹은 순차적으로 육아휴직을 사용하는 경우, 부와 모 각각 첫 6개월 동안 통상 임금의 100%를 지급하는 제도이다.

육아휴직을 부여한 고용주를 지원하는 방안으로서, 근로자의 육아휴직 기간 동안 고용유지 비용 − 해당기간 동안의 퇴직금 충당금, 제 보험금 − 의 일부를 지원(육아휴직 장려금)하고 또한 대체인력을 채용한 고용주에게는 지원금을 지급한다. 반면에 육아휴직을 허용하지 않거나 육아휴직을 이유로 불이익을 준 사업주에게는 벌금이 부과된다.

(3) 근로시간 단축제도

임신기 근로시간 단축제도는 근로기준법 제74조에 의거하여, 2020 년부터 시행되어 왔다. 임신 12주 이내 혹은 36주 이후의 근로자가 1일 근무시간을 2시간 단축하여 6시간만 근무할 수 있도록 한 제도이다. 이 경우, 근로시간 단축에도 불구하고 임금 삭감은 없다(고용노동부, 2020).

육아기 근로시간 단축제도는, 남녀고용평등법 제19조 2항 그리고 일·가정 양립지원에 관한 법률에 의거하여, 근속기간 6개월 이상이면 서 만 8세 이하 또는 초등학교 2학년 이하의 자녀를 양육하는 근로자의 근무시간을 주당 15~35시간으로 제한하고 연장근무를 시킬 수 없도록 한 제도이다. 이는 일–가정 양립 및 경력단절 방지를 위한 제도로서, 1년 동안 사용할 수 있으나 육아휴직을 사용하지 않는 경우엔 최대 2년 까지 가능하다. 이 경우엔, 단축하는 시간만큼 회사로부터 받는 급여도 차감되지만, 고용노동부로부터 상당부분을 보전받을 수 있다.

상기 제도들은, 가족의 양육 기능과 숙련 인력의 고용유지를 목적 으로 하는 보편적 지원제도이다. 다만 이 제도들은 근로자가 신청하는 경우에 사용할 수 있는 것으로서, 자동적으로 부여되는 규정은 없다. 특히 남성들의 경우, 직장 분위기상 육아휴직을 신청하기 어려워서 제 도의 존재 이유 자체가 무색해지는 경우도 적지 않다. 뿐만 아니라, 휴 직 중 지급받는 금액이 평소의 급여수준과 차이가 난다는 점 또한 육아 휴직의 활성화를 저해하는 이유로 작용한다. 그래서 남성 육아휴직 할 당제 등과 같은 강제성을 도입해야 한다는 주장과 육아휴직 중 급여를 평소 급여수준에 근접하도록 지급해야 한다는 주장이 지속적으로 대두되고 있다.

2) 출산 및 양육과 관련된 현금급여제도

(1) 출산 장려금

시·군 등의 지자체를 중심으로 하여, '출산장려금' 혹은 '출산축하금'이라는 명목으로 일시금을 지급하고 다자녀 가정에는 양육 지원금을 차등 지급하는 식의 현금급여제도가 시행되고 있다. 이는 소득수준과 상관없이 모든 가정을 대상으로 하는 보편적 제도이다. 또한 출생 초기에 집중하고 있는 지원이므로, 저출산 대책의 일환이자 자녀수에 따른 가구 간 재분배를 시도한다는 의의가 있다.

그러나 저출산의 원인이 당장의 출산비용에 대한 부담이 아니라 긴 기간에 걸친 양육의 고비용 구조에 있음을 고려할 때, 실제로 출산율을 올리는데 일조하고 사회구성원의 건강한 성장을 지원하는 제도로서의 효과를 거두려면 아동수당 및 양육수당의 지급대상을 만 18세까지, 즉 성년이 되기 이전의 모든 시기로 확대해야 한다는 주장이 제기되고 있다.

(2) 아동수당

아동수당법에 의거하여, 대한민국의 국적을 보유하고 국내에 체류하고 있는 8세 미만의 아동을 둔 가정에 월 10만원씩 지급된다. 이는 가족의 재산이나 소득 기준에 상관없이 지급되는 보편적 제도이다. 아동 양육에 따른 경제적 부담을 경감하고 건강한 성장 환경을 조성함으로써 아동의 기본적 권리와 복지를 증진함을 목적으로 하기 때문에, 수급권을 양도하거나 담보로 제공할 수 없으며 압류 대상으로 할 수 없도록 되어 있다.

(3) 부모급여[2]

신생아부터 만 24개월 미만의 아동을 집에서 양육하는 가정을 대상으로 한다. 만 12개월 미만 영아의 경우엔 월 100만원이 지급되고 12개월 이상 24개월 미만 유아의 경우 월 50만원이 지급되며, 쌍생아를 둔 가정에는 지급 금액이 배가된다.

부모급여는 아동수당과 중복하여 지급받을 수 있다. 다만 국가가 지정한 보육시설에서 양육하는 경우엔 부모급여 대신 보육료 바우처로 전환되어 지급된다. 그런데 이를 지급받기 위해서는, 아동의 출생일을 포함하여 60일 이내에 해당 주민센터에 방문하거나 '복지로' 홈페이지에 온라인으로 신청해야 한다.

(4) 양육수당

만 24개월에서 7세 미만의 아동을 어린이집이나 유치원 등 국가가 지정한 보육시설에 보내지 않고 집에서 양육하는 경우, 월 10만원씩 지급되는 제도이다. 국가가 지정한 보육시설에 보내는 경우엔, 현금 대신 보육료 바우처로 전환되어 지급된다.

3) 양육의 사회화를 위한 제도

(1) 보육제도

2020년 3월부터, 취업모와 비취업모 구분 없이 모든 아동에게 기본보육시간을 보장하고 연장보육시간에도 전담교사를 두도록 하고 있

---

2) 신생아부터 만 24개월 미만의 영유아를 대상으로 월 30만원을 지급하던 '영아수당'이 '부모급여'로 확대 개편되면서, 지급액이 증액되었다.

다. 따라서 모든 가정의 0~2세 영유아는 하루 7시간(오전 9시~오후 4시)을 어린이집에서 지낼 수 있다. 그 이후는 연장보육시간(오후 4시~7시30분)으로 구분되므로, 원하는 경우에 한해 돌봄이 제공된다.[3] 이는 근로형태 및 가족형태가 다양해지는 상황에서, 시간에 구애받지 않고 영유아의 보육을 사회가 분담하자는 목적에서 야간연장 및 24시간 그리고 휴일 보육이 가능하도록 한 것이다. 이 경우 보육교사의 인건비 및 근무수당 그리고 보육료 등과 관련하여, 지자체별로 다양한 지원책이 시행되고 있다.

(2) 누리과정 지원제도

누리과정이란 만 3~5살 아동이 유치원이나 어린이집에 다니며 교육과 보육을 평등하게 받을 수 있도록 국가가 지원하는 교육과정을 뜻한다. 유치원과 어린이집의 구분 없이 동일한 내용을 배우도록 하고, 부모의 소득수준에 관계없이 모든 계층의 아동에게 학비와 보육료를 지원하는, 보편적 제도이다.

2012년 3월에 5살 누리과정이 처음 시행되었고, 2013년 3월부터 만 3~4살 유아까지 혜택을 받을 수 있도록 확대 시행되었다. 2018년부터 중앙정부가 국고로 누리과정 예산 전액을 지원하고 있다. 지원액은, 2024년을 기준으로 할 때 국공립 유치원은 월 10만원, 어린이집 및 사립유치원은 월 28만원이다.[4]

---

3) https://www.joongang.co.kr/article/23514592
4) 「유아교육법」 제24조 3항, 시행규칙 제4조 2항.

4) 교육부담 완화와 관련된 제도

사교육비 지출이 가정 경제의 부담으로 작용해 왔다. 높은 사교육비가 출산율을 낮추는 변인으로 작용할 가능성에 대한 우려와 더불어, 과도한 교육비 지출로 인해 지금의 중년세대가 노년층이 될 때 부양체계에 문제가 발생할 것이라는 지적이 제기된다(Lee, 2013). 그래서 역대 정부들은 예외 없이 사교육비 경감 대책 때문에 고심하고, 공교육 강화를 통한 혹은 공교육 경쟁력 향상을 위한 사교육비 경감대책을 발표해 왔다. 그렇지만 새로이 도입된 제도는 또 다른 사교육 수요를 창출해 왔을 뿐, 공교육 강화도 사교육비 경감도 갈 길이 먼 상태이다.

노무현 정부는 수능으로 인한 사교육 수요를 막기 위해 내신을 강화하는 입시 제도를 만들었으나, 이는 오히려 "내신을 위한 사교육"에 집중하게 했다. 이명박 정부는 입시부담을 완화함으로써 사교육비를 줄이려는 목적으로 입학사정관 제도를 실시했지만, 이번에는 전형요소가 다양해서 정보수집에 어려움을 겪는 학부모들이 진학상담을 위해 사교육 기관을 찾게 되었으며 면접구술 준비를 위해 다시 사교육을 찾게 하는 결과를 초래했다. 게다가 국가 주도로 무리해서 갑작스럽게 입학사정관제를 확대·운영하다 보니 미처 준비하지 못한 대학들이 입학사정관제 운영을 위한 공통 기준을 마련했는데, 마땅한 대안이 없는 상황에서 학교성적 위주의 기준이 만들어졌고 그로 인해 다시금 "내신성적을 올리기 위한 사교육 수요"가 유발되었다(백우정·최종덕, 2011). 결과적으로 노무현, 이명박 정부가 사교육 완화를 위해 시행한 제도는 오히려 사교육을 다양화시키고 강화시키는 역할을 하였다고 평가된다. 한편 박근혜 정부는 대학 특성화를 통해 대학 서열화 구조를 완화하고 '선취업

후진학'을 확대하며 학력을 대체하는 능력인정 체계를 마련하겠다고 공언하였으나, 방과후 학교를 활성화한 것 외에 구체적인 제도를 제시하지는 못하였다. 이처럼 우왕좌왕하는 동안에도 사교육 참여율 및 지출에 있어서 대도시와 그 외의 지역 간 격차 그리고 사교육비 지출규모에 있어서의 양극화로 인해, 사교육을 둘러싸고 지역 및 계층 간 불평등이 심화되고 있다.

다만 사교육 수요를 공교육 안으로 끌어들이기 위한 EBS 수능방송과 '방과후 학교'는, 사교육이 활성화되지 않은 읍·면 단위의 학교와 저소득층 자녀들의 상대적 박탈감과 교육격차를 해소하는 데 의미가 있는 것으로 나타났다(백우정·최종덕, 2011). '방과후 학교'는 초등학생을 대상으로 돌봄의 사각지대를 해소하고자 하는 의도로 운영되는 제도이다. 또한 취약계층 청소년을 보호함으로써 계층 간 격차를 완화하고자 하는 목적으로, 여성가족부 주관하에 '청소년 방과후 아카데미'가 운영되고 있다. 이들은 가족의 자녀 돌봄으로 인한 시간적·경제적 부담을 완화하고, 가족계층의 격차가 대물림되지 않도록 하려는 사회적 노력이다. '청소년 방과후 아카데미'가 취약가족 청소년을 선별적으로 지원함으로써 교육수혜의 불평등을 완화하려는 목적을 지니는 반면, '방과후 학교'는 소득이나 가족구조와 상관없이 동일한 보호와 교육 혜택을 지원함으로써 사교육 부담을 완화하고 가족의 자녀 돌봄으로 인한 시간적 부담을 완화하려는 제도이다. 이러한 제도가 읍·면 지역의 자녀와 저소득층의 자녀들에게 효과적이라는 분석 결과(백우정·최종덕, 2011)에 비추어, 제한적이나마 교육의 불평등 완화에 기여하고 있는 것으로 평가할 수 있다.

3 부양 부담을 사회가 분담/지원하는 제도

유병장수 시대에 만성질환이나 만성장애를 갖는 가족구성원에 대한 보호와 부양은 여러 차원에서 가족을 위협한다. 가족 규모가 축소되고 맞벌이가 보편화되고 있는 오늘날, 가족은 구성원에 대한 부양능력의 상당 부분을 상실했으면서도 심리적·실질적으로는 여전히 부양의무로부터 자유롭지 않기 때문이다. 장기간에 걸친 부양요구는 가족에게 큰 부담으로 작용하고, 심한 경우 가족위기로 치닫게 한다. 따라서 이러한 가족들의 부담을 경감하는 제도적 지원이 절실하다.

1) 노후준비 지원법

노후준비에 대한 인식을 제고하고 개인이 재무·건강·경력·여가·대인관계 등의 제반 사항에 대하여 스스로 노후 준비의 기반을 마련할 수 있도록, 맞춤형 서비스를 제공하기 위한 목적에서 노후준비 지원법이 2015년 6월에 제정되고 2015년 12월 23일부터 시행되기 시작하였다. 해당 법령에 따르면, 노후준비란 노년기에 발생할 수 있는 빈곤·질병·무위·고독에 대처하기 위한 사전 준비를 말한다. 그리고 노후준비 서비스란 노후에 겪게 되는 빈곤과 질병 및 고독 등의 문제에 대비하기 위해 노후준비상태를 종합적으로 진단하고, 재무와 건강, 여가 및 대인관계 등 다양한 차원에서 부족한 부분을 보완할 수 있도록 맞춤형 상담과 교육을 하거나 혹은 관련기관(보건소, 건강보험관리공단, 노인인력개발원 등)에 연결해 주는 서비스를 의미한다.

보건복지부가 주무부서가 되고, 국민연금공단 산하에 중앙노후준비지원센터를 운영함으로써 온라인과 오프라인 서비스를 열어놓고 있다. 2008년부터 국민연금 가입자 및 수급자에게 재무 설계를 중심으로 제공해 오던 노후준비 서비스에서 그 대상을 전 국민으로 확대하고, 서비스의 범위를 삶의 제반 영역으로 확장하였다. 이러한 움직임은 노후준비 지원에 관한 법적 근거를 마련함으로써, 노후준비를 위해 개인과 기업과 민간 그리고 정부 등 다자간 역할분담으로 전환을 한다는 점에 의미를 부여할 수 있다.

2) 부양의 사회적 분담을 위한 제도

• 노인 장기요양보험

고령이나 노인성 질병으로 인해 6개월 이상 혼자서 일상생활을 수행하기 어려운 노인에게 시설급여 혹은 재가급여를 통해 신체활동이나 가사지원 등의 서비스를 제공하는 제도로서, 2008년 7월부터 시행되기 시작했다. 국민건강보험공단이 시행의 주체가 되고, 국민건강보험 가입자와 피부양자가 수급대상이다. 즉 65세 이상의 노인이나, 65세 미만이라도 치매나 뇌혈관질환 혹은 파킨슨 병 등 노인성 질병을 가진 사람을, 지원 대상으로 한다. 수급대상으로 결정되면, 등급에 따라 요양시설 이용료를 지원받거나 파견 요양보호사에 의한 방문 간호 그리고 주·야간보호 및 방문 목욕 서비스 등을 지원받을 수 있다. 그리고 환자용 침대 및 보행기 등 필요한 복지용구를 제공받는다.

이는 가족에게만 지워왔던 노인부양의 짐을 사회가 나눠서 진다는 사회적 연대 원리에 의해 제공되는 사회보험이다. 따라서 건강보험료를 징수할 때 함께 거두어들이는 장기요양보험료, 국가 및 지방자치단체의 부담금, 그리고 본인 및 가족의 일부 부담금 등에 의하여 운영된다. 일반 수급자의 경우엔 재가급여금의 15% 그리고 시설급여금의 20%를 본인이 부담하는 것이 기본이지만, 국민기초생활수급권자의 경우엔 본인 부담금이 없다. 즉 소득과 상관없이, 연령과 일상생활을 영위하는 데 있어서의 제약성이라는 잣대만으로 지원대상과 범위를 결정하는 보편적 지원제도이다.

3) 가족부양을 지원하는 제도

● 가족 돌봄 휴직제

가족성원(부모, 자녀, 배우자, 배우자의 부모)의 질병, 사고, 노령 등으로 인해 돌봄역할을 해야 하는 경우에, 휴가를 연 90일 이내로 사용할 수 있으며 1회당 30일 이상을 사용하게 되어 있다. 이 기간 동안은 근속기간에 포함되고, 무급 휴직으로 처리되는 것을 제외하면 어떠한 이유로도 불이익을 받지 않도록 규정되어 있다. 다만 근로자의 근로기간이 6개월 미만이거나 근로자 외에 돌봄을 제공할 다른 가족성원이 있는 경우, 사업주가 고용센터에 구인신청을 하고 대체인력을 채용하기 위해 14일 이상 노력하였으나 대체인력을 채용하지 못한 경우, 그리고 가족 돌봄 휴직이 정상적인 사업 운영에 중대한 지장을 초래함을 사업주가 증명할 수 있을 때, 사업주는 휴직을 거부할 수 있도록 하고 있다.[5]

이는 구성원의 질병 등으로 인한 보호욕구를 가족 안에서 충족할 수 있도록 하는 제도적 지원이다. 그런데 돌봄 역할로 인한 소득 상실을 대체할 만한 보호조치가 마련되어 있지 않아서, 제도의 활성화에 제한이 있을 수밖에 없다. 육아휴직제도에 준하는 보호조치가 근로자와 사업주 양측에 모두 보장될 때, 가족에 의한 부양을 지원하는 제도로서의 의미를 살릴 수 있을 것으로 생각된다.

---

5) 정부24. https://www.gov.kr/portal/service/serviceInfo/PTR000051336

4 가족관계와 연관된 제도

1) 호주제 폐지

'가족관계등록 등에 관한 법률'이 2005년 3월에 국회를 통과함으로써 호주제가 폐지되었고, 2008년 1월부터 새로운 가족관계등록법이 시행되고 있다. 이로써, 성과 본을 중심으로 부계친족구조를 명시해 오던 '본적'의 개념이 사라지고, 언제든 변경이 가능한 '등록기준지' 개념이 도입되었다.

과거의 호적이 개인별 가족관계등록부로 대체됨으로써, 장자 중심의 호주승계가 사라졌다고 할 수 있다. 뿐만 아니라 결혼한 딸이 친정의 호적에서 지워지고 남편의 호적에 새로이 입적되던 제도가 사라진 것은, 점진적으로 남성의 원가족을 중심으로 하던 부계중심의 가족규정에서 벗어나서 시가(친가)와 친정(처가) 간의 차별이 완화되는 효과를 불러왔다. 뿐만 아니라 이혼을 한 여성이 전혼 자녀에 대해 법률적 혈연관계를 인정받지 못하던 모순이 제거됨으로써, 이혼 여부 혹은 동거 여부와 상관없이 전혼 자녀에 대한 친모로서의 법적 신분을 유지할 수 있게 되었다.

결과적으로, 호주제 폐지는 가부장적 구속의 완화를 의미하고 가족 및 친족관계에서 여성의 지위와 권리를 회복하게 했다는 의미를 지닌다. 그리고 장기적으로는 가족구성원 간의 평등성에 기초하여 가족관계의 질적 향상에 기여할 것으로 생각된다.

민법개정안과 가족관계등록법

호주제의 폐지를 골자로 하는 민법개정안(가족관계 등록 등에 관한 법률)이 2005년 3월에 국회에서 통과되었다. 그리고 2008년 1월부터 새로운 신분등록제도(가족관계등록법)가 시행되고 있다. 가족관계등록법은 호주와 가족의 신분사항이 적힌 호적부를 폐지하는 대신 개인별로 가족관계등록부를 작성하며, 기본증명, 혼인증명, 입양증명, 개별증명, 가족관계증명 등의 5종류로 나누어 증명서를 발급하는 것을 핵심으로 한다.

이는 다음과 같은 구체적 변화를 통해, 여성에게 '삼종지도(三從之道)'를 강요하고 결혼한 딸을 '출가외인(出嫁外人)'이라는 이름으로 친정에서의 제반 권리와 의무로부터 배제시켜왔던 법적 뒷받침이 사라진 것을 의미한다.

• 본적이 사라지고 '등록기준지' 개념이 도입되었다. 등록기준지는 아무런 제한이 없이 자유롭게 변경할 수 있다. 호적 대신 개인별 가족관계등록부를 지니게 되기 때문에, 할아버지-아버지-장남-장손으로 이어져 내려가던 호주승계가 사라졌다. 이로써 남편 사후에 아내가 생존해 있는데도 어린 아들이 호주가 된다든지 하는 일이 없어졌다. 가족관계 증명서에 나타나는 가족은, 본인을 기준으로 하여 그/그녀의 부모와 배우자 그리고 자녀에 한정된다.

• 결혼한 딸의 이름이 친정의 호적(嫁)에서 지워지고 남편의 호적(嫁)에 새로이 입적되던 제도가 사라졌고, 각각의 가족관계등록부에 서로를 배우자로 표시하게 되었다. 가족의 범위를 호주의 배우자 및 혈족과 그 배우자 등과 같이 가(嫁)에 입적한 자에 한정하던 기존의 호적법과 달리, 배우자와 직계혈족 및 형제자매뿐 아니라 생계를 같이 하는 경우 직계혈족의 배우자와 배우자의 직계혈족 그리고 배우자의 형제자매까지 가족으로 포괄한다. 이는 남성의 원가족을 중심으로 가족을 규정하던 데서 벗어나, 시가(친가)와 친정(처가)의 차별을 완화한 개념이다.

• 이혼한 여성이 전혼에서 낳은 자녀에 대한 양육 여부와 관계없이 법률적 혈연관계를 인정받지 못하던 호적법 하의 모순이 제거되어, 이혼 여부 및 동거 여부와 상관없이 자녀의 어머니 신분을 유지하게 되었다.

• 여성이 전혼 자녀를 데리고 재혼을 한 경우, 해당 자녀는 더 이상 단순 '동거

인'이 아니라 '배우자의 자녀'로 등재되어 가족으로서 서류상에 표기된다.

- '친양자 제도'가 새로이 추가되었다. 15세 미만의 아이에 관해 생부 및 생모가 법적으로 부모-자식 관계를 완전히 끊고 포기하는 절차를 통해서 입양을 하면, 입양 사실이 가족관계등록부에 기재되지 않고 양아버지의 성을 따르며 양부모는 친부모와 동일한 권리를 행사하는 것을 원칙으로 한다. 이 경우, 해당 재혼가정이 이혼을 하더라도 입양을 한 자녀와 양아버지 간의 부모자녀 관계가 자동적으로 소멸되지는 않는다는 사실을 염두에 두어야 한다.

- 미혼모가 혼자서 자녀를 키워온 경우 생부가 친자 확인을 하면 자신의 호적에 올리고 생부의 성으로 바꿀 수 있던 호적법과 달리, 자녀의 성에 관해 부모가 협의해서 결정하거나 합의할 수 없을 경우 법원이 판결한다.

2) 간통죄 폐지

간통죄란 법적인 배우자가 생존한 상태에서 자기 배우자 이외의 사람과 합의하여 성관계를 한 경우, 혹은 배우자가 없는 사람이라도 상대방이 유배우자라는 사실을 인지한 상태에서 성관계를 한 경우에 성립했었다. 그리고 이 경우 배우자가 고소를 하면, 간통을 한 쌍방은 2년 이하의 징역에 처하는 처벌이 주어졌었다. 그런데 1953년부터 시행되어 오던 간통죄가 62년 만인 2015년 2월에 폐지되었다. 이로써 간통은 형사 처벌대상은 아니고 민법상 위자료 지급 사유, 즉 민사상의 이슈로만 남게 되었다.

간통죄가 유지되어야 한다는 입장은 "개인의 성적 자기 결정권보다 가정을 보호하는 법적 장치가 필요하다"는 논지였다(헌법재판소 판례, 2001). 그런데 간통죄는 친고죄(親告罪)여서 배우자만이 고소를 할 수 있었는데, 고소는 혼인이 해소되거나 이혼소송을 제기한 후에 할 수 있었으므로 이혼을 전제로 해야만 배우자의 간통을 처벌할 수 있었다. 즉 배우자를 간통죄로 고소하면 혼인관계가 소멸되기 때문에, 간통죄로 처벌을 받은 두 사람이 추후에 결혼을 하는 경우가 드물지 않았다.

간통죄를 폐지한 논지는, 간통죄가 대한민국 헌법 17조에 명시된 '사생활의 비밀과 자유' 조항에 위배된다는 것이다. 개인의 성적 자기결정권은 보호되어야 하며, 이는 배우자에 대한 신의와 윤리의 문제이지 법적 잣대를 가지고 수치심을 유발할 문제가 아니라는 논리이다. 뿐만 아니라, 혼인이 이미 파탄이 난 상황에서 혼인의 원상회복과는 무관하게 간통죄가 복수 수단으로 전락하고 있다고 본 것이다.

간통죄가 폐지되고 난 이후의 실질적 문제는, 배우자의 외도에 대한 위자료 수준이 간통죄 폐지 이전과 별반 달라지지 않았다는 데 있다. 그래서 피해배우자의 입장에서는 배우자의 불륜에 대처할 수 있는 방안이 줄어들었고 부부 간 정절 의무를 위반한 가해배우자는 오히려 결혼생활을 유지하면서도 불륜을 지속할 수 있는 가능성이 높아지는 등, 장기적으로는 배우자에 대한 정절 의무의 중요성에 대한 인식이 약화되고 결혼에 부여하는 의미가 변화될 가능성이 크다. 개방적 결혼 (open marriage)이나 스와핑(swapping) 등이 사회문제화되고 있는 상황에서(이여봉, 2006), 성적 정절의무에 대한 법적 구속력의 약화는 추후 혼인관계의 성격을 변화시키고 배우자 간 결속을 약화시킬 가능성이 크다. 현 시점에서 시급한 것은, 유책배우자가 피해배우자에게 지불해야 하는 위자료 수준을 높이는 법적 조항의 마련이다. 특히 피해배우자가 전업주부인 경우 위자료 수준의 현실화는 이혼 후의 생존과 직결되는 중요한 사안이다.

3) 가정폭력범죄의 처벌 등에 관한 특례법

'가정폭력범죄의 처벌 등에 관한 특례법(약칭: 가정폭력 방지법)'은 가족구성원들 사이에 일어나는 신체적·성적·정신적·경제적 학대 및 폭력에 대한 응급조치 및 임시조치 등을 할 수 있도록 한 법안이다. 1997년 11월에 제정되고 1998년 7월부터 시행되기 시작한 것으로서, 현재에 이르기까지 수차례에 걸쳐서 가해자에 대한 처벌을 강화하고 피해자를 적극적으로 보호하는 방향으로 개정되어오고 있다.

이에 따르면, 가족구성원에 의한 폭력이 발생했을 때 피해자 본인 뿐 아니라 학교나 상담소 혹은 의료기관 등 누구든지 신고할 수 있다. 그리고 신고 즉시 경찰이 출동하여 제지하고 수사에 착수하며, 피해자를 가해자로부터 격리하여 가정폭력상담소나 보호시설 및 의료기관으로 인도하게 되어 있다. 또한 재발될 우려가 있다고 판단되는 경우, 가해자를 피해자로부터 격리하고 접근 및 통신을 금지하는 조치를 취할 수 있다.

이와 같은 법의 제정 및 시행은 "훈육"이라든가 "술이 죄지 사람이 죄가 아니라"는 식으로 폭력에 관대했던 가부장적 문화를 탈피해서 적극적으로 인권을 주장하도록 사회 분위기를 바꾸는 계기로서의 의미가 있다. 아울러 "신성불가침의 영역"이라고 여겨져 온 사적 공간에서 벌어지는 가족 간 폭력범죄에 공권력이 개입할 수 있는 법적 근거를 마련한 법안이라고 평가된다.

5 가족 관련 제도의 방향성에 관하여

가족에게 양육과 부양 및 인권보호 등의 역할을 전담시키고 해당 역할 수행의 성패를 가족의 능력과 책임에 돌린 채 사회는 뒷짐만 지던 과거와는 사회 분위기가 달라지고 있다. 가족이 과부하되지 않도록, 사회가 역할을 분담하고 지원하는 방향으로, 패러다임의 전환이 일어나고 있다. 물론 개인과 가족을 둘러싼 제도적 변화가 늘 목표한 대로 가족 부담을 줄이는 방향으로의 효과를 거두는 것은 아니어서, 일각에선 의도치 않은 부작용에 대한 주장이 제기되기도 한다. 이는 변화의 과도기에 가족과 법 그리고 제도를 바라보는 시각이 다양하기 때문이기도 하고, 하나의 제도가 현실에 반영되는 과정에서 긍정적 측면과 동시에 부정적 측면이 노출되기 때문이기도 하다.

그럼에도 불구하고, 장기적으로는 가족구성 및 형태의 다양화에 부응하려는 제도적 개선과 지원 노력은 지속되어야 한다. 그런데 제도적 지원의 확대는 재원과 인력의 확보를 전제로 하기 때문에, 우리 사회의 역사적 배경과 문화를 고려하여 선택되고 시행되어야 무리없이 뿌리 내릴 수 있을 것이다. 법과 제도적 차원의 지원과 개별 가족 차원의 노력이 조응(照應)하여 가족과 개인들의 안정성이 확보되어서, 현재와 미래에 대한 희망을 갖고 미래의 구성원들을 출산하고 양육하는 사회로 나아갈 수 있기를 기대한다.

생 각 해 볼 문 제

01 중산층 이상의 가족으로부터 세금을 더 거두어서 저소득층 가족에 대한 경제적 지원을 확대하는 제도가, 우리 사회에 자리를 잡을 수 있을 것인가? 중산층 이상이 훨씬 많은 세금을 내는 데 대한 저항을 덜 느끼도록, 세금을 많이 내는 가족들 역시 그로 인한 지원혜택을 피부로 느낄 수 있게 하는 방안은 무엇일지 생각해 보자.

02 출산장려금이나 노인장기요양보험 등은 그 지원 대상을 정함에 있어서 소득이나 계층을 고려하지 않는 보편적 지원 제도이다. 경제적 여유가 충분해서 가족부담으로 해결할 수 있는 가족에게까지 이러한 지원을 확대하는 것이, 더 필요한 가족에게 집중해서 지원할 수 있는 여지를 줄이는 결과를 낳는 것인지 아니면 역으로 세금을 많이 내는 중산층 이상에게도 혜택이 돌아가는 것이 형평성에 맞고 조세 저항을 줄일 수 있는 것인지에 관해 생각해 보자.

미래 가족에 대한 전망

　한국 가족이 변화의 급류를 타고 있다. 가족이 지니는 속성으로 당연시되어 온 것들이 흔들리고 새로운 특성들이 부각되고 있는데, 이러한 흐름의 이면에는 가족을 둘러싸고 있는 사회의 변화와 가족을 이루는 개인들의 변화가 상호작용하고 있다. 전통 가족에서 자연스럽게 여겨졌던 많은 일들이 오늘의 가족에서 더 이상 작동하지 않듯이, 다가오는 시대의 가족은 또 다른 양상을 보일 것이다. 그래서 미래의 가족에 대해 예측하기란 그리 쉽지 않다. 다만 본장에서는 과거로부터 현재에 이르기까지 가족이 해당 시기마다의 사회적 조건에 어떻게 반응해 왔는지를 살펴보고, 현재의 사회적·개인적 지표들의 움직임에 기초하여 가족의 가까운 미래를 예측하고자 한다. 그럼으로써 다가올 가족 변화를 어떻게 받아들여야 할지, 그리고 어떤 선택들이 가능할지에 관해 논의하려는 것이다.

　우리 전통사회의 가족 특성으로 알려져 있는 강력한 남성중심적 가부장제 가족이 실질적으로 정착한 것은, 조선 중기인 17세기 이후이다(박민자·이경아, 2005). 그런데 일제식민시대를 거치면서 서구의 교육과 핵가족 개념이 유입되고 전통가족주의에 대한 비판이 제기되었다. 김혜경과 정진성(2001)은 이 시기에 대두된 주장을 소가족주의의 적합성, 애정의 단위로서의 가족에 대한 규정, 부부관계 및 미성년 자녀와의 관계가 효 중심의 노부모와 성인 자녀 관계보다 우선하게 된 변화, 부계 성을 중심으로 한 혈연공동체로서의 가족개념에 대한 공격 등으로 요약하였다. 그러나 이와 같은 근대화 노력에도 불구하고, 가부장적 권위주의와 가족주의는 이후로도 오랫동안 사회 전반에 걸쳐 광범위한 영향을 미쳤다. 그래서 1960년대 이후의 경제도약기 동안, 조직적 단결과 협동을 위해 개인의 이익과 사생활을 희생하는 가족주의 정서를 기업문화로까지 확대함으로써 '한국적 근대화'를 성공시킬 수 있었다(박민자·이경아, 2005). 1970년대 중반 이후 비로소 서구 페미니즘이 유입되고 민주화 운동이 정착하였으며, 권위주의와 집단주의를 평등주의와 개인주의가 대체하기 시작했다. 1990년대 그리고 2000년대에 이르러, 부부관계 및 부모자녀 관계에서 가부장적 가치관이 현저히 퇴색하고 가족관계를 맺거나 해체하는 데 있어서 부모의 영향력이 줄어들면서, 가족의 내용과 모습도 다양해지고 있다.

1 한국 가족구조의 변화 추세

1) 가족 규모의 축소

한국의 출산율은 급격한 감소 추세를 보이고 있다. 정부의 출산억제정책이 폐지된 것은 1996년이었으나 이후로도 경제 불황과 취업난을

표 16-1 　한국의 합계출산율 변화 추이

연도	1955-1959	1970	1980	1990	2000	2010	2015	2018	2020	2021	2022	2023
출산율	6.3	4.53	2.83	1.59	1.47	1.23	1.24	.98	.84	.81	.78	.72

출처: 통계청f. 〈인구동향조사〉 각년도

겪으면서 합계출산율[1]은 더 낮아졌는데, 2000년대 초기에 다소의 등락이 있긴 했었지만 2015년 이래로 끊임없이 하락하여 2018년부터는 1.0 아래로 내려섰고, 2023년에는 .72를 기록하였다. 이로써, 한국은 OECD 국가들 중 유일하게, 합계출산율이 1.0에 못 미치는 초저출산 국가이다.

　반면에 "이상적"이라고 생각하는 자녀수는 2000년대에 2.2명이어서, 1980년대 후반의 2.0명보다 오히려 증가한 것으로 나타났다(김승권 외, 2004b). 이는 우리 사회의 저출산 현상이 결혼연령의 상승과 육아 및 교육의 현실적 어려움에 기인할 뿐, "부모가 되고자 하는 동기" 자체가 감소한 것은 아님을 시사한다. 그럼에도 불구하고, 지난 8년간의 지속적 출산율 감소세를 고려할 때 앞으로도 상당한 기간 동안 저출산 경향은 지속될 것으로 예측된다.

2) 가구세대의 단순화

　이농향도(離農向都) 현상과 부양의식 약화 그리고 노인세대의 사고방식 변화 등 다양한 원인으로 인해, 노부모세대와 동거하는 기혼자녀의 비율이 줄어들고 있다. 이는 3세대 이상이 모여 사는 가구형태가 줄어듦을 의미한다. 젊은 세대는 여전히 교육과 직업 면에서의 보다 나은

---

1) 합계출산율이란, 결혼한 여성이 일생동안 낳는 자녀수의 평균치를 의미하는 개념이다.

가능성을 찾아 도시로 향할 것이고, 농촌에는 자식들을 도시로 보낸 노부모들만 남거나 혹은 노후에 이르러 비로소 자녀들을 도시에 두고 노부부만이 한적한 곳을 찾아 떠나는 현상이 이어질 것이다.

시계열적(時系列的, longitudinal)으로 관찰할 때, 한국 가족은 가족 주기상 핵가족과 확대가족을 반복적으로 경험해 왔다. 예를 들면, 결혼 직후에는 부모와 신혼부부가 일정 기간 동안 동거한 후에 분가를 했다가 자녀 출산 후 양육에 도움을 받기 위해 다시 노부모와 합가를 하고, 손자녀들이 웬만큼 성장한 후에 자녀부부는 다시 분가를 해서 살다가 부모가 노쇠해져서 의존적이 되는 시기에 합가하는 식이다. 그러나 시설부양 방식의 질적 다양화가 진행되고 있고 부모세대와 자녀세대 모두 개인주의화되고 있어서, 초고령으로 인해 의존적 상태가 된 부모를 동거부양하기 위해 합가를 하는 경향은 지속될 것 같지 않다. 다만 분가를 해서 살더라도 서구와 같이 완전히 독립적인 핵가족을 이루는 것이 아니라, 수시로 접촉하고 정서적·실질적으로 서로의 생활에 관여하는 수정확대가족적 특성이 지속될 것이다. 최근의 자료를 분석한 이여봉(2023)은, 요즘 30대 젊은 부부들이 부모 가까이로 거주지를 이동하는 경향과 노부모 가까이에 사는 경우 부부의 육아시간이 감소됨을 관찰함으로써, 손자녀 돌봄과 관련된 세대 간 지원 경향을 확인하였다. 양육과 부양에 관한 의무와 효 문화 그리고 자신의 독립적 삶을 중시하는 개인주의 문화가 한국적 토양에서 절충된 것이, 바로 부모세대와 자녀세대가 근처에 따로 살면서 지속적으로 접촉하며 긴밀한 유대를 유지하는 방식이다. 이러한 경향은 앞으로도 한동안 지속될 것으로 보인다.

3) 가족 형태의 다양화

"성인이 되면 당연히 결혼을 하고 결혼을 하면 부모가 되어야 하며 백년해로해야 한다"던 고정관념이 변화하고, 이러한 틀로부터 이탈하는 가족 형태가 증가하고 있다.

(1) 독신

독신의 비율이 계속 증가하고 있다. 독신이라 함은 현재 법적인 배우자가 없는 비혼(非婚) 상태의 가족들을 모두 포괄한다. 그래서 미혼과 사별 및 이혼한 상태뿐 아니라 법적 혼인을 하지 않은 혼외동거 등을 모두 독신의 범주에 포함한다. 그리고 가구 구성 역시 단독 가구를 이루는 경우뿐 아니라, 부모나 자녀와 동거하고 있는 경우도 독신의 범주에 넣는다.

● 미혼

성을 불문하고 전통 가족에서와 같은 도구적 의존의 필요성이 감소되면서 독신의 자유로움이 갖는 매력을 선택하는 사람들이 늘고 있다. 더불어 결혼에 대한 가치관이 변화하면서, 결혼이 "필수"가 아닌 "선택" 사안으로 변화되었다.

경제력을 지닌 여성의 증가 추세는 앞으로도 지속될 것이고, 가전제품과 상품은 가사역할 담당자에 대한 필요를 점점 더 축소시킬 것이다. 그리고 이는 여성과 남성 모두로 하여금 역할분담을 통한 상호의존의 필요를 더 감소시킬 것이다. 독신을 삶의 방식으로 선택하는 사람들의 비율이 일정한 수준에 오르면, 독신의 삶에 대한 사회적 편견 역시 사라질 것이다. 그리고 인터넷 커뮤니티를 통해 비슷한 취향을 가진 독신자들끼리 관계망을 형성해서 친분관계를 폭넓게 유지하면서 필요 시마다 서로 도움을 주고받는 문화를 정착시키게 될 것이다. 혼인감소를 심각한 문제로 보지 않고 혼인을 선택 사안으로 보는 인식이 증가하는 상황에서(한국리서치, 2024), 독신으로서의 삶이 주는 불편함이 감소될 경우 독신을 선택하는 사람들의 비율은 더욱 증가할 것이다.

● 혼외동거

법적인 혼인이 부과하는 제반 의무로부터 자유로운 상태에서, 현재의 친밀성에 기반을 둔 성적 결합과 공동의 삶을 꾸려가는 경향이 증가해 왔다. 결혼을 할 상황적 조건이 갖추어지기 전의 예행과정으로 시작하는 것이 과거의 동거였다면, 오늘날의 혼외동거는 다양한 목적에서 시도된다. 서로가 배우자로서 적합할 것인지를 탐색하고자 혼전 동거를 시도하는 경우도 있지만, 결혼할 의사 없이 동거를 현재의 삶으로 선택하는 경우도 증가하고 있다. 독신생활의 자유로움과 결혼생활의 상호의존적인 안정감을 절충하고자 한 선택이, 혼외동거 경향으로 나타나는 것이다.

우리 사회는 아직 혼외동거에 대한 부정적 시각이 남아 있어서 혼외동거 현황에 관해 정확한 통계치를 집계하기 쉽지 않지만, 젊은 층을 중심으로 혼외동거가 이미 상당한 정도로 확산되어 있음은 사실이다. 혼전 순결에 대한 기준이 완화되고 결혼의 안정성이 약화되는 상황에서, 만남과 결별의 문턱은 더 낮아질 것이다. 따라서 파트너의 확대가족관계에 신경을 쓸 필요가 없고 법적 혼인과 달리 관계결별 과정이 간편한 혼외동거는, 앞으로 결혼을 대체하는 하나의 결합 형태로서 명실공히 자리를 잡게 될 것이다.

● **한부모 가족**

최근 10여 년간 한부모 가족의 비율이 증가해 왔다. 사별로 인해 한부모 가족이 되는 비율은 감소하는 반면, 혼외임신이나 이혼으로 인한 한부모 가족의 비율이 증가하고 있다.

결혼이 지금보다 안정적이 되거나 성(性)과 출산이 결혼의 테두리 안에 한정될 가능성은 거의 없다. 혼전 및 혼외 관계에 대한 관용도는 증가할 것이고, 혼전 및 혼외 관계 비율은 높은 수준으로 유지될 것이다. 혼외 관계로 인한 임신과 출산뿐 아니라, 이혼을 하는 경우 여성에게 양육권이 주어져서 한부모 가족이 되는 경우가 늘고 있다. 그런데 미성년 자녀를 둔 여성은 노동시장에서의 성불평등뿐 아니라 육아역할로 인한 이중부담을 지고 있어서, 빈곤의 위험에 노출될 가능성은 앞으로도 여전할 것으로 생각된다.

(2) 부부단독 가구

개인주의 사고가 여성의 취업 및 경력 추구 경향과 맞물리면서, 자녀를 낳지 않는 것을 개인적인 차원에서 합리적 선택으로 받아들이고 부부 중심의 삶을 살아가는 가족이 증가하고 있다. 물론 아직까지는 평생 동안 자녀를 낳지 않겠다기보다는 현실적인 여건 때문에 일정기간 동안 임신과 출산에 관한 결정을 유보하겠다는 경우가 많다. 그러나 자녀를 낳지 않고 부부 중심의 삶을 즐기고자 하는 자발적 무자녀 부부도, 고학력의 젊은 층에서 증가하고 있다(김승권 외, 2004a). 이들을 DINK족(Double Income No Kid)이라고 부른다. 서구의 개인주의 사고에 익숙한 세대가 속속 결혼 연령층에 도달하고 있음을 고려한다면, 자발적인 무자녀 부부의 비율은 지속적으로 증가할 것이다.

노부부들 역시 양 배우자가 모두 생존해 있고 경제적인 여유가 있는 경우 자녀들로부터 독립적인 생활을 하길 원하고 또한 그러한 가구가 보편화되고 있다. 이들을 가리켜서 TONK(Two Only No Kids)족이라고 부른다. 2023년을 기준으로 할 때, 세대주가 65세 이상인 노인부부 가구가 1,931,770가구이고 65세 이상 노인 독거가구도 2,138,107가구이다(통계청e, 2024). 물론 이처럼 노인들만의 삶을 꾸려가는 가구들이 모두 거주형태를 자발적으로 선택했다고 볼 수는 없다. 노령인구의 증가는 만성 질환을 지니고 의존 상태에 있는 노인의 생존기간이 증가함을 의미하기도 하고, 따라서 부양이 필요한 상황임에도 불구하고 부양의 사각지대에 방치되어 있는 노인의 증가를 수반한다. 그런데 노령인구를 위한 사회 안전망이 확충되지 않을 경우, 비자발적인 노인가족의 증가는 지속적으로 사회 문제가 될 것이다.

4) 가족 결합 양상의 다양화

우리의 관념 속에는 초혼인 남자와 그보다 나이가 다소 적은 초혼 여자가 부부가 되고 자녀를 낳아 키워 가는 모습이 가장 이상적인 것으로 자리잡고 있다. 그러나 현실에서는 여러 가지 변화가 이미 진행되고 있다.

(1) 연상녀-연하남 부부

지난 반세기 동안 남편이 아내보다 연상(年上)인 부부가 대다수를 이루어 왔다. 이는 가부장적 문화에 '장유유서(長幼有序)'의 질서를 적용함으로써 "어른"인 남편이 아내와 자녀들을 다스리고 보호하는 것을 당연시하도록 한 결과였다.[2] 그러나 요즘 들어 이러한 틀을 깨는 시도가

---

2) 20세기 중반에 이르기까지, 우리 사회에서 연상녀 – 연하남의 결합은 드문 일이

이어지면서, 연상녀 – 연하남의 결합이 증가하고 있다.

이는 우리 사회의 다양한 변화를 반영한다. 우선 부부관계의 평등성이 중요시되는 상황에서 부부 간 연령 차이를 매개로 하여 명확한 서열구도를 정해야 할 이유가 사라지고 있다. 연상녀 – 연하남 결합의 증가는 "자신이 평생 동안 보호해야 하는 존재"보다는 "자신이 의지할 수도 있는 여성"에게서 안정감을 느끼고 싶은 남성들의 심리가 가시화되는 지표이다. 또한 연상녀 – 연하남의 결합은, 여성들의 평균수명이 남성보다 긴 상황에서 배우자와의 사별 후에 여성 혼자 남아 살아가야 하는 가족해체기를 줄일 수 있는 실질적 방안이기도 하다. 게다가 경제적 독립을 이룬 여성들이 결혼을 미루거나 비혼을 선택할 확률이 높아지고 있으므로, 결혼연령에 달한 남성과 여성 간의 수적 격차는 더욱 벌어질 전망이다. 이러한 상황에서 남성들은 파트너를 찾을 수 있는 대상자층을 넓혀야 하기 때문에, 배우자 간 연령 조합에 관한 기존의 규범틀이 약화될 수밖에 없다. 전술한 이유들로 인하여 연상녀 – 연하남 부부는 앞으로 더욱 증가할 것이며, 이들 간의 연령 차이 역시 다양해질 것이다.

(2) 재혼가족

이제 결혼은 일생에 걸쳐서 유지되는 결합이라기 보다는 "특정한 조건하에서만 유지되는 결합"이라고 해도 과언이 아니다(Furstenberg; Beck – Gernsheim, 1998에서 재인용). 이는 일생을 지내면서 여러 번의 결혼과 여러 명의 배우자를 만나는 것이 가능해진 현실을 의미한다. 재혼

아니었다. 조선시대의 조혼 풍습은 어린 신랑을 신부가 키우는 모습으로 나타나기도 했다.

에 대한 사회적 분위기가 완화되고 있으므로, 각각 전혼 자녀를 양육하는 한부모들이 만나 재혼에 이르게 될 가능성 역시 증가하고 있다. 그런데 이들의 재혼은 여러 가지 관계가 혼합되어 재구성되는 것을 의미한다. 즉 재혼부부와 각자의 친부모자녀 관계 외에 계부모자녀 관계(stepparent-stepchild) 및 의붓 형제자매 관계(step-sibling)를 포함하고, 폭넓게는 친조손(親祖孫) 관계뿐 아니라 의붓 조손(疑祖孫) 관계 역시 새로이 정립된다.

호주제의 폐지와 더불어, 전혼 자녀를 키우는 여성이 경험하는 삶의 질은 앞으로 훨씬 나아질 전망이다. 따라서 재혼을 머뭇거려 온 상당수의 여성들이 새로운 삶 - 재혼 - 을 구상할 가능성이 높아졌다. 그리고 다양한 조합으로 인해 재혼가족의 구성 및 관계는 더욱 다양해질 것이다. 따라서 재혼가족성원들의 관계와 경계에 관한 새로운 규범 정립이 시급하다.

(3) 국제결혼가족

광복 후 미군정과 한국전쟁을 겪으면서, 한국에서의 국제결혼이란 주로 미국인 병사와 한국 여성 사이에 이루어지는 것으로 여겨 왔다. 그러나 외국인 노동자들의 유입이 많아지고 내국인의 국외 이동이 빈번해 지면서, 다양한 조합의 국제결혼이 이루어지고 있다. 특히 교육수준이 높은 여성이 사회계층적으로 자신과 유사한 지위의 외국인 남성과 결혼하는 사례가 증가하면서, 국제결혼에 대한 인식이 달라지고 있다. 이는 결혼이 개인주의화되면서, 국적이나 인종보다는 개인들 간의 친밀감이 중요한 요소로 부각되는 데 따른 결과이다.

게다가 젊은 여성들의 농촌 기피 현상으로 인해 농촌 남성들이 국내에서 배우자를 찾기 힘들어지면서, 동남아 및 조선족 여성을 아내로 맞아들이는 추세가 또 하나의 국제결혼 모습이다. 이러한 경향으로 인해, 2003년부터 수년 동안 한국인 남성과 저발전 국가 여성의 결혼이 증가했었다. 물론 이러한 추세에는 저발전 국가의 여성들이 빈곤을 타개하려는 전략으로서 한국 남성과의 국제결혼을 선택하는 경향이 일조하였다. 그러다가 문화적 이질성과 기대의 불일치 등이 초래한 부작용이 알려지면서, 다소 주춤해진 상황이다.

앞으로도 외국인과 한국인 간의 접촉은 이어질 것이므로 점차 외국인에 대한 이질감은 줄어들 것이다. 따라서 국제결혼은 하나의 결혼 방식으로서 우리 사회에서 익숙해질 가능성이 크다. 그런데 국제결혼 가족이 증가할 미래에, 가족 안팎에 존재하는 이질적 문화들을 어떻게 무리 없이 융합할 것인가가 관건이다. 아직은 한국에 있는 외국인 배우자들이 소수이고 그들이 낳은 자녀들 역시 소수이므로 한국의 주류문화에 대한 그들의 개인적 적응 차원에 머물러 있지만, 국제결혼가족의 비율이 증가하고 자녀세대가 성장하면 가족 안팎과 지역사회에서의 문화충돌로 인한 갈등이 사회문제화할 가능성은 농후하다. 다민족 국가로 향하는 길목에서, 외국인 배우자들의 일방적 적응만을 요구하는 데 그칠 것이 아니라 이질적 문화 끌어안기를 통한 사회통합 정책이 필요한 시점이다.

(4) 동성애 가족

유럽을 중심으로 동성결혼을 합법화하는 움직임이 이어지더니, 미국에서도 동성 커플에게 혼인증명서를 발급하는 지역이 증가하고 있다. 아직 우리 사회는 서구에 비해 동성애에 대한 저항(homophobia)이 강한 편이지만, 최근 들어 동성애가 영화의 소재로도 적지 않게 등장하면서 점차 개방화되고 있다. 최근 보험료 부과처분취소사건(2023두36800)에서 직장가입자의 동성 동반사에게도 피부양자로서 자격을 인정해야 한다는 대법원 판례(240718선고)가 나왔는데, 이는 동성애 관계를 혼인관계와 차별하는 것은 헌법상 평등원칙을 위반한다는 논리에 근거한다.3) 이로써 우리 사회 역시 점차 동성애 커플을 가족으로서 포괄하는 방향으로 가고 있다고 할 수 있다.

결혼 연령층의 성비 불균형은 성적 결합의 한계를 이성(異性)에 한정하지 않고 재규정하게끔 하는 결과를 부를 수 있다. 또한 동성애 취향에 대한 솔직한 표현과 권리주장은 앞으로도 이어질 것이므로, 동성애자에 대한 거부감이나 직업 및 사회생활에서의 불이익 역시 완화될 것이다. 이런 단계들을 거치면서, 동성애 가족은 점차 하나의 가족 유형으로 자리 잡을 것이다.

(5) 공동체 가족 및 비혈연 가족

개인 또는 핵가족 단위의 고립과 단절을 극복하고자, 생활의 일부를 공동으로 해결하고자, 혹은 특정한 관심을 가지고 공동의 이익을 도모하고자, 집단화하는 모임이 늘고 있다. 이를 공동체 가족 혹은 비혈연 가족이라는 이름으로 포괄할 수 있다. 혈연관계가 없는 개인들이 모여서 동거하면서 하나의 정체성을 공유하고 일상생활을 공동으로 영위하면서 살아가는 공동체 가족4) 외에도, 한 지붕 아래 종교적 신념이나

---

3) https://www.scourt.go.kr/news/NewsViewAction2.work?pageIndex=1&searchWord=&searchOption=&seqnum=1574&gubun=702

4) 독신의 삶에서 경험하는 어려움을 보완하고자 같은 경험을 하는 사람들끼리 모여서 한집 살이를 하면서 서로에 대한 배려와 지원 및 식사와 청소 등을 공동으로 하고 일련의 가족규칙을 준수하면서 살아가는 모임을 예로 들 수 있다. 혹은 '비혈연 엄마'가 고아들과 모여서 가족으로서의 역할을 하며 살아가는 아동복지 모임 역시 또 다른 예이다.

교육적 신념 등을 공유하는 사람들이 모여서 해당 부분의 삶을 함께 하는 '합동가족'도 있다. 또한 인터넷상에서 가상의 ID로 활동하면서 서로의 속내를 토로하고 조언하며 위안을 받는 가상가족도 있다. 생활양식이 다양화됨에 따라 이러한 모임들은 앞으로도 지속적으로 시도될 것이고, 가족의 개념을 느슨하게 규정한다면 이들 역시 하나의 가족 형태로 받아들여질 것이다.

5) 가족생활 양식의 다양화

탈근대는 다양성으로 특징지어진다. 근대 산업사회의 가족이 아침에 출근하는 남편과 집안에서 양육과 가사에 전념하는 아내 그리고 저녁이면 온 가족이 둘러앉은 모습으로 상징된 반면, 오늘날 가족의 일상은 하나의 그림으로 나타내기가 쉽지 않다. 왜냐하면, 가족 안의 개인들이 담당하는 역할이 더 이상 획일적이지 않고, 거주 형태가 다양해졌으며, 또한 제반 상황에 부여하는 의미가 다양하기 때문이다.

(1) 친족 범위의 변화 및 유대 약화

과거 종손을 중심으로 하여 먼 친척에 이르기까지 상호작용을 이어오던 모습은 거의 사라졌다. 우선 부계를 중심으로 한 친족 범위가 현저히 축소되었고 유대는 약화되었다. 반면 결혼한 여성의 친부모형제로 대표되던 친정(처가)쪽 친족의 범위가 부계와 마찬가지로 사촌까지 포함되면서, 법적으로도 양계화되었다. 과거와 달리 시가(남편의 본가)보다 처가(아내의 친정)와 지리적으로 가까이 사는 부부가 많아지고, 친정(처가)과의 유대가 빈번해졌다. 친정과는 주로 정서적 유대나 일상생활에서의 도구적 지원교환에 국한되고 가족의례 및 재산상속에 있어서는 시가(친가) 중심의 부계우선 원칙을 지켜왔던 규범적 관행 역시 점차 약해지면서, 실질적 의미에서의 양계화 혹은 개별 가족적 특성에 따라서 선택적으로 어느 한편 확대가족과의 유대가 강화되는 방식으로 진행될 것이다.

(2) 부부 간 역할 분담의 다양화

맞벌이가족의 비율은 더욱 증가할 것이고, 젊은 세대일수록 맞벌이를 당연한 것으로 받아들이게 될 것이다. 경제적인 부양역할을 부부가 공유하는 가정에서도 가사와 육아는 아직 아내 편에 치중되어 있다. 그러나 "모성과 생산성을 상호 배타적인 영역으로 구분할 것이 아니라 병행하도록 그리고 가족을 돌보는 일을 부성이 분담할 수 있도록 직장문화 및 사회 분위기가 바뀌어야 한다"는 목소리가 힘을 얻고 있다. 재택근무[5]와 유연근무제[6]가 더 보편화되고 확대될 경우, 부부가 경제적 부양과 가사 및 육아를 공유하는 정도는 점차 높아질 것이다.

경제적 부양역할을 아내가 하고 남편이 가사와 육아를 주로 책임지는 가족은, 현재까지는 소수에 머물고 있으나 앞으로 증가할 것이다. 미혼여성들 중 결혼 후에도 직업을 유지하겠다는 생각이 압도적이고 미혼남성들 역시 "아내가 나보다 수입이 월등히 많을 경우엔 내가 가사를 돌보겠다"는 응답을 하고 있다(중앙일보, 2005c). 이를 통해, 성역할 고정관념의 벽이 허물어지고 "상황에 따라 역할분담을 조절할 수 있다"

---

5) 집에서 업무를 하는 것을 의미한다. 인터넷의 발달로 실시간 업무연락이 가능하고 화상회의 역시 가능해지면서, 사주의 입장에서는 사무실 공간을 절약할 수 있고 근로자의 입장에서는 출퇴근 시간을 절약하고 직장과 가정을 병행하기에 용이한 방안으로서 활성화되기 시작했다.

6) 하루 중 근무를 시작하는 시각과 종료하는 시각 및 주중 근무시간을 융통적으로 조절할 수 있도록 하는 것을 뜻한다. 주어진 업무를 얼마나 잘 수행하느냐에 초점을 두고 실제로 일을 하는 시간은 개별 근무자가 조절할 수 있도록 하는 것이다.

는 융통적 사고가 확산되고 있음을 엿볼 수 있다.

(3) 가족주기의 변화

교육기간이 길어지고 초혼 연령이 증가하면서 자녀 일인당 양육기간 및 부모와의 동거기간은 오히려 증가해서, 유자녀 가족의 가족 확대 완료기는 앞으로도 길어질 전망이다. 또 평균수명이 계속 증가하고 있기 때문에, 빈 둥지기 역시 길어질 것이다.

다만 가족해체기에 관해서는 다양한 전망이 가능하다. 연상녀 – 연하남 부부의 비율이 증가하거나 혹은 남성과 여성 간의 평균수명 차이가 줄어들 경우,[7] 가족해체기는 오히려 짧아질 가능성도 배제할 수 없다.

| 표 16-2 | 가족주기 각 단계의 시작 및 종결 당시 부인의 평균 연령 추정치 |

(단위: 만 나이)

결혼연도	초혼 연령	첫 자녀 출산	막내자녀 출산	자녀결혼 시작	자녀결혼 완료	남편 사망	본인 사망
1979년 이전	21.56	22.95	26.02	51.36	54.42	69.61	72.76
1980-1989	23.46	24.79	28.26	53.19	56.46	70.75	75.56
1990-1999	24.95	26.29	29.15	54.69	57.55	74.45	78.73
2000년 이후	26.26	27.35	30.21	55.75	58.61	76.82	80.92

주: 15세 이상 기혼부인 중 초혼이면서 출산경험이 있는 경우만을 분석대상으로 함.
출처: 김승권 외(2004b)에서 인용.

---

7) 의학기술의 발달로 인해 출산과 관련된 여성 사망률이 급격히 낮아지면서, 여성과 남성 간 평균수명 격차가 벌어졌다. 그런데 남성과 여성 간의 평균수명 격차가 다시금 줄어들 것이라는 전망이 나오고 있다. 주로 남성적 행동패턴이라고 여겨지는 음주 및 흡연 등과 관련하여, 남성들의 절주 및 금연이 확산되는 반면 여성들의 음주 및 흡연 비율은 높아지고 있다. 또한 운전 및 직업의 종류 면에서 역시 남성적 직업으로서 위험한 일이라고 알려진 분야에 여성들의 진출이 늘고 있다. 이러한 경향은 상대적으로 여성의 수명에 부정적 영향을 주면서, 남성과 여성 간의 평균수명 차이를 줄일 것이라는 지적이다.

표 16-3	가족주기 각 단계별 기간(단위: 만 연수)						
결혼 연도	형성기	확대기		축소기	빈 둥지기	해체기	전체 가족주기
		확대 진행기	확대 완료기				
1979년 이전	1.39	3.07	25.33	3.07	15.19	3.15	51.20
1980-1989	1.33	3.27	25.13	3.27	14.29	4.81	52.10
1990-1999	1.34	2.86	25.54	2.86	16.90	4.28	53.78
2000년 이후	1.09	2.86	25.54	2.86	18.21	4.10	54.66

주: 15세 이상 기혼부인중 초혼이면서 출산경험이 있는 경우만을 분석대상으로 함.
출처: 김승권 외(2004b)에서 인용.

(4) 분거 가족의 증가 및 다양화

교육시설이 서울에 집중되어 있는 상황이 빠른 시일 내에 바뀔 것 같지는 않은 반면 공기업과 대기업을 포함한 직장들이 전국으로 확산되는 추세는 이어지고 있어서, 자녀교육을 위해 성장기 자녀들과 아내가 서울에서 살고 가장은 지방에서 근무하는 분거 가족이 앞으로도 증가할 것이다. 또한 맞벌이 부부가 보편화되는 시대에 양 배우자의 근무지가 멀다는 이유로 한편 배우자가 직장을 포기할 가능성은 점차 줄고 있어서, 이로 인한 주말부부 역시 앞으로도 증가할 것이다. 어떻든 부부와 부모자녀가 너무 오래도록 떨어져 있지 않고 1~2주에 한 번씩 만나는 주말가족의 생활은, 오히려 가족관계를 지루하지 않고 생동감 있게 한다는 장점이 지적되기도 한다.

한편 조기유학 붐이 일면서 자녀의 학업을 위해 아내와 자녀는 유학길에 오르고 남편은 한국에 남아서 따로 생활하는 가족 – 기러기 가족– 이 또 하나의 한국적 문화로 받아들여지고 있다. 오늘날의 가족에서 가장 중요시되는 관계가 부부임에 반해, '기러기가족'은 부모자녀관계를 부부관계보다 우선시해 온 한국의 전통적 토대 위에 만들어진 특수한 산물이다. 물론 교육체계에 대한 불안과 높은 교육열 및 학벌 중심 사회의 특성이 중년부부로 하여금 장기간 별거를 결정하게 하는 가장 큰 이유이다.[8] 그런데 이러한 추세가 중산층에까지 폭넓게 확산되면서, 중년의 부부가 별거하는 동안 외로움과 외도 그리고 파경에 이르는 예는 허다하고 혹은 익숙하지 않은 외로움과 생활고에 시달리던 '기러기 가장'이 죽음에 이른 경우도 없지 않다. 이처럼 수많은 부작용에도 불구하고, 대학 입시와 관련된 제반 환경이 안정되지 않고 학벌과 영어 중심의 사회 분위기가 지속되는 한 기러기 가족은 앞으로도 다양한 모습으로 생겨날 것이다.

2 한국 가족 기능의 변화 추세

1) 경제 공동체의 기능

도시화 및 대량생산시대인 오늘날, 가족은 일터로부터 분리되어 있다. 따라서 과거의 가족이 지녔던 생산기능은 쇠퇴하고, 일터에서 노동과 바꾸어진 화폐를 기반으로 하여 대량생산된 물품을 구매하는 주체로서의 소비기능이 강화되었다.

그러나 산업사회의 특성이 정보화 사회에서도 지속된다는 보장은 없다. 재택근무가 보편화되면, 가정과 일터는 다시금 통합될 가능성을 배제할 수 없다. 그리고 인터넷을 통한 사업이 활성화되고 있어서, 가족은 다시금 생산과 소비의 기능을 동시에 지니게 될 가능성이 농후하다.

---

8) 시가의 확대가족에 대한 부담이나 갈등적 부부관계에서의 돌파구로서, 자녀의 유학 뒷바라지를 핑계로 부부 간 별거를 하는 경우도 적지 않다.

2) 부부 간 성적 파트너십

가족은 합법적으로 성관계를 맺고, 그에 기초하여 다음 세대의 노동력을 생산하는 역할을 맡아 왔다. 오늘날 성애(sexuality)는 부부 간의 정서적 친밀감을 표현하고 쾌락을 추구하는 수단으로서 더욱 중시되고 있다. 이처럼 부부간 성생활의 중요성은 과거보다 훨씬 높아졌지만, 성애를 부부만의 배타적 권리로 여기는 규범으로부터 이탈하는 경우가 증가하고 있다.

부부관계를 유지하면서도 이성친구와의 교제를 병행하는 경우가, 남성들뿐 아니라 여성들에게도 드물지 않다. "배우자의 이성 친구를 용인하겠는가?"라는 질문이 더 이상 놀랍게 들리지 않고, 오피스 와이프(office wife)라든가 오피스 허즈번드(office husband)라는 이름으로 이성 동료와의 정서적 친밀감을 나누는 예 역시 드물지 않다. 부부가 서로의 파트너를 맞바꾸어서 성관계를 맺는 스와핑(swapping, swinging), 그리고 양 배우자가 서로의 성관계를 구속하지 않기로 하는 부부(sexually open marriage) 역시 예외적인 것으로만 치부할 수는 없는 상황이다. 이를 가리켜서 Coontz(2005)는 "일부일처제를 폐기하는 것"이 아니라 "일부일처제가 규정해 온 관계 자체의 조건에 대한 협상"이라고 진단한다.

그러나 혼외 이성간의 친밀감을 어디까지 용인해도 좋은가에 관한 사회적 합의는 존재하지 않는다. 또한 우리 사회가 부부 간 성관계의 배타성에 관한 규범을 어느 정도까지 완화하는 선에서 공감대를 형성할 수 있을지는 불확실하다.

3) 노인 부양기능 약화

우리 사회에 남아 있는 핵가족 책임론은, 현실을 효 윤리로 포장하여 왜곡하고 있다. 사회는 여전히 노인부양의 일차적 책임을 가족에게 두고 있는데, 노부모에 대한 부양책임으로 인해 몸살을 앓고 있는 오늘의 중년은 정작 자신들의 노후를 자녀에게 맡길 수 있으리란 기대를 하지 못한다. 게다가 오늘의 청년은 자녀의 수효를 줄이거나 아예 낳지 않으려는 경향으로 흐르고 있어서, 장차 부양을 맡길 만한 자녀가 한 명이거나 전혀 없는 노인이 대부분일 것이다. 이는 개인적으로는 가족부양이라는 선택지 자체가 존재하지 않게 되는 상황을 의미한다. 그래서 결국은 노인부양의 책임을 사회가 공동으로 담당하는 방향으로 흐르게 될 것이다. 노인부양대란(老人扶養大亂)으로 이어지기 전에 사회적 안전망을 체계적으로 준비해야 하는 이유가 여기에 있다.

4) 자녀 양육기능

가족이 부부 중심으로 옮겨가고 있음에도 불구하고, 한국 가족에서 부모자녀 관계의 중요성은 여전하다. 자신의 노후를 자녀에게 의탁할 수 있으리라는 기대가 감소하고 자녀의 실질적인 효용가치 역시 감소함에도 불구하고, 부부를 결혼관계 안에 묶어 놓는 존재로서 어린 자녀의 역할이 아직 서구보다는 강하고 "한 명 혹은 두 명뿐이므로 더 특별하게 여겨지는" 자녀 일인당 부모가 투자하는 에너지와 경제적 부담은 과거 어느 때보다도 많다.

이러한 현상이 앞으로도 지속될 수 있을 것인지에 관해서는 의견이 엇갈린다. 사회가 원자화될수록 "천륜(天倫)"에 대한 환상은 커서 자녀에게 더욱 집착하게 될 것이라는 예측도 가능하다. 그러나 한정된 자원으로 자신의 노후를 스스로 준비해야 한다는 사실을 사회의 대다수가 피부로 느끼게 되면, 자녀에 대한 "쏟아 붓기"식 투자를 당연시해 온 규범이 지속되지는 못할 것이다. 노후의 생존에 대한 절박감이 공감대를 이루면, 사회경제적 최상층을 제외한 많은 젊은이들이 인생에서 양육역할을 아예 배제하는 태도가 새로운 문화로 자리를 잡을 가능성이 농후하다.

5) 사회화 기능의 혼란 및 왜곡

사회는 계속해서 다변화할 것이다. 이는 가족성원들과 상호작용하는 주변의 세력들이 더욱 다양해질 것임을 의미한다. 과거에 자녀를 사회화시키는 기능을 가족이 독점해 왔다면, 오늘의 가족은 여러 곳에서 작용하는 상충적인 세력들과 경쟁하면서 영역을 확보해야 하는 상황이다. 앞으로 이러한 경쟁과 혼란은 더욱 심해질 터인데, 이들을 통합해서 걸러내는 역할은 개별 가족의 능력을 벗어나는 일이 될 것이다. 따라서 국가와 지역사회가 나서서 전반적인 교육환경과 주변 환경을 정화하지 않는 한, 가족의 사회화 기능은 혼란 상황을 되풀이하게 될 것이다.

6) 계층 재생산 기능

공교육이 부실한 상황에서, 자녀의 학업성취도 및 학벌은 적절한 사교육과 양질의 환경을 제공할 수 있는 부모의 경제력에 의해 영향을 받는다. 그리고 학벌의 차이는 직업의 차이로 이어지고, 직업의 차이는 생활수준 및 경제수준의 차이로 이어지고 있다. 공교육이 제대로 작동하지 못한다면, 앞으로도 가족은 다음 세대의 계층 재생산을 위해 진력할 수밖에 없을 것이다.

교육과 학벌 위주의 사회는 양면성을 지닌다. 한편으로 교육기회 자체가 불공평하고 자원의 배분이 공평하지 않다는 문제점이 있지만, 다른 한편으론 교육열을 부추김으로써 사회의 두뇌를 양산하는 경제적 기제(mechanism)로 활용할 수 있다. 후자는 우리 사회를 건강하게 유지하기 위해 중요하다.

현재 우리 사회가 겪고 있는 폐단을 줄이면서도 인적 자원을 키워 내는 묘안은, "사회가 양질의 교육기회를 균등하게 배분함으로써 개별 가족의 계층에 상관없이 인적자원의 효율성을 극대화할 수 있는" 방안을 마련하는 데서 찾아야 한다. 여기에 계층의 세대 간 전이 및 고착화의 고리를 끊어낼 수 있을지의 여부가 달려있다.

7) 가사노동의 사회화 및 상품화

식당과 세탁소 등과 같은 전문적인 서비스와 가사도우미 그리고 전문적인 가사대행업체가 보편화되고 있다. 또 미리 만들어진 반찬과 밥 혹은 빵만이 아니라 명절 행사 음식 및 손님 초대용 음식 등도 주문만 하면 언제든 배달이 가능하다. 게다가 세탁기 및 빨래건조기와 식기세척기 등이 보급되면서 주부의 가사시간이 큰 폭으로 단축되었고, 청소 로봇 등이 출시되면서 가사노동의 로봇화 시대가 개막되고 있다.

가사노동을 줄여 주는 제품이나 서비스의 출현은 곧 소비 기대의 상승을 유발한다. 그리고 상승한 소비 기대를 충족하기 위해서는 가족 수입이 증가되어야 하므로 맞벌이를 해야 할 필요가 증가한다. 즉 주부의 가사시간 단축으로 인해 경제활동을 할 수 있는 시간적 여유가 증가하기도 하고, 역으로 가사시간 단축을 위한 제품 구매 등 소비수준의 상승으로 인해 경제활동을 해야 할 필요성이 증가하기도 한다. 어쨌든 궁극적으로 가사노동은 탈인력화 내지 탈가족화 되는 방향으로 나아가고 있다.

8) 정서적 기능 강화

사람들이 가족에게 기대하는 정서적 지원 기능은 강화되어 왔고 앞으로 더욱 강화될 것이다. 가족의 도구적 기능이 약화된 상황에서, 가족을 구성하려는 동기는 정서적 지원에 대한 욕구에 집중되기 때문이다. 사회 속의 개인들이 원자화될수록, 다른 한편에선 친밀함과 사적인 소속감을 더욱 원하고 그 마지막 보루로 가족을 떠올리기 때문이기도 하다.

그런데 정서적 지원에 대한 기대치가 높아질수록, 높아진 기대치를 충족시키기는 힘들어진다. 도구적 역할수행과 달리 서로에 대한 마음은 가변적이므로, 정서적 위안에 대한 높은 기대치를 가지고 시작한 가족적 삶에서 그 기대치를 충족하지 못한다고 느낄 때 가족은 쉽사리 해체의 위험에 직면할 수 있다. "상대방이 나를 얼마나 이해하고 어떻게 지원하는가?"와 "내가 상대방을 얼마나 이해하고 어떻게 지원하는가?" 사이의 어느 지점에 비중을 두고 살아가는지에, 오늘과 내일의 가족 모습이 달려있다.

3 한국 가족의 변화를 어떻게 볼 것인가

한국 가족에 관한 위기론이 대두되는 한편, 이에 대한 반박의 목소리가 공존한다. 전술한 바와 같이 우리의 가족은 변화하고 있고, 그 변화는 앞으로도 계속될 것이다. 그런데 가족의 변화 모습에 대한 평가는, 가족 변화의 어떤 측면에 주목하느냐에 따라 달라질 수 있다.

1) 가족은 쇠퇴하고 있다! : 전기 구조기능론

현대 가족은 스스로 해결할 수 없는 수많은 문제를 안고 있다. 혼전 성관계의 증가로 인한 비혼 부모 증가, 초저출산, 맞벌이가족의 자녀양육과 노인부양 문제, 이혼율 증가로 인한 가족의 불안정성, 그리고 빈곤의 여성화(feminization of poverty) 및 노인 독거가구 등 다양한 가족문제에 노출되어 있고, 이들 각각에 관해 적절한 해결책에 도달하지 못하고 있는 형편이다.

가정 내에서 안정적으로 해결되어 왔던 부분들이 불안정해지고 있다. 이는 가족제도가 기존에 해 오던 역할들을 충족시키지 못함으로써 사회 전체에 부담이 되고 있음을 의미한다. 이러한 점에서 본다면 가족은 쇠퇴하고 있다는 판단이 가능하다.

2) 가족은 발전하고 있다! : 갈등론

과거 이념적 제도로서의 가족 안에서, 개인의 욕구는 존재하지 않고 다만 가족 단위의 역할과 사회에 대한 기능만이 중요시되었다. 그리고 이러한 기능은 가부장의 권위에 따른 불평등성으로 인해 가족 내의 개인 특히 여성의 희생을 담보로 하여 수행되었다.

오늘날 젊은 층을 중심으로, 노동시장에서의 경력이나 돈보다 가족과 보내는 시간을 우선시하는 경향이 증가하고 있다. 이는 양육과 부양에 관한 사회적 역할의 강조로 나타나기도 하고, 근무시간 단축이나 재택근무와 같이 일과 가족을 병행하고자 하는 다양한 시도로 표현되기도 한다. 무엇보다 주목할 점은 가부장제에 의해 서열화 되고 가족성원들 간의 의사소통에 인색했던 과거와 달리, 서로 자유롭게 의사소통하며 일상적 친밀함을 공유함으로써 얻는 행복에서 가족의 가치를 발견하고자 하는 경향이 증가한다는 사실이다. 가족을 사회 유지를 위한 일부분으로 바라보거나 주어진 역할의 수행 정도로 평가할 것이 아니라 개개인이 행복한 삶을 누리기 위한 자율적이고 주체적인 관계로 바라본다면, 가족은 오히려 발전하고 있다는 평가가 타당하다.

3) 가족은 사회 변화에 맞춰서 적응해 가고 있다!
　：후기 구조기능론

개인의 선택이 중요시되는 현대사회에서는 부부 간의 정서적 유대가 가장 중요한 요소로 대두되었다. 그러나 관계 자체는 가변적인 속성을 지니고, 따라서 정서적 유대에 기초한 동반자로서의 가족(companionship marriage)은 과거의 제도적 가족에 비해 불안정할 수밖에 없다. 또한 가족의 정서적 기능이 강화됨에 따라 정서적 상호 의존에 대한 가족성원들의 기대가 상승하고, 높아진 기대수준 만큼의 충족감을 느끼기 어려운 것은 당연하다. 이에 대한 귀결로 가족관계가 불안정해진 것일 뿐, 객관적인 가족관계 자체가 쇠퇴한 것은 아니라는 설명이다.

전통사회의 기본단위가 가족이었던 과거에는 가족이 잘 굴러가는 한 그 안의 개인에 대해서는 주목하지 않았다. 그러나 현대 사회의 기본 단위는 개인이고, 개인의 욕구를 충족시킬 수 있는 방안을 가족에 한정하지 않고 사회에서 찾을 수 있게 되었다. 이러한 상황에서 가족이 예전에 수행했던 기능의 상당 부분을 가족 밖으로 양도하는 것은, 사회 변화에 발맞추어 적응하는 과정이라는 해석이 가능하다.

생 각 해 볼 문 제

01 가족은 개인 및 사회와 상호작용하면서, 변화의 흐름을 타고 있다. 현대 핵가족적 가족주의는 앞으로의 사회변화와 더불어 어떻게 변화해 갈지 생각해 보자.

02 일부일처제는 과연 앞으로도 오랫동안 주요한 결합 형태로 남을 수 있을지 생각해 보자.

국민일보. 2005. 「생활시간 분석: 전업주부 가사노동가치 월111만원」 2005. 12. 27.

문화일보. 2002. 「英 일하는 엄마들 '수면부족' 고통」 2002. 4. 4.

문화일보. 2005. 「여성계: 새 시대를 여는 신호탄 ― 유림: 반역사 반민족적 결정」 2005. 2. 4.

서울신문. 2004. 「이혼전상담제 도입 후 부부 15%가 집으로」 2004. 12. 12.

연합뉴스. 2021. 「서울청년 53% "부모 도움 없이 내 집 마련 불가"」 2021.10.01.,http/:www.yna.co.kr/view/ARK20210930140300004.

연합뉴스a. 2005. 「전업주부 월 가사노동 가치 최고 132만원」 2005. 4. 25.

연합뉴스b. 2005. 「교육수준 비슷해야 남녀관계 오래 지속」 2005. 6. 6.

조선일보. 2006. 「아빠는 너무해」 2006. 1. 2., 2006. 1. 3.

중앙일보. 2005a. 「"욱하는 파경" 줄었다」 2005. 4. 5.

중앙일보. 2005b. 「30세 넘은 미혼자 사망률 기혼자의 6배」 2005. 4. 25.

중앙일보. 2005c. 「미혼남성 42.4% "아내 연봉 높으면 가사전담 하겠다."」 2005. 5. 12.

중앙일보. 2005d 「50, 60대 재혼 늘고 있다」 2005. 6. 14.

KBS. 2005. 「감성과학다큐멘터리: 사랑의 방정식 5대 1 ― 사랑하면 오래 산다.」 2005. 3. 29.

KBS1. 2024. 「시사기획 창: 어머니의 된장국: 가사노동 해방일지」 2024. 3. 5.

SBS. 2003. 「정진영의 그것이 알고 싶다 ― 또 한 번의 선택: 재혼」 2003. 9. 20.

고용보험법 시행령. 2024.

대한민국 민법 826조 1항, 837조 2항.

대한민국 헌법 11조. 17조.

대한민국 형법 241조.

보건복지부. 2023. 「2022 화장 통계」.

통계청a. 「가족실태조사」. 각년도.

통계청b. 「인구동태통계연보 (혼인·이혼)」. 각년도.

통계청c. 「통계로 보는 여성의 삶」. 각년도.

통계청d. 「2007 한국의 사회지표」.

통계청e. 「인구총조사」. 각년도.

통계청f. 「인구동향조사」. 각년도.

통계청g. 「생활시간조사」. 각년도.

통계청h. 「사회조사보고서」. 각년도.

통계청·보건복지부·중앙아동학대예방센터. 「2003년도 전국 아동학대현황 보고서」.

강유진·한경혜. 1997. "비동거 자녀의 노부모 부양행동에 관한 연구," 「한국 노년학」 17(1): 271-287.

공세권·박인화·조애저·김진숙·장현섭. 1987. 「한국 가족구조의 변화」 한국인구보건연구원.

곽배희. 2002. "한국사회의 이혼실태 및 원인 분석," 「한국가족의 현재와 미래」 한국가족학회 추계 학술대회 발표문집: 45-77.

기틴스. 1985. 「가족은 없다」 안호용 외 역. 일신사.

김경옥·박경규. 1998. "혼수문화의 문제점과 개선 방향," 「여성문제연구」 23권: 17-39.

김두섭·김정석·송유진·최양숙. 2005. 「미래사회연구: 가족구조와 관계의 변화 및 전망」 정보통신정책연구원.

김두섭·박경숙·이세용. 2000. "중년층과 노부모의 세대관계와 중년층의 노후 부양관," 「한국인구학」 제23권 1호: 55-89.

김두섭·박상태·은기수(편). 2003.「한국의 인구」통계청, 보건복지부, 중앙아동학대예방센터.

김모란. 1995. "성, 사랑, 혼인,"「가족과 한국사회」경문사: 129－170.

김미경. 2000. "노인복지에 대한 가족사회학적 접근,"「한국사회학」34집 봄호: 65－84.

김승권·양옥경·조애저·김유경·박세경·김미희. 2004a.「다양한 가족의 출현과 사회적 지원체계 구축방안」한국보건사회연구원.

김승권·조애저·김유경·박세경·이건우. 2004b.「2003년 전국 출산력 및 가족보건복지 실태조사」. 한국보건사회연구원.

김유경·이여봉·손서희·조성호·박신아. 2016.「사회환경 다변화에 따른 가족위기 진단과 대응전략」. 한국보건사회연구원 연구보고서.

김정석·김익기. 2000. "세대 간 지원교환의 형태와 노인들의 생활만족도,"「한국노년학」20(2): 155－168.

김정희. 1991. "여성의 혼전 성관계 정서 분석,"「새로 쓰는 성 이야기」또 하나의 문화: 59－75.

김종숙. 2005. "부모와 청소년자녀세대 간의 갈등과 대안,"「21세기 한국가족, 문제와 대안」한국가족문화원 편. 경문사: 77－109.

김현주a. 1995. "부부관계,"「가족과 한국사회」여성한국사회연구회편. 경문사: 171－214.

김현주a. 2001a. "주거공간의 사회학적 의미를 통해 본 부부관계와 세대관계,"「건강한 가족관계를 위한 발전적 모색」한국가족학회 2001 추계학술대회 발표문집.

김현주a. 2001b. "부모와 자녀관계,"「개인, 관계, 사회」이동원 외. 양서원: 117－136.

김현주b. 1999. "장남이 세대의 축인 가족관계의 변화 읽기,"「가족과 문화」11(2): 1－24.

김혜경. 2002. "가족/노동의 갈등구조와 '가족연대' 전략을 중심으로 본 한국가족의 변화와 여성,"「가족과 문화」14(1): 31－52.

김혜경·정진성. 2001. "핵가족 논의와 식민지적 근대성: 식민지 시기 새로운 가족개념의 도입과 변형,"「한국사회학」 35(4): 213-244.

김혜련. 2002.「남자의 결혼, 여자의 이혼」 4쇄. 도서출판 또 하나의 문화.

남윤인순. 2005. "여성가족부 가족정책, 첫 단추를 잘 끼우자,"「저출산과 가족정책, 새로운 출구를 찾자」 한국여성단체연합·한국가족사회복지학회.

듀오휴먼라이트연구소. 2016.「2016 이상적 배우자상」.

듀오휴먼라이트연구소. 2022.「결혼비용 보고서」.

리테우카. 1978. "사회화된 남성의 성,"「여성해방의 이론체계」 풀빛.

마르쿠제. 1982.「에로스와 문명」 김인환 역, 나남.

메킨지서울. 2001.「우먼코리아 보고서」.

모선희. 1999. "노인과 가족: 흔들리는 가족, 외로운 노인,"「한국 노인의 삶, 진단과 전망」 김익기 외 편, 미래인력개발: 365-404.

민무숙. 1995. "노모와 성인 딸/며느리 간의 상호원조유형이 부양 부담도에 미치는 영향,"「한국노년학」 15(1): 74-90.

박경숙. 2003. "세대관계의 다양성과 구조,"「한국사회학」 37(2): 61-94.

박민자. 1992. "부부관계의 평등성,"「한국가족의 부부관계」 여성한국사회연구회 편, 사회문화연구소.

박민자·이경아. 2005. "21세기 한국인의 가족 의미 – 가족공동체 윤리의식의 확산과 실천,"「21세기 한국가족, 문제와 대안」 한국가족문화원 편, 경문사: 391-417.

박부진. 1999. "재판이혼시 자녀 양육자 선정의 실태 및 문제점,"「가족과 문화」 11(2): 99-121.

박부진·이해영. 2001. "대학생의 인터넷 이용 특성과 가족생활의 변화,"「가족과 문화」 12(2): 99-126.

박선웅. 1999. "혼례의 문화적 모순과 상품화,"「가족과 문화」 11(1): 79-101.

박혜인. 1991. "한국 전통혼례의 연속과 단절," 이효재 외.「자본주의 시장경제와 혼인」 도서출판 또 하나의 문화: 17-74.

백우정·최종덕. 2011. "시스템 사고를 통한 사교육비 경감 정책 평가: 노무현 정부와 이명박 정부를 중심으로."「한국 시스템 다이내믹스 연구」 12(4): 5-34.

베린. 1983. "성애와 도덕적 경험," 「철학과 성」 엘리스톤과 베이커 편, 홍
성사.

살스비. 1985. 「낭만적 사랑과 사회」 박찬길 역. 민음사.

서병숙·장선주. 1990. "노부모와 기혼자녀 간의 생활교류연구 - 아들동거 노
인과 딸동거노인의 비교," 「대한가정학회지」 28(3): 171-186.

서소영·김명자. 1998. "며느리의 시부모부양에 따른 보상, 부양의식, 부양행
동 분석," 「한국가족관계학회지」 3(2): 81-107.

심영희. 1996. "가부장적 테러리즘의 발생유지 기제와 사회적 대책," 「가정
폭력, 그 실상과 대책」 한국가정법률상담소 창립 40주년 기념 심포지엄
자료집.

양옥남. 2005. "부모자녀간의 세대갈등과 대안- 노인부양 문제를 중심으로,"
「21세기 한국가족, 문제와 대안」 한국가족문화원 편, 경문사: 111-144.

여성가족부. 2015. 2021. 「가족실태조사」

여성부. 2003. 「전국 가족조사 및 한국가족 보고서」 도서출판 한학문화.

오치아이 에미코. 2004. 「21세기 가족에게: 일본의 가족과 사회」 고바야시 카
즈미·김향남 공역, 양서원.

우에노 치즈코. 1994. 「가부장제와 자본주의」 이승희 역, 녹두출판사.

유영주. 1993. 「가족관계학」 경기. 교문사.

유희정. 1995. "부모자녀 관계," 「가족과 한국사회」 여성한국사회연구회편:
215-254.

유희정. 2001. "부모의 이혼과 부모간의 갈등이 대학생 자녀의 적응에 미치는
영향," 「가족과 문화」 13(2): 57-78.

은기수. 1997. "한국인구의 변동," 「한국현대사와 사회변동」 한국사회학회
편, 문학과 지성사: 76-104.

이동원·함인희·김현주·최선희·김선영. 2000. 「여론조사: 한국의 가족문화」
KBS 한국방송·한국가족학회.

이선미. 2002. "근대사회와 결혼의례의 변화," 「가족의 사회학적 이해」 학지사:
113-142.

이성용. 1997. "가족전략의 관점에서 분석한 효 행위: 합리적 선택이론의 적

용," 「성균 사회학」 89-113.

이여봉. 1998. "외부인적 환경과 가정 내 역할수행에 관한 연구," 「동서연구」 10(2): 191-210.

이여봉. 1999a. "부부간 평등 및 형평인식에 관한 연구," 「가족과 문화」 11(1): 47-78.

이여봉. 1999b. "부부갈등: 폭력적 비폭력적 상호작용에 관하여," 「교정교화」 9: 107-119.

이여봉. 2001. "남녀가 따로 있나: 부부역할 변화 가족," 「변화하는 사회, 다양한 가족」 양서원 : 38-63.

이여봉. 2003. 「이혼가정의 자녀양육 지원방안」 강남대학교·보건복지부.

이여봉. 2005a "부부폭력," 「21세기 한국가족, 문제와 대안」 한국가족문화원 편, 경문사: 175-212.

이여봉. 2005b. "개인적 선택과 집합적 문제: 돌봄 책임과 저출산의 해결," 「저출산과 가족정책, 새로운 출구를 찾자!」 한국여성단체연합·한국가족사회복지학회: 79-82.

이여봉. 2006. 「탈근대의 가족들; 다양성, 아픔, 그리고 희망」 양서원.

이여봉. 2011. "부양지원과 세대갈등: 딸과 친정부모 그리고 며느리와 시부모," 「가족과 문화」 23(1): 41-76.

이여봉. 2019. "세대관계망이 부부간 가사분담과 여가활동 공유에 미치는 영향: 출생집단별 차이 및 발달단계별 효과," 「가족과 문화」 31(4): 149-181.

이여봉. 2022. 「21세기 한국 가족과 문화: 과거와 현재 그리고 미래의 화해」 박영사.

이여봉. 2023. "양육기 부부의 가사/돌봄 시간과 세대 간 거주 근접성: 인과관계의 방향성을 중심으로," 「가족과 문화」 35(2): 115-141.

이여봉. 2024. 「21세기 여성과 사회」 2판, 도서출판 신정.

이여봉·김현주. 2014. "가족 내 분배정의 원칙의 적용과 모-자녀 관계의 질: 중학생 및 대학 생과 그들의 어머니를 중심으로," 「한국사회학」 48(2): 1-34.

이여봉·김현주·이선이. 2005. "청소년자녀와 어머니 간 자원교환과 만족도

에 관한 연구,"「한국사회학회 2005년 후기사회학대회 발표문집」한국사회
학회: 39-53.

이여봉·김현주·이선이. 2014. "어머니와 자녀 간 자원교환의 호혜성에 관한
연구: 형평성, 이타성, 그리고 관계 만족도."「가족과 문화」25(1): 39-76.

이여봉·김현주·이선이. 2020. "친족연결망이 부부 간 가사 분담에 미치는
영향: 연령대별 차이를 중심으로."「한국지역사회생활과학회지」 31(4):
681-698.

이여봉·이미정. 2003. "한국가족의 변화와 가족정책,"「가족과 문화」15(1):
131-158.

이여봉·이해영. 2003. "인적유대와 인터넷 의존,"「대한가정학회지」14(8):
97-121.

이원숙. 2004.「가족복지론」학지사.

이윤석. 2012. "한국의 연령과 부부관계 만족도: U자형 관계?"「한국의 사회
동향 2012」77-84.

이재경. 2000. "성별화된 이혼과 여성,"「가족과 문화」12(2): 81-98.

이재경. 2003.「가족의 이름으로: 한국 근대가족과 페미니즘」도서출판 또 하
나의 문화.

이진숙·이윤석. 2024. "부모의 성인자녀 지원에 대한 태도 변화:
2010-2020."「한국인구학」47(2): 57-82.

이해영·이여봉. 2001. "이메일 활용과 가족관계,"「가족과 문화」 13(2):
107-135.

이현송. 1999. "주관적 이혼 사유의 변화: 법원자료를 중심으로,"「가족과 문
화」11(2): 73-98.

임인숙. 1999. "미국학계의 가족변화 논쟁,"「가족과 문화」11(1): 23-46.

임정빈·정혜정. 1992.「성역할과 여성」학지사.

장경섭. 2001. "압축적 근대성과 노인문제의 재인식: '신세대'로서의 노인"
「가족과 문화」13(1): 1-29.

장지연. 2005. "저출산 대책 기본방향에 대한 검토,"「저출산과 가족정책, 새
로운 출구를 찾자!」한국여성단체연합·한국가족사회복지학회: 31-57.

장혜경. 2002 . "결혼 이혼 및 새혼관련 정책: 새혼가족 정책과세를 중심으로," 「한국에 가족정책은 있는가」 한국가족학회 춘계학술대회발표문집: 37-66.

장혜경·박경아. 2002. 「당당하게 재혼합시다」 조선일보사.

재거. 1983. 「여성해방론과 인간본성」 공미혜 역, 이론과 실천.

전길양·김태현. 1993. "노모와 성인딸 간의 상호작용과 부양 기대감," 「한국노년학」 13(1): 17-38.

정기원. 2001. "노부모와 별거 성인자녀와의 가족유대: 정서적지원에 대한 교환이론적 접근," 「한국인구학」 24(1): 123-148.

정상모. 2009. "유전자와 도덕 사이: 이타성을 중심으로." 「인문논총」 61: 49-81.

정은희. 1995. "일과 가정생활," 「한국가족문화의 오늘과 내일」 여성사회연구회편. 사회문화연구소: 217-250.

조병은·신화용. 1992. "사회교환이론적 관점에서 본 맞벌이가족의 성인딸/며느리와 노모의 관계," 「한국노년학」 제12권: 83-98.

조옥라. 1988. "전통사회에서의 부모역할," 「부모교육프로그램 탐색」 창지사: 19-34.

조정문·장상희. 2001. 「가족 사회학: 현대 사회에서 가족은 무엇인가」 대우학술총서 523, 아카넷.

조혜정. 1991. "결혼, 사랑, 그리고 성: 우리 시대의 문화적 각본들," 「새로 쓰는 사랑 이야기」 도서출판 또 하나의 문화. 23-44.

최외선·유향기. 1985. "가족의 권력구조와 부부역할에 관한 연구," 영남대학교 인문과학연구소 「인문연구」 7권 3집: 681-712.

최재석. 1982. 「현대가족연구」 일지사.

최진호·김중백·박희영·고영건·안귀여루·이선미·이여봉·신은주·성정현·민현주·황매향·류연규. 2012. 「스무살의 인생설계: 일, 사랑, 행복」 나남.

한국결혼문화연구소. 2008. 「통계로 보는 해석 남녀」.

한국노동연구원. 2005. 「고령화 사회 대비 고용·임금체계 개선방안」 고령화 및 미래사회위원회 연구용역 보고서.

한국리서치. 2024. 〈여론 속의 여론: 2024 결혼인식: 결혼의향, 결혼에 대한 우리 사회 인식〉

한국보건사회연구원. 2001. 「전국노인실태 및 복지욕구 조사」.

한국여성정책연구원. 2013. 「전업주부 연봉 찾기」

한국성과학연구소. 2005. 「 연령대별 부부갈등, 남녀 간의 의식차이 조사 보고서」.

한남제. 1984. 「한국 도시가족연구」 일지사.

한경혜 · 강유진 · 한민아. 2003. "이혼태도와 관련 요인," 「가족과 문화」 15(1): 77 − 96.

한경혜 · 노영주. 2000. "중년여성의 40대 전환기 변화경험과 대응에 대한 질적 연구," 「가족과 문화」 제12집 1호: 67 − 91.

한경혜 · 이정화. 2002. "도시 및 농촌거주자의 이혼에 대한 태도," 「대한가정학회지」 40(9): 217 − 230.

한경혜 · 한민아. 2004. "성인자녀의 세대 간 지원교환유형과 결정요인," 「가족과 문화」 16(1): 37 − 61.

함인희. 2001. "배우자 선택양식의 변화: 친밀성의 혁명," 「가족과 문화」 13(2): 3 − 28.

함인희. 2005. "생애주기별 부부관계 변화," 「고령화 사회와 인간관계」 가족아카데미아 편: 21 − 34.

함인희 · 이동원 · 박선웅. 2001. 「중산층의 정체성과 소비문화」 집문당.

홍욱화. 1995. "가족 형성과정의 변화." 여성한국사회연구회편 「한국 가족문화의 오늘과 내일」 사회문화연구소: 57 − 90.

화이어스톤, S. 1983. 「성의 변증법」 김예숙 역. 풀빛.

황은숙. 2008. "한부모 가족지원사업의 효과성 연구 − 한부모 가족 심층면접을 중심으로," 「여성학 연구」 24(2): 159 − 195.

Ackerman, D. 1994. *A Natural History of Love*. New York: Random House.

Acock, A. C. & W. S. Yang. 1984. "Parental Power & Adolescent's Parental Identification," *Journal of Marriage and the Family* 46: 487−494.

Alford, R. R. & R. Friedland. 1985. *Theory of Power.* London: Cambridge University Press.

Allen, K. R. & A. C. Henderson. 2017. *Family Theories: Foundations and Applications.* John Wiley & Sons, Inc.

Amato, P. R. 1986. "Marital Conflict, the Parent−Child Relationship and Child Self−Esteem," *Family Relations* 35: 403−410.

Amato, P. R. 1993. "Children's Adjustment to Divorce: Theories, Hypotheses, & Empirical Support," *Journal of Marriage and the Family* 55: 23−28.

Amato, P. R. & A. Booth. 1991. "The Consequences of Divorce for Attitudes Toward Divorce & Gender Roles," *Journal of Family Issues* 12: 306−322.

Amato, P. R. & A. Booth. 1996. "A perspective study of parental divorce & parent−child relationship," *Journal of Marriage and the Family* 58: 356−365.

Amato, P. R. & J. Cheadle. 2005. "The Long Reach of Divorce: Divorce and Child Well−Being across Three Generations," *Journal of Marriage and the Family* 67: 191−206.

Amato, P. R. & B. Keith. 1991. "Parental Divorce & Adult Well−being: A Meta−analysis," *Journal of Marriage and the Family* 53: 43−58.

Aquilino, W. S. 1994. "Later Life Parental Divorce & Widowhood: Impact on Young Adults's Assessment of Parent−Child Relations," *Journal of Marriage and the Family* 56: 295−313.

Arbor, S. & J. Ginn. 1995. "The Mirage of Gender Equality, Occupational Success in the Labour Market and Within Marriage," *British Journal of Sociology* 46: 21−43.

Atchley, R. 1992. "Retirement & Marital Satisfaction," in M. Szinovacz, D. Ekerdt, & B. Vinick(eds.), *Families & Retirement* 137: 145－158.

Baumrind, D. 1971. "Current Pattern of Parental Authority," *Developmental Psychology Monographs* 41: 1－103.

Baumrind, D. 1991. "Parenting styles & Adolescent Development," in R. M. Lerner, A. C. Peterson, & J. Brooks－Gunn (eds.), *Encyclopedia of Adolescence*. New York: Garland Publishing.

Beck－Gernsheim, E. 1998. *Was Kommt nach der Familie?* 박은주 역. 「가족 이후에 무엇이 오는가?」 새물결 출판사.

Benokraitis, N. V. 1996. *Marriage & Families: Changes, Choices, & Constraints*. Eaglewood Cliffs, NJ: Prentice Hall.

Benson, K. J., M. E. Curtner－Smith, W. A. Collins, & T. Z. Keith. 1995. "The structure of family perceptions among adolescents & their parents: Individual satisfaction factors & family system factors." *Family Process* 34: 323－336.

Bernard, J. 1982. *The Future of Marriage*. 2nd ed. New York: Bentam.

Blau, P. 1964. *Exchange & Power in Social Life*. New York: Wiley.

Blood, R. O. & D. M. Wolfe. 1960. *Husbands & Wives: The Dynamics of Married Living*. New York: The Free Press.

Bloom, L. Z., K. Coburn, & J. Pearlman. 1976. *The New Assertive Woman*. New York: Dell.

Bohannan, P. 1970. "The Six Stations of Divorce," in P. Bohannan(eds). *Divorce & After*. New York: Doubleday.

Booth, A. & P. R. Amato. 1994. "Parental Marital Quality, Parental Divorce, & Relations with Parents," *Journal of Marriage and the Family* 56: 21－34.

Bott, E. 1955. "Urban Families, Conjugal Roles & Social Networks," *Human Relations* 8: 345－383.

Brown, R. A. 1994. "Romantic love & the spouse selection criteria of male

& female Korean college students," *Journal of Social Psychology* 134(2): 183−189.

Bumpass, L. L., T. C. Martin, & J. A. Sweet, 1991. "The impact of family background & early marital factors on marital disruption," *Journal of Marriage and the Family* 53: 22−42.

Bumpass, L. L., J. A. Sweet, & T. Martin, 1990. "Changing Patterns of Remarriage," *Journal of Marriage and the Family* 52: 747−756.

Burton, L. 2007. "Childhood adultification in economically disadvantaged families: A conceptual model." *Family Relations* 56: 329−345.

Calazanti, T. M. & C. A. Bailey. 1991. "Gender Inequality & the Division of Household Labor in the United States & Sweden: A Socialist−Feminist Approach," *Social Problems* 38: 34−53.

Call, K. T., M. A. Finch, S. M. Huck, & R. A. Kane. 1999. "Caregiver Burden from a Social Exchange Perspective: Caring for Older People After Hospital Discharge," *Journal of Marriage and the Family* 61: 688−699.

Caldwell, J. C. 1982. *Theory of Fertility Decline*. Academic Press Inc., London Ltd.

Cassidy, M. L. & G. R. Lee. 1989. "The study of Polyandry: A Critic & Synthesis," *Journal of Comparative Family Studies* 20(1): 1−11.

Cherlin, A. J. & P. L. Chase−Lansdale. 1998. "Effects of Parental Divorce on Mental Health throughout the Life Course," *American Sociological Review* 63: 239−249.

Chodorow, N. 1978. *The Reproduction of Mothering*. Berkeley & Los Angeles, University of California Press.

Cobb−Clark, D. & T. Gergens. 2014. "Parents' economic support of young−adult children: Do socioeconomic circumstances matter?" *Journal of Population Economics* 27(2): 447−471.

Collins, R., 1985. *Sociology of Marriage & the Family*. Nelson−Hall,

Chicago.

Cooley, C. H. 1922. *Human Nature & the Social Order*. New York: Charles Scribner's Sons.

Coontz, S. 1997. *The Way We really are: Coming to terms with America's Changing Families*. New York: Basic Books.

Coontz, S. 2004. "The World Historical Transformation of Marriage," *Journal of Marriage and the Family* 66: 974−979.

Coontz, S. 2005. *Marriage, a History: from Obedience to Intimacy, or How Love Conquered Marriage*. Viking Adult.

Coverman, S. 1985. "Explaining Husband's Participation in Domestic Labor," *Sociological Quarterly* 26: 81−97.

Cuber, J. F. & P. B. Harroff. 1971. "Five Types of Marriage," in A. S. Skolnick & J. H. Skolnick(eds.), *Family in Transition*. Boston: Little, Brown.

Duncombe, J. & D. Marsden. 1999. "Love & Intimacy: The Gender Division of Emotion & 'Emotion Work': A neglected aspect of Sociological discussion of Heterosexual Relationships," in Blackwell(eds.). *The Sociology of the Family*: 91−110.

Durkheim, E. 1893. *The Division of Labor in Society*. London: MacMillan.

Dwyer, J. W. & R. T. Coward. 1991. "A Multivariate Comparison of Involvement of Adult Sons versus Daughters in the Care of Impaired Parents," *Journal of Gerontology* 46(5): 259−269.

Elkind, D. 1994. *Ties that Stress: The New Family Imbalance*. Harvard University Press. 「변화하는 가족: 새로운 유대와 불균형」이동원·김모란·윤옥경 역. 이화여자대학교 출판부.

Erikson, E. H. 1963. *Childhood & Society*. 2nd ed. New York: Norton.

Fiese, B. H., K. A. Hooker, L. Kotary, & J. Schwagler. 1993. "Family Rituals in the Early Stages of Parenthood," *Journal of Marriage and the Family* 55: 633−642.

Fingerman, K., K. Kim, E. Davis, F. Furstenberg, F. Jr., K. Birditt, & S. Zarit. 2015. "I'll Give You the World: Socioeconomic Differences in Parental Support of Adult Children." *Journal of Marriage and the Family* 63: 727−740.

Follingstad, D. 1990. "Methodological issues & New directions for re−search on Violence in Relationships," in D. J. Besharov(eds.), *Family violence: Research & Public policy issues*, Washington, DC: AEI Press: 13−25.

Furstenberg, F. F., Jr. S. D. Hoffman, & L. Shrestha. 1995. "The Effect of Divorce on Intergenerational Transfers: New Evidence," *Demography* 32: 319−333.

Galvin, K. & B. J. Brommel. 1996. *Family Communication: Cohesion & Change.* 이재연·최영희 공역. 「의사소통과 가족관계」 형설출판사.

Ganong, L. H. & M. Coleman. 1994. *Remarried Family Relationships.* Sage Publications, Inc.

Giddens, A. 1992. *The Transformation of Intimacy − Sexuality, Love & Eroticism in Modern Society.* 배은경·황정미 역. 「현대 사회의 성 사랑 에로티시즘: 친밀성의 구조변동」 새물결.

Glenn, N. D. 1993. "A Plea for Objective assessment of the notion of American Family Decline," *Journal of Marriage and the Family* 55: 542−544.

Glenn, N. D. 1996. "The recent trend in Marital success in the United States," *Journal of Marriage and the Family* 53: 261−70.

Gottman, J. M. 1994. *Why Marriages succeed or fail: What you can learn from the breakthrough research to make your marriage last.* Fireside; Simon & Schuster Inc.

Grush, J. E. & J. G. Yehl. "Marital Roles, Sex Differences & Interpersonal Attraction," *Journal of Personality and Social Psychology* 37: 116−23.

Heavey, C. L., C. Layne, & A. Christensen, 1993." Gender & conflict structure in marital interaction: A replication & extension," *Journal of Consulting and Clinical Psychology* 61: 16−27.

Heer, D. M. 1963. "The Measurement & Bases of Family Power: An Overview," *Marriage and Family Living* 25(2): 133−139.

Hetherington, E. M., E. Mavis, M. Stanley−Hagan, M. Anderson, R. Edward. 1989. "Marital Transitions: A Child's Perspective," *American Psychologist* 44: 303−312.

Hetherington, E. M. & W. G. Clingempeel. 1992. "Coping with marital transitions," *Monographs of the Society for Research in Child Development* 57: 35−72.

Hetherington, E. M., & J. Kelly. 2002. *For Better Or For Worse: Divorce Reconsidered*. W. W. Norton & Company: NY.

Hiller, D. V. & W. W. Philliber. 1986. "The Division of Labor in Contemporary Marriage: Expectations, Perceptions, & Performance," *Social Problems* 3: 191−201.

Fromm, E. 1956. *The Art of Loving*. New York: Bantam.

Ingersoll−Dayton, B. & A. Antonucci. 1988. "Reciprocal & non− Reciprocal social support: Constrasting sides of intimate relationships," *Journal of Gerontology* 43(10): 65−73.

Kaluger, G. & M. F. Kaluger. 1984. *Human Development: The Span of Life*. 3rd ed. St. Louis, MO: Times Mirror/ Mosby College Pub.

Kübler−Ross, E. 1969. *On Death & Dying*. New York: Macmillan.

Kurz, Demie. 1995. *For Richer, For Poorer: Mothers Confront Divorce*. New York: Routledge.

Lamanna, M. A. & A. Riedmann. 1997. *Marriages & Families: Making choices in a Diverse Society*. 6th ed. Wadsworth Publishing Company.

Lamb, M. 1999. "Noncustodial Fathers & their impact on the children of divorce," in R. A. Thompson & P. R. Amato (eds.), *The Postdivorce Family: Children, Parenting, & Society*. CA: Sage Publications Inc:

105 – 126.

Lasswell, M & N. M. Lobsenz. 1980. *Styles of Loving.* Doubleday: Garden City, New York.

Lee, Mijeong. 1998. *Women's Education, Work, and Marriage in Korea: Women's Lives Under Institutional Conflicts.* Seoul National University Press.

Lee, S. H. 2013. "Support System over the Life cycle: A Cross – country comparison," 「한국개발연구」 35(1): 33 – 61.

Litwak, E. 1985. *Helping the Elderly: The Complementary Roles of Informal Networks and Formal Systems.* NY: Guilford Press.

Lye, D. N., D. H. Klepinger, P. D. Hyle, & A. Nelson. 1995. "Childhood Living Arrangements & Adult Children's Relations with Their Parents," *Demography* 32: 261 – 280.

Marcia, J. E. 1991. "Identity & Self – development," in R. M. Lerner, A. C. Peterson & J. Brooks – Guun(eds.), *Encyclopedia of Adolescence.* Vol. 1. New York: Garl&.

Masters, W. H., V. E. Johnson, & R. C. Kolodny. 1994. *Heterosexuality.* New York: Harper Collins.

McDonald, G. W. 1980. "Parental Power & Adolescent's Parental Identification: A Reexamination," *Journal of Marriage and the Family* 42: 289 – 296.

Mead, G. H. 1934. *Mind, Self, & Society.* Chicago: University of Chicago Press.

Mirowsky, J. 1985. "Depression & Marital Power: An Equity Model," *American Journal of Sociology* 91: 557 – 592.

Morrison, D. R. & A. J. Cherlin. 1995. "The Divorce Process & Young children's wellbeing," *Journal of Marriage and the Family* 57: 800 – 812.

Nock, S. L. 1995. "A Comparison of Marriages & Cohabiting

Relationships," *Journal of Family Issues* 16: 53−76.

Noller, P., J. A. Feeney, D. Bonnell, & V. J. Callan. 1994. "A longitudinal study of conflict in early marriage," *Journal of Social and Personal Relationships* 11: 233−252.

Noller, P. & M. A. Fitzpatrick. 1991. "Marital Communication in the Eighties," in A. Booth(eds.). *Contemporary Families: Looking Forward, Looking Back*, Minneapolis, National Council on Family Relations: 42−53. .

Parsons, T. & R. F. Bales. 1955. *Family, Socialization, and Interaction Process*. Glencoe, IL: The Free Press.

Piaget, J. 1952. *The Origins of Intelligence in Children*. New York: International Universities Press.

Popenoe, D. 1993. "American Family Decline, 1960−1990; A Review & Appraisal," *Journal of Marriage and the Family* 55: 527−542.

Presser, H. B. 1994. "Employment Schedules among Dual−Earner Spouses and the Division of Household Labor by Gender," *American Sociological Review* 59: 348−364.

Pyke. 1999. "The Micropolitics of Care in Relationships Between Aging Parents & Adult Children: Individualism, Collectivism, & Power," *Journal of Marriage and the Family* 61: 661−673.

Quinn, P. & K. R. Allen. 1989. "Facing Challenges & Making Compromises: How Single Mothers Endure," *Family Relations* 28(Oct): 390−395.

Reiss, I. L., 1960. *Premarital Sexual Standard in America*, New York: Free Press.

Rodman, H. 1982. "Marital Power & the Theory of Resources In Cultural Context," *Journal of Comparative Family Studies* 3(Spring): 50−67.

Rosenberg, M. B. 2004. *Nonviolent Communication: A Language of Life*. 캐서린 한 역. 「비폭력 대화: 일상에서 쓰는 언어, 삶의 언어」. 바오출판사.

Ross, C. E. 1987. "The Division of Labor at Home," *Social Forces* 65: 816−833.

Ross, C. E., & J. Mirowsky. 1999. "Parental Divorce, Life Course Disruption, & Adult Depression," *Journal of Marriage and the Family* 61: 1034−1045.

Rubin, Z. 1973. *Liking & Loving*. New York: Holt Rinehart & Winston.

Rusbult, C. E. 1983. "A Longitudinal test of the investment model: The development & deterioration of satisfaction & commitment in hetero − sexual involvements," *Journal of Personality and Social Psychology* 45: 101−117.

Ryff C. D. & M. M. Seltzer. 1996. *The Parental Experiences in Midlife*. Chicago: The University of Chicago Press.

Satir, V. 1967. *Conjoint Family Therapy*. Palo Alto, CA: Science & Behavior Books.

Scanzoni, J. & K. Polonko. 1980. "A Conceptual Approach to Explicit Marital Negotiation," *Journal of Marriage and the Family* 42: 31−44.

Skolnick, A. S. 1987. *The Intimate Environment*. 4th ed. Harper Collins Publisher.

Simon, R. L., K. Lin, S. C. Gordon, R. D. Conger, & F. O. Lorenz. 1999. "Explaining the Higher Incidence of Adjustment Problems among Children of Divorce compared with Those in Two−Parent Families," *Journal of Marriage and the Family* 61: 1020−1033.

Snyder, M., E. D. Tonke, & E. Berscheid. 1977. "Social Perception & Interpersonal Behavior: on the Self−Fulfilling Nature of Social Stereotypes." *Journal of Personality and Social Psychology* 35(9): 656−666.

Stacey, J. 1990. *Brave New Families*. New York: Basic Books.

Stacey, J. 1996. *In the Name of the Family: Rethinking Family Values in the Postmodern Age*. Bacon Press.

Sternberg, R. J. 1986. "A triangular theory of love," *Psychological Review* 93(2): 119−135.

Stone, L. 1979. *Family, Sex, and Marriage in England, 1500−1800.* New York: The Free Press.

Tallman, I, L. N., Gray, V. Kullberg, & D. Henderson. 1999. "The inter− generational transmission of marital conflict: Testing a process model," *Social Psychology Quarterly* 62: 219−239.

Teitelbaum, M. S. & J. M. Winter, 1985. *The Fear of Population Decline.* Academic Press, Inc.

Turner, J. H. 1986. *The Structure of Social Theory.* 4th ed., The Dorsey Press.

Wallerstein, J. & J. Kelly. 1980. *Surviving the Break−up: How Children Actually Cope with Divorce.* New York: Basic Books.

Webster, P. S., T. L. Orbuch, & J. S. House. 1995. "Effects of childhood family background on Adult marital quality & perceived stability," *American Journal of Sociology* 101(2): 404−432.

Wenk, D. A., C. L. Hardesty, C. S. Morgan, & S. L. Blair. 1994. "The Influence of Parental Involvement on the Well−Being of Sons & Daughters," *Journal of Marriage and the Family* 56: 229−234.

Whitchurch, G. & L. Constantine. 1993. "Systems Theory." in P. Boss, W. Doherty, R. LaRossa, W. Schumm, & S. Steinmetz (eds.), *Sourcebook of family theories and methods: A contextual approach.* New Work: Plenum: 325−352.

White, L. K. 1994. "Growing up with Single Parents & Stepparents: Long−Term Effects on Family Solidarity," *Journal of Marriage and the Family* 56: 935−948.

White, L. M., D. M. Klein, & T. F. Martin. 2015. *Family Theories: An Introduction.* 4th ed., Thous& Oaks, DA: Sage.

Wilson, E. 1978. *On Human Nature.* The President & Fellows of Harvard

College. 이한음 역(2000). 『인간 본성에 대하여』 사이언스북스.

Wolfinger, N. H. 1999. "Trends in the intergenerational transmission of divorce," *Demography* 33: 415−420.

Youniss, J. & J. Smollar. 1985. *Parents & Peers in Social Development: A Sullivan−Piaget Perspective*. Chicago: University of Chicago Press.

Zastrow, C. 1993. *You are what you think: A Guide to Self−Realization*, Chicago: Nelson−Hall Inc.

Zastrow, C. & K. K. Kirst−Ashman. 1997. *Understanding Human Behavior & the Social Environment*. 4th ed., Chicago: Nelson−Hall Inc.

찾아보기

제4판

가족 안의 사회, 사회 안의 가족

초판발행	2006년 1월 31일
제2판발행	2008년 8월 25일
제3판발행	2017년 7월 31일
제4판발행	2024년 9월 25일

지은이	이여봉
펴낸이	안종만·안상준
편 집	전채린
기획/마케팅	장규식
표지디자인	이수빈
제 작	고철민·김원표
펴낸곳	(주)**박영사**
	서울특별시 금천구 가산디지털2로 53, 210호(가산동, 한라시그마밸리)
	등록 1959. 3. 11. 제300-1959-1호(倫)
전 화	02)733-6771
f a x	02)736-4818
e-mail	pys@pybook.co.kr
homepage	www.pybook.co.kr
ISBN	979-11-303-2136-3 93330

정 가   20,000원